大数据营销

主　　编　陈志轩　马　琦

副 主 编　刘　新　崔译文　李　欣
　　　　　梁璐熹　姜　颖

電子工業出版社

Publishing House of Electronics Industry

北京 • BEIJING

内 容 简 介

近年来，在移动互联网、云计算、大数据等新兴技术的助推下，新的产业模式不断涌现，企业急需与之相适应的新型人才，“新商科”时代已然到来。聚焦营销，大数据技术正在渗透、革新甚至颠覆传统的领域和工具。本书以培养大数据时代商科应用型人才为导向，解读大数据营销的工作领域、职能，并据此构建知识版图，讨论了传统营销中的大数据变革，展现了大数据工具创造的营销新领域。本教材既有深入浅出的创新理论，又有结合商业应用的动手练习，是一本不可多得的实用教材。

本书不仅适合作为高等院校营销专业、电子商务专业等的营销教材，也可供从业人员参考。

图书在版编目（CIP）数据

大数据营销 / 陈志轩，马琦主编. —北京：电子工业出版社，2019.11
ISBN 978-7-121-36177-7

Ⅰ. ①大… Ⅱ. ①陈… ②马… Ⅲ. ①网络营销 Ⅳ. ①F713.365.2

中国版本图书馆 CIP 数据核字（2019）第 053471 号

策划编辑：石会敏
责任编辑：石会敏　　文字编辑：苏颖杰
印　　刷：北京虎彩文化传播有限公司
装　　订：北京虎彩文化传播有限公司
出版发行：电子工业出版社
　　　　　北京市海淀区万寿路173信箱　邮编：100036
开　　本：787×1 092　1/16　印张：15　字数：384 千字
版　　次：2019年11月第1版
印　　次：2019年11月第1次印刷
定　　价：42.00元

凡所购买电子工业出版社图书有缺损问题，请向购买书店调换。若书店售缺，请与本社发行部联系，联系及邮购电话：（010）88254888，88258888。

质量投诉请发邮件至zlts@phei.com.cn，盗版侵权举报请发邮件至dbqq@phei.com.cn。

本书咨询联系方式：738848961@qq.com。

前　　言

近年来，大数据技术迅猛发展，正在积极地影响着社会的各个领域，掀起了一场全球性发展的浪潮。从国外的应用实例来看，早期大范围的大数据应用始于零售行业。通过对客户的消费习惯、地理位置、购买时间以及社交信息等的大数据分析，实施精准营销，取得了显著的效果，如 Google、Amazon、Facebook、Target 等。随之而来的影响，正在迅速渗透到多个行业领域，颠覆着传统的商业工具。

这股浪潮也正在推动着高等教育改革。植根于移动互联网发展，以大数据、云计算等新技术为抓手的“新商科”人才培养理念呼声愈高。从人才培养体系来看，“新商科”意味着要打造应对商业 3.0 时代的新的商业核心课程。商业 3.0 时代是新技术颠覆下的消费模式创新融合和商业工具变革。那么大数据作为当下新技术中的主旋律，当然要被学习和使用。不同于理工科专业人才的定位，对于商科学生，对大数据技术的理解和掌握究竟要在哪个层面，对于新技术变革下的业务分工又在哪个具体领域擅长，成为高等院校亟待解决的课题。

目前以大数据为话题的书籍并不少见，主要分为两大类：一类是侧重于大数据开发技术，如大数据统计分析、深度学习、神经网络算法等，主要是面向计算机专业类人员的教与学；一类则侧重于描述大数据在行业应用中的实践案例，旨在经验总结。然而定位于应用型本科电子商务、市场营销等商科专业的大数据营销课程教学，以及从事市场研究、策划、销售管理和客户关系管理等岗位的公司专业人员培训的教材用书，目前是空缺。

多年来在美国零售领军企业从事大数据营销技术研究和应用的工作经历，让我深感大数据技术对于当下和未来商业变革的意义。2016 年我回国后担任华南理工大学广州学院电子商务专业的学科负责人并从事一线教学工作，同时兼任智能商务研究所所长，打造跨学科大数据商业研究团队，解决行业企业大数据应用的痛点问题。教研相长、以研促教。工作中时常鞭策自己熟悉国内商科专业的理论系统和学生实践能力，针对应用型本科专业，以学生学习能力为导向，产教融合为实训模式，尝试改革原有教学体系，开设了电子商务数据分析、大数据营销、新媒体营销、R 语言及应用等多门与大数据相关的应用型课程。多重工作经历的积累与体验，促成了撰写这本教材的初衷。感谢在此过程中一起努力的本书其他编者。他们全部来自国内高校市场营销专业数据分析方向的一线教学团队，和我一同参与了数据营销教学体系的搭建和教学，以及相关领域的理论研究和项目实践探索。我们对于本书的理解和设计如下：

在内容方面，本书从三个部分帮助读者认识、学习和实践大数据营销。

第一部分：大数据营销入门（第 1 章和第 2 章）

旨在使读者全面而准确地认识大数据。通过展现数据科学发展的路径，建立大数据和其他数据科学的联系，论述大数据的特点。

创造性地提出大数据营销的概念，从应用领域到常用分析手段、再到建立常规分析流程，思路清晰，便于理解。

第二部分：传统营销的大数据革新（第3章至第6章）

整个内容围绕开展市场营销活动的整个过程展开，逻辑合理。

在传统营销理论的框架内，引入数据技术革新营销方式和方法，便于传统营销从业人员和接受了基础营销教育的管理学科学生理解和应用。有具体步骤的操作方法，实操性强。

第三部分：营销新领域的大数据应用（第7章至第11章）

对于个性化营销、跨界营销和电商平台的数据营销等近年来新的营销话题和营销手段，通过代表性案例，解析大数据在其中的应用，以及大数据应用过程中可能忽视的伦理和责任问题，力求新颖和实用。

感谢我的研究团队成员马琦、刘新、李欣、崔译文、梁璐熹和姜颖，她们在数据营销领域的不断探索保证了本书初稿能高效高质地得以完成。

在本书编写过程中，我与多位专家、学者进行了有益的讨论，特别是北京理工大学刘平青教授，华南理工大学吴应良教授、左文明教授和万江平教授，广东金融学院吴炎太教授，南京师范大学中北学院傅士太教授等给予的宝贵意见使我们获益匪浅，在此一并感谢。我还要感谢华南理工大学广州学院对编写工作的大力支持。

电子工业出版社石会敏主任等的大力支持，风雨兼程中的一路陪伴使本书得以顺利出版，在此致以诚挚的感谢！

在本书的编写过程中，我们参阅了国内外许多大数据营销方面的有关文献，获得了很多启迪，大大促进了本书的完善，在此对许多文献的作者致以敬意！

本书力求思路清晰、内容翔实，既能和传统营销理论相结合，又能应用于营销新领域。但由于时间仓促，书中难免存在一些不足乃至疏漏，希望得到大家的批评指正，以便进一步修改和完善。读者可以通过邮箱 bigdata_marketing@163.com，将书中的错误及遇到的任何问题反馈给我们。我们将尽量回复邮件，为读者提供最满意的解答，期待能够得到您的真挚反馈。

陈志轩

于华南理工大学广州学院

2019年7月1日

目 录

第 1 章▶▶

走进大数据世界

【学习目标】

1. 理解数据与信息的基本概念
2. 了解数据产业的发展和大数据的市场前景
3. 理解大数据的基本概念、特性、产生的原因及应用的领域
4. 理解大数据处理和分析流程
5. 了解大数据的技术架构和常用技术工具

【思维导图】

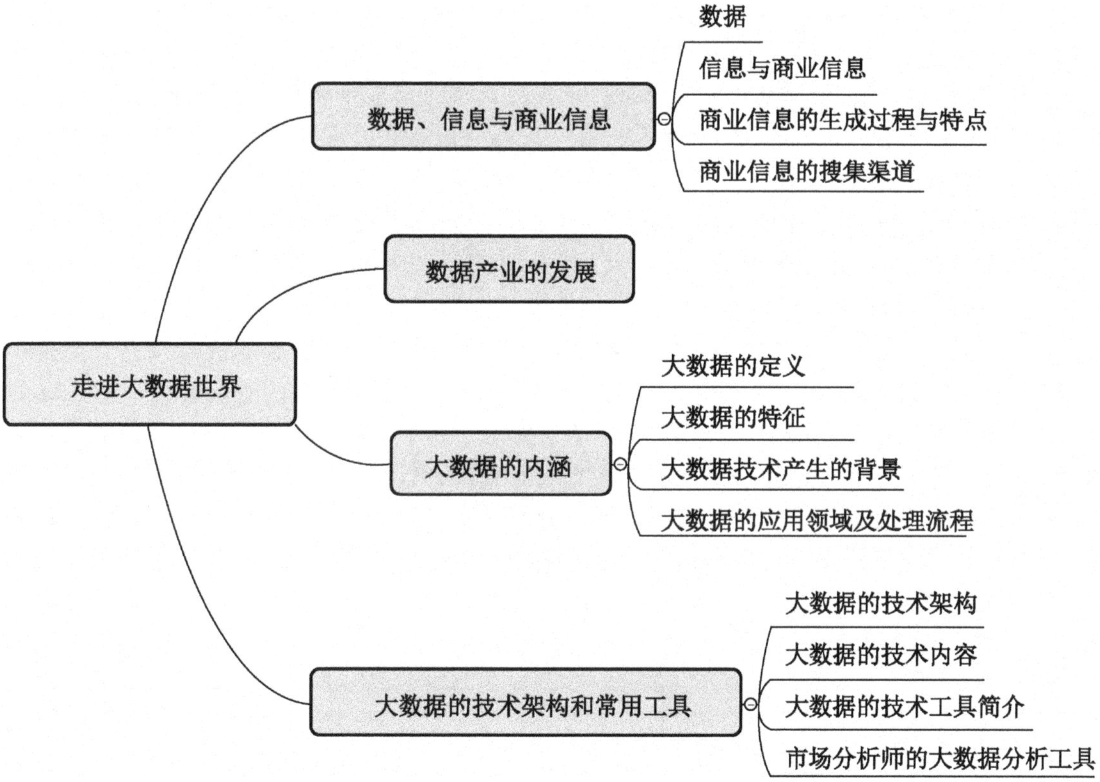

【开篇故事】

从“深蓝”到“阿尔法狗”：人机大战 20 年进化史

1997 年 IBM 的超级计算机“深蓝”（Deep Blue）以 2 胜 1 负 3 平的成绩战胜了当时世界排名第一的国际象棋大师加里 · 卡斯帕罗夫，一时间全球轰动，而“深蓝”的设计者们当时就畅想游戏：“何时计算机也能下围棋呢?”

围棋和国际象棋在复杂程度上不属于一个量级，围棋是一种变数极多、充满不确定性的竞技游戏，每一步棋的可能性都是一个几乎无法穷尽的量级，一回合有 250 种可能，而一盘棋可以长达 150 回合。一个人工智能历史上最重要的时刻再次到来。2016 年 3 月 15 日，谷歌围棋人工智能 AlphaGo（“阿尔法狗”）与韩国棋手李世石的最后一轮较量以前者获胜结束，最终这场轰动全球的“人机大战”的总比分定格在 4∶1。AlphaGo 是无法以“深蓝”的方式获胜的，以蛮力“强记”，或以“固定”程序逻辑决策，或穷极所有可能性进行筛选，这些在围棋中都是不可能的。

围棋问题与现实生活中的问题是相通的，国人甚至将“博弈”围棋视为洞悉人性、参悟人生的过程。然而，现在下围棋的却是一个机器，这意味着这个机器除拥有超强的记忆能力、逻辑思维能力，还要拥有创造力甚至个性。

“感觉就像一个有血有肉的人在下棋一样，该弃的地方也会弃，该退出的地方也会退出，非常均衡的一种棋风，真是看不出出自程序员之手。”柯洁这样评价 AlphaGo 对战李世石的表现，AlphaGo 有好几次落子极其“非常规”，许多专业棋手都表示“看不懂”。而聂卫平（九段）甚至表示自己想要对 AlphaGo 的“惊人一手”脱帽致敬，因为它“用不可思议的下法辟立了围棋常识之外的新天地”。也就是说，这不是 AlphaGo 从既往棋局中“复制”过来的，而是自己“创造”的战术打法。实际上，AlphaGo 的最主要工作原理就是近几年人工智能领域最为热门的“深度学习”，也就是通过模仿人类大脑神经网络，让机器模拟人脑的机制进行记忆、学习、分析、思维、创造……

未来，当人工智能进入实用阶段时，智能搜索、无人驾驶汽车、智能机器人……这些才是社会和经济真正需要的东西。而未来 5~10 年正是中国人工智能发展的黄金时间，是从过去学术讨论阶段开始进入商用阶段的关键时期。李彦宏表示，作为国内一直致力于人工智能研究的互联网公司，百度开发了包括智能机器人、无人驾驶汽车、语音识别等技术和产品。例如，由深度学习实验室研发的智能预估技术已经在百度外卖投入实际应用，人工智能、大数据和深度学习正在帮助百度的外卖骑士更快地为客人送餐。

（资料来源：从“深蓝”到“阿尔法狗”：人机大战 20 年进化史[OL]，http://www.eepw.com.cn.）

思考：

1. 大数据技术和人工智能是什么关系？
2. 未来，人工智能会取代人类大脑工作吗？

本章将介绍大数据的基本概念及其特征、大数据的发展历程，以及大数据分析技术概要和常用工具。

1.1 数据、信息与商业信息

在介绍大数据之前，让我们先了解与大数据密切相关的几个基本概念——数据、信息，以及我们关注的商业信息。

1.1.1 数据

在传统的汉语词典中，数据被解释为进行各种统计、计算、科学研究或技术设计等所依据的数值。《辞海》中数据的解释是“电子计算机加工处理的对象。早期的计算机主要用于科学计算，故加工的对象主要是表示数值的数字。现代计算机的应用越来越广，能加工处理的对象包括数字、文字、字母、符号、文件、图像等”。以上的解释都是把数据与数值在某种程度上等同了。事实上，广义的数据不仅仅是一些数值，还包括人类社会活动中各种各样的记录。在人类进化和人类社会活动过程中，人们开始对人类活动和周边事物进行记录，这也是人类文明的开始。考古学家普遍认为，最早的记录大约开始于4500年之前的苏美尔文明。古代西亚两河流域的苏美尔人用最古老的文字之一—— 楔形文字，记录了他们的社会活动（顾明远. 教育大辞典. 上海：上海教育出版社，1998.），如图1.1所示。在古埃及（约公元前3100年之前）历时3000多年的法老王朝，也开始了古代埃及文字的记录，内容包括宗教、度量衡、天文学等众多领域。

在我国的历史文明中，文字的记录由来也非常久远。在我国河南省安阳市殷墟发现的商朝（约公元前17世纪—公元前11世纪）的甲骨文，距今约3600多年，如图1.2所示。甲骨文，是中国的一种古代文字，又称“契文”“甲骨卜辞”“殷墟文字”或“龟甲兽骨文”（甲骨文的主要内容. 新华网河南考古，2006-05-25）。这些远古的记录，为我们研究我国的历史文明提供了最坚实的基础。

图1.1 楔形文字的记录

图1.2 甲骨文的记录

这些各种各样的记录就是我们现在所说的数据。随着人类文明的进程和科学技术的发展，数据记录也越来越多，并且在规范化的同时呈现出多样性和复杂性。

1.1.2 信息与商业信息

信息在《辞海》中被定义为音信或消息。在近代科技，特别是通信系统中，指的是传输和处理的对象即信号，也就是指事件或资料数据。现在对信息的定义有了进一步的扩展。在现在这个数据时代，我们把通过数据发现的包含有事物运动状态变化和特征的反映叫作信息。信息是消息、数据、资料和知识的统称，可以是有意义的数据特征，也可以是通过数据挖掘得到的新数据规律。数据是信息的载体，而信息可以用数据表示。数据通过分析和挖掘可以转换为信息。它们的共同点都是直接或间接地反映了客观事物。数据是信息存在的一种形式，但不是唯一形式，不能把任何情况下的数据都等同于信息。数据与信息之间最明显的区别在于，数据只是纯粹的记录，而信息是具有实际商业意义的，是分析的结果和事物规律的反映。

商业信息则是指市场主体的特征、要求、意图、竞争部署、行为、方法等在市场上的反映。在商战中，商业信息的价值与兵战中情报的价值是一样重要的。任何商战不但要以市场信息为先导，引导企业的市场行为，还必须将市场信息贯穿商战全过程，随时按信息修正具体的市场行为。也就是，将自然、社会、经济等商业信息，以及企业自身积累的商业数据转化为知识，以确保企业做出正确、明智的经营决策。

商业信息按来源可区分为竞争信息、市场信息及环境信息三种。

（1）竞争信息，搜集与分析现实的和潜在的竞争者动向，分析其强项与弱处，从中掌握竞争者的市场参与能力。竞争信息的来源主要有刊物、公众意见、经济导报（刊）、经营报告，以及竞争者的年报及年预算报告等。

（2）市场信息所侧重的是怎样操纵市场的发展趋势及市场机会，借以保证在市场状况改变之前，有时间、有实力（或者是局部优势）做到“先发制人”。市场信息主要是通过市场调查与分析获得的。

（3）环境信息的来源：一是政府的各项法令和政策；二是社会公众团体的主张和要求；三是经济发展中公布的各项综合性指标；四是新技术（专利）公告和文献资料；五是社会性的变化趋势，如人口流动、观念变化、新的生活方式等。

1.1.3 商业信息的生成过程与特点

信息所反映的事物的含义具有其生成过程，这个过程就是数据分析和挖掘，以及信息的传递升华的过程（如图 1.3 所示）。

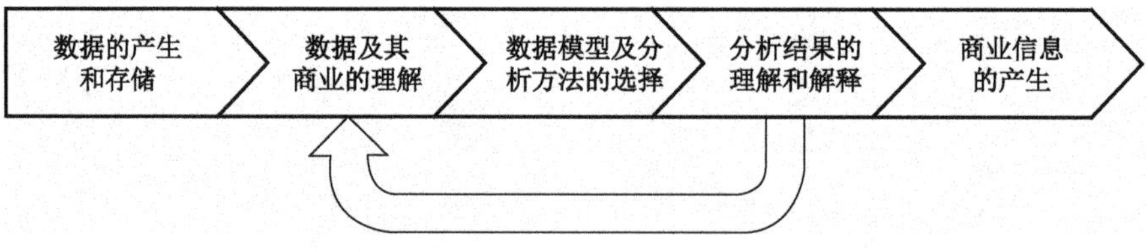

图 1.3 信息的生成过程

下面以财务数据和财务信息为例来描述数据和信息之间的关系、含义及其生成的过程。

财务数据是人们在财务活动中获得的原始记录，包括不同类型的票据等。财务信息是在财务数据分析的基础上获取的财务活动的规律和特征，并可在人们之间进行交流、传播和利用的知识。

会计核算生成财务信息包括两个过程：一是财务信息的日常加工过程——主要是通过填制

和审核会计凭证和登记账簿，形成账簿记录；二是财务信息的再加工过程——主要是以账簿记录为基础，通过进一步分类、汇总、浓缩或扩充，并以财务报表的形式形成一个比较完备的财务信息体系，达到对外发送的要求。财务信息的日常加工和再加工，是一个连续、循环并不断完善和提高的过程，都是会计核算形成财务信息不可或缺的重要过程。

由于商业信息的生成过程实质上就是社会生产、交换、消费等经济活动的过程，因此，除了具有一般信息共有的可传递性、可复制性、可共享性等特点外，商业信息还具有多变性、零散性和实用性等突出特点。

（1）多变性。商业信息的多变性是它不同于其他信息的最突出的特征，主要表现为以下三点：①商品价格信息瞬息万变，尤其在企业常常将价格变动作为促销手段的情况下，不仅同一种商品的价格变化频繁，而且不同商品之间的比价也在不断变化；②商品的供求关系处在不断变动之中，由于大量新的企业参与市场竞争，某些商品往往很快由短缺转为过剩，畅销商品与滞销商品的位次也不断调整；③商品的品种、品牌不断增多，同一种商品的更新换代周期越来越短，使用功能也不断趋向于复合多元。

（2）零散性。商品信息的零散性与商品生产的分散性和商品信息传播的多渠道无序化密切相关，主要表现为以下三点：①商品生产多以分散的企业或企业集团为单位，为占领市场，企业只注重商品信息的及时发布而缺乏累积，造成商品信息满天飞的局面；②商品信息经过各种社会传播渠道传播时，虽经过一定的整合，但仍然无法从根本上改变其分散的状态；③在以商品销售为目的的信息传播活动中，存在片面、无序、虚假宣传的现象。

（3）实用性。商品信息的实用性与商品信息的功能密切相关。它主要表现为以下三点：①沟通社会生产、流通、消费等环节的联系，促使其出现良性循环；②贴近大众生活，有广泛的共享性，提高经济活动的透明度；③服务于不同用户的需求，如企业可以据此了解竞争对手的生产情况、商品营销策略、价格与服务措施、商品的市场占有率等，从而有针对性地组织生产销售，使自己在竞争中占据有利地位。

1.1.4　商业信息的搜集渠道

现在，由于各行业业务自动化的实现，商业领域产生了大量的业务数据，这些数据不再是为了分析的目的而被收集的，而是由于纯粹的商业运作而产生的。分析这些数据也不再是单纯为了研究的需要，更主要的是为商业决策提供真正有价值的信息，进而获得利润。但所有企业面临的一个共同问题是：企业数据量非常大，而其中真正有价值的信息却很少，所以从大量的数据中经过深层分析，获得有利于商业运作、提高竞争力的信息，就像从矿石中淘金一样，难度很大。因此，按企业既定业务目标和长远目标，对大量的企业数据进行搜集和分析，揭示隐藏的、未知的或验证已知的规律性，则成为企业运用商业信息至关重要的第一步。搜集信息要有预见性、广泛性、多样性，具体可以理解为：信息搜集的计划必须是依据企业的近期和长远目标，提高搜集的目的性和主动性。不仅要搜集企业自身潜在市场的信息，还要搜集合作伙伴和竞争对手的各方面信息，如上下游供货商的经营状况等。另外，还有国内外的经济政策、法律法规、行业发展趋势、市场动态、价格动态和终端消费者信息，等等。搜集商业信息的渠道主要有以下几种。

（1）日常工作渠道。如通过每天收到的公文、信函、简报、报表、电话、电报、传真、电子邮件及参加会议、接待来访、参观学习、出国考察、查阅档案搜集信息，以及向信息服务单位购买所需要的有关商业信息。

（2）公众媒体渠道。通过广播、电视、报纸、杂志、图书、网站等媒介获取信息。如经常收看电视商品广告节目以及国外的商品广告等；经常收听全国的，或当地的广播和电视中的新闻消息，通讯报道以及相关商品广告等节目，从中捕捉各种有关的信息；经常广阅博览有关的报纸、杂志、简报、广告、文件、资料，将其中有用的商业信息摘录下来，进行分析研究，分类存贮，以备需要。

（3）调查研究渠道。如到有关单位或对市场进行调研，收集第一手材料，然后加以分析、整理，掌握市场需求情况及其变化趋势；或由专职或兼职信息人员经常采集相关商业信息，进行分析、整理、加工、存储；或企业采用聘用信息人才的方法收集信息。

（4）非正式渠道。如企业要协调好与外部的关系，在公众中树立良好的形象，以便得到他人的信息，使企业搜集信息由传统的单向搜集，变为由企业搜集和他人主动向企业提供信息相结合的双向搜集，从而获得更多的、有用的商业信息。企业还可以通过奖励的办法，鼓励用户或社会上的有关人员向企业提供信息。

（5）信息网络渠道。利用互联网，建立广泛的横向纵向联系，与各地区、各有关行业建立立体联系信息网，经常互通信息，多方面收集商业信息。如对重点单位设立信息点和信息员，建立信息报告制度，使信息来源经常化、制度化。前四种途径，具有直接性的优点，具体可理解为针对性、可靠性、时效性强，但存在搜集费用高、搜集范围小、联系的人员和地点有限、难以了解全面情况、不易开发到新客户等缺点。通信技术的发展，缩短了时空距离，使沟通变得方便且随时随地，在这种情况下，采取传统的信息搜集方式，无疑将会陷入被动。因此，更多的企业选择了第五种信息搜集渠道——互联网。随着互联网的不断发展，许多网站往往拥有很多有价值的信息，允许免费查询，以吸引更多用户的访问。

思考：

1. 思考传统营销实践中数据与信息之间的关系。

2. 思考整个营销实践过程中有哪些数据，观察不同数据的获得途径、记录和存储的方式，并按传统方式进行分类。

3. 思考营销数据之间的联系，结合自己的营销知识，进一步分析数据的特点和规律，以及对以后营销活动有哪些借鉴意义。

1.2 数据产业的发展

数据由来已久，数据的历史就是人类的文明史，也是人类的科技史。早在 1980 年美国著名未来学家阿尔文·托夫勒就在《第三次浪潮》一书中，提出信息革命是人类文明史上的“第三次浪潮”，并将数据和信息赞颂为“第三次浪潮的华彩乐章”。事实上，随着 1946 年首台计算机的诞生，信息和数据技术也在突飞猛进，日新月异。信息技术（Information Technology，IT）和数据技术（Data Technology，DT）产业的每个阶段都是由新兴的 IT 供应商主导的。他们改变了已有的秩序，重新定义了计算机的规范，并为进入 IT 领域的新纪元铺平了道路。图 1.4 展示了 IT 产业的发展阶段。

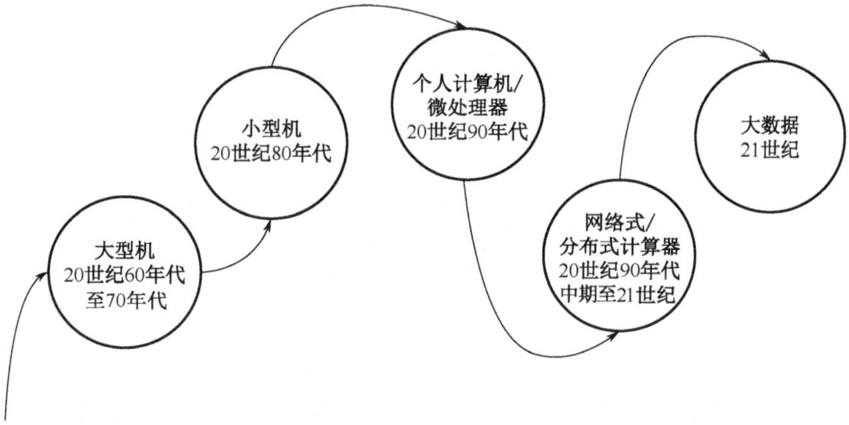

图 1.4　IT 产业的发展阶段

20 世纪 60 年代至 70 年代的大型机阶段是以 Burroughs、Univac、NCR、Control Data 和 Honeywell 等公司为首的。在步入 20 世纪 80 年代后，小型机涌现出来，这时为首的公司包括 DEC、IBM、Data General、Wang、Prime 等。

在 20 世纪 90 年代，IT 产业进入了微处理器或个人计算机阶段，领先者为 Microsoft、Intel、IBM 和 Apple 等公司。

从 20 世纪 90 年代中期开始，IT 产业进入了网络化阶段。

如今，全球网络在线的人数已经超过了 10 亿，这一阶段由 Cisco、Google、Oracle、EMC、Salesforce.com 等公司领导。IT 产业的下一个阶段还没有正式命名，人们更愿意称其为云计算/大数据阶段。

数字信息每天在无线电波、电话电路和计算机电缆等媒介中川流不息。我们周围到处都是数字信息，在高清电视上看数字信息，在互联网上听数字信息，自己也在不断制造数字信息。例如，每次用数码照相机拍照后，都产生新的数字信息，再通过电子邮件把照片发给家人和朋友，就制造了更多的数字信息。不过，没人知道这些流式数字信息有多少、增加速度有多快、其激增意味着什么。正如中国人在发明文字前就有了阴阳学说，并用其解释包罗万象的宇宙世界一样，西方人用制造、获取和复制的所有的 1 和 0，通过计算机处理组成了数字世界。人们通过拍摄照片和共享音乐制造了大量的数字信息，而公司则组织和管理这些数字信息的访问、存储，并为其提供强有力的安全保障。

目前世界上有三种类型模拟数字转换方式：

（1）胶片影像拍摄转换为数字影像拍摄；

（2）模拟语音转换为数字语音；

（3）模拟电视转换为数字电视。

从数码照相机、可视电话、医用扫描仪到保安摄像头，全世界有 10 亿多台设备在拍摄影像，这些影像成为数字海洋中最大的组成部分，通过互联网、企业内部网在个人计算机、服务器及数据中心中复制，通过数字电视广播和数字投影银幕播放。

2007 年是有史以来人类创造的信息量第一次在理论上超过可用存储空间总量的一年。然而，这并不可怕，调查结果强调现在人类应该也必须合理调整数据存储和管理。如 30 多年前，通信行业的数据大部分还是结构化数据。如今，多媒体技术的普及导致非结构化数据如音乐和视频等的数量出现爆炸式增长。虽然 30 多年前的一个普通企业用户文件也许表现为数据库中的一排数字，但是如今的类似普通文件可能包含许多数字化图片、影像或数字化录音内容。现在，92%以上的数字信息都是非结构化数据。在各组织和企业中，非结构化数据占到了所有信息数据总量的 80%以上。

另外，可视化是引起数字世界急速膨胀的主要原因之一。由于数码照相机、数码监控摄像机和数字电视内容的飞速增长及信息的大量复制，使得数字世界的容量和膨胀速度超过此前的估计。个人日常生活的“数字足迹”大大刺激了数字世界的快速增长。通过互联网、社交网络、电子邮件、移动电话、数码照相机和在线信用卡交易等多种方式，每个人的日常生活都在被“数字化”。数字世界的规模在 2006—2011 年 5 年间约膨胀了 10 倍。

数据快速增长的原因之一是智能设备的普及，如传感器、医疗设备及智能建筑（如楼宇和桥梁）。此外，非结构化信息，如文件、电子邮件和视频，将占到未来 10 年新生数据的 90%。非结构化信息增长的另一个原因是高宽带数据的增长，如视频。如图 1.5 所示，预计到 2025 年全球数据量将达到 163ZB（数据存储单位，皆字节，1ZB=1024EB）。

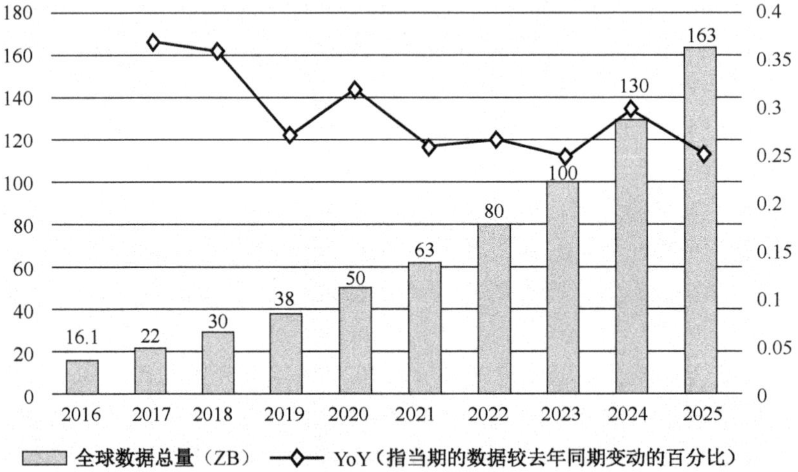

图 1.5　全球数据总量预测（2016—2025 年）

（数据来源：2018 年全球数据中心建设行业发展趋势及市场规模预测[OL]，http://www.diyxx.com/industry/201806/653017.html.）

用户的手机和其他移动设备是数据量爆炸的一个重要原因。目前，全球手机用户共拥有 50 亿台手机，其中 20 亿台为智能手机，相当于 20 世纪 80 年代 20 亿台 IBM 的大型机在消费者手里。

《自然》杂志在 2008 年 9 月推出了名为“大数据”的封面专栏。从 2009 年开始“大数据”才成为互联网技术行业中的热门词汇。对“大数据”进行收集和分析的设想，来自世界著名的管理咨询公司麦肯锡公司（McKinsey&Company）。麦肯锡公司看到了各种网络平台记录的个人海量信息具备的潜在的商业价值，于是投入大量人力、物力进行调研，在 2011 年 6 月发布了关于“大数据”的报告，该报告对“大数据”的影响、关键技术和应用领域等都进行了详尽的分析，首先提出了“大数据时代”的到来并声称“数据已经渗透到当今各行各业的职能领域，成为重要的生产因素”。麦肯锡公司的报告得到了金融界的高度重视，而后逐渐受到各行各业的关注。

数据的产生方式由“人机”“机物”的二元世界向着融合社会资源信息系统及物理资源的

三元世界转变，数据规模呈膨胀式发展。例如，在互联网领域中，谷歌搜索引擎的每秒使用用户量达到 200 万；在科研领域中，仅某大型强子对撞机在一年内积累的新数据量就达到 15PB（数据存储单位，拍字节，1PB=1024TB）左右；在电子商务领域中，eBay 的分析平台每天处理的数据量高达 100PB，超过了纳斯达克交易所每天的数据处理量；在“双 11”大型商业活动中，淘宝商城屡创神话，销售额由 2010 年的 9 亿元一路攀升到 2018 年的 2135 亿多元，支付宝平台平均每秒成功交易 12 万笔，交易覆盖 235 个国家和地区；在航空航天领域中，仅一架双引擎波音 737 飞机在横贯大陆飞行的过程中，传感器网络便会产生近 240TB 的数据。综合各个领域，目前积累的数据量已经从 TB（数据存储单位，太字节，1TB=1024GB）量级上升到 PB、EB（数据存储单位，艾字节，1EB=1024PB）量级，甚至已经达到 ZB 量级，其数据规模已经远远超出了现有通用计算机所能够处理的量级。

根据全球著名咨询机构互联网数据中心国际数据公司（International Data Corporation）做出的估测，人类产生的数据一直都在以每年50%的速度增长，也就是说，每两年数据量就会增加一倍，已形成了“大数据摩尔定律”，这意味着人类在最近两年产生的数据量相当于之前产生的数据量之和。据 DC 统计，2011 年全球被创建和复制的数据总量为 1.8ZB，预计到 2020 年将攀升到 50ZB，是 2012 年的 12 倍。而我国的数据量到 2020 年将超过 8ZB，是 2012 年的 2 倍，其中 80%以上将来自于个人（主要是图片、视频和音乐），远远超过人类有史以来印刷材料的数据总量（200PB）。

如今大数据正在以不可阻拦的磅礴气势，与当代同样具有革命意义的最新科技进步（如虚拟现实技术、增强现实技术、纳米技术、生物工程、移动平台应用等）一起，揭开人类新世纪的序幕。随着互联网技术的蓬勃发展，我们一定会迎来大数据的智能时代，即大数据技术和生活紧密相连，它再也不仅仅是人们津津乐道的一种时尚，而是成为生活中的向导和助手。

大数据时代已悄然来到我们身边，并渗透到我们每个人的日常生活之中，谁都无法回避。它提供了光怪陆离的全媒体、难以琢磨的云计算、无法抵御的虚拟仿真环境和随处可在的网络服务。

1.3 大数据的内涵

从上一节的数据历史可以看出，大数据时代已经来到。近几年，大数据迅速发展成为科技界和企业界甚至世界各国政府关注的热点。以下我们来讨论大数据究竟是什么，大数据又有什么特征，为什么大数据在这个时候来临，以及大数据有哪些应用等人们关注的问题。

1.3.1 大数据的定义

“大数据”一词由英文“ Big Data”翻译而来。大数据一词由著名未来学家阿尔文·托夫勒在《第三次浪潮》（1980 年）一书中首先提出。虽然近几年来，大数据的浪潮迅速兴起，但对大数据的概念还没有一个确切而公认的定义。

维基（Wiki）百科从处理方法角度给出了大数据的定义，即大数据是指利用常用软件工具捕获管理和处理数据所耗时间超过可容忍时间限制的数据集。麦肯锡公司认为将数据规模超出传统数据库管理软件的获取存储管理以及分析能力的数据集称为大数据；高德纳咨询公司（Gartner）则将大数据归纳为需要新处理模式才能增强决策力、洞察发现力和流程优化能力的海量高增长率和多样化的信息资产，将大数据定义为不能够集中存储并且难以在可接受时间内分析处理，其中个体或部分数据呈现低价值性而数据整体呈现高价值性的海量复杂数据集。

因此大数据是相对概念，由于科技的发展日新月异，从定量方面很难定义。以上大多是对大数据的定性描述。虽说这些关于大数据定义的定义方式、角度及侧重点不同，但是所传递的信息基本一致，即大数据归根结底是一种数据集，其特性是通过与传统的数据管理及处理技术对比来凸显，并且在不同需求下，其要求的时间处理范围具有差异性，最重要的一点是大数据的价值并非来自数据本身，而是由大数据所带来的“大思维”“大机遇”，以及通过大数据挖掘提供的“大决策”、大数据分析解决的 “大问题”等。大数据的核心在于为客户从数据中挖掘出蕴藏的价值，而不是软/硬件的堆砌。“大数据”并不等同于“大量的数据”，从技术层面上看，大数据是无法用单台计算机进行处理的，必须采用分布式计算架构，其特色在于对海量数据的挖掘但它又必须依托一些现有的数据处理方法，如流式处理分布式数据库、云存储与虚拟化技术。

网络是大数据的主要载体之一，可以说没有网络就没有今天的大数据技术。美国网络数据中心指出，单就互联网上的数据每年将增长 50%，每两年就将翻一番，而目前世界上 90%以上的数据是最近几年才被人们逐渐认识和产生的。当然数据并非单纯指人们在互联网上发布的信息，全世界的工业设备、汽车、电表上有着无数的数码传感器，随时测量和传递着有关位置、运动、震动、温度、湿度乃至空气中化学物质的变化，这必然会产生海量的数据信息。

大数据的意义在于可以通过人类日益普及的网络行为附带生成，并被相关部门、企业所采集。大数据蕴含着数据生产者的真实意图、喜好，其中包括传统结构和非传统结构的数据。但是，要想从海量数据中挖掘出有用的信息，对网络架构和数据处理能力而言无疑是巨大的挑战。在经历了若干年的科技发展之后，人们终于迎来了大数据时代。

大数据的概念非常广泛，我们认识大数据不能仅仅从技术层面来理解，还要认识到它是融合物理世界、信息空间和人类社会三位一体的立体化世界的新概念，是一个崭新的生态。因为物理世界通过互联网、物联网等技术有了在信息空间中的大数据反映，而人类社会则借助人机界面、脑机界面、移动互联等手段在信息空间中产生自己的大数据映像。从信息产业角度来讲，大数据也是新一代信息技术产业，本质上是构建以云计算、大数据、物联网、移动互联网（社交网络）等的第三代信息产业平台。因此，我们认识大数据的目的就是针对不同领域的大数据应用模式、商业模式进行研究和探索，实现大数据在人类社会活动中的“大价值”。

1.3.2　大数据的特征

在以上对大数据的定义中，已经涉及了大数据的一些特性，其中包括在数据量、产生过程和价值等方面的特性。目前对于大数据的特性认可度较高的是“3V”特性：数据的规模性（Volume）、数据结构的多样性（Variety）及数据传播的高速性（Velocity），而在此基础上已经有不同的公司及研究机构对其进行了扩展。

（1）数据的规模性：大数据的首要特征，包括采集、存储和计算的数据量非常大。大数据的起始计量单位至少是 100TB，通过各种设备产生的海量数据，其数据规模极为庞大，远大于目前互联网上的信息流量，PB 级别将是常态。

（2）数据结构的多样性：表示大数据种类和来源多样化，具体表现为网络日志、音频、视频、图片、地理位置信息等多类型的数据，多样化对数据的处理能力提出了更高的要求，由于编码方式、数据格式、应用特征等多个方面都存在差异性，多信息源并发形成大量的异构数据。

（3）数据传播的高速性：随着互联网的发展，数据的增长速度非常快，处理速度也较快，时效性要求也更高。例如，搜索引擎要求几分钟的新闻能够被用户查询到，个性化推荐算法要求实时完成推荐，这些都是大数据区别于传统数据挖掘的显著特征。

以上是大数据的三个基本特性，除此以外，随着人们对大数据的进一步认识，更多的特征也迅速显现出来，如真实性、易变性和价值特性等。

大数据的真实性（Veracity）是它的另一个特征。现在谈到的大数据不仅大，更重要的是大部分数据是在线或通过现代化的传感器获得的，这是互联网高速发展的特点和趋势。与传统途径获得的数据相比，本质区别在于数据的记录不由第三者人为记录，如历史学家、科学家或其他人的观察和记录，而由传感器或本人进行记录，在数据真实性方面更具有客观性和真实性。这些真实的数据更具有商业价值。

弗雷斯特研究公司（Brian Hopkins & Boris Evelson）指出了大数据的易变性（Variability）是大数据的另一特征。这是指大数据是由不确定的数据结构和多层次的结构组成。这给我们对大数据的分析和挖掘带来了巨大的挑战。

被普遍接受的大数据的另一重要特性是大数据的价值特性（Value）。我们已经知道，大数据含有巨大的价值，但大数据的价值通常很难被发现。这就是大数据具有的价值密度低的特性，只有通过很多的过程才能把它的价值挖掘出来。随着互联网和物联网的广泛应用，信息感知无处不在，信息量大，但价值密度较低，如何结合业务逻辑并通过强大的机器算法挖掘数据价值，是大数据时代最需要解决的问题。

总之，无所遁形的大数据时代已经到来，并快速渗透到每个职能领域。如何借助大数据持续创新发展，使企业成功转型，具有非凡的意义。

1.3.3 大数据技术产生的背景

“大数据”并不是一个凭空出现的概念，它的出现对应了数据产生方式的变革，生产力决定生产关系的道理对于技术领域仍然是有效的，正是由于技术发展到了一定的阶段才导致海量数据被源源不断地生产出来，并使当前的技术面临重大挑战。

从数据技术诞生以来，产生大数据的方式主要经过了三个发展阶段。

1. 被动式生成数据

数据库技术使得数据的保存和管理变得简单，业务系统在运行时产生的数据可以直接保存到数据库中，由于数据是随业务系统运行而产生的，因此该阶段所产生的数据是被动的。

2. 主动式生成数据

物联网的诞生使得移动互联网的发展大大加速了数据的产生概率，如人们可以通过手机等移动终端随时随地产生数据。用户数据不但大量增加，同时用户还主动提交了自己的行为，使之进入了社交、移动时代，大量移动终端设备的出现，使用户不仅主动提交自己的行为，还和自己的社交圈进行实时互动，因此数据大量产生出来，且具有极其强烈的传播性。显然，如此生成的数据是主动的。

3. 感知式生成数据

物联网的发展使得数据生成方式得以彻底改变。例如，遍布在城市各个角落的摄像头等数据采集设备源源不断地自动采集并生成数据。

因此归纳起来大数据出现在现在的原因有以下几点。

（1）数据生产方式变得自动化。

数据的生产方式经历了从结绳记事到现在的完全自动化，人类的数据生产能力已不可同日而语。物联网技术、智能城市、工业控制技术的广泛应用使数据的生产完全实现了自动化，自动化的数据生产必然会产生大量的数据，甚至当前人们所使用的绝大多数数字设备都可以被认为是一个自动化的数据生产设备：我们的手机会不断与数据中心进行联系，通话记录、位置记录、费用记录都会被服务器记录下来；我们用计算机访问网页时的访问历史、访问习惯也会被服务器记录并分析；我们生活的城市、小区遍布的传感器、摄像头会不断产生数据并保证我们的安全；天上的卫星、地面的雷达、空中的飞机也都在不断地自动产生着数据。

（2）数据生产融入每个人的日常生活。

在计算机出现的早期，数据的生产往往只是由专业人员来完成的，能够有机会使用计算机的人员通常都是因为工作的需要，物理学家、数学家是最早一批使用计算机的人员。随着计算机技术的高速发展，计算机得到迅速普及，特别是手机和移动互联网的出现使数据的生产和每个人的日常生活结合起来，每个人都成为数据的生产者：当你发出一条微博时，你在生产数据；当你拍出一张照片时，你在生产数据；当你使用手中的市民卡和银行卡时，你在生产数据；当你在 QQ 上聊天时，你在生产数据；当你用微信发朋友圈或聊天时，你在生产数据；当你玩游戏时，你在生产数据。数据的生产已完全融入人们的生活：在地铁上，你在生产数据；在工作单位，你在生产数据；在家里，你也在生产数据。个人数据的生产呈现出随时、随地、移动化的趋势，我们的生活已经是数字化的生活。

（3）图像、音频和视频数据所占比例越来越大。

人类在过去几千年主要靠文字记录信息，而随着人们生活中生产数据技术的发展，人类越来越多地采用视频、图像和音频这类占用空间更大、更形象的手段来记录和传播信息。从前聊天我们用文字，现在用微信和视频，人们越来越习惯利用多媒体方式进行交流，城市中的摄像头每天都会产生大量视频数据，而且由于技术的进步，图像和视频的分辨率变得越来越高，数据也变得越来越大。

（4）网络技术的发展为数据的生产提供了极大的方便。

前面说到的几个大数据产生的原因中还缺乏一个重要的引子：网络。网络技术的高速发展是大数据出现的重要催化剂：没有网络的发展就没有移动互联网，我们就不能随时随地实现数据生产；没有网络的发展就不可能实现大数据视频数据的传输和存储；没有网络的发展就不会有现在大量数据的自动化生产和传输。网络的发展催生了云计算等网络化应用的出现，使数据的生产触角延伸到网络的各个终端，使任何终端所产生的数据都能快速、有效地被传输并存储。很难想象在一个网络条件很差的环境下能出现大数据，所以，可以这么认为：大数据的出现依赖于集成电路技术和网络技术的发展，集成电路为大数据的生产和处理提供了计算能力的基础，网络技术为大数据的传输提供了可能。

（5）云计算概念的出现进一步促进了大数据的发展。

云计算这一概念是在 2008 年左右进入我国的，而最早可以追溯到 1960 年人工智能之父麦肯锡所预言的“今后计算机将会作为公共设施提供给公众”。云计算的出现使计算和服务都可以通过网络向用户交付，而用户的数据也可以方便地利用网络传递。云计算这一模式使网络的作用被进一步凸显出来，数据的生产、处理和传输可以利用网络快速地进行，改变了传统的数据生产模式，大大加快了数据的产生速度，对大数据的出现起到了至关重要的作用。

大数据的来源非常多，如信息管理系统、网络信息系统、物联网系统、科学实验系统等，其数据类型包括结构化数据、半结构化数据和非结构化数据。

（1）信息管理系统：企业内部使用的信息系统，包括办公自动化系统、业务管理系统等。信息管理系统主要通过用户输入和系统二次加工的方式产生数据，其产生的大数据大多数为结构化数据，通常存储在数据库中。

（2）网络信息系统：基于网络运行的信息系统即网络信息系统是大数据产生的重要方式，如电子商务系统、社交网络、社会媒体、搜索引擎等都是常见的网络信息系统。网络信息系统产生的大数据多为半结构化或非结构化的数据。在本质上，网络信息系统是信息管理系统的延伸，是专属于某个领域的应用，具备某个特定的目的。因此，网络信息系统有着更独特的应用。

（3）物联网系统：物联网是新一代信息技术，其核心和基础仍然是互联网，是在互联网基础上延伸和扩展的网络，其用户端延伸和扩展到了任何物品与物品之间进行信息交换和通信，而其具体实现是通过传感技术获取外界的物理、化学、生物等数据信息。

（4）科学实验系统：主要用于科学技术研究，可以由真实的实验产生数据，也可以通过模拟方式获取仿真数据。

1.3.4 大数据的应用领域及处理流程

大数据在社会生活的各个领域得到了广泛的应用，如大规模的电子商务、科学计算、金融服务、智慧城市、社会安全与保障、教育、体育、军事、能源、天文学、大气科学、基因组学、生物学，以及其他复杂或跨学科的科研等领域。不同领域的大数据应用具有不同特点，其响应时间、稳定性、精确性的要求各不相同，解决方案也层出不穷，其中最具代表性的有 Information Cloud 解决方案、IBM 战略、Microsoft 战略、京东框架结构等。本书讨论的重点是大数据在营销领域中的应用。

虽然大数据的应用领域广泛，但大数据的处理流程也有其一定的规律。一般来说大数据的处理流程可以定义为在适合工具的辅助下，对不同结构的数据进行抽取和集成，将结果按照一定的标准统一存储，再利用合适的数据分析技术对存储的数据进行分析从中提取有益的知识并利用恰当的方式将结果展示给终端用户。因此，大数据的处理流程与信息的生成过程极为相通（参见图 1.3）。大数据的处理流程更重视实际的应用场景，必须首先对应用领域和数据挖掘的目标有明确和清楚的认知。大数据处理的基本流程如图 1.6 所示。

1. 理解业务需求

充分理解业务的需求，提炼出大数据营销的目标，找到传统营销的瓶颈，确定数据分析的方法是成功的第一步。业务需求的确定也是来自客户的需求。深入把握客户的需求，才能设计出具有针对性的解决方案，提供个性化、主动的服务营销。同时只有深入把握行业需求，对客户进行全面分析和跟进，直接反馈业务市场的竞争态势，对市场的动态变化进行实时掌控，才能在竞争中占据主动。

2. 数据采集和存储

由于大数据处理的数据来源广泛，而其第一步是对数据进行抽取和集成，从中找出关系和实体，经过关联、聚合等操作，再按照统一的格式对数据进行存储，现有的数据抽取和集成引擎有三种：基于物化或 ETL（是英文 Extract Transform Loal 的缩写，用来描述将数据从来源端经过抽取、交换、转换、加载至目的端的过程）方法的引擎、基于中间件的引擎、基于数据流方法的引擎。数据采集主要分三种方式：基础运营方式、数据租赁运营方式及数据购买运营方式。它们又可归纳为两个方面，即内部信息采集和外部信息采集。所有数据都可以结合新媒体营销渠道获得。因此，企业一定要制定数据积累和管理框架。一方面通过市场调查消费者的消费记录及任何促销活动（特别是新媒体营销）的记录；另一方面利用公共记录的数据，如人口统计数据、医院婴儿出生记录、患者记录卡、银行担保卡、信用卡记录等都可以选择性地纳入数据采集范围。将收集的数据，根据企业数据管理的框架和自身的条件，选择适当的方式进行存储，建立起大数据平台。

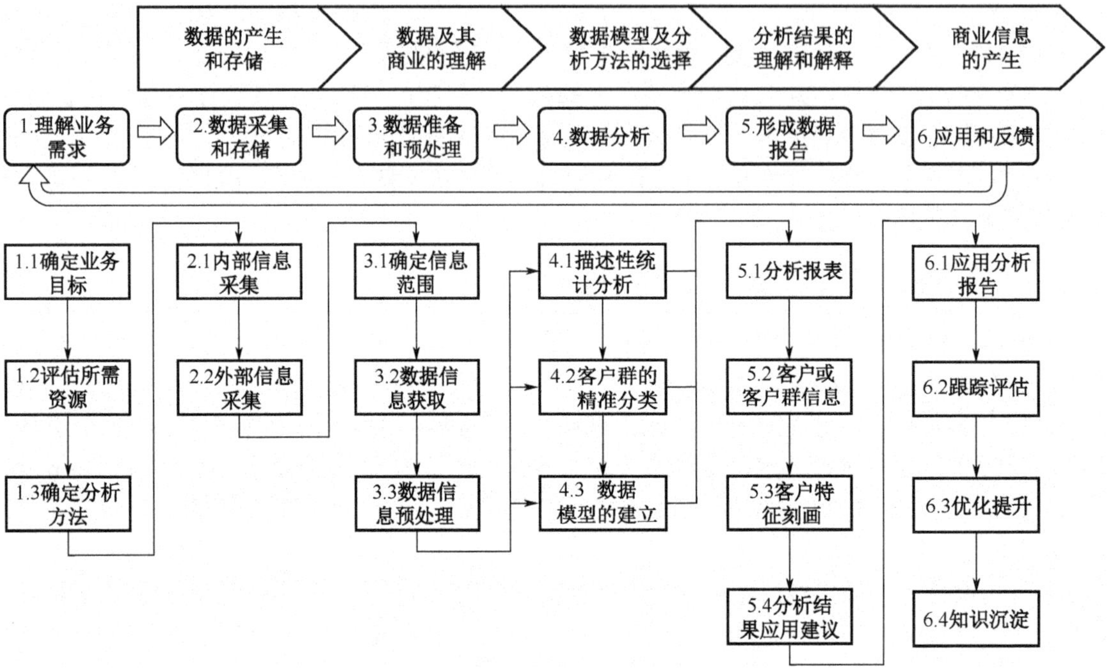

图 1.6　大数据处理的基本流程

3. 数据准备和预处理

这个阶段是根据大数据营销的目标，确定大数据分析的数据范围，运用先进的大数据技术，对数据进行清洗或预处理。由于大数据的低价值密度的特征，对原始大数据的预处理往往也是一个很大的工程，甚至预处理的好坏直接影响之后数据分析的效果。

4. 数据分析

大数据分析通常包含三个层次：描述性分析、预测性分析及措施性分析。

（1）描述性分析：通过分析数据，找出过去事件的特征和正在发生事件的趋势。

（2）预测性分析：通过分析数据，来预测未来可能发生的事情。

（3）措施性分析：通过分析数据，找出最佳措施，取得最优化的结果。

同样，针对大数据营销的数据分析主要从描述性统计分析、客户群的精准分类，以及数据模型的建立三方面来入手。例如：利用基本统计学方法进行统计分析；利用数据挖掘的分类、聚类、关联等方法进行客户群的精准分类；利用数据模型和机器学习等算法进行各种预测。

数据分析主要从描述性统计分析、客户群的精准分类及数据模型的建立三方面来入手。例如：利用基本统计学方法进行统计分析；利用数据挖掘的分类、聚类、关联等方法进行客户群的精准分类；利用数据模型和机器学习等算法进行各种预测。

大数据分析是指对规模巨大的数据进行分析。大数据分析是大数据处理流程的核心步骤。通过抽取和集成环节，从不同结构的数据源中获得用于大数据处理的原始数据，用户根据需求对数据进行分析处理，如数据挖掘、机器学习、数据统计、数据分析可以用于决策支持、商业智能、推荐系统、预测系统等。利用大数据分析及挖掘技术改进已有数据挖掘和机器学习技术，开发数据网络挖掘、特异群组挖掘、图挖掘等新型数据挖掘技术，突破基于对象的数据连接、相似性连接等大数据融合技术和用户兴趣分析、网络行为分析、情感语义分析等面向领域的大数据挖掘技术。

数据挖掘就是从大量的、不完全的、有噪声的、模糊的、随机的实际应用数据中，提取隐含在其中人们事先不知道但又是潜在有用的信息和知识的过程。

数据挖掘涉及的技术方法很多且有多种分类法。根据挖掘任务可分为分类或预测模型发现，数据总结、聚类、关联规则发现，序列模式发现，依赖关系或依赖模型发现，异常和趋势发现等；根据挖掘对象可分为关系数据库、面向对象数据库、空间数据库、时态数据库、文本数据库、多媒体数据库、异质数据库、遗产数据库及环球网 Web；根据挖掘方法可粗分为机器学习方法、统计方法、神经网络方法和数据库方法。机器学习方法可细分为归纳学习方法（决策树、规则归纳等）、基于范例学习、遗传算法等。统计方法可细分为回归分析（多元回归、自回归等）、判别分析（贝叶斯判别、费歇尔判别、非参数判别等）、聚类分析（系统聚类、动态聚类等）、探索性分析（主元分析法、相关分析法等）等。神经网络方法细分为前向神经网络（BP 算法等）、自组织神经网络（自组织特征映射、竞争学习等）等。

5. 形成数据报告

在数据分析的基础上，形成数据报告是非常重要的步骤。数据报告包括：分析报表、客户信息或客户群信息及其特征，以及根据分析结果提出应用建议。用户最关心的是数据处理的结果及以何种方式在终端上显示结果，因此采用什么方式展示处理结果非常重要。目前来看，可视化和人机交互是数据解释的主要技术。数据可视化无论是对普通用户还是数据分析专家，都是最基本的功能。数据图像化可以让数据“说话”，让用户直观地感受到结果。

数据可视化主要是借助图形化手段，清晰有效地传达或沟通信息。数据可视化技术的基本思想是将数据库中每个数据项作为单个图元元素表示，大量的数据集合构成数据图像，同时将数据的各个属性值以多维数据的形式表示，可以从不同的维度观察数据，从而对数据进行更深入的观察和分析。使用可视化技术可以将处理结果通过图形方式直观地呈现给用户，如标签云、历史流、空间信息等；人机交互技术可以引导用户对数据进行逐步分析，参与并理解数据分析结果。大数据分析提供了一种可能，既可以根据营销问题，封闭性地去挖掘对应数据进行验证，也可以开放性地探索，得出一些可能与常识或经验不一致的结论或完全相异的结论。

6. 应用和反馈

数据指导营销最重要的是解读。一般是定义营销问题之后，采集对应的数据，然后根据确定的建模、分析框架或数据进行分析，验证假设，进行解读。在大数据分析的基础上，可解读的点变得非常丰富。解读的目的是应用，根据解读的结果，把分析的建议加入大数据营销计划，进行跟踪评估和优化提升，达到知识沉淀的目标，最终应用于新一轮的大数据营销中。

思考：

1. 大数据、云计算、物联网和移动端之间的关系如何？

2. 根据现代互联网时代的特性，从广义的角度思考大数据、云计算、物联网和移动端之间的关系，理解大数据生态的含义。

1.4 大数据的技术架构和常用工具

大数据的应用价值和应用前景不言而喻，而各种各样的大数据应用需要对应的工具和技术来实现。新的工具、流程和方法支撑起了新的技术架构，使企业能够建立、操作和管理这些超大规模的数据集和数据存储环境。以下就大数据的技术架构和常用工具做一简单回顾。

1.4.1 大数据的技术架构

根据大数据的特征，大数据的技术架构必须考虑数据速度和数据量的特点，才能为企业提供一种灵活的选择，以实现大数据分析所需的效率、可扩展性、数据便携性和经济性，但仅仅存储和提供数据还不够，必须以新方式合成、分析和关联数据，才能提供商业价值。部分大数据方法要求处理未经建模的数据，因此，可以用毫不相干的数据源比较不同类型的数据进行模式匹配，从而使大数据的分析能以新视角挖掘企业传统数据，并带来传统上未曾分析过的数据洞察力。基于上述考虑，一般可以构建出适合大数据的四层堆栈式技术架构，如图 1-7 所示。

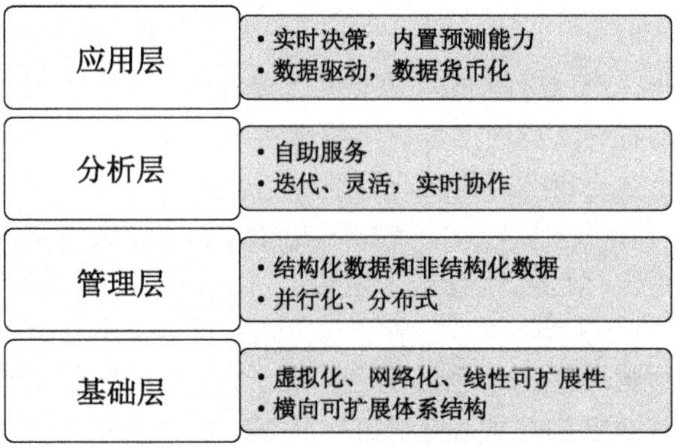

图 1.7 四层堆栈式大数据技术架构

1. 基础层

第一层作为整个大数据技术架构基础的最底层，也是基础层。要实现大数据规模的应用，企业需要一个高度自动化的、可横向拓展的存储和计算平台。这个基础设施需要从以前的存储孤岛发展为具有共享能力的高容量存储池。容量、性能和吞吐量必须可以线性扩展。

云模型鼓励访问数据并通过提供弹性资源池来应对大规模问题，解决如何存储大量数据及如何积聚所需的计算资源来操作数据的问题。在云中，数据跨多个结点调配和分布，使数据更接近需要它的用户，从而缩短响应时间，提高效率。

2. 管理层

大数据要支持在多源数据上做深层次的分析，在技术架构中需要一个管理平台，即管理层使结构化和非结构化数据管理为一体，具备实时传送和查询、计算功能。

本层既包括数据的存储和管理，也涉及数据的计算。并行化和分布式是大数据管理平台所必须考虑的要素。

3. 分析层

大数据应用需要大数据分析。分析层提供基于统计学的数据挖掘和机器学习算法，用于分析和解释数据集，帮助企业获得深入的数据价值领悟。可扩展性强、使用灵活的大数据分析平台更可能成为数据科学家的利器，起到事半功倍的效果。

4. 应用层

大数据的价值体现在帮助企业进行决策和为终端用户提供服务的应用上。不同的新型商业需求驱动了大数据的应用。反之，大数据应用为企业提供的竞争优势使企业更加重视大数据的价值。新型大数据应用不断对大数据技术提出新的要求，大数据技术也因此在不断的发展变化中日趋成熟。

1.4.2 大数据的技术内容

大数据需要特殊的技术，以有效地处理在允许时间范围内的大量数据。适用于大数据的技术，包括大规模并行处理数据库、数据挖掘电网、分布式文件系统、分布式数据库、云计算平台、互联网和可扩展的存储系统。

大数据技术分为整体技术和关键技术两个方面。

1. 整体技术

大数据的整体技术一般包括数据采集、数据存取、基础架构、数据处理、统计分析、数据挖掘、模型预测和结果呈现等。

（1）数据采集：ETL 工具负责将分布的、异构数据源中的数据，如关系数据、平面数据文件等抽取到临时中间层后进行清洗、转换、集成，最后加载到数据仓库或数据集市中，成为联机分析处理、数据挖掘的基础。

（2）数据存取：包括关系数据库、NoSQL、SQL 等。

（3）基础架构：包括云存储分布式文件存储等。

（4）数据处理：指导处理自然语言。自然语言处理（Natural Language Processing，NLP）是研究人与计算机交互的语言问题的一门学科。处理自然语言的关键是要让计算机“理解”自然语言，所以自然语言处理又称为自然语言理解（Natural Language Understanding，NLU），也称计算语言学。

（5）统计分析：包括假设检验、显著性检验、差异分析、相关分析、T 检验、方差分析、卡方分析、偏相关分析、距离分析、回归分析、简单回归分析、多元回归分析、逐步回归、回归预测与残差分析、岭回归、Logistic 回归分析、曲线估计、因子分析、聚类分析、主成分分析、因子分析、快速分类法与聚类法、判别分析、对应分析、多元对应分析（最优尺度分析）、Bootstrap 技术等。

（6）数据挖掘：包括分类、估计、预测、相关性分组或关联规则、聚类、描述和可视化、复杂数据类型挖掘（Text、Web 图形图像、视频、音频等）。

（7）模型预测：包括预测模型、机器学习、建模仿真。

（8）结果呈现：包括数据可视化，如标签云、关系图等。

2. 关键技术

大数据处理关键技术一般包括大数据采集技术、大数据预处理技术、大数据存储及管理技术、开发大数据安全技术、大数据分析及挖掘技术、大数据展现与应用技术（大数据检索、大数据可视化、大数据应用、大数据安全等）。

（1）大数据采集技术：数据是指通过 RFID 射频、传感器、社交网络交互及移动互联网等方式获得的各种类型的结构化、半结构化（或称为弱结构化）及非结构化的海量数据，是大数据知识服务模型的根本。大数据采集技术重点要突破分布式高速高可靠性数据采集、高速数据全映像等大数据收集技术，高速数据解析、转换与装载等大数据整合技术，设计质量评估模型，开发数据质量技术。

大数据采集一般分为智能感知层和基础支撑层。智能感知层主要包括数据传感体系、网络通信体系、传感适配体系、智能识别体系及软硬件资源接入系统，实现对结构化、半结构化、非结构化的海量数据的智能化识别、定位、跟踪、接入、传输、信号转换、监控、初步处理和管理等，必须着重掌握针对大数据源的智能识别、感知、适配、传输、接入等技术。基础支撑层提供大数据服务平台所需的虚拟服务器，结构化、半结构化及非结构化数据的数据库，以及物联网资源等基础支撑环境，重点攻克分布式虚拟存储技术，大数据获取、存储、组织、分析和决策操作的可视化接口技术，大数据的网络传输与压缩技术，大数据隐私保护技术等。

（2）大数据预处理技术：主要完成对已接收数据的辨析、抽取、清洗等操作。

① 辨析：大数据的采集范围往往非常广，来源也非常复杂。因此，我们要对数据的来源进行仔细地辨别，结合分析的目标，合理地取舍。

② 抽取：因获取的数据可能具有多种结构和类型，数据抽取过程可以帮助我们将复杂的数据转化为单一的或者便于处理的结构和类型，以达到快速分析处理的目的。

③ 清洗：由于在海量数据中，数据并不全是有价值的，有些数据并不是我们所关心的内容，而有些数据则是完全错误的干扰项，因此要对数据进行过滤“去噪”从而提取出有效数据。

（3）大数据存储及管理技术：大数据存储及管理要用存储器把采集到的数据存储起来，建立相应的数据库，并进行管理和调用。大数据存储及管理技术的重点是解决复杂结构化、半结构化和非结构化大数据管理与处理技术；主要解决大数据的可存储、可表示、可处理、可靠性及有效传输等几个关键问题；开发可靠的分布式文件系统、能效优化的存储、计算融入存储、大数据的去冗余及高效低成本的大数据存储技术，突破分布式非关系型大数据管理与技术处理。异构数据的数据融合技术、数据组织技术，研究大数据建模技术，大数据索引技术和大数据移动、备份、复制等技术，开发大数据可视化技术和新型数据库技术。其中，非关系型数据库主要指的是 NoSQL，又分为键值数据库、列存数据库、图存数据库及文档数据库等类型。关系数据库包含了传统关系数据库系统及 NewSQL 数据库。

（4）开发大数据安全技术：改进数据销毁、透明加解密、分布式访问控制、数据审计等技术，突破隐私保护和推理控制、数据真伪识别和取证、数据持有完整性验证等技术。

（5）大数据分析及挖掘技术：改进已有数据挖掘和机器学习技术，开发数据网络挖掘、特异群组挖掘、图挖掘等新型数据挖掘技术，突破基于对象的数据连接、相似性连接等大数据融合技术和用户兴趣分析、网络行为分析、情感语义分析等领域的大数据挖掘技术。

数据库方法主要是多维数据分析或 OLAP 方法，另外还有面向属性的归纳方法。

从挖掘任务和挖掘方法的角度，数据挖掘着重突破以下几个方面。

① 可视化分析。数据可视化无论是对普通用户还是数据分析专家，都是最基本的功能。数据图像化可以让数据“说话”，让用户直观地感受到结果。

② 数据挖掘算法。图像化是将机器语言翻译给人们看，而数据挖掘算法用的是机器语言。分制、集群、孤立点分析还有各种各样的算法使我们可以精炼数据、挖掘价值。数据挖掘算法一定要既能够应付大数据的量同时还应具有很高的处理速度。

③ 预测性分析。预测性分析可以让分析师根据图像化分析和数据挖掘的结果做出一些前瞻性判断。

④ 语义引擎。语义引擎需要设计足够的人工智能才从数据中主动地提取信息。语言处理技术包括机器翻译、情感分析、舆情分析、智能输入、问答系统等。

⑤ 数据质量与管理。数据质量与管理是管理的最佳实践，透过标准化流程和机器对数据进行处理可以确保获得一个预设质量的分析结果。

（6）大数据展现与应用技术：大数据技术能够将隐藏在海量数据中的信息和知识挖掘出来，为人类的社会经济活动提供依据，从而提高各个领域的运行效率，大大提高整个社会经济的集约化程度。

在我国，大数据的应用领域非常广泛，大数据的分析技术也种类繁多。例如，商业智能技术、政府决策技术、电信数据信息处理与挖掘技术、电网数据信息处理与挖掘技术、气象信息分析技术、环境监测技术、警务云应用系统（道路监控、视频监控、网络监控、智能交通、反电信诈骗、指挥调度等公安信息系统）、大规模基因序列分析对比技术、Web 信息挖掘技术、多媒体数据并行化处理、影视制作渲染技术、其他各种行业的云计算和海量数据处理应用技术等。

1.4.3 大数据的技术工具简介

大数据分析是在研究大量数据的过程中寻找模式、相关性和其他有用的信息，以帮助企业更好地适应变化，并做出更明智的决策。

1. Hadoop

Hadoop 是一个能够对大量数据进行分布式处理的软件框架，是一个能够让用户轻松架构和使用的分布式计算平台。用户可以轻松地在 Hadoop 上开发和运行处理海量数据的应用程序。它主要有以下几个特点。

（1）高可靠性。Hadoop 按位存储和处理数据的能力值得人们信赖。

（2）高扩展性。Hadoop 是在可用的计算机集簇间分配数据并完成计算任务的，这些集簇可以方便地扩展到数以千计的结点中。

（3）高效性。Hadoop 能够在结点之间动态地移动数据，并保证各个结点的动态平衡，因此处理速度非常快。

（4）容错性。Hadoop 能够自动保存数据的多个副本，并且能够自动将失败的任务重新分配。

Hadoop 带有用 Java 语言编写的框架，因此运行在 Linux 平台上是非常理想的。Hadoop 上的应用程序也可以使用其他语言编写，如 C++。

2. Spark

Spark 是一个基于内存计算的开源集群计算系统，目的是更快速地进行数据分析。Spark 由加州伯克利大学 AMP 实验室开发。Spark 提供了与 Hadoop 相似的开源集群计算环境。虽然简单，但基于内存和迭代优化的设计，使 Spark 在某些工作负载上表现得更优秀。

综合 Spark 的特点有如下几个。

（1）轻量级快速处理。着眼大数据处理，速度往往被置于第一位。Spark 允许 Hadoop 集群中的应用程序在内存中以 100 倍的速度运行，即使在磁盘上运行也能快 10 倍。Spark 将中间处理数据全部放到了内存中，通过减少磁盘 IO 提升性能。这种做法大大地减少了数据处理过程中磁盘的读写，大幅度地减少了所需时间。

（2）易于使用。Spark 支持多语言。Spark 允许使用 Java、Scala 及 Python 等语言，允许开发者在自己熟悉的语言环境下进行工作。它自带 80 多个高等级操作符，允许在 Shell 中进行交互式查询。

（3）支持复杂查询。在简单的 Map 及 Reduce 操作之外，Spark 还支持 SQL 查询、流式查询及复杂查询。同时用户可以在同一个工作流中无缝地搭配这些能力。

（4）实时的流处理。相较于 MapReduce 只能处理离线数据，Spark 支持实时的流计算。Spark 依赖 Spark Streaming 对数据进行实时的处理，当然在 YARN 之后 Hadoop 也可以借助其他的工具进行流式计算。Spark Streaming 具有简单、容错、集成的特点。

（5）可以与 Hadoop 和已存 Hadoop 数据整合。Spark 可以独立运行，除了可以运行在当下的 YARN 集群管理之外，它还可以读取已有的任何 Hadoop 数据。这是个非常大的优势，它可以运行在任何 Hadoop 数据源上，如 HBase、HDFS 等。

（6）活跃和无限壮大的社区。Spark 起源于 2009 年，当下已有超过 50 个机构 250 个工程师贡献过代码，是一个发展迅速的开源系统，社区也十分活跃，可以为开发者提供快速有效的帮助。

3. HPCC

HPCC（高性能计算与通信）是美国为实现信息高速公路而实施的计划，该计划的实施将耗资百亿美元，其主要目标是开发可拓展的计算机系统及相关软件，以提高网络传输性能；开发千兆比特网络技术，扩展研究和教育机构及网络连接能力。

4. Storm

Storm 是一个开源软件，一个分布式、容错的实时计算系统。Storm 可以非常可靠地处理庞大的数据流，也可用于处理 Hadoop 的批量数据。Storm 很简单，支持许多种编程语言，使用起来非常有趣。Storm 由 Twitter 开源而来，知名的应用企业包括淘宝、支付宝、阿里巴巴等。

Storm 有许多应用领域，包括实时分析、在线机器学习、不停顿的计算、分布式 RPC（远过程调用协议，一种通过网络从远程计算机程序上请求服务的协议）、ETL 等。Storm 的处理速度惊人，经测试，每个结点每秒钟可以处理 100 万个数据元组。Storm 具有可扩展、容错、容易设置和操作的特点。

5. Apache Drill

为了帮助企业用户寻找更有效、更快的 Hadoop 数据查询的方法，Apache 软件基金会发起了一项名为 Drill 的开源项目。该项目主要是为 Hadoop 数据分析工具的互联网应用提速，有助于 Hadoop 用户实现更快查询海量数据集的目的。通过开发 Apache Drill 开源项目，组织机构将有望建立 Drill 所属的应用程序编程接口（Application Programming Interface, API）和灵活强大的体系架构，从而支持更广泛的数据源、数据格式和查询语言。

1.4.4 市场分析师的大数据分析工具

以上讨论的大数据分析技术和工具大都是在计算机技术层面，而对市场分析师来说有点望尘莫及。实际上，数据科学家和市场分析师的工作重点都是数据分析和处理，以及把分析成果如何运用于商业实践。那么，有没有既简单好用，又能够满足数据分析的工具呢？答案是肯定的。

那么一名大数据分析的初学者应如何寻找合适的突破口，并通过渐进的学习，成为理想中的数据分析师或数据科学家？我们认为，从数据挖掘方法入手，无疑是最佳选择。这个学习方案，一方面，可保证初学者在一开始就可以持续进行一般的数据分析，并通过增加数据量、引进新方法，提高自己的分析能力，逐步成为一名方法应用与算法研究的专家；另一方面，当达到一定水平之后，向下可以进一步研究大数据的分布式计算环境与计算方法，并深入学习云计算的基础知识，成为大数据系统建设方案的高手；向上也可以结合自己所从事行业的实际问题，通过具体实战，积累应用经验，成为该领域大数据分析的翘楚。

R 语言正是目前应用最广泛的数据挖掘与分析工具。你或许没有听说过 R 语言，或许你曾尝试过使用 R 语言但是觉得摸不着头脑，之后转而使用其他“好用”的工具。你或许知道 R 语言使用的是命令行，你并不喜欢这点。或许你确信 R 语言对于分析领域的专家来说是很有效的工具但你没有时间学习如何使用。

实际上，R 语言是一门编程语言。它不是像 SPSS、SAS、JMP 或 Minitab 这样的“统计程序”，也并不想成为它们中的一员。官方 R 项目对其描述是“用于统计计算和图形的语言和环境”。注意这里着眼点是 R 是一门“语言”。R 语言是用于统计的很好的编程语言。其底层语言的发明者 John Chambers 获得了 1998 年美国计算机协会的软件系统奖（Association for Computing Machinery（ACM）Software System Award），该奖项针对的是能够“永久改变人们分析、可视化和处理数据的方式……”的系统。

R 语言基于 Chambers 于 20 世纪 70—80 年代在贝尔实验室发明的 S 语言（S 是英文单词“Statistics”的首字母），UNIX 操作系统和 C 编程语言也是在该实验室产生的。S 语言的实现商业版本 S－PLUS 在 20 世纪 90 年代吸引了分析师和学术界的注意。Robert Gentleman 和 Ross Ihaka 希望扩大 S 语言的使用范围并且在 1997 年推出了开源项目 R 语言。

自那以后 R 语言的普及度呈几何级增长。R 语言真正神奇的地方在于用户可以对 R 语言的发展做贡献，提升 R 语言的方式从添加核心函数到高度特异化的方法等不一而足。许多使用者都对 R 语言社区做出了贡献，现在有 13 400 多个 R 语言程序包，为 R 语言添加了许多功能（最新的统计数字见 https：//mirrors.tuna.tsinghua.edu.cn/CRAN/）。

为什么 R 语言被数据分析师如此青睐？使用 R 语言的理由有很多。R 语言是统计学家使用最广泛的平台，统计专业人士提出的最新方法首先得以用 R 语言实现。R 语言迅速发展成为大学教育的默认平台，且扩展到其他学科，如经济学和心理学。

R 语言为分析师提供了最多最广的分析工具和统计方法集。它使你能够重复使用分析代码，且扩展 R 语言系统本身。R 语言能在大多数操作系统上运行并且能和其他数据系统交互，如在线数据、SQL 数据库。R 语言提供优美且强大的绘图函数，相较于电子表格，R 语言能大量绘制更加贴合当前情况更具信息量的图形，如图 1.8 所示。把这些特点加起来，R 语言便能够极大地提高分析师的效率。

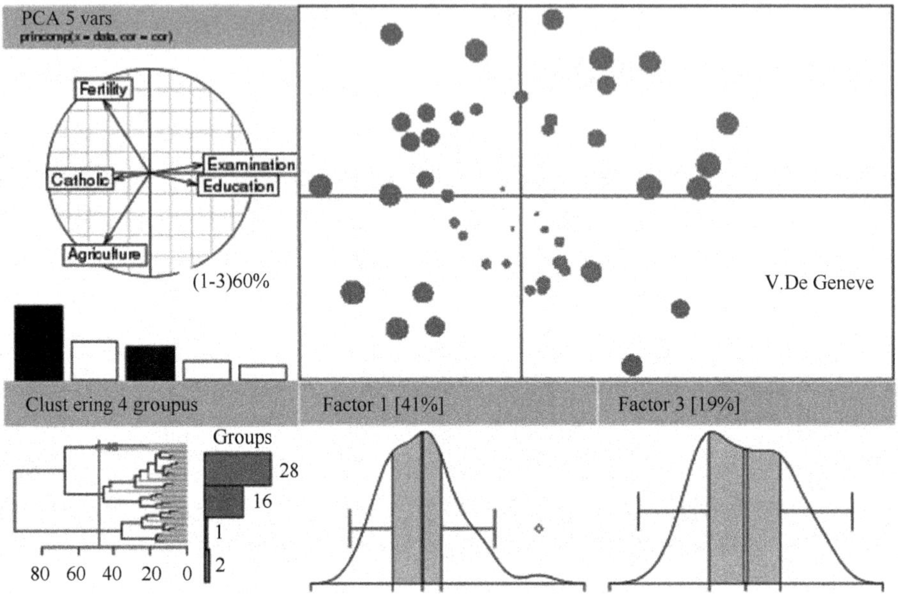

图 1.8　利用 R 语言实现数据可视化

R 语言有一个社区。许多 R 语言用户都是 R 语言的狂热者，他们乐于助人，并且享受解决问题带来的喜悦以及总是学到新东西的过程。R 语言是用户建立的动态系统，关于 R 语言总有新的东西要学习。R 语言相关知识是越来越多顶级公司分析工作需要的宝贵技能。

R 语言代码是开放的，你可以选择相信函数背后的代码，也可以随时核实。所有的核心代码和人们贡献的大部分 R 语言程序包都是开源的。你能检查其中的代码，看看究竟是如何分析的，以及函数运行背后到底发生了什么。

最后，R 语言是免费的。这是 R 语言核心开发组成员对职业的热爱和自豪感的结果，其中包括杰出的统计学家和计算机科学家。与所有杰作一样，建造者的专注明显反映在最终的作品上。

综上所述，R 语言的突出特点如下。

（1）共享性。使用者可以到相应的网站上免费下载和使用。

（2）分析方法丰富。R 语言不仅包括众多经典通用的统计和数据挖掘方法，还拥有大量面向不同应用领域问题的前沿和专用的模型算法。

（3）操作简便灵活。R 语言支持计算机编程。用户可以通过编程实现数据整理的自动化和批量化，可以通过调用 R 语言的现成模型和算法解决一般性的数据挖掘问题，可以自行编写程序解决特殊性的数据挖掘问题。

（4）成长性。R 语言通过开放的网络社区化平台，不断吸引更多的专家学者和应用人员成为 R 语言的开发者，更多、更有效、更前沿的方法正不断融入 R 语言中。

本章小结

本章从数据与信息的基本概念出发，介绍了数据产业的发展和大数据的市场前景，针对大数据的巨大的应用价值，论述了大数据的基本概念、特性、产生的原因及应用的领域，还进一步对如何进行大数据处理和分析做了详细的流程分析，最后简单介绍了大数据的技术架构以及常用大数据技术工具。

数据就是记录，自古有之，它与人类文明史并存。大数据的产生是近代科学技术的进步与发展的必然产物，特别是互联网时代计算技术的进步，硬件产品价格的下降，软件产品大规模的聚合和开源等。

大数据具有体量大、结构多样、变化和产生的速度快、价值密度低等特征。正是因为这些特征，使得大数据的力量正在积极地影响社会的方方面面，它冲击着许多主要的行业。因此大数据不仅仅是一项技术，更应该理解为大数据思维和大数据生态。它与云计算、物联网及移动端口技术密不可分。大数据和云计算之间的区别在于：首先大数据和云计算在概念上不同，云计算改变了 IT，而大数据改变了业务。其次大数据和云计算的目标受众不同，如在一家公司中，那么云计算就是技术层，大数据就是业务层。物联网及移动端口既是大数据的主要数据来源，也是大数据应用的重要基础。因此，需要指出的是大数据对云计算、物联网及移动端口有一定的依赖性。

对于地球上每个普通居民而言，大数据有什么应用价值呢？只要看看周围变化的一切，你就可以知道，大数据对每个人的重要性不亚于人类初期火对人类的重要性。大数据让人类对一切事物的认识回归本源，其通过影响经济生活、政治博弈、社会管理、文化教育科研、医疗、保健、休闲等行业，与每个人产生密切的联系。

【延伸阅读】

R 语言数据可视化之散点图

一、散点图简介

散点图通常用来表述两个连续变量之间的关系，图中的每个点表示目标数据集中的每个样本。同时散点图中常常还会拟合一些直线，用来表示某些模型。

二、绘制基本散点图

本例选用测试数据集如图 1.9 所示。

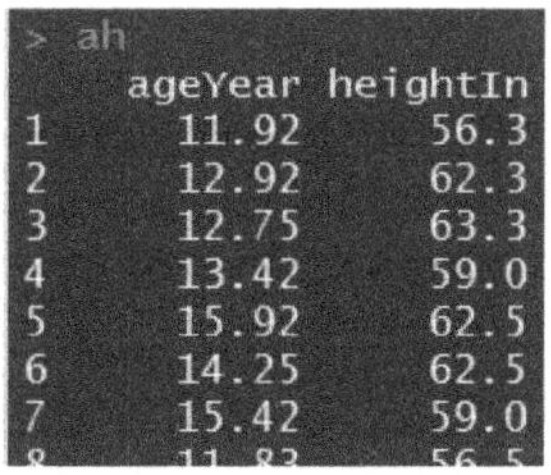

```
> ah
  ageYear heightIn
1   11.92     56.3
2   12.92     62.3
3   12.75     63.3
4   13.42     59.0
5   15.92     62.5
6   14.25     62.5
7   15.42     59.0
```

图 1.9　测试数据集

绘制方法是首先调用 ggplot 函数选定数据集，并在 aes 参数中指明横轴纵轴，然后调用散点图函数 geom_point()便可绘制出基本散点图。R 语言示例代码如下：

1 # 基函数

2 ggplot (ah，aes(x = ageYear， y = heightIn)) +

3 # 散点图函数

4 geom_point()

运行结果如图 1.10 所示。

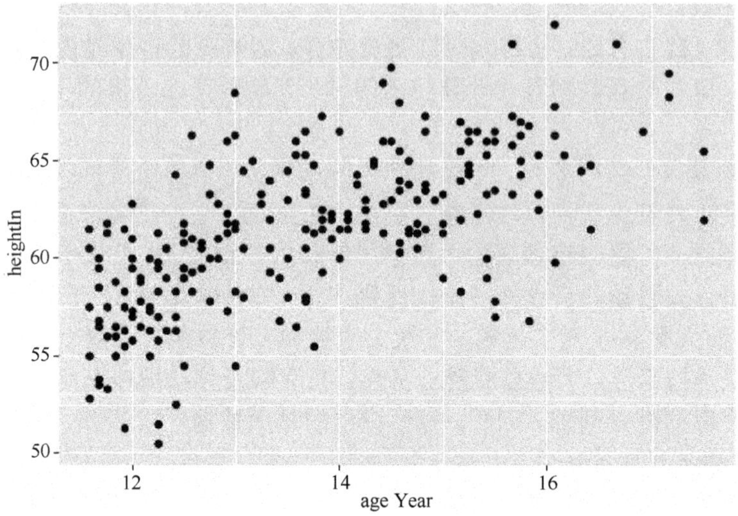

图 1.10　基本散点图

三、基于颜色和点形对数据进行分组

本例选用测试数据集如图 1.11 所示。

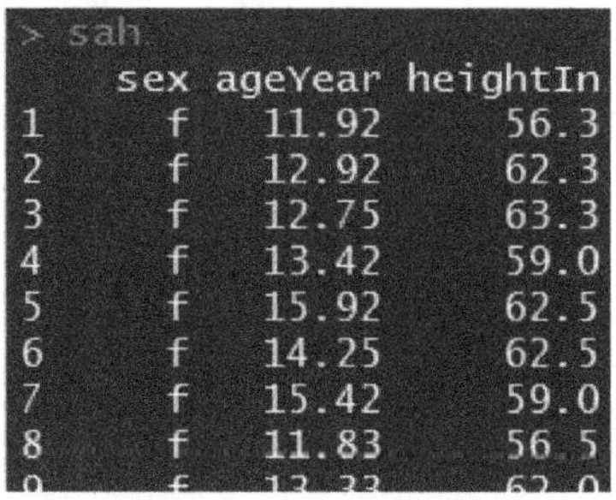

> sah

	sex	ageYear	heightIn
1	f	11.92	56.3
2	f	12.92	62.3
3	f	12.75	63.3
4	f	13.42	59.0
5	f	15.92	62.5
6	f	14.25	62.5
7	f	15.42	59.0
8	f	11.83	56.5

图 1.11　测试数据集

绘制方法是在基础散点图之上再在基函数的美学参数集里设置一个美学变量。可指定 colour 或者 shape 两种参数，分别将不同分组以不同颜色/点形表述。R 语言示例代码（基于颜色分组）如下：

1# 基函数：colour 设置分组

2 ggplot (sah, aes(x = ageYear, y = heightIn, colour = sex)) +

3 # 散点图函数

4 geom_point()

运行结果如图 1.12 所示。

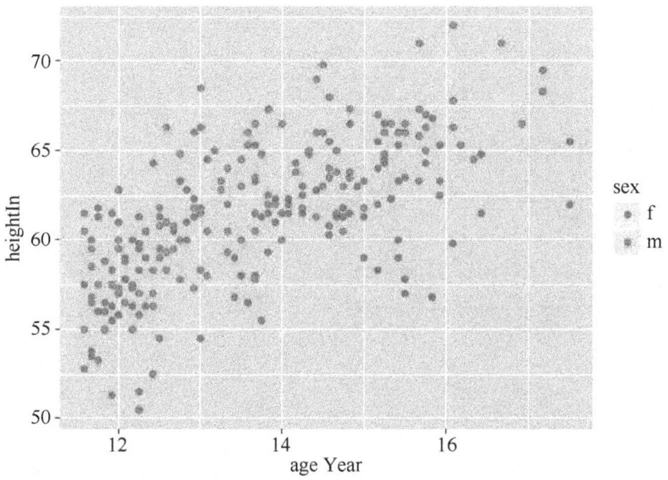

图 1.12　基于颜色的散点图

R 语言示例代码（基于点形分组）如下：

1# 基函数：shape 设置分组

2 ggplot (sah, aes(x = ageYear, y = heightIn, shape = sex)) +

3 # 散点图函数

4 geom_point()

运行结果如图 1.13 所示。

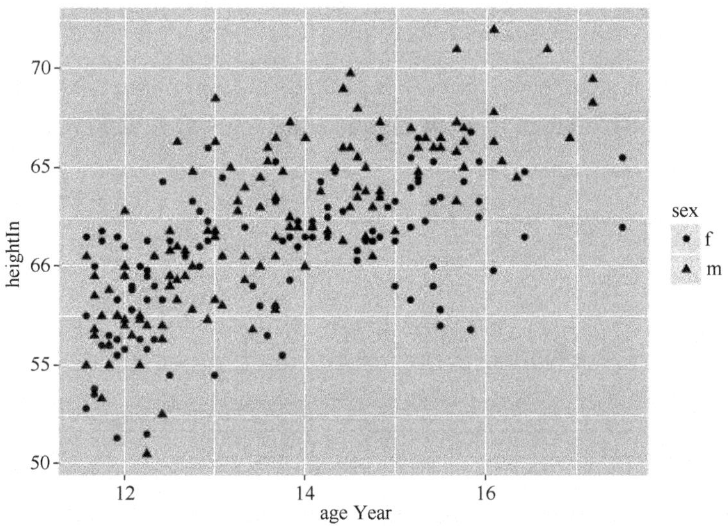

图 1.13　基于点形的散点图

说明：可自定义点形，共有大概 36 种点形可供选择，具体请参考 R 语言 ggplot 2 手册。

在使用 R 语言对数据进行分析的同时，也可以轻松实现数据可视化。散点图还可以实现：映射连续型变量、处理散点重叠、添加回归模型拟合线、添加自定义模型拟合线和向散点图添加边际地毯等多种功能。

（资料来源：R 语言数据可视化之散点图[OL]. https://www.cnblogs.com/muchen/p/5412278.html）

【实验与思考】

1. 实验目的

（1）深刻理解大数据技术的基本内涵。

（2）熟悉大数据基本分析工具——R 语言。

2. 工具/准备工作

开始本实验之前，请认真阅读课程的相关内容。

准备一台可以上网的计算机或者移动设备。

3. 实验内容与步骤

1）概念理解

（1）大数据技术包括什么？

答：____

____

____。

（2）大数据处理的业务流程是什么？

答：____

____

____。

2）实验内容

（1）仔细阅读 R 语言官网（https：//mirrors.tuna.tsinghua.edu.cn/CRAN/）说明，并下载 R 语言安装包，按官网说明在自己的电脑上安装 R 语言。

（2）在 RGui 的 R Console 窗口，输入并按提示运行 demo（graphics）命令。

（3）浏览 R Studio 官网（https：//www.rstudio.com/），下载并安装 R 语言的集成开发环境 Rstudio。

（4）在 RStudio IDE 上，参照延伸阅读中的两个练习演示，自己动手做基础散点图和加入颜色和形状要素的散点图，并把做出来的散点图贴在作业中。

3）网络搜索和浏览

通过网络搜索“R 语言应用”，查阅相关资料，自己动手做“直方图”。

4. 实验总结

____

____

____

____。

5. 实验评价（教师）

____

____

____

____。

第 2 章▶▶

大数据营销概论

【学习目标】

1. 掌握大数据营销的概念、特点和运营方式
2. 了解大数据营销在三大领域的发展成果
3. 理解大数据在营销中的应用领域
4. 规划自己的大数据营销能力

【思维导图】

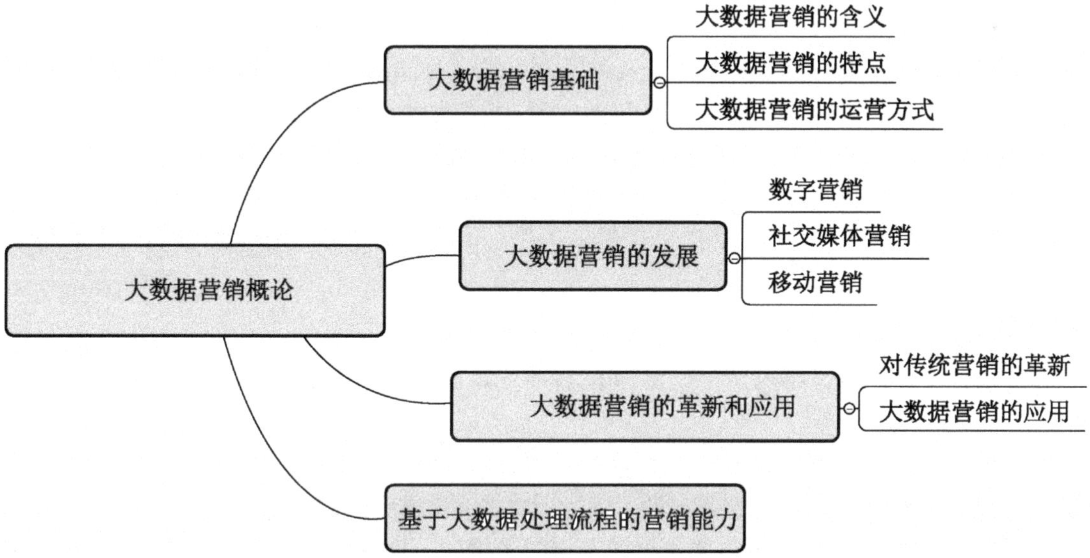

【开篇故事】

李宁——转型定位中的大数据应用

选择明星为品牌代言一直是各大品牌惯常的套路，可是究竟选哪位明星？究竟是谁火请谁，是品牌的目标消费者喜欢谁就请谁，还是要请和品牌形象吻合度高的明星？从市场营销的角度来说，我们通常认为越能代表品牌形象，越受目标消费者喜爱的明星，越应当受到品牌的追捧。可是究竟谁才是这样的人选？我们应当从何渠道、用何种方法获取准确的依据？

过往的经验更多的是对目标消费者采用调查问卷的形式开展调研，但是调查问卷本身存在样本数量小、提问和作答的主观性大等问题，以至最终影响决策的效果。

体育用品公司李宁在中国家喻户晓。从2010年后，随着将广告语由“一切皆有可能”改为“make the change（让改变发生）”、更换LOGO，这家1990年成立的企业开始自称“90后”，将消费人群定位为“90后”，品牌定位为“时尚、酷、全球视野”，并提出了在10年内成为全球五大运动品牌之一的目标。

虽然转型之路跌宕起伏，但是李宁在不断调整中摸索出了通过大数据指引公司品牌发展的方法。当它把目标市场锁定90后女性后，急需了解目标受众的特征和偏好。彼时，他们放弃了问卷调查的方法，通过请大数据公司在社交媒体平台全面搜集90后女性的数据，分析她们的特征。最后，给他们的目标消费者打上了“小清新、时尚、健康、阳光”的标签。通过大数据分析还显示她们最爱的影星是韩国女性郑秀妍。和奥巴马在总统竞选中聘请Google大数据团队为他找到选民喜欢的明星助演背书如出一辙，李宁也运用大数据的方法请郑秀妍为品牌代言，并围绕其开展线下活动。从应用大数据前，活动40%的关注度、5%的购买率和1%的推荐率上升为75%的关注度、15%的购买率和8%的推荐率。大数据技术，为品牌年轻化转型助力！

（资料来源：作者根据相关资料整理）

思考：

大数据技术除了可以帮助商家了解消费者特征和偏好，还可以用于营销的哪些领域？

近年来，大数据技术迅猛发展，掀起了一场全球性发展的浪潮。从国外的应用实例来看，最早大范围的大数据应用始于零售行业。通过对客户的消费习惯、地理位置、销售时间以及客户的社交信息等的大数据分析，实施精准营销，取得了显著的效果，如Google、Amazon、Facebook等。随之而来的影响，正在迅速渗透到多个行业领域，颠覆着传统的营销工具。可是究竟何为大数据营销，目前理论界还没有明确的定论。大数据营销究竟是一个突然爆发的现象，还是在大量兴起前就在一些领域出现、成长？大数据营销已有的应用和未来的发展究竟在哪里？面对新的变化，大数据时代也对营销人才的综合素质提出了新的更高要求。那么，大数据营销能力到底意味着什么能力？围绕这些问题，我们开始本章的介绍。

2.1 大数据营销的基础

传统营销方法让企业越来越难以满足顾客的需要，其作用正在随着消费者行为和心理愈发多变而减弱，其成本也变得越来越高。对企业而言，营销或许并不难，难的是营销得精准，获得忠诚客户，从而取得预期利润。营销学领域过去半个多世纪的发展让我们见证了从“以产品为中心”到“以客户为中心”的转变。一方面，随着近年来互联网、移动互联网、新社交媒体的发展，信息过载、数据爆炸、消费者个性化需求的凸显，消费者日益成为商业行为的主宰者；另一方面，大数据分布式存储、大数据分析及挖掘技术的发展使得对海量数据收集、分析、整合并进行分析成为可能。

2.1.1 大数据营销的含义

大数据营销也被称为数据驱动营销，就是利用大数据技术从具有低价值密度的海量数据集合中，深度挖掘、准确分析，进而获得巨大的商业价值。具体来说，就是在市场营销领域中利用大数据技术对可用的、不断增长的、不断变化的、不同来源的（传统的和数字渠道）、多种形式（结构化和非结构化数据）的海量数据，进行收集、分析和执行，以鼓励客户参与、提高营销效果和衡量内部责任的过程。大数据营销凭借其“精准”和“可定制”的特点，有效地保证了企业营销的效率和效果。

在互联网与未来的移动互联网主导下的数字营销时代下，企业可以用前所未有的速度收集用户的海量行为数据。企业在大数据的基础上分析、洞察和预测消费者的偏好，并据此为消费者提供最能满足他们需求的产品、信息和服务，以及传递准确的广告信息给他们。

大数据营销也是营销。市场营销管理从“4P”发展到“4C”，大数据营销的特点恰巧符合“4C”的要求。同时企业市场营销战略将向“4D”战略转变，即数字化沟通（Digital-Communication）、数字化调研（Digital-Research）、数字化促销（Digital-Promotion）、数字化贸易（Digital-Trade）四个方面。“4D”战略是以信息沟通的数字化为基础，以市场信息的有效获取为主要内容，以数字化促销作为传统营销手段的重要补充和发展，以贸易的网络化为最高阶段。运用“4D”战略进行营销是未来营销的主要营销方式。

实例 2-1 塔吉特百货和怀孕预测指数

最早关于“大数据”的故事发生在美国第二大的超市塔吉特百货（Target）。孕妇对于零售商来说是个含金量很高的顾客群体。但是她们一般会去专门的孕妇商店而不是在 Target 购买孕期用品。人们一提起 Target，往往想到的都是清洁用品、袜子和手纸之类的日常生活用品，却忽视了 Target 有孕妇需要的一切。为此，Target 的市场营销人员求助于 Target 的顾客数据分析部，要求建立一个模型，在孕妇第 2 个妊娠期就把她们给确认出来。在美国出生记录是公开的，等孩子出生了，新生儿母亲就会被铺天盖地的产品优惠广告包围，因此必须赶在孕妇第 2 个妊娠期行动起来。如果 Target 能够赶在所有零售商之前知道哪位顾客怀孕了，市场营销部门就可以早早地给她们发出量身定制的孕妇优惠广告，早早圈定宝贵的顾客资源。

如何能够准确地判断哪位顾客怀孕？Target 想到公司有一个迎婴聚会（Baby Shower）的

登记表，于是开始对这些登记表里的顾客的消费数据进行建模分析，不久就发现了许多非常有用的数据模式。比如，模型发现，许多孕妇在第 2 个妊娠期的开始会买许多大包装的无香味护手霜；在怀孕的最初 20 周大量购买补充钙、镁、锌的善存片之类的保健品。最后 Target 选出了 25 种典型商品的消费数据构建了“怀孕预测指数”，通过这个指数，Target 能够在很小的误差范围内预测到顾客的怀孕情况，这样 Target 就能早早地把孕妇优惠广告寄发给顾客。

为了不让顾客觉得商家侵犯了自己的隐私，Target 把孕妇用品的优惠广告夹杂在其他一大堆与怀孕不相关的商品优惠广告当中。

根据这个“大数据”模型，Target 制订了全新的广告营销方案，结果 Target 的孕期用品销售呈现了爆炸式的增长。Target 的大数据分析技术从孕妇这个细分顾客群开始向其他各种细分客户群推广，从 Target 使用大数据的 2002 年到 2010 年间，Target 的销售额从 440 亿美元增长到了 670 亿美元。

（资料来源：谭磊. NewInternet：大数据挖掘[M]. 北京：电子工业出版社，2013.）

思考：

Target 对孕妇群体成功营销的关键点在哪里？为什么？

2.1.2 大数据营销的特点

大数据营销具有以下特点。

（1）多样化、多平台化数据采集。多样化、多平台化的数据采集能使对网民行为的刻画更加全面而准确。多平台采集可包含互联网、移动互联网、广电网、智能电视，未来还有户外智能屏等数据。

（2）强调时效性。在网络时代，网民的消费行为和购买方式极易在较短的时间内发生变化。因此，在网民需求点最高时及时进行营销非常重要。

（3）个性化营销。在网络时代，广告主的营销理念已从“媒体导向”向“受众导向”转变。现在广告主完全以受众为导向进行广告营销，因为大数据技术可让他们知晓目标受众身处何方，关注着什么位置的什么屏幕。大数据技术可以做到当不同用户关注同一媒体的相同界面时，广告内容不同。大数据营销实现了对网民的个性化营销。

（4）性价比高。和传统广告“一半的广告费被浪费掉”相比，大数据营销在最大程度上，让广告主的投放做到有的放矢，并可根据实时性的效果反馈，及时对投放策略进行调整。

（5）关联性。大数据营销的一个重要特点在于网民关注的广告与广告之间的关联性。由于大数据在采集过程中可快速得知目标受众关注的内容，以及可知晓网民身在何处，而这些有价值的信息可让广告的投放过程产生前所未有的关联性，即网民所看到的上一条广告可与下一条广告进行深度互动。

2.1.3 大数据营销的运营方式

未来企业市场营销费用的分配，多数都应是由大数据指引的。企业的消费群分布在哪里？企业的潜在用户在哪里？通过大数据找到他们分布的地方，然后用有创意的投放形式让他们成为企业的粉丝以及形成销售。数据是未来企业营销的基石。企业获取用户数据的方式，由多个因素决定。而企业在现实业务活动中对这一问题的不同的解决方式，也就形成了不同的大数据运营方式。

1. 基础运营方式

无论企业间有何不同，只要是一个希望在市场上有所作为的企业都应该实施的运营方式就是基础运营方式。基础运营方式，是指企业建设自己的大数据平台，对企业自身已有数据进行集中管理，通过自身网站获取潜在目标客户，通过一系列的大数据营销策略开展大数据营销，与目标客户建立起通向信任与忠诚的互动关系，为企业创造出长期的商业价值。

2. 数据租赁运营方式

这种运营方式是利用专业的数据营销公司提供的潜在目标客户数据，向潜在目标客户投递品牌信息或者产品广告信息，实现精准营销的广告投放效果。这种运营方式，也是企业重要的、需要长期执行的数据营销策略。通过数据租赁这种运营方式，企业可以获取精准的目标客户对企业品牌与产品的关注，为建立客户关系、销售线索挖掘、品牌推广等市场行为提供较好的投资回报率。

3. 数据购买运营方式

这种运营方式是通过一系列的、符合法律程序的形式获取潜在目标客户数据，企业通过自己的大数据营销部门开展大数据营销，这种运营方式一般要和基础运营方式配合使用。这种方式的效果，很大程度上要依赖两个因素：一是基础运营方式中是否搭建适合企业的大数据营销平台；二是企业是否已经建立了大数据营销运营机制以及是否已经具备了大数据营销所要求的人力资源条件。

根据企业所处行业不同、企业产品生命周期不同、企业经营战略与经营策略的不同阶段，可以为企业量身定制一个合适的综合运营方式。总之，三种大数据运营方式的配合使用，对企业开展大数据营销十分重要。

2.2 大数据营销的发展

2012—2013 年开始，“大数据”仿佛一夜间成为国内最热门的关键词，和大数据紧密关联的“大数据营销”也在瞬间走红，成了近年企业追捧的营销关键词。作为一个现象，虽然新近才走进大众的视野，但关于大数据营销的研究和实践已具有一定的历程。从专业学习和研究的角度，有必要了解大数据营销是如何产生发展的，这样才能更好地理解它的本质内涵以及洞察未来的发展。

从 20 世纪开始，围绕消费者数据的营销研究就已经开展，如“直复营销”“数据库营销”等，有学者认为直复营销是数据营销的起源。早在 19 世纪 80 年代，西尔斯百货通过直复营销模式（目录采购+货到付款），迅速占领了地广人稀的美国市场。而进入 20 世纪 90 年代，随着电话营销的兴起，直复营销逐渐被数据库营销取代。在银行、IT、保险等行业，几乎每个企业都建立了庞大的呼叫中心，通过呼叫中心这种简单、廉价的方式为用户提供“营销—销售—售后”的端到端服务。学者和企业开始意识到通过消费者数据分析能够提供更加精准的营销，从而节省费用，提高效率。但无论是从数据可用规模和类型，还是从数据分析工具可以达到的深度和范围，以及营销应用的平台和领域，那个时代的营销还不能称得上是真正意义上的大数据营销。学者们虽然把数据驱动的营销发展潜力纳入研究范围，但主要还是停留在概念层面。然而情况从2000年开始发生了变化。

首先，关注数字互动的学术研究在 2000 年开始大量增加。1998 年，《直效营销杂志》（Journal of Direct Marketing）更名为《互动营销杂志》（Journal of Interactive Marketing）并开始发行，该杂志在1999年发表一个重要观点“所有的营销都是或很快将会是互动营销”。

其次，2000年 “互联网泡沫”爆发，使人们清醒：营销战略不应该过分依赖营销大师的建议，而应该基于实践的观察和实际数据。这让人们开始重新审视对数据营销的科学理解，迫使大家寻求更严格的科学方法去解释这一领域的现象。

无论是研究现象的表征还是人们迫切的需求都表明：21世纪，以大量消费者数据为基础、智能分析技术为支撑、新兴线上平台为应用空间的大数据营销真正开始了。然而，从研究和应用发展的角度，大数据营销涉及的主要领域又包括哪些呢？

本书对2000年以来有关数据营销的研究进行了回顾，认为理解大数据营销近十几年的发展，应当从数字营销、社交媒体营销和移动营销三大领域开始。

首先，虽然理论界和业界对数字营销的定义不尽相同，广义上甚至与网络营销的范畴等同，但在本书中，数字营销的内涵包括了以广泛用户数据为基础，以数据分析工具为代表的一批营销决策支持工具的采纳，以及智能营销方式的应用。其次，从应用领域和平台的角度，虽然基于电商平台产生的大量消费者网购行为数据的研究日益增多，但对用户数据和行为的大量研究和应用，是从在线社交媒体起源和发展的。目前基于在线用户行为和营销方式的研究仍然是以口碑营销为代表的在线社交平台为主要领域。最后，随着互联网应用的纵深发展，平台面临着从PC端到移动端过渡的必然趋势。以中国网购市场为例，2014年中国移动购物交易额在中国网络购物整体市场中占比约为33%，较上年占比增长近19个百分点。2016年移动端超过PC端网购交易占比，成为中国网民网购的重要选择。这一变化，也必定导致人们行为和营销方式的变革。未来，所有的平台都终将“移动”，而目前仍处于并存的状态。所以对移动营销的研究也构成了大数据营销的一个重要领域。

2.2.1 数字营销

从广义上讲，所谓数字营销，就是指借助互联网络、计算机通信技术和数字交互式媒体来实现营销目标的一种营销方式。数字营销将尽可能地利用先进的计算机网络技术，最有效、最省钱地谋求新市场的开拓和新消费者的挖掘。但从狭义理解，本书认为数字营销偏向于工具化的网络、数据及智能化营销。以下将围绕狭义数字营销领域的研究和应用展开叙述。

1. 第一阶段：2000—2004年

随着互联网的普及，商品信息量急剧增加，一方面消费者拥有了海量的信息和便捷的搜索工具，另一方面也给消费者带来了搜索成本增加和选择难度加大的问题。数字营销在这一阶段研究的重点之一在于作为搜索与决策支持工具的网络，以及开始了预测消费者偏好的初探。

例如，以互联网为决策工具，将消费者行为研究与新购物方式（网购）联系在一起。研究者探索了两个决策工具：智能搜索和比较矩阵。智能搜索起到筛选作用，剔除大量相关性不强的产品。而比较矩阵则通过比较产品和评估较少的选择来促进产品优化选择。研究人员研究了

80 个购买了某些产品的被试验人员。他们中有些有决策辅助工具，而有些没有。结果表明，决策辅助工具能够促进高质量产品的选择，降低搜索成本，且得到更优的选择。有的研究已经引入综合筛选，为决策提供消费建议。

虽然学者们认为互联网是一种用来获取消费者看法和促进销售的手段，但营销人员仍对依靠数字化工具所收集的数据持怀疑态度。李维斯（Levi's）欧洲数字营销中心认为他们公司的数字营销低支出（约占 2005 年预算的 2%）是由于“人们对数字媒体和渠道缺乏了解，因此不知道如何战略性、长期性地使用数字营销”。

2. 第二阶段：2005—2010 年

上一阶段，研究者们提出互联网可以帮助优化消费者做的各种事情，这也是后来智能营销研究主题的重要初始研究。本阶段，研究者开始研究在互联网环境下各类参与者之间的联系。

例如，通过购物广告链接在网站之间流动来带来用户流量。其中一项研究数据来源于一家法国电子商务公司，该公司允许用户建立自己的在线商店（以网站形式），并将他们的商店链接到其他商店（加入“社区电商”）。他们发现，卖家间的联系越紧密，也就是商店之间的链接浏览方式越方便，市场总收入就越高。相比之下，使客户“陷入”浏览“死胡同”的结构会降低收入，缺乏浏览的便利性也更有可能使客户离开该市场。

但是对于从业者所担忧的网络陷阱，研究人员认为在高度互联网的环境中依然存在可能。为了达到广告客户的预算或提高第三方的流量收益，有些人（从广告中获得流量收益的竞争对手、第三方网站）会利用欺骗手段促使用户点击搜索广告，这种“点击欺诈”行为已作为一种现象被研究。

3. 第三阶段：2011—2014 年

这一阶段互联网全面进入社交媒体时代。因此对于绝大多数研究大数据营销的学者来说，都把研究的重点放在了社交媒体营销领域。而这部分的内容会在本书后面的社交媒体板块呈现。在实践中，越来越多的企业把社交媒体渠道作为收集市场情报的手段。尽管学术研究证明用户原创内容可以被营销人员用作监听用户行为，但研究者认为企业仍然不知道如何将从社交媒体用户那里收集的数据转化为可行性手段。尽管智能手机会产生大量的数据，但这并不意味着企业能收集到重要的数据进行适当的分析，并根据分析结果制定激励方案。研究者认为，营销从业人员在这方面的关注度并没有达到应有的程度。

4. 第四阶段：2015 年以来

从 2015 年到 2016 年年初，国际顶级期刊论文发表的数字已经表明我们已经进入数字营销研究的“井喷”时代。分析这些研究论文不仅使我们能够看到核心主题将如何发展，还给我们提供了该领域的新思维、新数据研究方法和细分领域。

一些学者重新研究了搜索广告，但采用了一些新的分析方法。例如，先前的研究考虑了搜索顺序的重要性：一些研究认为搜索靠前的广告通常更容易，而其他研究则认为，点击量与排序无关。另外一些研究则体现在对数据分析工具的改善上。

搜索是用户获取营销信息的重要来源，这一研究主题仍然出现在最新的研究中。营销人员可以通过分析消费者搜索词汇的变化来推断消费者喜好的变化。反过来，营销人员可以采用这种信息来调整他们的营销手段。一项研究可以将包含消费者实际搜索词条信息的 Google 搜索趋势数据与各种品牌支出和特征相关的营销组合数据结合起来考虑。研究认为，这种新的数据组合降低了重复联合分析的高执行成本或回复率较低的问题。采用类似的方法，Schweidel 和 Moe（2014）将来自两个行业的公司在多个平台上的社交媒体帖子数据与股票价格和品牌跟踪研究的绩效指标结合。综合使用这些数据，他们开发了一个简单的预测在线数据变动对线下产出影响的衡量方法。研究发现，组合多个数据源可以获取更准确的消费者偏好信息，从而做出更优化的营销方案。

2.2.2 社交媒体营销

进入 21 世纪以来，社交媒体营销领域的研究和实践都在围绕着人们在社交媒体上的行为以及企业如何利用社交媒体推广品牌和促进销售进行。其中，在研究领域的关键词是在线口碑营销。随着网络的发展和普及，以及在线社区的不断发展，对于这一主题的研究内容和方法也在不断变化，同时衍生出新的研究主题，如用户原创内容、内容营销。而业界也在不断提高对社交媒体的投入和预期，改变传统的营销方式以适应不断变化着的消费者。以下将展示这一领域的研究实践和发展。

1. 第一阶段：2000—2004 年

在 2000—2004 年间，研究者把用户作为信息受众或信息源，用户会利用互联网与其他用户发生联系。当时的研究显示，在线体验会增强和影响消费者的线下生活，这也是一个在此后十五年中不断提及并进行定量研究的主题。例如，研究在线社区中用户的沟通行为，特别是用户在线评论形成的相互影响。同时，定量研究人员也在探索在线口碑营销和在线社区。研究发现，在线口碑营销对电视消费的确有一定的影响。网络论坛可能是隐性观察消费者口碑营销数据的重要来源，但是这类研究需要依法使用在线聊天数据，“依法”显得非常重要。

2. 第二阶段：2005—2010 年

在 2005—2010 年间环境发生了巨变。首先，互联网的普及率已从 2000 年的大约 40%上升至 2005 年的高于 50%。互联网作为在线讨论和信息存储的作用扩大了。其次，用户原创内容在此期间变得越来越普遍。另外，本阶段也见证了社交媒体从非主流到主流的进化，众多的社交网站开始纷纷成立并抢占市场。这些外界因素都使得大部分消费者不仅是社交网络的使用者，他们在在线社交互动中，通过在线口碑和社交网络的方式推动了社交媒体营销的发展，起到了更积极的作用。在这一阶段，网络论坛除了表达个人意见外，开始直接与营销实践相结合。

早期关于在线口碑营销的研究显示，网络论坛可以用于评估口碑营销活动，并且在线口碑的确能影响营销效果，特别是在电商网站允许用户可以发表产品评论后（即用户原创内容），这种影响显得尤为显著。许多研究团队采用多种方法和数据源开展这一主题的研究。例如，研究了著名的网络书店亚马逊和 Barnesandnoble.com 上图书的在线评分、评论是如何影响网站上的图书销售的（即销售排名）。他们发现用户生成的评分（1～5 级）和评论（文字）与销售水平正相关，产品评分和评论（文字）对销售有明显的影响。还有研究利用以在线评论为指标的预测模型预测电影票房。后来的研究者们，开始将在线口碑营销与传统营销（媒体、公关和线下活动的形式）进行比较和重复研究。研究显示相比于在线口碑，传统营销更能在短期内吸引客户，而在线口碑营销更能在长期内吸引客户。这些研究的发现对企业如何优化营销费用支出有重要启示。

本阶段，从业者也与研究者一同寻找用户原创内容与企业营销绩效相关的方法。但尽管研究文章重申了社交媒体（如用户原创内容）的相关价值非常高，但在很大程度上市场营销人员仍然不确定如何将社交媒体有效地应用于营销。相比之下，在本阶段搜索引擎优化是营销从业人员的首要任务。

3. 第三阶段：2011—2014 年

此阶段最大的特征就是互联网全面进入社交媒体时代。2010—2011 年美国的互联网使用率已经达到 80%。同时社交网站开始整合：2011 年 Facebook 报告称每天有 2.5 亿用户登录，这相当于地球上每 13 个人中就有 1 人登录 Facebook。此外，许多新的社交平台在这个时期出现，它们往往致力于用户生活的其他方面。因此，用户在被市场影响的同时也在积极塑造新的市场，许多消费者的生活都存在“永远在线”和“即时连接”的情况，特别是在智能手机如 iPhone 普及之后。社交媒体使用户随时成为某一品牌的广告客户、传播者和消费者。

这个阶段，消费者不仅仅是在线口碑营销流的贡献者，还可以放大或破坏营销行为。研究人员和从业者受到这一趋势的极大启发，试图用新技术手段将纯粹的社交平台转变为新营销平台。在理论上，利用消费者个人在社交媒体上提供的个人信息和行为信息，至少可以在社交平台上做大规模在线口碑营销、病毒式营销和针对目标群体的数字广告营销。

消费者的在线活动和内容生成本身成为营销人员的工具。例如，使用共生内容来设计酒店排名系统，帮助用户做出最好的选择。一项基于微贷款市场的数据分析表明，与传统媒体（如在传统报纸官方网站评论）相比，社交媒体对销售的长期影响更大。

尽管学术研究增长迅猛，但社交媒体营销却没有得到极大的发展。这个阶段一开始，对社交媒体营销预期非常高：根据报告，2011 年 2 月业界营销预算的 5.6%用于社交媒体，他们预计到 2015 年用于社交媒体的预算会增加 3 倍以上，达到差不多 18%。但是如果用 1～7 的数值给社交媒体的营销效果打分（其中 1 表示“完全无效”），当时得到的结果仅为 3.8。到 2014 年 2 月，社交媒体支出仅增长了一半，才占总营销预算的 7.4%。更有意思的是，在营销战略中社交媒体比重并没有变。由此可见，对口碑营销、客户吸引和盈利能力之间关系的研究，尚未对营销从业人员如何将社交媒体作为其营销组合的一部分的想法产生巨大影响。

4. 第四阶段：2015 年以来

这个阶段的研究，首先，继续研究消费者如何在网上个性化地表达。学者研究了之前的在线口碑营销，特别是激励口碑营销的方式，如“病毒式”或“种子式”营销方法。由于社交媒体营销的兴起，已经有研究者开始研究社交平台中企业生成的商业化内容（如 Facebook 页面或 Twitter 上的某品牌的帖子）。这些通常被称为“内容营销”，现在被用作补充甚至有时替代了传统广告。某些研究探讨了社交媒体中的企业内容营销对销售的影响。

综观十几年间社交媒体作为大数据营销重要的应用平台，在该领域的研究经常侧重于在线社区中用户的参与，其中大部分是以情感或共同社区为基础的。但很少有研究将这些网络社交行为与营销效果直接联系起来。在这一点上，营销从业者已经找到了更直接的引导消费者群体行动的方法。例如，以消费者为中心的众包就为营销绩效提供了一种利用群体行为的手段，Bayus（2013）以戴尔的 Ideastorm.com 众包社区为背景研究了这一主题。越来越多的协作消费企业在寻求提高质量与安全标准的同时，也在寻求与传统竞争对手区分开来的方法。

2.2.3 移动营销

据中国互联网络信息中心（CNNIC）报告，截至 2017 年 6 月，中国手机网民规模达 7.24 亿人，较 2016 年年底增加 2830 万人。网民中使用手机上网的比例由 2016 年年底的 95.1%提升至 96.3%，移动互联网主导地位强化。而移动端用户相比 PC 端用户特有的应用场景、使用习惯和平台载体等都要求营销模式必须创新。

移动营销（Mobile Marketing）的概念在 2009 年被美国移动营销协会（Mobile Marketing Association，MMA）首次提出，指“基于定位的、经由移动设备或网络进行的，通过个性化定制与消费者相关的互动的形式，使企业与消费者能沟通交流的一系列（营销）实践活动”。该定义认为移动营销具备基于消费者当前的背景环境及地理定位，进行品牌传播、营销交流和商业活动的潜力。本书认为移动营销必须满足以下三点：第一，双向沟通；第二，至少一方必须使用移动的而不是固定的物理地点；第三，无论长期还是短期，至少有一方在寻求经济利益。那么学者和业界在移动营销领域的研究和应用又是怎样的呢？不同于数字营销和社交媒体营销的研究，移动营销的研究相对开始的时间比较晚，内容也相对比较零散，所以采取按内容整合的方式呈现。

1. 移动营销的特征

移动营销的特征可以用“4I”来概括，即分众识别（Individual Identification)、即时信息（Instant Message)、互动沟通（Interactive Communication）和我的个性化（I)。

（1）分众识别。不同类型的用户使用移动互联网的目的不同，且具有各自不同的偏好。因此，企业有必要对其用户进行评价，并根据用户的目的、兴趣、购买经历及忠诚度为其定制个性化的内容与服务。

（2）即时信息。移动设备相较于 PC 来说，主要具备三个优势，即便利、便携和高效。这些特性使得企业营销人员可以将促销信息或产品更新通过移动渠道即时推送给消费者，消费者也能即时访问。

（3）互动沟通。传统媒体只给企业提供了单向传播渠道，其巨大的瓶颈就是消费者互动和参与的缺失，而移动营销双向沟通的定义就指出了其互动的特性。在移动环境下，互动更应考虑连接性（与更多资源的连接)、娱乐性和个人沟通（与个人更个性化的沟通)，而且移动营销的感知互动性越强，与顾客的沟通效果就越好。

（4）我的个性化。移动设备是个性化、私人化、功能复合化和时尚化的。移动服务为消费者带来的附加价值在于：让消费者可以随时随地访问，为消费者提供基于时间、地点及个人喜好的个性化定制。而在移动互联时代，人们对个性化的需求比以往任何时候都更强烈。

2. 移动营销的类型

Pousttchi 和 Wiedemann（2006）通过文献研究、案例分析和业内访谈，识别出移动营销的四种投放类型（信息、娱乐、抽奖和优惠券）和六个目标（建立品牌意识、改变品牌形象、促销、提升品牌忠诚度、创建用户数据库和传播移动口碑)，并最终归纳出移动营销的类型及形式。其中，建立品牌意识与改变品牌形象都属于提升品牌知名度的范畴，而移动口碑的传播及用户数据库的创建，则都是为最终提升顾客对品牌的忠诚度服务的。因此，移动营销的目标可以概括为提高品牌知名度、促进最终销售和提高忠诚度三个方面。

近年来，随着移动技术的发展和企业对移动营销价值认识的不断深入，移动营销出现了新的发展趋势，投放类型也越来越丰富。通过对各类移动营销活动的分析，将移动营销的投放类型大体分为经济刺激与非经济刺激两类，红包、优惠券、抽奖等都属于经济刺激类营销，信息、问卷/投票、娱乐等则属于非经济刺激类营销。经济刺激类营销活动的效果是否一定超过非经济刺激类？两类营销活动对不同目标的达成是否具有各自不同的影响？不同营销类型的组合或不同视觉设计要素的组合对最终的消费者行为及感知价值会产生何种影响？这些问题还有待学术界深入探索。

3. 移动营销与传统营销的区别

从移动营销的特征可知，移动营销较之传统营销能根据特定的地点和时间更精确地定位目标用户，能利用消费者数据库更好地衡量和追踪消费者的反应，并与之进行双向互动，沟通与传播的成本也较低。此外，移动设备与 PC 不同，它们的键盘及屏幕尺寸都比较小，且提供摄像头、扫描器和全球定位系统等，同时它们都使用无线网络，具有便携和可移动等特点，这些都使得移动营销与传统营销有许多不同，如表 2.1 所示。

表 2.1　移动营销与传统营销的区别

区　别	传统大众营销	传统互联网营销	移动营销
用户年龄	各年龄层	以中青年群体为主	以年轻群体为主
传播平台	传统媒体用户	有限的 PC 端用户	全面的移动端用户
传播方向	单向传播	以单向传播为主	双向互动
传播成本	高	低	低
传播类型	各种格式的文本、音频与视频	各种格式的文本、音频与视频	受限于传播速度及视觉空间大小的文本、音频与视频
营销设计	丰富翔实	丰富翔实	简约清晰
营销终端	固定媒体	PC 单屏	多屏交互
营销路径	泛化传播	水平撒网	立体真实
营销效果	品牌展示	品牌展示及促销	即时参与

（资料来源：根据相关文献整理）

首先，传统大众媒体（报纸、杂志、电视等）只向其用户单向传递信息，传统互联网则对有限的 PC 用户进行传播，且也以单向传播为主，而移动营销的传递对象为广大的移动设备用户，且企业可与消费者进行随时随地的双向互动。另外，受限于屏幕尺寸及带宽，移动营销传播的信息受到更严格的限制，消费者不会在移动端阅读过于详细的内容及需要较长决策时间的产品或服务信息，这就导致营销设计上的不同，移动端的用户更偏向于阅读设计简约、流程简单的信息。

其次，传统 PC 端营销被固锁在设备附近，这种近似静态的单屏交互方式，使得企业的营销操作及用户扩展受到时间、地点、界面和使用方式的极大限制。而由于移动设备的便携、便利与高效，移动终端可以出现多机共存的局面，手机、平板、可穿戴设备等都能成为移动营销的进入接口，多设备互动将成为移动营销用户的主要行为特征之一。而且，传统互联网营销通常实行线上水平撒网的营销模式，而基于 LBS（Location Based Service）的定位优势，移动端使线上线下同步的立体场景营销成为现实。相比之下，传统大众营销的传播则因过于泛化而无法创造基于情境的价值。相互补充的融合重构，也成为营销界需要面对的一个重要问题。

另外，相关学者也对移动营销中的消费者行为和移动营销感知价值做了大量研究。在移动消费者行为研究中，学者们多基于理性行为理论、计划行为理论、技术接受模型和创新扩散理论，或营销学中的满意理论，来对消费者行为进行分析，主要涉及消费者对移动营销的态度、接受、采纳与使用。与迅速发展的移动营销实践活动相比，移动营销的相关学术研究还比较滞后。例如，企业在实施移动营销时，往往需要将移动营销纳入其整体营销计划，那么在整合过程中，企业的组织架构及 IT 架构是否要发生相应的改变？在将移动营销与其他营销活动进行整合时，预算和人员如何配置才是最优的？如何在整合后的整体营销活动中衡量移动营销的贡献？跨国企业在制定全球移动营销策略时，又该如何针对不同文化背景的消费者实施相应的移动营销方案呢？这些问题都是未来的研究需要探讨的方向。

思考：

1. 未来大数据营销的研究趋势会是什么样的？
2. 除数字营销、社交媒体营销和移动营销这三个领域以外，你还能举出哪些其他内容？

2.3 大数据营销的革新和应用

大数据技术自率先应用于零售行业以来，在市场营销领域日益发挥着重要的作用，不仅渗透到传统营销框架中，如目标市场的刻画与细分、产品的预测与规划、价格制定与调整、销售促进与管理、客户关系管理，也在营销新领域中应用颇多，如精准营销、跨界营销以及电商和新媒体营销平台分析和品牌数据化运营等诸多领域。未来，大数据技术还会渗透到更多的领域，它不仅革新了传统营销工具，也开辟了新的盈利模式。本书会在后面章节中具体展开介绍。在本节中，关于大数据营销的作用和领域，只对部分研究理论和应用现状做整理和综述。

2.3.1 对传统营销的革新

李巍等（2014 年）借鉴 Porter 经典的战略分析框架构建大数据时代营销创新的“钻石模型”，将大数据时代营销创新主要焦点划分为逻辑上相互联结的四大部分，如图 2.1 所示。

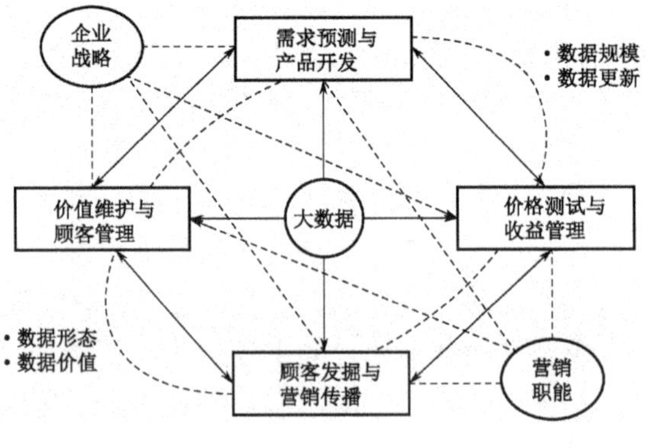

图 2.1 大数据时代营销创新的“钻石模型”

（资料来源：李巍，席小涛. 大数据时代营销创新研究的价值、基础与方向[J]. 科技管理研究，2014(4)）

在“钻石模型”中，将营销创新置于企业战略和营销职能平衡与互动的组织视野下，考察大数据如何升级并革新相关营销要素，为营销活动的形式和内容带来全新变化。通过探讨大数据及其营销层面特性对需求预测与产品开发、价格测试与收益管理、顾客发掘与营销传播，以及价值维护与顾客管理等关键营销环节的影响，梳理营销创新之间的逻辑关系，厘清大数据背景下企业实施营销创新的内在机理。大数据技术使营销活动更加科学化、更加个性化，企业营销组织机构和人员工作职能将围绕数据展开，营销活动将可预测。

2.3.2　大数据营销的应用

当前大数据可以辅助销售的方面包括提高潜在客户的质量、提高销售机会数据的质量、提高目标客户开发精确性、区域规划、赢利率等。而在市场营销中，大数据也功不可没。除了提供提高转换率策略、销售前景预测、增加收入和客户生命周期，还可以帮助我们判断销售周期内各阶段哪些内容是最有效的，以及提升客户关系管理。下面就是大数据变革在市场营销和销售中的六大应用。

1. 价格策略和优化定价

麦肯锡公司的分析发现，一家典型的公司 75%的收入来源于其标准产品，在每年这成百上千种标准产品的定价决策中30%的时候公司无法定出最好的价格。假定销售量没有减少，1%的价格提高却可以带来经营利润 8.7%的增加，合理的定价能够显著地提高企业的盈利能力，如图 2.2 所示。

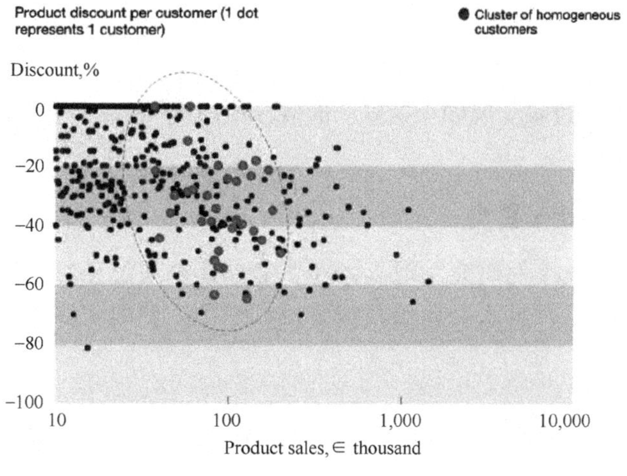

图 2.2　麦肯锡公司关于商品销售与价格关系的分析

（资料来源：Using big data to make better pricing decisions[OL]. https://www.mckinsey.com/business-functions/marketing-and-sales/our-insights/using-big-data-to-make-better-pricing-decisions）

2. 客户分析

如图 2.3 所示，客户分析（48%），操作分析（20%），欺诈和合规（12%），新产品与服务创新（10%）和企业数据仓库优化（10%）是当今最常见的大数据销售和营销案例。大数据联盟（Data Meer）最近的研究发现，客户分析统领大数据在销售和市场营销部门的应用。而支持这个趋势的有下面四个关键策略：增加潜在客户、减少客户流失、增加每个客户的投入以及改进现有产品。

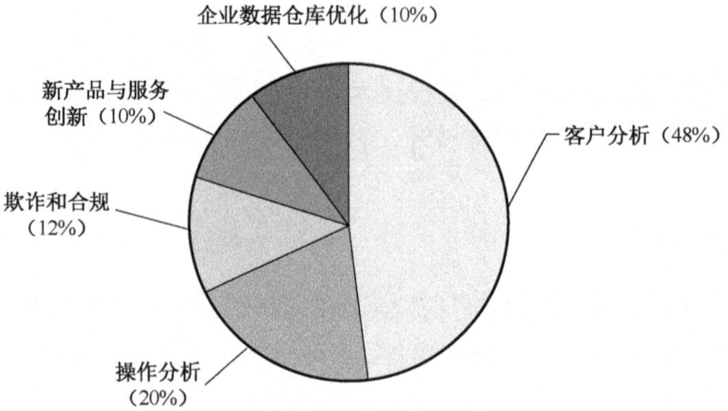

图 2.3 大数据在商业案例中的使用比例

（资料来源：Big Data: A Competitive Weapon for the Enterprise[OL]. https://blogs.adobe.com/digitalmarketing/wp-content/uploads/2015/10/laxalt-fig1.jpg）

3. 提升客户关系管理

通过大数据分析、定义和指导客户管理，营销人员可以创造更高的客户忠诚度。

来自 SAS（全球最大的软件公司之一）赞助的 Forrester 的研究发现，大数据分析提高了营销人员在营销活动中的执行能力，并使他们更加成功地建立客户关系。营销人员通过使用大数据分析得到的客户开发的定义和指导书，提高了客户潜在的忠诚度，改善了客户生命周期。客户价值分析最近正在成为新兴的热门话题，因为一系列基于大数据的技术在保持和衡量客户关系的过程中缩短了销售周期。现如今，客户价值分析成为一系列在销售网络中精心维护优质全面的客户体验的科技。

4. 客户响应能力和洞察力

如图 2.4 所示，Forrester 的研究发现：44%的 B2C 营销人员正在使用大数据分析来提高客户的响应率；36%的 B2C 营销人员运用数据分析和挖掘，获取更多深层客户信息来策划更多的关系驱动的市场策略。

5. 智能嵌入的情景营销

有大数据及其附属技术支持，现在可以将智能嵌入技术应用到新媒体营销中。许多公司的营销平台正在迅速扩大，基于不断发展的客户、销售、服务和渠道需求，现有的系统已不能满足。因此，在数据和操作层面，许多营销平台还没有完全集成。大数据分析可为创建可扩展的智慧系统提供基础，并有助于缓解这一问题。

6. 长期的营销战略

曾有机构对美国公司的首席营销官（Chief Marketing Offices, CMO）就“影响未来营销计划是否成功的三个关键因素是什么”这一问题做了调查。这是一个多选题，调查中允许被调查者的选择超过一项，其结果如图 2.5 所示。调查表明，58%的首席市场官表示，搜索引擎优化和营销、电子邮件营销和移动营销是大数据对当今营销计划影响最大的领域。49%的首席营销官认为大数据分析将对客户细分具有重大影响。而 41%的首席营销官认为大数据分析将对其长期的营销战略至关重要。

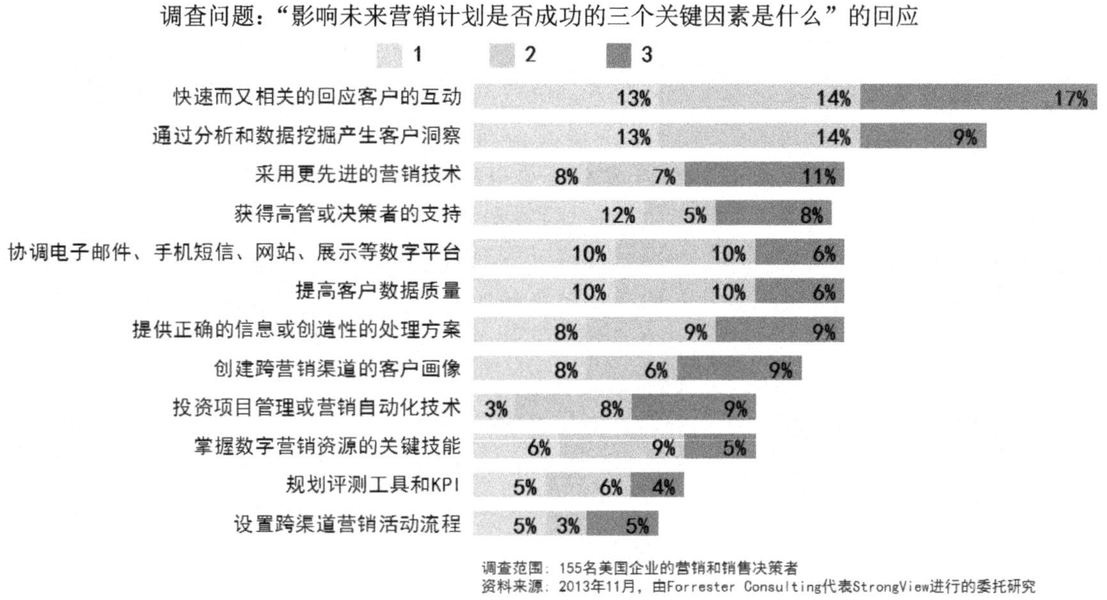

图 2.4　对于未来营销项目的成果最重要的三个影响因素

（资料来源：Marketing's Big Leap Forward[R]. Forrester Research, Inc. 2014）

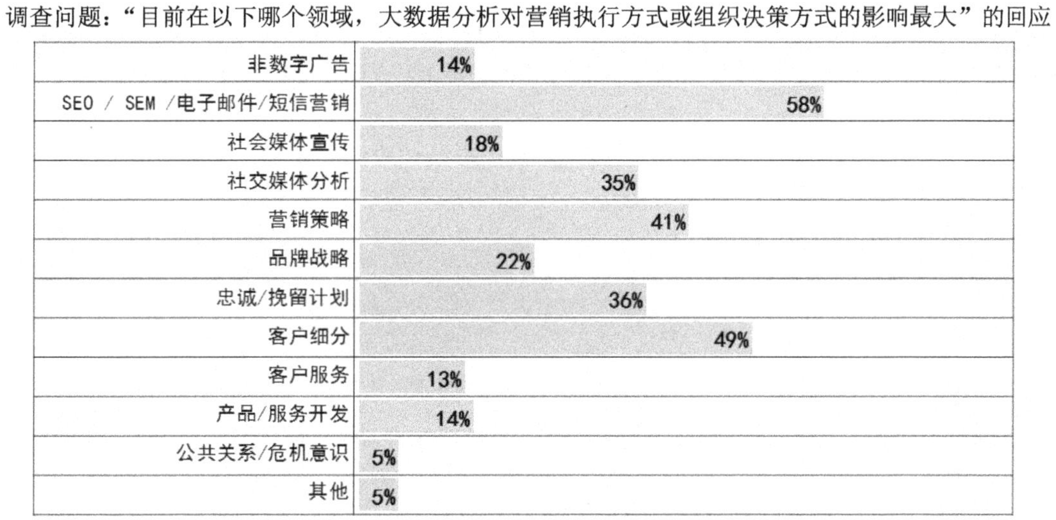

图 2.5　对于大数据分析在哪个领域影响最大的调查数据

（资料来源：Big Data and the CMO: What's Changing for Marketing Leadership?[OL]. https://www.spencerstuart.com/research-and-insight/big-data-and-the-cmo-whats-changing-for-marketing-leadership-cmo-summit-survey-results）

实例 2-2　LinkedIn 的大数据驱动

LinkedIn（领英）社交网络创建于 2002 年，致力于向全球职场人士提供沟通平台，并协助他们发挥所长，达到事半功倍的效果。作为全球最大的职业社交网站，LinkedIn 会员人数在世界范围内已超过 4.5 亿，每个《财富》世界 500 强公司均有高管加入。

LinkedIn 成立之初，公司基本上是以产品为导向，基本依靠集成在产品端的各种特性，甚至也包括通过大数据算法得到的“你可能知道的人”等特性，但是发展相对缓慢。2012 年开始，LinkedIn 整合了各种资源，并且大幅度开放给普通用户。例如，网红改变了原来 Invite Only 的邀请模式，放开人数限制，允许更多的人撰写文章，分享想法，以及允许大家制作并分享 PPT 等。同时开展了大数据驱动市场营销领域的各种运营，如内容运营。大数据驱动市场营销主要体现在优化项目上，首先设计和明确要解决的商业问题；然后选择正确的优化目标以及分解优化目标；之后再对目标用户进行优化分析；最后在 A/B 测试之后，对内容推荐策略、推动周期策略进行优化。具体来说，内容推荐策略优化就是根据用户的状态，个性化推送内容，起到引导内容消费的作用。首先，新用户不知道有哪些内容频道，有哪些热门话题，有了初步接触之后，有的新用户想要了解更多，就需要逐步引导。用户不了解最新动态，需要适当提醒。所以需要考虑用户不同的活跃周期，对内容进行优化，适时地推送个性化的服务和内容。其次，推送周期策略优化就是有节奏地推送内容，这才是用户容易接受的形式，不然很容易引起反感。需要对推送的频率进行优化，避免推送重复内容，避免一周推送多次。配合用户生命周期的进化速度和阶段，安排合理的节奏，如每周一篇个性化精选，逐步推进，推送以一个周期为准，循环进行。因此，优化是一个完整的方案，而且是循环迭代的过程。每个步骤都是依据大数据的分析和预测，如机器学习等，不是一个模型或者一个分析那么简单，需要综合用到很多的技术，如优化方程、预测算法、聚类分析、机器学习、客户画像、A/B 测试、个性化推荐、效果测量、结果可视化和工程化等。直至 2016 年，LinkedIn 用户以每秒 2 人的速度增长，而且基本没有通过花钱带来流量。同年 6 月 14 日，微软宣布以 262 亿美元的现金价格收购职业社交网站 LinkedIn。

由此可见，大数据技术可以优化和支持市场营销，一旦优化成果，效果会是巨大的，数十倍甚至几十倍的增长，都是可以期待的。

（资料来源：LinkedIn 官网）

思考：

LinkedIn 取得的成果主要源于它使用大数据技术在哪些方面的运用？

2.4　基于大数据处理流程的营销能力

根据大数据营销的工作流程和内容，本书提出了大数据营销能力这一新概念，旨在为大数据环境下新商科专业人才的打造明确方向。然而大数据营销能力的内涵，在理论界尚未有完整定义。在大数据环境下，企业可以记录或搜集顾客在各个渠道（如社会化、移动化的媒体与渠道）、生命周期各个阶段（顾客产品感知、品牌参与、产品购买、购买后的口碑和社会互动）的行为数据，从而设计出高度精准、绩效可高度定量化的营销策略。

所以，本书认为大数据营销能力是营销人员在整个营销过程中利用大数据技术，包括机器学习、文本分析、情感分析和预测分析都结合在一起的，能使营销活动效果有显著提升的综合能力。根据上一章的介绍，大数据营销一般经历理解业务需求、数据采集和存储、数据准备和预处理、数据分析、形成数据报告、应用和反馈等六个基本过程。在此过程中，大数据营销能力应当包含：营销管理能力、数据采集和存储能力、数据准备和预处理能力以及数据分析能力。其中，营销管理能力是指从业人员是否可以理解业务需求并制定大数据分析任务、根据数据分析的结果形成数据报告并将结果应用于企业的能力。

基于对大数据营销能力的解读，我们构建了商科专业本科层次学生大数据营销能力培养课程体系，如图 2.6 所示。

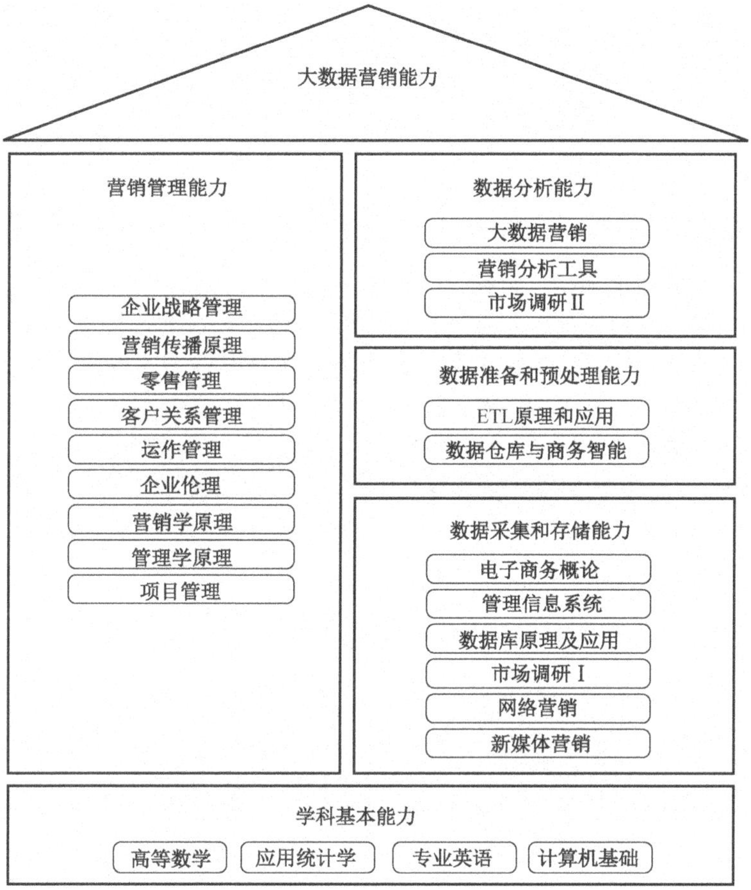

图 2.6　商科专业本科层次学生大数据营销能力培养课程体系

（资料来源：马琦. 基于大数据营销能力的市场营销专业培养模式探讨[J]. 智库时代，2018(01):14-17.）

1. 学习大数据环境下的创新商务模式和营销策略，培养数据采集和存储能力

学习应对大数据环境下的创新商务模式和营销策略，了解大数据所推动的商务（特别是电子商务）新兴产业链。在结合电子商务概论、网络营销、消费者行为学等课程的理论基础上，理解大数据带来的数据服务新变革。学习基于大数据的新型营销方式，如基于社交网络、基于

位置服务大数据的新媒体营销等。了解数据的存储方式和关系型数据库的查询方法，如数据库原理及应用，旨在加强大数据环境下对创新商务模型及营销模型的数据敏感性，认识不同的数据类型及其潜在的价值，了解数据采集、存储和查询的方法。

2. 学习大数据前期处理和初步挖掘的工具与方法，培养数据准备和预处理能力

通过学习 ETL 原理和应用课程，了解数据的提取、转换及上载的原理和 ETL 工具，并通过数据仓库和商务智能学习，了解在数据仓库平台进行数据前期处理和初步挖掘的工具与方法，培养数据准备和预处理能力。

3. 学习大数据营销及挖掘的工具，培养数据分析能力

学习营销分析工具及大数据营销课程，了解大数据技术在营销领域的应用场景及其挖掘工具和可视化工具。在学习大数据分析与挖掘技术的基础上，学习描绘、预测、分析、指引消费者行为的常规方法，探索发现基于大数据平台的新兴营销分析方法，帮助企业制定有针对性的商业策略。针对消费者的特性提供相应的个性化服务、消费预测等。目的在于培养学生适应大数据环境下的数据分析能力。

4. 培养大数据环境下商务和营销模式的新视角，进一步提高营销管理能力

大数据最大的价值在于应用。而商业应用的基础是对商业现象的理解。所以无论是分析前对于分析任务和方向的设定，还是分析过程中分析内容的选择和数据的理解，以及分析完成后的营销建议和新型自动化营销工具的开发，都需要扎实的商业理论功底。因此，一方面不能放松对传统理论课程的学习，另一方面要建立传统营销课程与大数据的关联。例如，在学习市场营销学的过程中加入新的内容“大数据时代的市场调查”，介绍大数据时代市场调查的方法和特点。进一步提高大数据环境下的营销管理能力，为建立综合大数据营销能力奠定良好的基础。

实例 2-3　小米手机的大数据营销过程

数据收集只是大数据营销的最基本层面，大数据营销还涉及基层数据库的建立、大数据处理的核心过程。另外，大数据的碎片化给数据分析带来了巨大的困难，海量的数据存在于不同地区的不同数据库中，而且相应的数据处理技术又存在于不同的组织当中，这都极大地增加了数据处理的难度，也使如何实现大数据营销的过程变得尤为重要。一般来说，继数据搜集之后，涉及数据库的建立、数据挖掘和精细化、消费者行为的全覆盖以及相应大数据产品的供给等，如图 2.7 所示。

小米手机的市场营销数据来源广泛，通过不同渠道搜集而来的数据，层次相对不够统一，比方说小米官网的交易数据相对准确可靠，而来自论坛的用户反馈则未必真实，因此，小米在大数据处理方面采用了差异化策略，将数据分为基础层、中间层和应用层数据。不同层次的划分不仅有利于数据的汇拢，更有利于相关分析的展开。通过对用户的细分，有利于掌握更恰当的信息，信息获取更为精准。

在建立数据库的基础上，必须选择恰当的数据挖掘方式，如数据挖掘的精细化最基本的依据是按性别对客户进行划分，了解不同人群的商品追求方式。另外，对于不同地区的数据处理

要分开进行，小米通过与百度地图合作准确把握用户区域差异，根据不同地区的经济发展状况，推送不同型号的小米手机。另外，对于消费者上网浏览的数据分析，小米也日益精准，需求方平台（Digital Signal Processing，DSP）技术的应用就可以体现。当用户登录小米官网时，就产生了相应的行为习惯和浏览目的，不同年龄特点、兴趣爱好的用户对广告位的关注层次不同，DSP 技术可以从网页数以百万计的访问记录中，将不同的用户分离开来。另外，利用 Cookie 技术捕捉和定位用户 ID，同时通过该 ID 的锁定，跟踪其在其他网站的访问情况，将碎片化的信息进行整合以推断出用户的身份特征，然后通过论坛、社交的追踪判断用户的行为习惯和消费习惯。总之，大数据的数据挖掘要从大的概念找到小的信息，无论是性别划分、区域划分、年龄划分甚至是个体划分，都体现了小米数据挖掘的精细化。

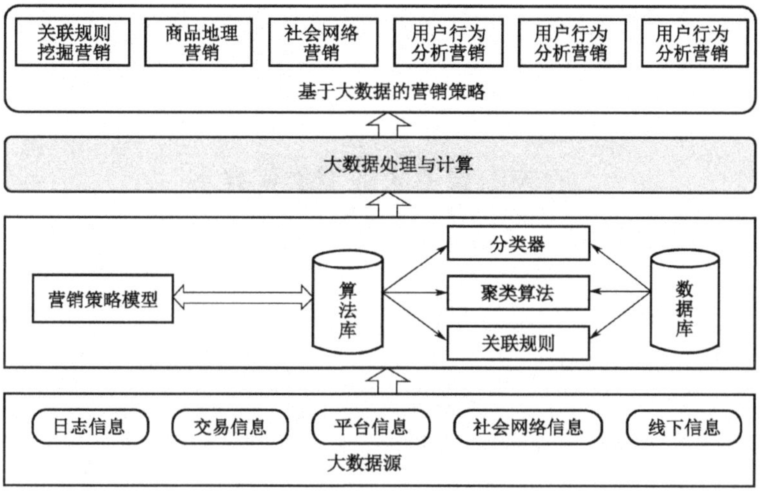

图 2.7　小米手机的大数据营销过程

（资料来源：周苏，王文. 大数据导论[M]. 北京：清华大学出版社，2016.）

小米通过强大的技术支持，能够根据用户的痕迹对其行为路径进行系统的还原，实现营销的闭环化。在小米看来，移动互联网的发展对手机行业产生了根本的变革，手机日益普通化，用户通过平台浏览信息而决定购买已经变得司空见惯。小米通过小米手机应用和 MIUI 系统的有机结合，可以有效获取 1.7 亿小米用户的网络轨迹、生活习惯等。大数据分析也表明，无论是最终的网络下单，还是实体购买，用户都要经过网络的信息搜集与选择，甚至通过商家的推广活动进行购买。用户行为日益随机化和碎片化，解释用户的消费习惯必须通过消费者网状结构的分析，才能了解消费者的真实目的。

大数据营销的关键是将用户的需求还原为最初产品的生产。由于手机本身的特殊性，各个品牌的竞争归根结底是技术的竞争，只有做出符合消费者口味的产品才能获得最佳的销售空间。从小米 1 到小米 5，小米手机的像素由 800 万提升到 1600 万，ROM（只读内存）由最初的 1G 提升到如今的 4G，RAM（随机存储器）由 4G 提升到 128G，这些信息技术的革命，都是以用户的需求为导向的。在小米手机营销的同时，相应配件不断健全，小米耳机、小米移动电源、小米盒子、小米手环等配件日益丰富人们的生活，并且为后续小米的客户信息获取提供了辅助支持。同时，小米手机提供了大量的软件支持，包括小米云、小米钱包、小米生活等快捷的应用，都保证了用户的良好体验。

（资料来源：周苏，王文. 大数据导论[M]. 北京：清华大学出版社，2016.）

思考：

回顾小米手机的大数据营销过程，思考自己可以在一系列工作中承担哪项工作？

本章小结

本章介绍了包括大数据营销研究和应用的发展历史、大数据营销的含义、特点和运营方式在内的大数据营销基本知识，大数据技术的工具属性对于传统营销的革新，大数据营销已应用的领域。最后根据大数据营销操作过程中的工作内容和需求，提出了大数据营销能力的内涵。

【延伸阅读】

农夫山泉用大数据卖矿泉水

这里是上海城乡接合部九亭镇新华都超市的一个角落，农夫山泉的矿泉水堆头静静地摆放在这里。来自农夫山泉的业务员每天例行公事地来到这个点，拍摄 10 张照片：水怎么摆放、位置有什么变化、高度如何……这样的点每个业务员一天要跑 15 个，按照规定，下班之前 150 张照片就被传回了杭州总部。每个业务员，每天会产生的数据量在 10M，这似乎并不是个大数字。

但农夫山泉全国有 10000 个业务员，这样每天的数据量就是 100G，每月为 3TB。当这些图片如雪片般进入农夫山泉在杭州的机房时，这家公司的 CIO（首席信息官）胡健就会有这么一种感觉：守着一座金山，却不知道从哪里挖下第一锹。

胡健想知道的问题包括：怎样摆放水堆更能促进销售？什么年龄的消费者在水堆前停留更久，他们一次购买的量多大？气温的变化让购买行为发生了哪些改变？竞争对手的新包装对销售产生了怎样的影响？不少问题目前也可以回答，但更多是基于经验，而不是基于数据。

从 2008 年开始，业务员拍摄的照片就这么被收集起来，如果按照数据的属性来分类，“图片”属于典型的非结构型数据，还包括视频、音频等。要系统地对非结构型数据进行分析是胡健设想的下一步计划，这是农夫山泉在“大数据时代”必须迈出的一步。如果超市、金融公司与农夫山泉有某种渠道来分享信息，如果类似图像、视频和音频资料可以进行系统分析，如果人的位置可以用更多的方式监测到，那么摊开在胡健面前的就是一幅基于人消费行为的画卷，而描绘画卷的是一组组复杂的“0、1、1、0”。

大数据技术在零售行业的应用无独有偶。

在纽约第五大道最大的 Prada 店，有一种“充满魔力的镜子”—— 当消费者拿着一件衣服走进试衣间后，试衣间里的智能屏幕就会自动播放模特穿着这件衣服走 T 台的视频。

原来，Prada 的每件衣服都被植入了 RFID 电子标签。在试衣间的智能屏幕前，RFID 芯片会自动被识别。同时，衣服被拿进试衣间多少次、每次停留多长时间、最终是否被购买等信息，都会通过 RFID 进行收集并传回 Prada 总部，加以分析和利用。这意味着，无论是否成为最终的购买客户，每一位走进 Prada 门店的消费者，都将会参与到商业决策的过程之中。

（资料来源：赵奕. 用大数据卖矿泉水[J]，2013(07)）

【实验与思考】

1. 实验目的

（1）深刻了解大数据营销的内涵。

（2）掌握大数据营销工作的流程。

2. 工具/准备工作

开始本实验之前，请认真阅读本章的相关内容。

准备一台可以上网的计算机或者移动设备。

3. 实验内容与步骤

1）概念理解

（1）什么是大数据营销？

答：____

____

____。

（2）什么是大数据营销能力？谈谈自己应该如何有侧重地具备这些能力。

答：____

____

____。

2）延伸阅读

参考本章的“延伸阅读”，思考当 Prada 总部通过安装在衣服上的 RFID 电子标签搜集到每件衣服被拿进试衣间多少次、每次停留多长时间、最终是否被购买等行为信息后，可以做出哪些商业决策。

答：____

____

____。

3）网络搜索和浏览

通过网络搜索大数据技术应用在其他营销领域的商业案例，要求至少搜集三个以上不同营销领域的案例填入表 2.2 中。

表 2.2　大数据营销应用案例

案例来源	案例企业	应用领域	应用过程和方式

4. 实验总结

____

____

____

____。

5. 实验评价（教师）

____
____
____
____。

第 3 章▶▶

产品预测与规划

【学习目标】

1. 了解大数据背景下的产品层次分析
2. 理解大数据新产品开发的特点
3. 掌握大数据新产品开发的流程
4. 了解大数据在产品生命周期管理中的应用
5. 理解大数据背景下产品组合的动态优化

【思维导图】

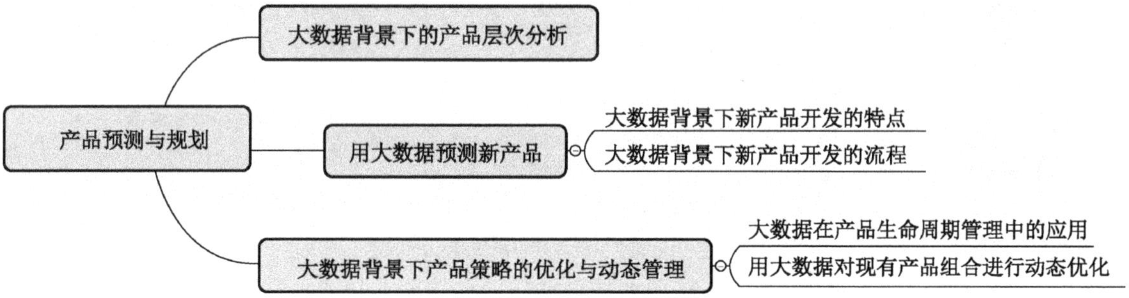

【开篇故事】

服装企业利用大数据进行新产品设计

随着经济的发展，生活水平的提高，人们越来越关注自己的形象及自己给他人的第一印象。也可以说，人们越来越关注时尚，并将更多的关注点放在服装搭配上。从时尚企业的角度来说，他们更需要获取前沿的市场信息，如什么是时尚、时尚的发展趋势、人们的关注点在哪里等，这些都是各个厂家及相关从业人士想要获取的信息。除此之外，消费者获取信息的渠道从传统的纸媒、户外媒体及电视转移到了互联网，销售渠道也从百货公司、专卖店转移到了电商平台。综上所述，企业必须获取相关渠道的数据信息以开发更符合消费者需求的时尚产品。

大数据在服装产品设计上的优势主要体现在以下几个方面。

（1）高效低成本建立数据资产，帮助企业挖掘数据价值。根据现今时装消费者的行为路径，现存时尚信息的数据源主要包括时尚资讯平台、电商平台和社交媒体。通过 API 和网络爬虫能够全面采集这些数据源的数据，将这部分数据综合智能管理起来，可以生成服装行业的综合数据库。图 3.1 显示了时装行业从众多源数据到综合数据库的处理流程。

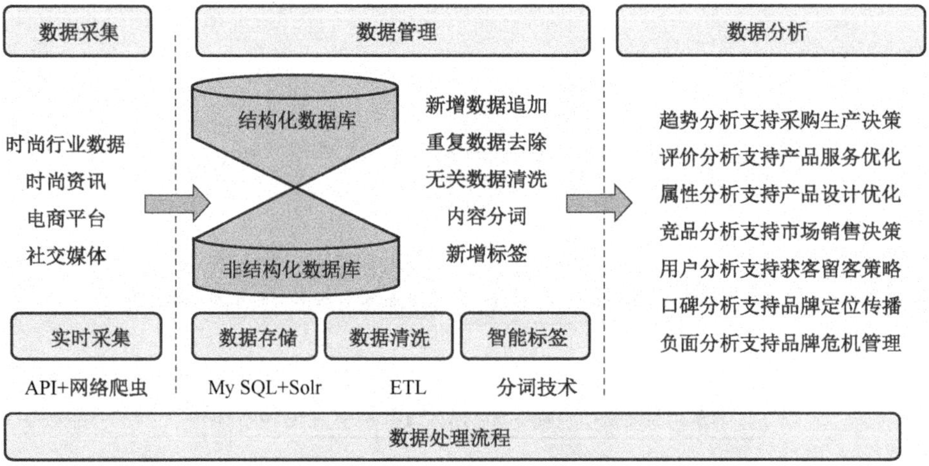

图 3.1　时装行业数据处理流程

（2）提供带有趋势呈现功能的素材库。时装设计师通常都有自己的时尚素材库，通过翻看大量的素材库和专业的时尚预测报告来设计当季和下一季的时尚产品。然而，个人的素材库总是规模较小的，所以需要不断更新，这样才能设计出符合大众消费趋势的产品。时尚大数据分析系统能够帮助设计师发现最新的流行热点和时尚元素，通过各种条件组合筛选出自己关注的时尚热文。例如，对某一季流行色的预测，数据库中存在大量的有关流行色的文章，时尚机构、时装周、时尚达人等都会对流行色进行预测，企业可以通过一些算法在这些文章的基础上对流行色进行预测。

（3）分析竞争品牌的市场状况。通过大数据数据库，企业可以了解竞争品牌整体销售情况与本品牌的对比，竞争品牌的价格分布，各个品牌中的品类和单产品的属性分布，各竞争品牌的促销手段使用情况。例如，图 3.2 显示了某品牌分品类促销活动的分布情况，企业可以据此制定新产品上市时的促销策略。

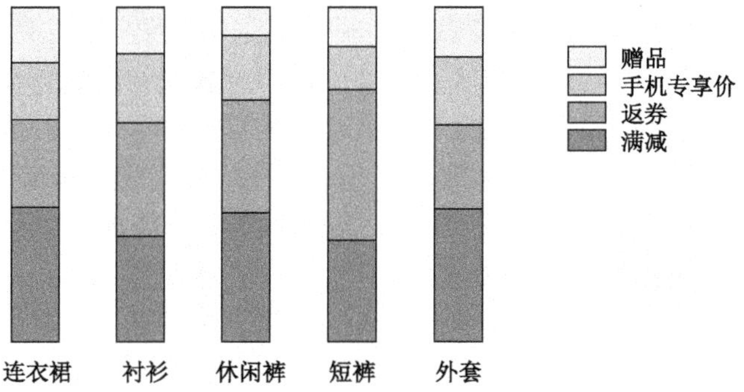

图 3.2 某品牌分品类促销活动的分布情况

大数据已经成为现代服装企业新产品开发设计的重要手段。对设计部门来说，获取有效的资讯及素材是设计师们获取灵感的重要来源之一；对于市场部门来说，进行客户需求分析、明确市场定位、及时改变市场策略及宣传方式都必须依赖于快速准确地获取有效信息。

（资料来源：陈新河. 赢在大数据：营销/房地产/汽车/交通/体育/环境行业大数据应用典型案例[M]. 北京：电子工业出版社，2017.）

思考：

除了故事中的内容以外，大数据还对服装企业的新产品开发有哪些帮助？

生活中各类产品的海量数据会使消费者迷失在众多低价值密度的信息中而忽视了自身的需求。大众消费者往往不清楚自己需要什么，而是在企业提供了某个产品以后才发现，“原来我是需要这个产品的”，并且在此基础上，消费者还会对企业的产品提出更多的要求。传统营销认为企业需要不断地开发新产品、规划产品组合，才能使其在激烈的竞争中立于不败之地。但是其不少观点仍旧停留在理论层面上，并没有定量的可执行的标准。在大数据背景下，企业要如何制定自身的产品决策，更好地为消费者提供其所需的产品，从而实现共赢是我们本章要探讨的问题。

3.1 大数据背景下的产品层次分析

传统市场营销认为，企业提供给消费者的产品应该是一系列能够同时满足消费者多种需求的整体产品，这个整体产品包含了有形的产品和无形的服务，它可以分解为五个层次，分别是核心产品、形式产品、期望产品、延伸产品和潜在产品。

产品整体概念体现了以消费者为中心的现代营销观念，同时为企业提供了产品改进、新产品设计的新思路和新方向，有利于企业产品形成自己的特色，从而为企业产品差异化策略的实施提供新的线索。然而，这一观点仅仅停留在理论上，以往学者并没有给出产品整体概念几个层次的明确划分方法。但是，大数据给了我们新的思路，依据大数据，我们可以更好地对产品层次进行划分，从而帮助企业实现产品的差异化。

事实上，核心产品确定了不同产品所属的细分行业。例如，高端餐饮产品的核心产品是消费者能够在舒适美妙的环境中品尝到色香味俱全的美食，获得服务员或是厨师的个性化服务，而低端餐饮产品的核心产品是消费者能够吃到干净卫生的饭菜等。这两类产品均属于餐饮行业的产品，但在其细分领域中具有明显区别。以往我们对餐饮业的划分可能是以菜系、档次等进行划分的，但是并不会分得特别细。随着生活水平的提高，消费者的休闲意识逐渐增强，开始需要一些个性化的餐饮服务。在大数据背景下，这种细分行业的再次细分即精分是可行的。大数据可以帮助我们更深入地了解几乎每一个消费者的消费需求，我们可以根据其需求构造不同划分精分领域以获得利基市场利益。

当企业发现新的精分市场，就可以尝试着去满足新市场的需求。企业可以提供不同的产品去满足市场需求，那么大数据可以帮助企业确定产品的具体形式。举例来说，服装企业可以从服装品牌、材料、款式、颜色、包装等方面进行产品规划。虽然许多服装产品都可以给消费者带来舒适、美感，对身体起到保护作用，但是企业提供的产品为什么选用这种材料而不选用那种材料、选择这种款式而不选择那种款式都需要进行调研。通过大数据，企业可以清楚地了解消费者深层次的需求，甚至是一些小众消费群体的需求。

市场上，能够满足消费者需求的产品千千万万，提供这些产品的企业也非常多。然而，每个企业所提供的产品能够满足消费者需求的程度是不完全相同的。消费者希望获得的与产品相关的一系列属性和利益往往与行业标准存在很大关系。例如，现阶段的旅馆住宿业基本都会有独立卫浴、24 小时稳定热水、WiFi 等产品或服务设施，如果某家旅馆企业没有这些服务或设施，那么消费者多半是不满意的，并且基本不会光顾。奋发向上的企业只能尽可能地提高自身产品的感知价值以获得消费者认可，从而获得顾客忠诚。但是，因为企业不清楚消费者的判断标准，所以在企业满足消费者需求的不懈努力中存在大量的资源浪费。在大数据时代，这一判断标准逐渐清晰。企业可以通过网络爬虫或接入特定领域的数据端口获得相应的信息，清晰地确定消费者对某一需求的一般要求。即对消费者来说，产品的哪些属性是企业必须做到的，哪些是可以稍微差一点的，这有利于企业以较小的资源投入获得较大的满意度。

以动态的视角看产品整体概念，期望产品和延伸产品的界限并不那么明显。如果说期望产品是企业产品必须能够提供的利益的话，那么延伸产品就是企业产品选择性提供的利益。随着经济的发展和市场竞争的加剧，消费者对于产品期望层次的利益要求会逐渐增加，原有属于延伸层次的产品利益会逐渐演变为期望层次的利益。这就要求企业必须时刻监测市场动态，适当地预测行业产品未来的发展方向。大数据使这项工作变得简单。大数据的两大基本功能就是监测和预测，企业可以通过接入相应领域的数据端口从而获得大数据提供的各种便利，同时也可以通过信息筛选获得产品差异化的新思路。

实例 3-1　大数据背景下的医疗服务

相对于 GDP 增长明显落后的国内医疗体系成为国内外时评家们争相评论或是批判的对象之一。“看病难，买药贵”“进不起医院”成为老百姓的口头禅。值得开心的是，大数据正逐步为我国的医疗体系指明发展方向并提供解决方案。

阿里巴巴集团致力于借助阿里云和支付宝的强大功能帮助各医院实现“未来医院”计划：利用移动互联网和大数据能力，帮助优化现有医疗资源配置，完善医院服务体系，体现以人为本的医疗服务模式。目前已有了初步的成果，将阿里最基础的支付能力、账户体系能力、数据能力和云计算能力输出到医疗行业，帮助医院建立移动医疗服务体系，利用支付宝钱包实现全流程移动就医服务。未来还会增加所有就医环节的服务，激活整个社会医疗生态，最终的目标是构建基于大数据和云计算的健康管理平台，实现健康服务从治疗到预防的转变，如图 3.3 所示。

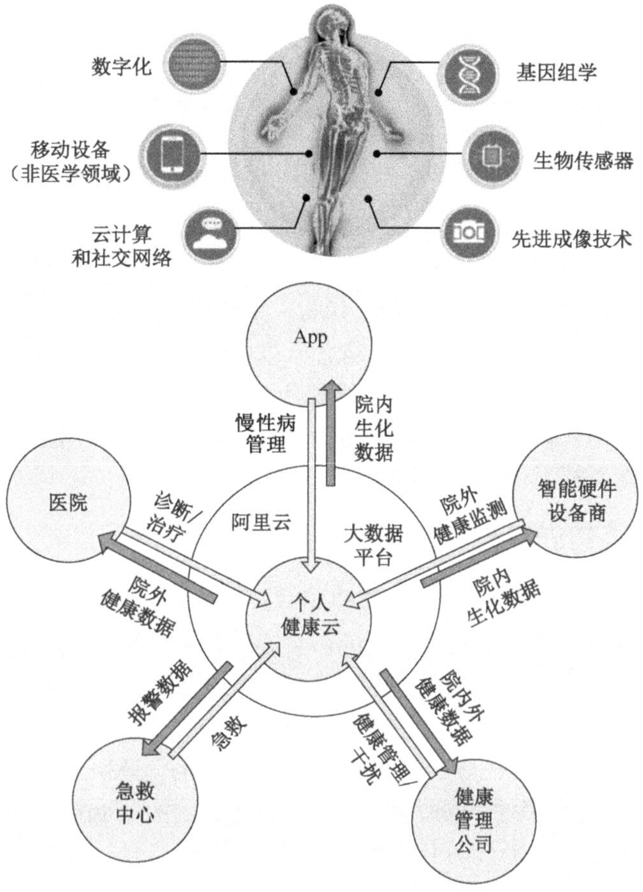

图 3.3　基于大数据和云计算的健康管理平台

以广州市儿童医院为例，患者（往往是其监护人）首先需要在网上或支付宝 App 上提前挂号预约，预约界面主要显示科室、医生、就诊时间等方面的信息以供选择。预约成功后，患者仅需要在预约时间前的 30 分钟到护士台报到即可等待医生叫号诊断。医生在开了处置单以后，患者只需在手机上支付，即可到指定地点等待治疗或者发放药品。

2015 年 9 月 17 日，阿里云同深圳中瑞奇、杭州金卫健康宣布，三方合作组建“云上安心”联盟。通过联合社区医院、三级综合医院、医疗硬件厂商、医疗健康 App、健康体检中心和医疗健康分析模型提供商，在患者知情并授权的前提下，将散落各处的健康医疗数据进行汇聚连通，以期实现基于数据的精准医疗。

以心脏病治疗为例，通过将“云上安心”联盟中的心电设备产品“好朋友”接入人体，并连接“好朋友心电图”App 后，用户便可以查看自身心电数据。同时，数据与医院同步，如果出现异常，医生或急救中心可提前介入。中瑞奇创始人汪远思表示，“该产品直接面向个人用户开发，并提供专业医护服务”。也就是说，每个用户都相当于拥有一位私人医生，这在某种程度上实现了个性化医疗。

（资料来源：潘永花，孟晔. DT 已来：为了无法计算的价值[M]. 北京：机械工业出版社，2016.）

思考：

现阶段医疗服务的核心产品、形式产品、期望产品、延伸产品和潜在产品分别是什么？

3.2 用大数据预测新产品

众所周知，索尼公司的产品组合非常丰富，其取胜的关键便是新技术和新产品。索尼公司每年投入新产品开发的科研经费占销售额的10%～30%，研发人员超过万人。苹果公司更是以新观念、新产品取胜的典范。此外，宝洁产品之所以能维持居高不下的市场占有率，就在于它能不断地开发出新产品，宝洁每年在新产品研发上大约投入13亿美元，全球有超过7000位科学家投入新产品的研发中。新产品开发在保持企业利润增长、淘汰落后产品、满足消费者喜新厌旧的心理方面都发挥着极其重要的作用。

3.2.1 大数据背景下新产品开发的特点

新产品开发是企业商业活动中的一个重要环节，同时其自身也是一个非常复杂、庞大的系统。传统的产品开发思维是相对固态、封闭的，主要依赖开发人员的主观判断。例如，在进行家电产品开发设计的过程中，企业通常会比较重视市场调研，并在设计过程中充分考虑调研中所呈现出的用户需求，然而其设计过程往往缺乏对用户潜在需求的关注和对发展趋势预测的准确性，效率也较为低下，其原因在于调研数据始终是静态的，调研过程中受访者即时反映出的数据具有一定的主观性和欺骗性，同时其数据量和数据类型的局限使得设计师难以从全局把握未来产品的发展趋势，难以通过具体的创新点体现出来。

通过大数据的处理及分析，企业能够依据更高效、真实、客观的数据对用户需求展开预测，并以需求驱动和更合理的方式进行产品开发。总体来说，以大数据为基础的产品开发思维具有以下五个方面的特征。

1. 提供更客观的判断依据

在传统的新产品开发设计过程中，由于时间以及预算的限制，调研问卷的发放数量是有限的，同时在排除掉一部分信度、效度较低的问卷后，有效的问卷就更少了。而在访谈式调研中，由于调研时间较短，受访者缺乏与调研者之间的深入沟通，很多有效信息是无法提取的。例如，对女性户外运动爱好者进行访谈调研以便为其设计新产品，如果选择的被调查者人数较多，则需要非常多的时间；如果选择的被调查者人数较少，则获得的有效信息较少。在这种情况下，设计师在进行产品设计时就不得不更多地依靠其个人经验，但是这种经验判断主观性非常强，同时具有明显的个体差异，不同的设计师可能会给出完全不同的新产品概念，因此局限性非常大。而基于大数据的产品开发，其数据来源广泛，数据量巨大，同时获取数据时常常是在用户无意识状态下进行的，避免了刻意隐瞒的情况，因此其数据的真实性更高。企业根据这些数据对消费者的潜在需求进行判断、对产品未来的发展趋势做出预测，其结论就会更加真实、可靠。

2. 更强的时效性、动态性

在激烈的竞争中，满足消费者的需求很重要，而恰当的时机也是非常重要的，这关系到企业能否成为行业的领头羊。在新产品设计中，企业越来越多地注重消费者需求信息的调研。然而，传统调研是非常耗时的，一般新产品需求市场调研从开始到结束至少要持续3个月，这段时间对于一些工业制品企业可能影响不大，但是对于服装等消费流行性比较强、产品更新换代比较快的行业来讲影响非常大，甚至是致命的。再加上消费者的需求是在不断发展变化的，几个月前的需求可能与几个月后明显不同，企业根据之前市场调研获得的消费者需求信息进行新产品开发，生产出来的产品很可能又不符合市场需求了。这会造成极大的资源浪费，也会影响企业在行业中的竞争地位。使用大数据进行新产品开发，一方面，企业可以通过大数据的监测功能随时获得消费者需求及其变化的信息；另一方面，计算机处理和分析信息的速度明显高于人工，这样获得的新产品创意时效性较强。此外，大数据背景下的新产品开发是一个系统过程，整个过程在企业内部具有公开性，沟通流畅，可以极大地节省新产品开发的时间，有利于企业更快地提供新产品以长期占领市场。

3. 更清晰的产品、用户定位

产品的精准定位是一款产品成功的重要因素，这取决于企业对市场整体状况的准确判断。基于大数据的处理分析，产品在市场中所处的层次、需求量多少、与同类产品相比较的优劣势、哪些人将会是潜在的用户群体、用户的消费特点及行为方式等因素会以智能、动态的方式呈现出来，因此开发者能够对产品和用户进行更加精准的定位。

4. 以更长的产品生命周期为目标

一款产品从生产、流通、使用到废弃的周期通常有一定的规律，这一规律由市场、消费者、相关法律政策等多个因素共同形成。越是符合消费者需求、利益的产品，其生命周期就越长，为企业带来的利润增长也就越持久。通过大数据的分析，企业能够以较低的成本获取消费者的实时反馈，高效地对产品进行改良创新和升级换代，从而紧紧抓住消费者的心，有效地延长产品生命周期。

5. 资源整合式的整体思路

产品开发本身是一种资源整合的行为，但在传统的开发设计过程中，企业受限于行业间的封闭性以及信息互通的迟滞，因此常常无法高效地找到自己所需要的资源，致使开发过程缓慢。通过大数据所提供的海量信息，开发者能够迅速地搜寻到与自身需求相匹配的资源，并迅速地将产品开发的上下游连接起来，组成具有针对性的、灵活的开发链条，从而更高效地展开产品开发活动。

实例 3-2 华为——大数据产品创新的领先者

华为作为信息、通信和技术（Information Communication Technology, ICT）行业的领军企业，在大数据、云计算和互联互通领域具有天然优势，因而能够在大数据环境下，快速适应产品创新模式的变革。

华为目前实行“以客户需求为导向”的产品创新战略，对客户的行为分析采用机器学习和全量多维分析，通过构建全数据模型，实现百万维度数据实时分析。在市场和用户的数据采集方面，华为拥有广泛的数据来源。首先，华为与全球领先的通信运营商建立了 34 个联合创新中心或实验室，通过合作协议，从运营商处获取大量的用户数据资源，包括用户消费数据、用户个人属性数据等，以此拓宽数据采集渠道，全面获取目标用户的数据，把领先技术转化为自身的竞争优势和商业成功。其次，“花粉”俱乐部也是一个很重要的渠道，截至 2016 年 5 月 1 日，论坛内帖子总数达到 158 263 125 个，注册用户达到 25 758 777 位，在“花粉”俱乐部这个开放社区里，每周都有上万个用户反馈的帖子，其中不乏一些深度的产品使用体验报告。华为公司通过整合分析用户的发言信息，可以低成本、高效率地获取用户的需求信息，为智能手机的研发提供创新思路。最后，华为结合自身的技术和硬件优势，为每个智能手机内置了反馈软件和传感器，根据用户使用手机过程中传回的各种数据，有针对性地对产品进行功能设计，推出更符合用户需求的智能手机。

业界领先的大数据技术是华为的核心竞争优势，目前华为在全球共设有 23 个研究院，其中有一部分专门从事大数据技术方面的研究。例如，华为在欧洲，美国和印度，杭州和南京分别建立了 MOLAP、分布式计算算法、数据可视化、大数据管理平台、流计算、实时决策等专业研究院，专注于大数据的技术研究。经过 1000 多名员工 8 年多的持续努力，华为已经全方位掌控了大数据核心技术，同时为了增加大数据平台的易用性和复杂查询能力，创新设计了表聚簇和多级索引方案，实现与公司现有数据库、数据仓库的无缝对接。

随着数据的不断产生以及数据体量的持续增大，华为通过建立云计算数据中心来解决数据存储难的问题。目前华为已在安徽宿州、贵州玉溪、江苏盐城、浙江湖州、山东济宁等五个地区建立了云计算数据中心，专门用来存储和处理大数据，同时拥有 FusionSphere 云操作系统、FusionStorage 分布式存储系统和 FusionInsight 大数据分析平台、ManageOne 数据中心管理系统等，并推出面向未来业务驱动的分布式云计算数据中心架构（SD-DC2），将其应用在智能手机的产品开发和风险控制方面，实现更高效的运作和管理。华为通过重构以大数据为基础的决策和分析体系，建立了基于大数据和云计算的产品创新和反馈机制，极大地提高了产品竞争力和客户满意度。

（资料来源：李冰，李玉博. 基于外部动力的大数据环境下产品创新模式研究[J]. 中国科技论坛，2017 年 4 月: 48-54.）

思考：

结合案例浅谈华为成功的原因。

3.2.2 大数据背景下新产品开发的流程

传统新产品开发的流程大致经过以下六个阶段，如图 3.4 所示。

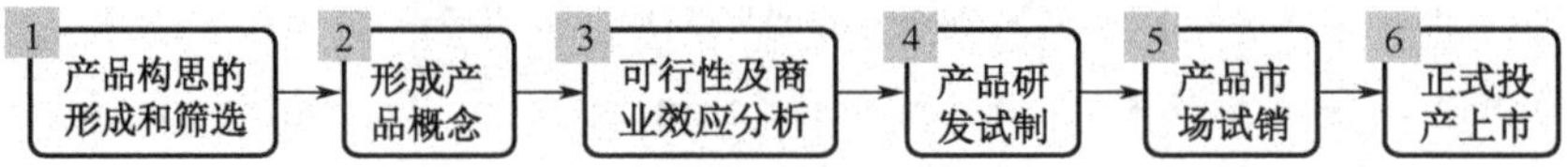

图 3.4 传统新产品开发的流程

在大数据背景下，传统上“并行”与“串行”的开发方式都开始显现其不足之处，其主要问题表现为以下两个方面。

首先，从开发方式上来说，基于大数据分析的产品开发是具有高度协同性的企业行为。通常来说，新产品开发设计需要调动一个企业的多个部门共同发力，根据不同的开发阶段及相关内容配置资源，但是由于信息上的不对称，部门间的协作同步性较差，一个小的改动往往需要部门间的反复沟通。例如，在开发过程中某些部件需要通过采购完成，但采购部门可能不能完全理解设计部门的采购要求，或采购过程较长，采购信息量巨大，导致设计部门在根据已采购部件进行设计中，又不断收到新的采购件，使得设计过程出现不必要的反复和资源上的浪费。因此，基于大数据的开发方式必须是数据充分、实时共享的，这使得各个部门之间可以随时保持信息上的联动互通，确保各部门的意图能够被充分理解，以缩短开发时间，节省开发成本。例如，设计部门随时了解市场部门的消费信息反馈，有助于通过动态的数据分析高效地发掘用户的潜在需求，并生成创新的产品概念。

其次，从开发流程上来说，无论是“串行”模式还是“并行”模式，其开发轨迹基本上都是线性的，这就意味着其可逆性较差，一旦出现设计方向上的修改往往就会有较大成本的投入，如果在设计定型、大量生产铺货后市场反应平淡，则会出现很大损失。同时，对于大部分企业来说，库存量控制至关重要，很多快销产品在设计、生产过程中需要与市场联动，因此在开发流程上需要更多的数据互通、共享。

图 3.5 是用大数据进行新产品开发的模型图。

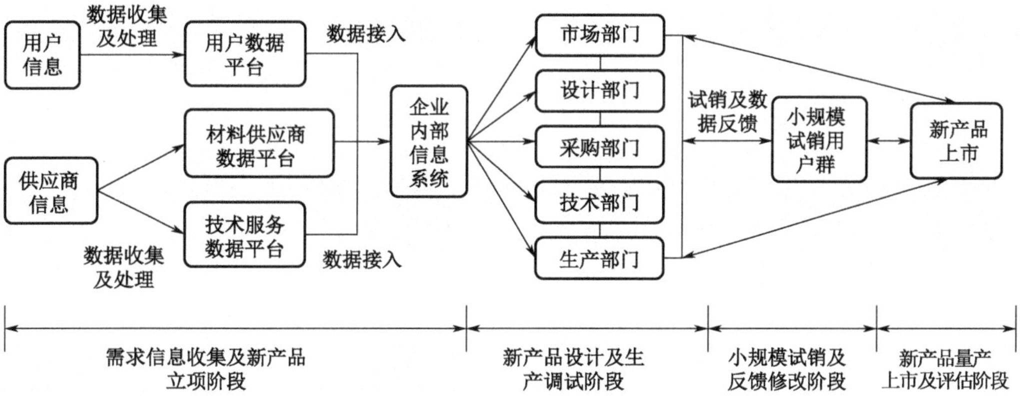

图 3.5　用大数据进行新产品开发的模型图

1. 需求信息收集及新产品立项阶段

用户信息以及材料供应商信息需要经过收集、加工和处理后储存在数据平台中才可以使用。数据收集和处理的主要过程如下：互联网与各式传感设备产生的数据经过抓取和存储形成初步的数据库，通过限制条件筛选形成目标数据库，再通过进一步筛选生成有效数据库，即形成数据平台。各类外部数据平台通过接入企业内部信息系统，企业内部各部门员工即可获得相应的权限访问数据。通过大数据与标签化思路的消费者画像分析，得到用户标签和消费者画像，如性别、年龄、学历、收入、生活习惯、居住的城市、日常的饮食购物习惯等，通过这些元素，便可以将用户的标签和画像整理出来。

通过相关类别大数据的收集及分析，企业可以更加客观地对消费者需求及市场趋势进行准确的判断与预测，从而避免主观失误带来的误判，增加新产品概念的可行性，使新产品立项更加科学化。

2. 新产品设计及生产调试阶段

大数据背景下的新产品设计是一个企业内部信息互动的详细设计。在这个设计阶段，参与开发的各部门在合理的组织框架下，实时共享进程数据，减少因信息不对称造成的设计指标模糊不清，使开发方向始终保持明确。同时，也可使开发部门通过大数据实时掌握消费者的最新动态及预期，适时地对开发思路做出调整。依靠大数据技术，通过情感分析、语义分析，分析用户喜好，把握个性化需求，从而针对性地制定产品方案和决策。另外，在生产调试阶段，通过大数据分析可以更快地找出生产过程中有问题的因素，并以最快速度进行调整。

3. 小规模试销及反馈修改阶段

传统的产品开发在产品投入市场后才能被动地获知市场反应，也有的企业通过试销来获取市场反馈，但总体来说其反馈的速度较慢，同时对消费者的具体要求反应迟钝。而通过小规模销售试用及大数据分析，则可以迅速地获取消费者的使用反馈信息，在产品大批量投入生产前就能够预判市场反应，从而减少不适销产品给企业带来的损失。企业根据试销反馈信息和大数据综合分析对产品进行调整，减少了设计返工带来的时间成本增加，使产品不会错失上市的最佳时机。

4. 新产品量产上市及评估阶段

新产品通过试销及相应的反馈改进，如果经过大数据再次分析证明可以被市场绝大部分的消费者所接受，就应该大批量生产并适时投放市场。在新产品上市时，企业通常要做出以下四个方面的决策：①投放时间决策，即确定新产品进入市场的最佳时机；②投放区域决策，即确定在哪些区域的市场上进行新产品投放；③目标市场决策，即根据新产品的特点，确定新产品的用户画像；④营销策略决策，根据新产品的用户画像，制定相应的营销策略。

然而，传统的新产品上市模式是根据少量数据分析得出的这几方面的结论，通常需要耗费很多时间，同时也未必能够得到相对准确的结论。在大数据背景下，企业可以根据全市场的信息快速做出这几方面的决策。例如，在确定新产品投放时间时，企业可以根据市场上消费者的消费状态，竞争对手的市场活动，过去新产品投放的历史数据，供应商原材料的历史价格变动及未来预期等全方位的信息，通过计算机模拟人工智能给出相对最恰当的新产品投放时间。这一过程基本是由计算机运行的，所以大大节省了从完成试销测试到新产品投放的时间。企业还可以利用大数据对目标用户的信息渠道、对营销手段的反应、交易行为、购买偏好进行分析，制定营销策略，同时也可以用决策树模拟用户对营销策略的反应。

在新产品上市后，企业需要对新产品的市场效果进行持续的跟踪评估和改进。一般来说，新产品的采用者可以分为五大类：创新采用者，早期采用者，早期大多数采用者，晚期大多数采用者，落后采用者。大多数企业在进行新产品上市推广时往往更加重视创新采用者和早期采用者的识别和推广，因为这类人群的识别和推广成本比较低。其次，这几类人群在所有新产品的接受者的大致占比分别为：2.5%，13.5%，34%，34%，16%。这一比例只是前人经验所得的平均水平，放在不同时期的不同产品，这一比例会各不相同。大数据为企业新产品采用者分析提供了个性化支持，通过大量用户（包含潜在用户）数据的收集和分析，企业可以基本确定每种类型的采用者的大致比例。同时，通过对每类新产品采用者采取个性化的推广手段，如对早期大多数采用者推送教育性广告，对晚期大多数采用者推送引导性广告等，可以加快新产品的传播速度和在消费者中的普及率，从而增加销售。

实例 3-3　大数据助力智能家居设计

2014 年，阿里巴巴和美的集团共同合作，提出了智能家居的设计理念，双方的合作是基于阿里云这一大数据平台，基于物联网合作网络下阿里云为美的提供大数据的计算、存储和网络连接，挖掘大数据的商业化价值，实现家电产品的连接对话和远程控制。

随后，一大批互联网企业介入到了智能家居的研发设计中。百度推出智能音响，并积极和第三方制造商合作开发安保、灯光、窗帘方面的智能化。小米则基于其庞大的手机销量，围绕小米电视、路由构建了智能家居的闭环体验。魅族、海尔、阿里巴巴构建了智能生态圈，阿里云能够提供非常强大的数据支持能力，海尔拥有全新的网络家庭平台，魅族手机则开放终端控制权限，基于 LifeKit 的控制技术实现智能家居体验。这里以空调产品设计为例来阐述大数据的应用实践。

（1）空调产品及空调系统大数据。一是零部件筛选数据。对不同的材料、型号的零部件搭配不同的系统，进行筛选和组合。二是空调设计数据。从设计的提出、计划、调研、定位，需要大数据的虚拟分析，以节省时间、降低成本，降低失败设计率。三是空调实验数据。产品设计的实验测试面临很多的不确定性，基于诸多的失败测试数据来节省测试成本，如寿命测试数据，参数测试数据等。四是空调运行数据。目前智能建筑的控制系统可以收集到很多空调的运行数据信息如压力、湿度、功率等，也包括一些故障数据，这些都将被挖掘应用在空调设计中。

（2）空调企业大数据。空调市场中存在物流运输网络、市场营销、产品种类、销量、市场评价、家电安装等诸多的有价值信息，整合这些信息对产品设计决策有着重要的意义。

（3）用户数据。大数据平台从互联网、智能终端各个场所获得数据，可以很容易掌握消费者的信息，并通过一些关键词的检索得到依据。通过空调运行的大数据，挖掘出用户的习惯设置，如开停机时间、开机时长、设定温度等，记录用户偏好，实现工作场所、居住场所、地区气候、季节变迁下的自动调节。

（4）大数据的运行控制。通过运行数据的挖掘基于计算机的最优控制模型设计，根据传感器传递的实时监测数据进行检测，计算机自动记录运行负荷，更新机组数据，通过大量运算有针对性地发送控制指令，不断地优化控制，实现节能高效。

（5）大数据的故障诊断作用。通过分析空调运行大数据，将空调故障检测与诊断模型对接建筑自动化控制系统，实施监测故障数据，提高时效。

通过使用大数据分析、数据挖掘等工具和方法，空调设计师们可以了解业内最新最全面的市场动向，整合消费者、供应商、经销商等各方讯息开展产品设计。

（资料来源：张睿. 大数据时代下产品创新设计[J]. 黑河学院学报，2016: 49-50.）

思考：

1. 以上空调设计案例中使用了哪些方面的大数据？
2. 空调企业是如何对这些信息进行整合和挖掘的？

3.3 大数据背景下产品策略的优化与动态管理

3.3.1 大数据在产品生命周期管理中的应用

产品生命周期是指某产品从进入市场到被淘汰退出市场所经历的市场生命循环过程。因此产品生命周期理论又称为“商品循环”理论。一般来说，产品生命周期可以分为以下四个阶段：导入期、成长期、成熟期和衰退期。

在不同的生命周期阶段，产品的销售额、利润额以及市场占有率是不同的。企业在进行产品生命周期划分时的常用方法有以下两种。

（1）销售增长率分析法：

销售增长率分析法是以产品的销售额增减快慢的速度，来判定、预测该产品处于生命周期的哪个阶段的方法。

销售增长率=（当年销售额-上年销售额）/上年销售额×100%

当销售增长率小于 10%且不稳定时为导入期；销售增长率大于 10%时为成长期；销售增长率小于 10%且稳定时为成熟期；销售增长率小于 0 时为衰退期。

（2）产品普及率分析法。

产品普及率分析法是根据产品在某一地区人口或家庭的平均普及率，来判断该产品处于生命周期的哪个阶段的方法。产品普及率有两种算法，一种是单位人口拥有产品的数量，另一种是单位家庭拥有产品的数量，根据产品类型的不同，可以采用不同的算法。

当产品普及率小于 5%时为导入期；普及率在 5%～50%时为成长期；普及率在 50%～90%时为成熟期；普及率在 90%以上时为衰退期。采用此方法，需要掌握大量的统计资料。

以上两种方法虽然可以大致地划分企业产品所处的生命周期，但是对大多数企业来讲，这些划分方法存在弊端。销售增长率分析法是以产品实时的销售状况进行分析并划分生命周期阶段的，这种方法天然的存在滞后性；产品普及率分析法则需要在大量的统计数据的基础上才能相对准确地划分生命周期的不同阶段，而且这种方法很难适用于单个企业的产品。此外，这两种分析方法均仅使用了一种指标进行产品生命周期的划分，标准比较单一，不能够准确地判断或是预测产品正确的生命周期阶段，为企业制定营销策略提供依据。

在大数据背景下，企业可以获得非常全面的市场信息，利用多种类型的信息进行产品生命周期阶段的划分，还可以结合内部同类产品相关数据以及行业同类产品数据对新上市产品进行生命周期的预测。图 3.6 显示了大数据分析平台的常见算法和人工智能模型。

大数据分析可以通过代入不同变量，如销售额、销售额增长率、成本、市场占有率、现有消费者数量及使用者类型等，拟合产品生命周期曲线。例如，通过历史同类产品的销售额、利润数据拟合出某一产品的生命周期曲线为经典的 S 曲线，判断导入期大约持续 3 个月；通过历史同类产品的成本、价格数据拟合出该产品的生命周期曲线为 U 型曲线，判断导入期大约持续两个半月。同样的，根据不同的变量数据均可以拟合出一条生命周期曲线，并能判断其每个阶段持续的大约时间。根据这些数据建立分析模型，通过分析模型预测出最佳的生命期曲线，并明确地划分出不同的阶段。

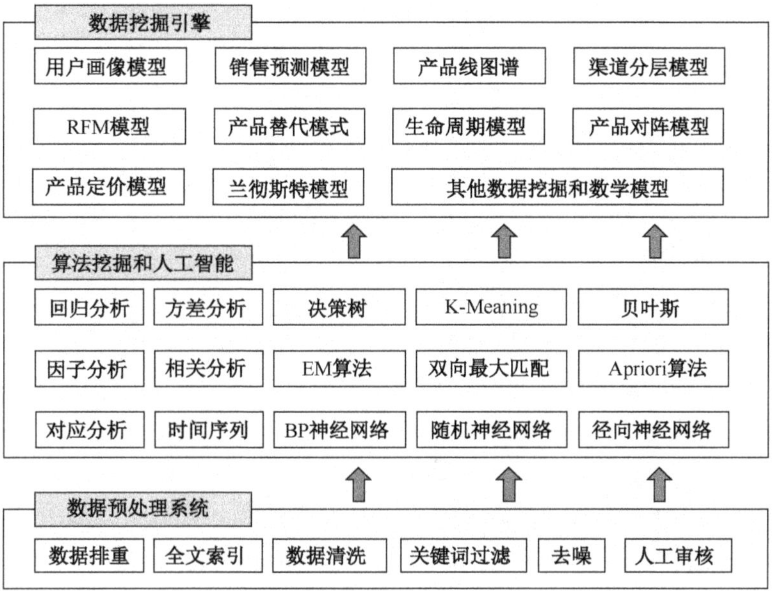

图 3.6 大数据分析平台的常见算法和人工智能模型

通过大数据事先预测新产品的生命周期及其各个阶段，有利于企业从整体上对新产品上市后的整个过程的营销策略进行统一的规划和效果模拟预测。

例如，在产品导入期，企业可以利用大数据对以往同类产品上市后采用的营销策略和手段进行类别和效果分析，并结合企业的目标、资源等条件选择一些恰当的策略和手段，随后利用大数据分析平台模拟用户反映，判断这些营销策略和手段能否实现导入期的目标。如果模拟效果良好，则可以在新产品上市后正式投入使用。在整个导入期，企业需要时刻关注产品的销售情况，消费者对产品的认知情况，充分发挥大数据的监测和分析功能，一旦确定产品进入成长期，就要立刻采取相应的营销策略和手段。

总之，用大数据分析制定不同产品生命周期的营销策略，就是首先根据历史数据对同类产品的生命周期进行预测，同时辅以多种变量，如消费者购买行为特征等进行调整，然后对不同生命周期的营销策略进行规划并模拟消费者反映进行效果评估。在产品正式上市以后，结合产品销售的实际情况对大数据的预测结果进行持续的动态修正，并时刻监控消费者需求的变动趋势，持续改进和研发新产品。

3.3.2 用大数据对现有产品组合进行动态优化

营销学中把企业提供的满足消费者需求的不同产品或品牌称为产品项目，原材料、功能、销售对象、销售渠道等方面比较接近的一系列产品项目被称为产品线。产品组合是指一个企业所经营的不同产品线和产品项目的组合方式，它可以通过宽度、长度、深度和关联度四个维度反映出来。

企业最初确定的产品组合并不是一成不变的，而是需要定期对现有产品组合进行分析和评价，并决定是否增加或减少某些产品线或产品项目，是否深化产品项目的开发程度，从而对现有产品组合进行优化。传统的分析评价方法有很多，如波士顿矩阵法、GE 矩阵法、产品项目分析法、产品定位图分析法等。在大数据的背景下，这些分析方法在极大程度上得到了深化和升华，除了少部分的定量数据以外，企业能够利用更多种类型的数据去分析其产品组合。

一般，很少有企业的产品组合中只有一条产品线，那么企业需要定期对其产品组合中的产品线进行分析以确定哪一产品线应该扩大、缩减或是维持现状。常见产品线分析的主要指标是销售额和利润。在大数据的背景下，企业在进行产品线分析时可以用多个变量同时分析一条产品线，如产品线发展前景、产品生命周期阶段、客户满意度、客户忠诚度、销售额、利润、市场份额等。这些变量信息有些是定量的，而更多的是定性的文字评论、图片或是半定量的点击量、搜索指数、转化率等。

产品线上的每个产品项目对总销售额和利润的贡献是不同的。企业可以利用大数据选择恰当的模型分析不同产品项目的市场地位、产品项目开发程度、搜索指数、评价内容、投诉内容和数量、客户忠诚度、客户满意度等，从而确定某一产品项目是否需要被剔除。

在企业对其产品组合中各个产品线、产品项目进行了深度的分析之后，可根据其自身资源条件、市场状况和竞争态势对产品组合决策进行优化。常见的产品组合决策主要有产品线延伸策略，扩大产品组合策略，缩减产品组合策略。大数据背景下的企业产品组合决策相比于传统营销的产品组合决策本质上并无明显不同，只不过在大数据背景下做出的决策使用了更多的信息，更准确的模型，同时也更加注重产品组合决策的动态变化。

实例 3-4　大数据背景下的服装企业产品及产品组合的动态优化

阿迪达斯拥有丰富的产品线，以往经销商在下单时往往对照阿迪达斯展厅里的产品按个人偏好下订单，阿迪达斯本身并不对经销商进行较多的产品组合指导。一些经销商经常出现断货，另一些经销商则出现产品积压，订货产品类似的同规模经销商的销售状况完全不同等现象经常发生。这严重影响了经销商的积极性，同时也加剧了阿迪达斯与经销商之间的矛盾，影响了企业产品的最终销售。

随着大数据的普及，阿迪达斯开始运用大数据对其产品组合进行差异化的动态整合与调整，从而大大增加其产品对经销商和终端消费者的吸引力。阿迪达斯的技术人员每天会采集并整理门店的销售数据，并将它们上传至阿迪达斯总部。收到数据后，阿迪达斯会结合其他数据源数据对其进行清洗和存储，然后利用自身数据库数据分析各个区域市场的需求特征和购买行为特点。阿迪达斯通过数据挖掘发现，同在中国南部，部分城市的消费者会特别喜欢香港元素，会追随香港的潮流，而另一些城市的消费者更愿意追随其他国家的潮流；同为一线城市，北京和上海消费习惯又会因为环境气候的不同而不同。此外，一、二线城市消费者的消费品位和习惯更为成熟，当地消费者需要用不同类型和风格的服装来应对不同的场合，但在三、四线城市，普通女性可能只需要上班、休闲、宴请的三种不同风格的服饰就可以了。

这些发现使阿迪达斯更深度地了解了不同精分市场目标消费群体对商品颜色、款式、功能等因素的偏好，同时知道什么价位的产品更容易被接受。通过这些信息，阿迪达斯实现了对其产品组合的差异化整合和调整。例如，在重庆这样的山城或是较多山坡的地方，阿迪达斯重点投放耐损度和舒适度较高的产品，在炎热或是寒冷的地区投放透气性良好的产品。阿迪达斯对产品组合的调整是动态的，技术人员会定期对当前获得的消费者信息与其产品组合进行分析和匹配。如果分析发现，数据显示的消费者产品需求偏好等信息与其产品组合中的某一产品项目不匹配，同时该产品项目销售状况较差，那么公司设计部门会针对消费需求对原有产品进行设计升级或是直接更换新产品；如果分析发现，目标市场对于某款产品的价格存在较大争议，那么公司可以对产品线进行向下延伸，以消费者最为关注的产品特性进行低端产品设计，仅添加消费者能够接受的产品溢价点以降低产品销售价格。同样的，如果发现某一产品项目的销售量出现明显下滑或是很难提升，排除销售人员的主观因素外，可以考虑缩减该产品项目。这样的产品组合调整是随着数据采集定期进行的，大数据技术为此提供了良好的依据。

大数据的运用，帮助阿迪达斯实现了大中华区的战略转型。阿迪达斯从过去的“批发型”公司变成了现在的“零售驱动型”公司，它不再是将产品卖给经销商，而是将关注的重点放到了终端消费者身上。阿迪达斯的产品组合不再是过去的统一的批量增生，而是一种动态的差异化产品整合。这样的产品组合在一定程度上实现了规模性的个性化定制。

（资料来源：联商资讯，阿迪达斯的“黄金罗盘”，2013 年 4 月 15 日，节选）

思考：

1. 阿迪达斯的产品组合差异化主要体现在哪些方面？
2. 阿迪达斯是怎么利用大数据实现产品组合的动态优化的？

本章小结

本章重点阐述了大数据背景下企业新产品预测与开发的特点与流程，并从应用的角度分析了企业如何利用大数据对产品策略进行规划与动态管理，从而实现大数据背景下企业产品的预测与规划。

【延伸阅读】

大数据背景下的汽车产品设计

SUV 是一款性价比较高的车型，它既有越野车的通过性，又有轿车的舒适性，能适应多种路况，在年轻一代的人群中需求非常旺盛。大众途观、福特翼虎、本田 CRV、丰田 RAV4 是比较流行的四款 SUV。通过对这四款 SUV 相关的大数据进行收集和比较分析，可以得出消费者在进行 SUV 选购时关注的重点，为汽车企业的 SUV 产品设计提供依据。

通过大数据挖掘处理中的聚类等分析方法获取了消费者比较关心的八个特征，这八个特征分别是外观、内饰、空间、动力、操控、细节、油耗和保养。这八个特征维度基本覆盖了消费者买车时所关心的大部分需求点，企业可以通过数据挖掘算法找出其中的关键性因素，然后从用户体验方面着手进行产品创新。

通过网络爬虫等技术手段，企业可以获得在汽车之家等大型门户网站中，消费者对这四款

SUV 的近 48 万的讨论和评价信息，其中途观的评价最多，CRV 的评价相对较少。结合四款车的销售数据以及消费者对其他车型的议论数据，通过对各 SUV 的好评率和热议程度，企业可以清楚地掌握消费者对 20 万元左右的 SUV 的整体需求和八个特征维度的需求，从而有针对性地设计符合消费者需求的产品，进而提高销售。

下面以四个特征维度为例，对产品进行详细分析。

1. 内饰体验。

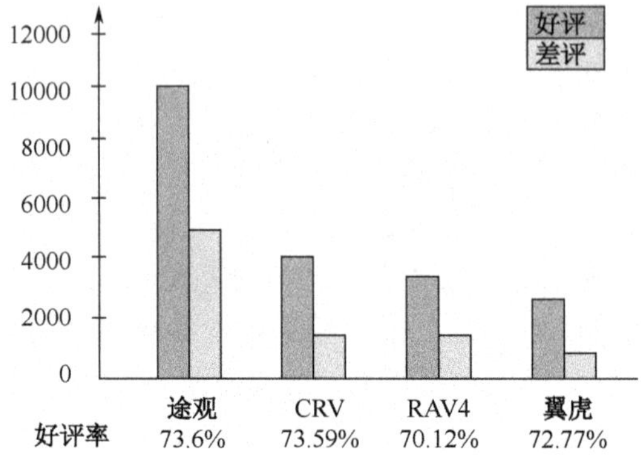

图 3.7　内饰体验评价对比图

如图 3.7 所示，大多数准车主对内饰体验比较关心。或许是因为除了外观看起来比较醒目之外，车的内饰就好比室内装修一般，需要具有独特的风格和舒适性。具备了良好的内饰，车主在驾驶的过程中才能体验到驾驶的乐趣。从图中来看这四款车的内饰好评比例大体相近，并且均超过了 70%。总的来说，消费者对于这四款 SUV 的内饰是比较满意的。从汽车内饰参数和评价文本数据来看，这四款 SUV 的内饰存在明显不同的风格。途观的内饰细致精湛、隽永优雅，凸显了家居风格；CRV 的内饰简洁明快，设计更人性化，驾乘起来比较舒适；翼虎的中控台是它的特色，科技感十足；而 RAV4 更加朴实耐用，比较符合行事比较低调的人群。根据以上分析可以把消费者分为三类：追求科技型、追求品位型、朴实低调型。汽车企业可以根据客户的各自偏好为其产品添加属于目标客户的个性化设计，从而抓住客户心理，掌握市场先机。

2. 空间体验。

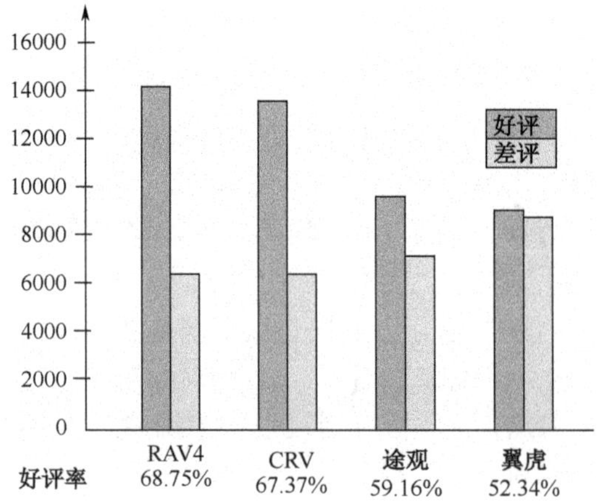

图 3.8　空间体验评价对比图

如图 3.8 所示，在空间体验方面，四款车的评价存在一定差异。RAV4 和 CRV 空间方面表现得较为满意。但是，从评价文本数据来看，途观在这方面表现相对较差，翼虎的表现更是堪忧，主要集中表现为途观的后备厢太小，翼虎的后排空间狭窄。对于这种硬性指标来说，企业在生产产品之初就需要对市场进行调查，关注客户对汽车参数的心理预期，然后根据企业产品特点以及成本情况选择最优方式设计产品。

3. 细节体验。

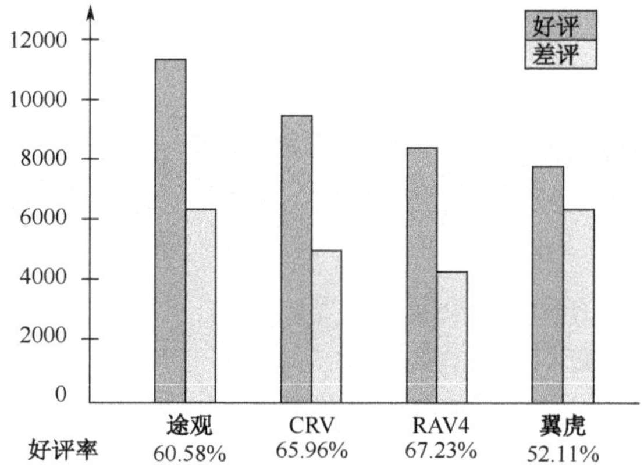

图 3.9　细节评价对比图

如图 3.9 所示，通过对比数据，可以发现，做工等细节方面的体验评价在所有八个特征维度中的好评率均比较低，都不超过 70%，做工方面这几款车都交了令客户不甚满意的答卷。其中途观和 RAV4 车内气味比较重，CRV 漆面比较薄，翼虎在这几个方面的问题都比较严重。当前消费者不单单是考虑汽车的总体体验，其对做工细节的要求也越来越高，同时对细节有要求的客户群体也越来越大。所以，汽车企业在进行产品设计时需要更加重视细节的处理。精益求精是企业对自己的尊重，也是现代企业成败的关键之一。

4. 保养方面。

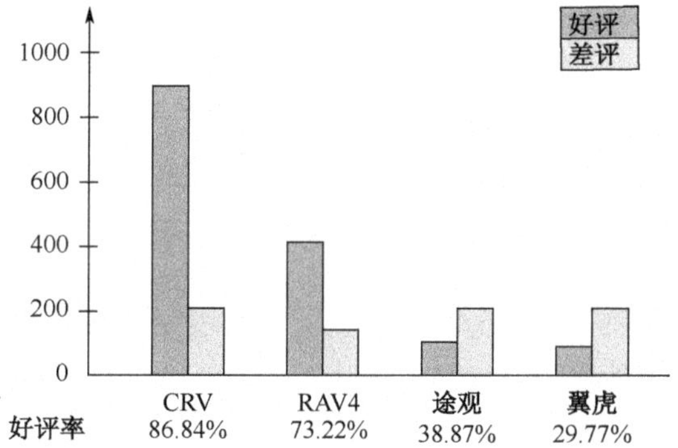

图 3.10　保养评价对比图

如图 3.10 所示，这四款车在保养方面的好评率存在明显差别，CRV 和 RAV4 的好评度比较高，而途观和翼虎在这方面的好评度明显偏低。然而，从评价文本等其他类型的数据来看，这四款 SUV 普遍在零配件更换价格上比较贵，而 CRV 和 RAV4 的好评率高主要是由于其服务态度好，消费者认为物有所值。因此，企业如果能够在这方面加以改进能够大幅提高消费者的满意度，从而提高销量。

经过大数据分析和对比，企业能够清楚地了解消费者对产品的关注点，通过进一步的模拟分析和预测，企业能够找出影响消费者购买产品的关键特征及其重要程度。企业在进行产品创新时，需要考虑自身资源在某些关键特征上的优劣势，注重扬长避短，使本企业产品成为同类产品中消费者认可的性价比最高的商品，从而获得更高的销量和满意度。

（资料来源：傅钢强. 大数据时代体育场馆余裕时间的利用[J]. 上海体育学院学报，2016(4): 50-53.）

【实验与思考】

1. 实验目的

（1）掌握用大数据进行新产品设计的基本流程。

（2）理解大数据背景下企业产品组合的动态优化。

2. 工具/准备工作

开始本实验之前，请认真阅读课程的相关内容。

准备一台可以上网的计算机或者移动设备。

3. 实验内容与步骤

1）概念理解

（1）用大数据设计新产品的基本流程是什么？

答：____

____

____。

（2）如何利用大数据进行产品组合优化？

答：____

____

____。

2）延伸阅读

参考本章的“延伸阅读”，本案例中使用了哪些方面的数据？这些数据来源于哪里？

答：____

____

____。

3）网络搜索和浏览

参考“延伸阅读”中的例子，选一个制造企业，通过网络搜索大数据，设计其产品创新流程，明确指出新产品的关键特征。

（1）产品创新流程。

答：____

____

____。

（2）新产品的关键特征。

答：____

____

____。

4. 实验总结

____

____

____

____。

5. 实验评价（教师）

____

____

____

____。

第 4 章▶▶

定价流程与策略

【学习目标】

1. 了解大数据定价的流程
2. 理解产品数据分析在定价领域的主要作用
3. 掌握大数据定价模型的基本类型
4. 掌握大数据定价的常见策略及其应用范围
5. 理解大数据动态定价的基本步骤

【思维导图】

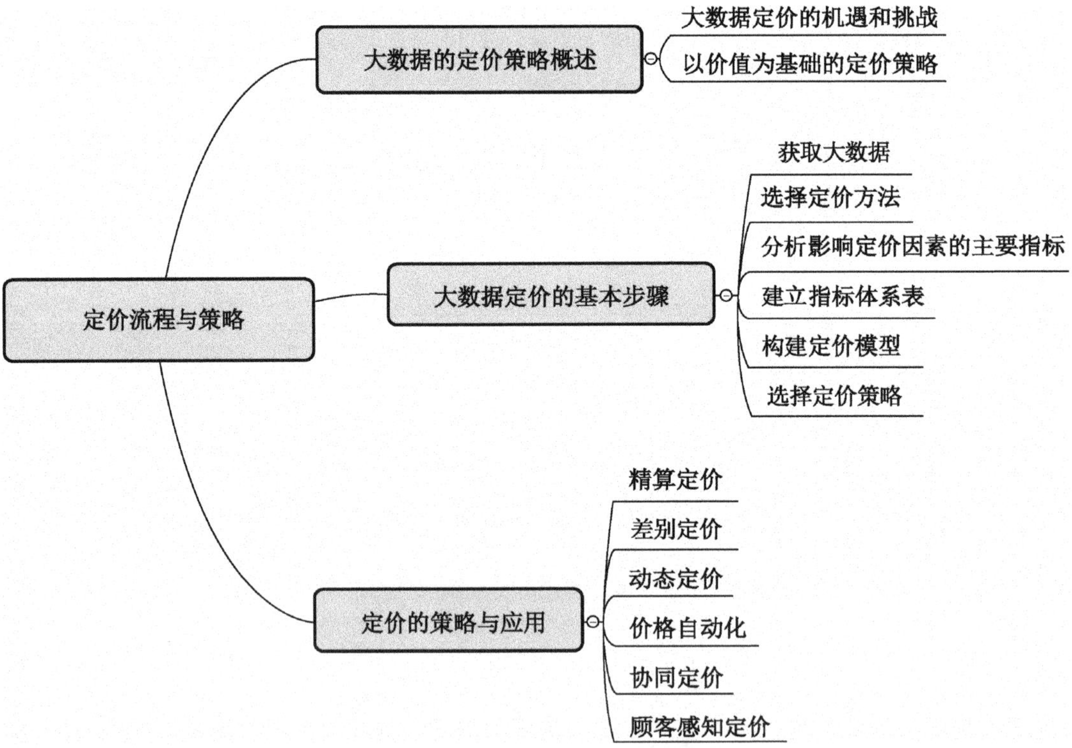

【开篇故事】

司乘双方不对等？Uber 推新定价体系引争议

过去的一段时间里，Uber 司机发现自己收到的车费与乘客支付的车费并不一致，这种情况引起了大家的普遍不满，Uber 也一直未给出令大家满意的解释。后来，Uber 公司的代表做出了回应：公司的确对部分乘客收取了更高的费用，以此获得更高的收入。公司负责人说道，像 Uber 这样的公司每天都在利用大数据来确定顾客想要什么，何时需要。这不是仅仅发生在每周、每月或每个季节，而是每天都在发生。

Uber 这种定价体系被称作“基于路线的定价”。Uber 会首先预测乘客愿意支付的价格，随后再对乘客收费。这与以往模式不同，以往是根据行驶里程数、行车时长，以及基于供需状况的倍数来计算车费。

Uber 产品负责人丹尼尔·格拉夫（Daniel Graf）表示，Uber 利用机器学习技术来估计，对于特定行程，某些群体的用户愿意支付多少费用。例如，即使需求、交通状况和路程相同，从富人区前往富人区的订单价格就要比从富人区前往穷人区的价格更贵。富人在打车时多付些车费，那么等待的时间就短，不过对于低收入地区，降低车费的代价是让人们等待更长时间。

Uber 并没有透露如何预先计算这些价格，以及这些价格的计算是否沿用了以往的定价模式。这种司乘双方不对等的定价模式已经成为 Uber 业务的未来。

（资料来源：http://tech.sina.com.cn/i/2017-05-20/doc-ifyfkqks4353113.shtml
https://www.toutiao.com/i6422171846258459138/）

思考：

1. 大数据的价值是什么？大数据对市场价格的影响有哪些？
2. 你认为 Uber 在制定车费时，应该从何入手？

4.1 大数据定价的关键环节

定价策略是营销策略的关键环节。正如哈佛商学院雷蒙德·科里(Raymond Corey)所说的：“定价是真理显现的时刻——定价决策是所有营销活动的焦点。”然而，并不是所有企业都理解这一点。虽然在传统的营销学理论中已有比较成熟的成本加成定价法、竞争定价法、认知价值定价法等定价方法，以及撇脂定价、渗透定价、差别定价等定价策略，但是现实中的企业根据自身的实际情况所制定的定价策略，并未考虑对企业长期发展和盈利有力的因素。麦肯锡公司的分析指出，在每年成百上千个标准产品的定价决策中，有30%的公司无法定出最好的价格。出现这种情况的根本原因是受限于定价技术。因此在大数据时代，企业如何充分利用与消费者互动过程中获得的海量数据，得到消费者对产品定价的反馈，综合考量成本、顾客和竞争对手等因素，以及它们之间的财务影响，制定合适的价格，并获得相应的回报是大数据营销的一个重要研究方向。

4.1.1 影响定价的因素

分析影响定价的因素首先要从营销战略层面开始。日本战略研究的领军人物大前研一（Kenichi Ohmae）提出了制定任何经营战略时都必须考虑的三个重要因素：公司本身（Corporation）、公司顾客（Customer）和竞争对手（Competition）。这就是3C战略三角模型（3C's Strategic Triangle Model）。从3C战略三角模型的逻辑来看，只有将公司、顾客与竞争者整合在同一个战略内，可持续的竞争优势才有存在的可能。战略家的任务是要在决定经营成功的关键因素上，取得相对于竞争者的优势，同时还必须要把握其战略能使公司的力量和某一确定市场的需求相匹配，使市场需要与公司目标彼此协调。这对建立持续稳定的良性关系是必不可少的，否则公司的长期战略可能将处于危险中。

根据3C战略三角模型的思路，在产品定价的过程中，从公司本身战略层面考虑主要是以成本为导向来挖掘影响因素；从顾客战略层面考虑主要是以需求为导向来挖掘影响因素；从竞争者战略层面考虑主要是以竞争力（研究与开发能力，在供应、制造、销售和服务方面所拥有的资源及其他利润来源等方面）为导向来挖掘影响因素。

因此，在影响定价的众多因素中，产品成本、市场竞争和顾客需求是决定价格高低最主要的因素。在企业选择定价方式时，最先考虑的是如何以这些因素为导向制定合理的基本价格，再通过价格策略对其进行修正，并形成一个价格结构。

因此，在传统定价方法中，一般定价的方法有成本导向定价法、需求导向定价法和竞争导向定价法（如图4.1所示）。它很好地指明在某种情境下，企业或是需要以产品生产成本为基础定价，或是需要根据竞争者的价格为基础定价，或是以消费者感知的商品服务和价值为基础定价。然而在应用中，存在的问题主要有以下几个。

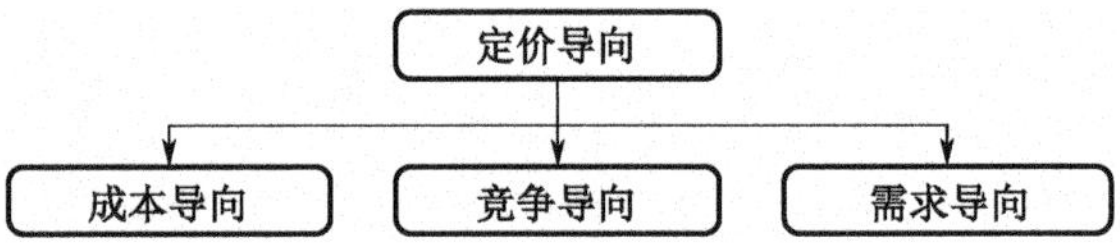

图4.1 定价导向

（1）企业面临的环境往往是综合的，比如它既需要考虑消费者感知价值，如根据品牌和消费者的消费心理制定相对较高的价格，又必须考虑竞争对手的价格，使商品价格具有竞争力。消费者往往是既注重价值又看重价格。那么传统定价方式就缺乏适应性，很难综合多个因素来制定价格。

（2）传统定价方法偏向于定性研究，或者过于简单的理想定量模型。因此在实际操作中，企业定价人员往往知道该往哪个方向努力，却不知道下一步究竟该具体做些什么。

（3）容易忽视定价中的其他影响因素。大数据的魅力之一在于可以通过海量数据发现在小样本数据集中无法发现的弱相关关系。然而这些看似“弱”关联的因素，却在预测结果时能起到大的作用。

认清传统定价方法在应用中存在的问题，可以帮助我们更好地开启大数据定价的思维。例如，在进行战略定价的时候，必须认识到仅仅依靠调整原有的价格并不是解决所有定价问题的最好方法。定价无效通常是因为在做出定价决策时只考虑了成本、顾客和竞争对手的策略本身，而没有正确地估计这三者之间的复杂联系，以及更为广泛的财务影响。而这种联系和财务影响通常只有在定价决策应用于市场后才会暴露出来。因此，大数据定价的思维就是依据科学的定价程序，利用大数据工具解决价格问题，最终获得全局的胜利。这是一个战略性问题，盈利性定价可能需要对产品加以改进，将价格与价值联系在一起，或者管理不同的竞争关系以维护产品的价值。简而言之，战略性定价要求公司的整体营销战略以利润为核心。这就是为什么尽管确定最终价格可能成为制定营销战略的最后一个部分，但是确定定价目标和目的却是制定营销战略第一步的原因。图 4.2 是构建以利润为导向的商业战略的示意图。

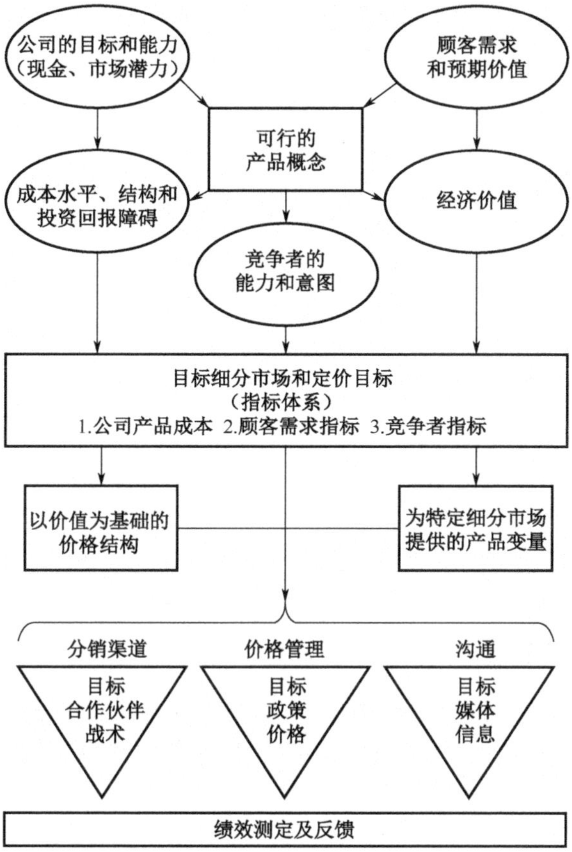

图 4.2　构建以利润为导向的商业战略

图 4.2 所示的商业战略是从三个定价导向演化而来的。不同之处在于这个商业战略考虑了成本、顾客和竞争者之间的相互联系和影响。这种联系隐藏在众多而复杂的因素之中，只有利用大数据分析工具才能挖掘出更有意义的价值。大数据定价的挑战包括如何获取所需要的数据、如何解释及挖掘数据、如何利用数据来驱动决策，以及认清经常被忽略的因素是如何影响产品定价的。因此，识别影响定价的重要因素，进一步量化为影响定价的指标，最终建立影响定价的指标体系并确定定价模型是利用大数据技术定价的关键环节。其中，在确定影响因素的指标体系之后，大数据技术作为定价的辅助工具，在分析数据的基础上，对数据进行更加精细的认识，最后帮助决策价格的制定和变动。然而，我们必须说明，对于传统定价方法而言，虽然它有缺乏综合考虑、偏向定性结论及过于单一等缺陷，但是在利用大数据定价时，对决定影响定价因素的数据选择和模型的建立仍然具有指向性作用。大数据技术对定价的最大帮助就在于赋能传统的定价方法，使其可以通过对海量数据的精细化分析，来制定个性化价格和实时变动。例如，根据消费者数据的细分产生了个性化定价，根据时间及实时的相关环境数据的细分

产生了动态定价，这些都是大数据技术在产品定价中的重要应用。因此，本章在介绍定价指标之后，会重点论述个性化定价和动态定价。

4.1.2 分析影响定价的主要因素

确定产品和服务的价格没有固定而单一的公式。价格的制定要考虑多种因素的影响，如市场需求、成本、竞争、利润、顾客的使用方式等，这些都对价格的成功制定起着举足轻重的作用。图 4.3 列出了定价决策的主要影响因素。

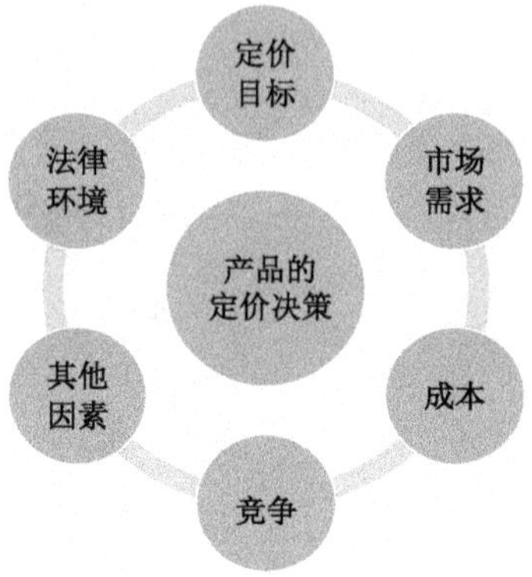

图 4.3 定价决策的主要影响因素

而构建影响因素的指标体系，对于大数据定价是一个十分重要的过程。利用大数据技术，获取各个参数的数据，就能准确估算相对数值指标。

以决定或影响市场需求的主要指标为例，指标如下。

（1）人口统计信息。人口统计信息是指一个人的基础信息统计，包括家庭出生、教育背景、所在地区、年龄、感情状况、家庭关系等。

（2）工作状况。工作状况包括行业、岗位、收入水平、发展空间等。

（3）兴趣。兴趣包括健身/养生、运动/户外、娱乐、科技、购物/时尚、食物/饮料等。

（4）消费者行为。消费者行为包括消费者心理、购买动机等。

实例 4-1 谁是班上最优秀的学生

选班上最优秀的学生时，你一定会问：“从哪方面看呢？”回答：“德、智、体、美、劳全面发展才好。”接着你会问：“德、智、体、美、劳应当如何评价？德、智、体、美、劳五个方面又侧重哪个或哪些方面呢？”

这就涉及指标及权重的问题，比如“德”用一学年参与的公益活动的次数及因品德好被授予的奖项，“智”则用一学年各科考试成绩（除去体育）的总成绩和参加专业竞赛获奖的加分，“体”用体育成绩和参加体育竞赛的加分……

“咦？这个好像我们每学年综合评优的内容啊！”

“呵呵，恭喜你，已经对指标和指标体系有了基本认识。”

下一步，虽然有了具体的量化标准，可是有的指标是次数，有的指标是考试百分制分数，有的指标是五等分制评分，数据与数据之间如何加总？这个就涉及数据标准化的问题，即通过数据工具的处理，使各个数据具有相同单位下的量化。

“德、智、体、美、劳”对于评选最优秀学生的影响程度又是不一样的，这就需要确定权重。确定权重的方法可以用专家确定法，比如根据教育专家的意见，认为德应当优先，占 0.5；智，应当占 0.3；依次打分。也可以用信息熵的方法，比如通过碎石图等完全数据的方法来判断。

经过这一系列的处理，才能建立一个最优秀学生的评价机制。

那么，在定价过程中，当我们知道了影响定价的主要因素后该如何做呢？

4.1.3 建立指标体系表

前面已经指出，影响价格的主要因素包括成本、市场需求、竞争等方面。简单起见，我们在建立价格指标体系时主要从成本、市场需求、竞争这三方面进行分析，同时也要考虑其他因素，如环境与政策等。目前指标体系在构建和评价方面缺乏统一的理论与方法，在构建指标体系时通常遵循以下几点原则。

（1）目的性原则。选取的指标要从研究问题的目的出发。如果我们是要评价某单位的经济效益，就应选取经济效益指标，而不能把其他方面的指标也作为评价指标选了进去。另外，当我们要反映被评价事物的综合实际水平时，就应该选取总量指标，而不是动态指标。只有我们要反映被评价对象的动态水平时，才应选取动态指标。

（2）全面性原则。选取的指标应尽可能地反映研究对象的各个方面。为了保证这一点，选取的指标就应该具有代表性，选取时应从被研究事物的各个方面着手，尽管最后确定的评价指标不一定很多，但选择初始时，备选指标一定要多一些、全一些，以保证有选取余地。

（3）可行性原则。选取的评价指标不仅应具有代表性，还应具有可行性。指标的数据应容易取得，而且可以保证数据的质量真正可靠。

（4）稳定性原则。选取的指标应是变化比较有规律的，有些受偶然因素影响而大起大落的指标不适宜选入。

（5）协调性原则。选取指标一般都还只是统计分析的第一步，而不同的统计方法在分析时对指标的作用机理是不同的。各种方法都有其特点、共同点、优点和缺点。在选取指标时就应注意所用统计方法的内在性质与要求，使指标与所用方法协调一致。比如，多元统计中的主分量分析、因子分析本身具有消除评价指标间相关影响的功能，用这些方法进行综合评价时，需要多注意指标的全面性，而常规多指标综合评价方法和模糊评价方法则不具备这种功能，因此，选取指标时就要多注意指标的代表性，尽量在事先减少指标间的相关影响。

（6）结合性原则。选择统计指标时，应该将定性分析和定量分析结合起来，只强调定性分析，或只强调定量分析，都是不妥的。对于数学方法的应用，一定要认真分析。数学方法本身没有错误，但就应用问题来看，是否合适，还要努力研究，而不应将数学方法到处套用。

基于以上原则，根据研究目标的具体情况建立定价指标体系。下面的例子是二手房定价过程中，以消费者为导向建立的指标体系（见表 4.1）。

表 4.1 消费者需求指标体系表

一级指标	二 级 指 标
基础信息 A	家庭出生 A1
	教育背景 A2
	所在地区 A3
	年龄 A4
	感情状况 A5
	家庭关系 A6
工作状况 B	行业 B1
	岗位 B2
	收入水平 B3
	发展空间 B4

（续表）

一级指标	二 级 指 标
兴趣 C	健身/养生 C1
	运动/户外 C2
	娱乐 C3
	科技 C4
	购物/时尚 C5
	食物/饮料 C6
消费行为 D	消费心理 D1
	购买动机 D2

4.2 个性化定价策略

在固定价格的背景下，企业往往面临两难选择：制定高价，获取高额利润，而往往失去价格敏感性消费者，销量受到冲击；制定低价，获得销量领先，而失去单品利润，长期看还会削弱品牌价值。似乎没有更好的方案，企业长期处在这种焦虑下，终于差别定价（又称价格歧视）应运而生。

差别定价，顾名思义，是指商品或服务的提供者在提供相同等级、质量的商品或服务时，在消费者之间实行不同的销售价格或收费标准。这是早已出现在营销书籍中的传统理论，而当下却频频出现在各大新闻中。例如，“某某打车软件差别定价，频频杀熟”。同样的故事，时而又会呈现出另一个面貌：大数据催生个性化定价，商家频频杀熟。这就引发了两个思考：第一个，何谓个性化定价，和差别定价是一回事吗？如果是一回事，为什么会有两个名字？第二个，个性化定价就是杀熟吗？它使用的方法有什么？如何避免道德和法律的风险？

带着这两个问题，开始以下内容。

4.2.1 个性化定价的内涵

为了回答第一个问题，我们可以从理解差别定价法的类型入手。

按照定价的差异程度，差别定价从理论上可以分为三个等级，包括一级、二级、三级差别定价。

一级差别定价，又称为完全差别定价，就是每一单位产品都有不同的价格，即商家完全掌握消费者的消费意愿，对每个消费者都将商品价格定为其能够承受的最高价格；

二级差别定价，是指商家按照客户的购买数量，对相同场景提供的同质商品进行差别定价；

三级差别定价，可视为市场细分后的定价结果，即根据客户所处的地域、会员等级等个人属性进行差别定价，但是对于同一细分市场的客户定价一致。

二、三级差别定价在市场营销中的常见形式有：折扣定价、会员优惠定价、分段定价、地理定价、“双 11”购物节降价等。

以往商家缺乏对客户需求的了解，完全价格歧视在现实中难以实施。更多的商业案例都体现在二级和三级差别定价上。

但是随着大数据技术的发展，客户的浏览记录、购买历史等信息可以用来分析客户特征、偏好，使按照每个消费者的最高支付意愿进行完全差别定价成为可能。在企业与消费者信息不对称的情况下，依托大数据对客户施行完全差别化定价，是企业利用其信息优势对消费者剩余价值的剥夺，是企业收益管理最大化的重要方式。所以，在狭义上，个性化定价就是完全差别定价在大数据背景下的实现形式。

从应用角度，当下很多企业使用的差别定价仍然属于三级差别定价，比如，办公用品零售巨头史泰博（Staples）官方网站 Staples.com 上的同款商品，会根据访客住所的不同位置而展现不同的价格。事实上，史泰博的定价与竞争对手实体店的位置有关。如果客户住在一家竞争对手——比如麦克斯办公（Office Max）或欧迪办公（Office Depot）——的连锁店附近，史泰博就会向访客展示一个较低的网上价格，吸引访客从史泰博购买，而不去其竞争对手的实体店购买。这个案例应用的基础是传统差别定价中的三级差别定价，即基于地理位置的定价。然而这种三级差别定价在以往却是难以实现的，因为它需要甄别访客地理位置及建立随位置变化的定价模型。其和传统差别定价的不同在于，前者调用了更多的客户信息及使用了更多的数据挖掘技术，使得定价更加细致、精确和个性。因此，在广义上，我们认为这种大数据背景下的三级差别定价也属于个性化定价。

从认知上，我们认为个性化定价的范畴是广义的。但在本章个性化定价的方法中，我们将重点探讨狭义上的个性化定价，即一级差别定价的应用。

在狭义的个性化定价策略中，最核心的内容是根据消费数据识别消费者的支付意愿。因为不同消费者在品牌忠诚度、价格敏感性等方面存在明显差异，因此他们在选择相同产品的时候，所感受到的产品价值是不一样的，因而愿意支付的价格也不相同。因此，若能够识别每位消费者的支付意愿，厂商就可以提供给每位消费者个性化的价格，或者提供给他们个性化的促销折扣券，以此来提高促销的效率，达到厂商利润的最大化。

4.2.2 个性化定价的方法

在理解了个性化定价策略之后，我们要进一步学习的是如何进行个性化定价。

1. 个性化定价的步骤

企业在实施差别定价时，往往需要从产品和顾客两个层面入手，先就产品层面对顾客的支付意愿进行识别，确定产品推广的目标顾客群体，然后再针对顾客制定差别化定价方案和商品价值分割方案。个性化定价的步骤如图 4.4 所示。

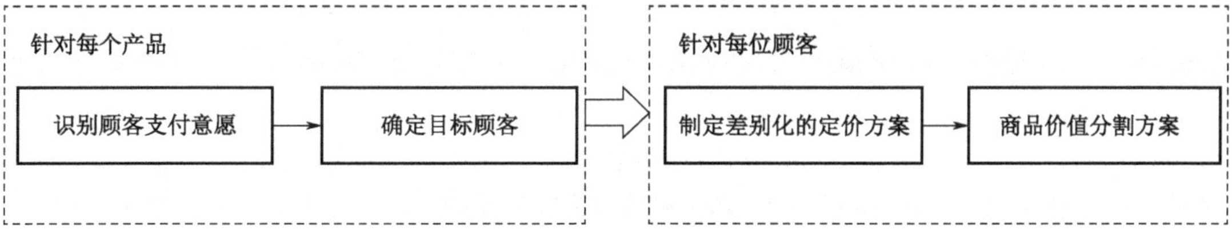

图 4.4　个性化定价的步骤

①识别顾客支付意愿。支付意愿是指消费者接受一定数量的消费物品或劳务所愿意支付的最高价格。了解顾客的支付意愿是实施个性定价的基础。对于任意一种产品，企业都需要了解不同的顾客愿意支付的价格。由于消费者的支付意愿是消费者对特定产品或服务的个人估价，带有很大程度的主观评价成分，给准确识别顾客支付意愿带来一定的难度，因此，如何确

定顾客的支付意愿一直以来都是市场研究者的重要课题之一。支付意愿的量化分析会在下文具体介绍。

②确定目标顾客。在得到每个顾客的支付意愿之后，企业还要分辨出卖给哪些顾客才会使其利润最大化。例如，埃森哲公司的“个性化定价工具”能够在现有存货、商品利润等信息的基础上，利用遗传算法帮助企业决定把商品提供给哪些顾客，以使企业利润最大化。

③制定差别化定价方案。在上面两个步骤的基础上，设计差别化的定价方案，为不同的顾客提供不同的价格或者商品优惠。

④制定商品价值分割方案。为了避免顾客在了解被差别化对待后引发的负向消费、商业道德和法律风险，就要在实施过程中保证公平原则。因此，企业需要对商品价值进行分割，使支付不同价格的顾客享受到不同的服务，得到不同的商品价值。这部分的具体内容会在下文个性化定价实施方案中阐释。

2. 支付意愿的量化分析

在过往几十年的研究中，直接询问法和专家评判法是测量顾客支付意愿比较常见的两种方法。这两种方法的操作相对比较简单。

①直接询问法就是直接向顾客询问以下两个问题：

第一，在什么价格之上，你确定不会购买这个产品，因为你无法负担或者你觉得产品不值这个价钱?

第二，在什么价格之下，你确定不会购买产品，因为你觉得在这个价格之下的产品的质量无法保证。

但是研究认为，直接询问法虽然理论上最为有效，但是在实际操作时却很难把握其准确性。顾客通常不会将自己真正的意愿告诉调查者，可能会因为身份的原因夸大其支付意愿，也可能因为顾客相互联合少报支付意愿，甚至即使顾客告诉你他真正的支付意愿，但是他并不会对这个产品有购买行为，也就是说，调查的研究对象根本就是错的；另外，这种方法主观性太强，其对产品的感知也是不稳定的，对于一些消费较少或者了解不够的新产品，它对于价格的判断很可能不准。

②专家评判法就是通过专家们对市场信息、消费者自身信息、消费者消费信息的了解，凭借专家自身经验来判断某个消费者对某一产品的支付意愿。通常一线销售员作为专家来评估消费者支付意愿更为合理，因为他们更靠近市场和消费者，更能了解市场竞争结构及消费者需求敏感性趋势。而所谓的市场专家，他们评估不同价格等级下产品的需求量时，则可能因为专家距离市场及消费者远而受到负面的影响，而一线销售员则没有低估或夸大真实评估的诱因。通常，在消费者数目极小的市场环境中，专家评判法被认为是最可操作的方法。掌握消费者信息（比如人口统计学信息、消费历史信息等）的多寡直接影响支付意愿的评估质量，因此，在大量消费市场中，如何获得这些信息成为决定性问题。

在大数据时代，随着消费者数据日益完善，以及数据挖掘技术的逐步成熟，也为评估顾客支付意愿提供了有效的途径。近年来，学者们开发了一种基于客户细分的支付意愿测量模型。该模型结合顾客调查方法与联合分析法的关联水平系数思想，运用数据挖掘技术来评估消费者的支付意愿。每个消费群体都有一个保留价格的区间，根据消费者人口统计学信息及历史消费数据，通过模糊聚类的方法进行客户细分，将每个群体消费历史中的最低出价和最高出价作为消费者保留价格区间，因此该群体的历史最高出价就为群体支付意愿，而此群体中所有个体的支付意愿都不同程度地与此支付意愿相关。而聚类计算出的每个个体隶属于每个群体的程度，便作为消费者关联各个群体支付意愿的水平系数，这些水平系数与支付意愿乘积的累加和便成为该客户的支付意愿。

令 WTP_i 表示顾客 i 对某商品的支付意愿，P_{ik} 表示顾客 i 隶属于类别 k 的程度，MAX_k 表示类别 k 当中所有顾客对该同类商品的最高消费价格，则

$$\mathrm{WTP}_i = \sum\nolimits_{K=1}^{c} P_{ik} \cdot \mathrm{MAX}_K + \varepsilon_i$$

如此便建立了基于客户细分的支付意愿测量模型。这里，k 是客户群体类别个数。

3. 建立个性化定价模型

厂商实施个性化定价，其目标在于通过精确了解消费者的支付意愿，确定目标顾客，以此来获得最大利润。经过市场细分，确定了消费者的支付意愿，我们怎样才能确定目标顾客，来达到厂商利润的最大化呢？下面我们介绍一个基于消费者支付意愿的个性化定价模型。

Prof：厂商的利润；

p_i：针对顾客 i 制定的价格；

c：产品成本，包括交易成本、储存成本等；

d（p_i，c）：消费者价格反应函数；

N：顾客数量；

ω_i：表示第 i 个顾客的决策变量；

Q_i：第 i 个顾客购买产品的预期量；

WTP_i：顾客对产品的支付意愿；

d_i：顾客 i 对产品的访问次数；

Hd_i：顾客 i 对首页的访问次数；

S：表示产品当前库存数量。

则个性化定价模型可以表示为：

$$\mathrm{prof} = \max \sum\nolimits_{i=1}^{N} Q_i (p_i - c) p\ (\mathrm{WTP}_i \geqslant c)\, \omega_i$$

这里，

$$c < p_i < \mathrm{WTP}_i$$

$$\omega_i = \frac{d_i}{\mathrm{Hd}_i}$$

$$\sum\nolimits_{i=1}^{N} Q_i \leqslant S$$

$$Q_i = 0\ or\ 1$$

$$i=1，2，\cdots，N$$

以上建立的模型当中，目标函数表示 N 个顾客在面对某一产品时，针对其各自的支付意愿，建立的厂商利润函数；p_i 表示对每一客户的定价都在产品成本与其支付意愿之间。也就是说，当产品定价小于或等于其支付意愿时，消费者才会购买产品；决策变量 ω_i 表示消费者对产品兴趣度的大小，可以通过顾客对产品的访问次数与对首页的访问次数之比来衡量；预期量 Q_i 总和（即满足消费者购买的产品总和）必须小于等于产品库存。

模型确定了，通常会将具体数据带入，然后采用遗传算法求解。应用遗传算法的目的在于

计算、了解了客户的支付意愿之后，计算出能使企业利润最大化的客户组合。由于价格和销售量决定利润，客户各自的消费价格和总的销售量同时直接决定了产品总的利润。这就属于最典型的多目标优化问题。最优的客户组合、最大的利润等问题的求解空间总体很大，结构也并不特别明显，计算量极大。运用传统的方法求解，面临着耗费难以估计的问题，且有可能并不能够得出最优的结果。遗传算法能很好地解决这一问题。

4.2.3 个性化价格实施

1. 实施个性化定价面临的问题

个性化定价和促销可以很大程度上增加厂商的利润，但是很多厂商仍然对是否采用它持观望态度。最大原因可能是，消费者是否会觉得个性化定价是不公平的，若厂商采用了这种定价方法，而引起了消费者的反抗，结果将得不偿失。亚马逊就曾因此引起过消费者的不满。2000年，亚马逊针对不同的消费者收取不同的价格：

对同一张 DVD，提供给新客户的价格比提供给老客户的低 4 美元。对此，亚马逊解释：这是他们对于不同客户提供的随机折扣优惠，随后根据客户对优惠的反应，重新评估产品对每一个客户的价格。从折扣的结果来看，客户认为他们买的数量越多、次数越频繁，被索取的价格越高。这个结果使得亚马逊的老客户特别不满意，认为："亚马逊是否认为，经常在他们网站消费的客户已经被'征服'了……不会介意自己消费时会多付百分之三或者百分之五的钱。"

有些管理者提出了一个建议:"采取亚马逊的差别定价方法，但是别让客户发现!"他们建议厂商将价格歧视的事实隐瞒，或者运用类似"抽奖"的幌子来应对客户的不满。但是，我们都知道隐瞒不是一个好办法，尤其现在社交网络的存在，如微博、微信、朋友圈等，使得消息的传播快速、广泛，客户一旦发现了厂商"狡猾的"定价措施，厂商难免会面对亚马逊曾经的窘境。可见，不适当的实施个性化定价，反而会恶化企业的经营状况。

那我们该如何让客户认为个性化定价并不是不公平的"歧视"呢？消费者之所以会对个性化定价不满，是因为厂商对于个性化定价的理解是错误的。个性化定价并不是仅仅简单地将不同的价格"扔"给消费者，而是应该将降价或者优惠券作为奖励，向不同的消费者提供，并提供更多的产品或服务的价值给那些愿意多付一部分钱的客户。

仔细想想，在我们的现实生活中，在排队付款的时候，看到前面的人因为持有打折卡或者优惠券，而支付了比我们低的价格时，我们其实并没有觉得那是不公平的。因为前面的人排很长时间队或者前期消费了大量的金额而拿到了打折卡，或者花费了时间精力剪了优惠券，而我们自己没有做这些事情。在飞机上，当我们得知旁边的人只是支付了 70%的机票费用，而我们自己却是全额支付时，我们也不会感到不公平。因为他们需要提前两个星期预订机票、且不能退换机票，而我们自己却可以随时改签。所以，若是客户拿到的折扣是用其他价值的牺牲换来的，其他客户就不会觉得那是不公平的。

2. 个性化定价实施方案

为了让客户觉得公平，在实施个性化定价时，厂商需要设定一个"门槛"来分割产品某一部分的价值。若是愿意放弃一些其他价值跨过门槛，那么客户就被认为愿意牺牲其他一些利益，来获得产品低廉的价格；而不愿意跨过门槛时，则客户被认为愿意接受高一些的价格。注意，这个"门槛"与客户的支付意愿的水平无关，仅仅是为了分割产品的价值，使得顾客愿意以高价享受这部分价值。

比如在品牌服装零售中，假设我们向 A 和 B 收取不同的价格，而提供给她们一模一样的衣服，那么支付较高价格的 A 一定觉得受到了不公平待遇。为了让每个客户都觉得公平，以此实现企业的长远发展，我们在这里设置一个门槛：支付较低价格的 B 在第一时间完成了购买活动，但是在一个月以后才能取到产品。这个门槛将衣服使用的时间价值和衣服的价值分割开，如此，A 就不会觉得不公平了，因为 B 付出了推迟使用的时间成本；同时 B 也会很满意：因为她以牺牲“第一时间使用衣服”的价值节省了一部分资金。如此一来，零售商可以让 A 和 B 都在第一时间进行购买，支付各自的支付意愿，都对这次消费行为很满意，没有丝毫不公平的感觉。

对于“门槛”的设置，商家普遍认为应先标出产品的价格，分析完客户信息，在客户到达前主动将折扣券发放给相应的客户。目前主要有四种折扣券发放方式。

①按照顾客的支付意愿及其他属性特征，比如按人口统计学信息（年龄、性别、邮编等）来确定产品的价值分割方案，提供给顾客满足其心理价位的产品或服务。例如，像上面所说的为价格敏感的顾客提供“慢递”方案，即会被推迟一段时间才能到货，但是相应的价格也会更低廉一些；向价格不敏感的顾客推荐一些高价格的产品配件或附属服务，比如为电脑产品推荐高端配件等。本质上说这种个性定价还是将市场细分，但是它做到了更加精准定位。

②根据顾客的支付意愿及消费偏好的评估，推荐个性化的电子优惠券。广为传播的实例便是 2009 年 8 月 Sam' s Club（山姆俱乐部）开展的“eValues”项目。这个项目依据该俱乐部会员的历史购买商品、购买价格、购买时间等交易信息，评估会员对某件产品的购买频率和顾客的价格敏感程度，通过手机，为其提供个性化的电子优惠券。比如，Tom 每天都会在该俱乐部购买 8 美元的咖啡，现在俱乐部新引进了一种定价为 10 美元的咖啡（成本当然小于 8 美元），为了打开这种咖啡的市场，俱乐部将 2 元的电子优惠券发送到 Tom 的手机上。山姆俱乐部的这种方案，不仅可以吸引更多的顾客购买产品，还能提高顾客的满意度。这是目前被广泛采用的个性化促销方法，厂商也可以利用这种方法将某些产品推荐给顾客。但是需要申明的是：基于公平性原则，这些电子优惠券并不是随意发放的，而是发放给具备一定资格条件的顾客。例如，顾客在该商家注册会员并发表过评论，曾在该网站消费达到一定额度等条件，这样才能使得其他没有收到优惠券的顾客不会感到不公平。

③将优惠券随已被购买的商品送出。这是指在当次交易行为中将优惠券附带在商品上，以便客户在下次购买活动中享受到优惠。这种方式可以促使消费者转变为忠诚的客户，可以以此来巩固市场。研究显示，对购买重复率特别高的商品，这类优惠券可达 80%的有效率。当然这种对商品发放的优惠券，并不是一定用于此种商品的进一步消费，还可以用于其他商品。这种优惠券的门槛是消费者在店家有消费记录。

④网络上的商家可以向实体零售商一样，将电子优惠券发布在网络上，消费者通过搜索的方式来获得优惠券。这其实不是严格意义上的个性化定价，但是它仍然可以看作是部分差别定价。获得此种优惠券需要客户牺牲时间和成本来收集有关信息，它的门槛在于机会成本及时间成本。但是这种方式因没有定位目标群体，所以消费者的信息来源就决定了优惠券的使用率，因此它并不是一个好的选择。

⑤面对不同价格区间的相似产品，不同的顾客会根据自身因素选择符合自己意愿的一个，因此在目前各个电商平台所实施的个性化推荐当中，可以联合顾客对产品支付意愿的评估，推荐价格适当的产品。虽然这种方法与所讲的个性化定价并不统一，但是在使电商企业利

润最大化的目标上是一致的，因为利润由单位产品的单价和销量决定，销量上升，在一般情况下，企业利润也将增加。因此，这也不失为一种实施个性化定价的方案。

综上所述，我们可以看到个性化定价方案实施的主要途径是先给产品标出价格，然后分析客户及产品信息，设置客户可以接受的“门槛”，通过向客户发送折扣券的方式进行个性化定价。当然，还有另外一种差异定价的方式，体现在动态化定价中。

4.3 动态化定价策略

4.3.1 动态化定价的内涵

动态化定价最早是在 20 世纪 80 年代初运用于美国民航客运业的。当时，美洲航空公司带头启用“最优动态定价法”的概念，根据市场需求和供给状况，频繁变化机票价格，实现在获取最大收入的条件下卖出机票的目标。这种定价方法把销售量作为管理者决定的变量，而价格则由市场决定，完全颠倒了传统的定价方法。美洲航空公司正是通过这种方法，成功而迅速地挤占市场，导致美国几家服务高级但是空运率低的航空公司宣布破产。

而最早给出动态化定价定义的是 Gallego 和 Van Ryzi，他们在 1994 年提出动态化定价是一种从小的、静态的价格合成一系列最优价格以响应不断变化的需求函数的尝试。而后 Kimes 在 2000 年指出动态化定价的概念是，基于供给和需求指标的变化和影响供给和需求的已知因素对商品或服务的灵活定价。随后，Yelkur 和 Neveda DaCosta 在 2001 年提出，动态化定价是一种更高层次的差别定价，它允许对目标顾客的进一步定制化，并且进一步增强了传统上的细分定价或差别定价。与之类似的，Taylor 指出：“动态化定价是旧有的价格歧视的一种新版本。它使用一个潜在买家的电子指纹——他之前购买的记录、地址，或者是他访问过的其他站点——去估计价格很高时他是否会犹豫。如果客户对价格敏感，他就会讨价还价；如果顾客对价格不敏感，他就会愿意溢价支付。”Taylor 对动态定价的定义不仅说明了动态定价的实质就是价格歧视，还说明了动态定价的操作方式及消费者对动态定价的反应。

而在动态化定价的应用领域，从早期应用于航空业开始，已广泛应用于酒店、汽车旅馆、汽车租赁、铁路、旅游、货物运输等服务行业，甚至在能源、医疗、服饰、餐饮、高尔夫球馆等动态定价的非传统领域也开始应用。促成动态定价得以广泛应用的因素主要有以下三个：(1)决策者拥有大量销售数据可以用于辅助决策；(2）新技术的采用使价格调整变得更容易；(3)辅助分析需求数据和动态定价决策支持工具逐渐增加。特别是在互联网大范围普及后，企业就更容易通过大数据分析出消费者在不同时间的需求、消费偏好、购买频率及习惯。这无疑为企业制定动态化定价提供了非常大的帮助和便利。因此，动态化定价目前在电商企业中得到了很好的应用。

综上所述，我们可以得知，动态化定价就是指运用互联网技术和依赖大数据的支持，分析消费者在不同时间的需求状况和支付意愿，根据需求变化和供给状态制定和调整商品的价格。

动态化定价具有三方面的内涵：（1）动态定价的实质就是差别定价或者是价格歧视；（2）动态化定价是根据市场的需求和供给的变化以及消费者感知价值和支付意愿的差异来进行运作的；（3）动态化定价更需要互联网和数据库的支撑，以随时了解顾客需求变化。

4.3.2 动态化定价的方法

越来越多的商家和企业看到了最优动态定价法的巨大优势，认为它的使用，将会使市场竞争发生巨大变化。基于应用的实例，对于动态化定价应用方法的研究不断开展。有证据表明埃森哲战略变革研究所的副合伙人兼高级研究员阿吉特•卡毕尔与MCA解决方案公司联合创始人兼首席运营官威浦•阿格热瓦总结出了三种动态定价策略。

1. 基于时间定价策略

基于时间定价策略的关键在于把握顾客在不同时间对价格承受的心理差异。例如，超前型购买者对新款时装、电脑、创新电子产品及新版精装图书趋之若鹜，他们愿意为此支付较高的价格；相反，滞后型购买者（那些持币观望，不到最后一刻不掏钱的消费者）则表现出愿意为机票、酒店住宿支付更多费用的特点。高峰负荷定价（Peak-load pricing）和清理定价（Clearance pricing）是两种最为常见的时间定价策略。高峰负荷定价最适合于供应缺乏弹性的产品。供应商完全能预测需求的增长，因而能够进行系统化的价格上调。某些长途电话服务公司或公用事业单位就经常采用这种策略。

而清理定价则最适合于需求状况不确定和容易贬值的产品。贬值的原因很简单：产品过时或季节性差异。生命周期较短的易腐商品和季节性商品就属此类产品。针对这种情况，企业就必须降低价格，及时清理多余库存，以应对需求的不同要求。

JC Penney是美国最大的服务及家庭装饰品销售商之一。该公司“跌价网”的一大招牌特色就是清理定价。而The Gap公司的做法是，对季节性产品采取清理定价，对常年适用的贴身牛仔服实行稳定的市场价格，对沙滩服装采取夏末降价的措施。

2. 基于市场细分与限量配给策略

基于市场细分与限量配给策略的基本原理是：利用不同渠道、不同时间、不同花销情况下，顾客表现出来的差异性价格承受心理。为此，企业必须开发专门的产品服务组合，根据不同的产品配置、渠道、客户类型和时间，进行区别定价。以航空业为例，对同一座位，航空公司的票价或许多达 *N* 种。不同票价的设置取决于订票时，乘客接受的限制条件或其他多种因素。例如，起飞前14天出票，或一周前出票，票价都有所不同。

3. 基于动态推销策略

基于动态推销策略利用Internet赋予的强大优势，根据供应情况和库存水平的变化，迅速、频繁地实施价格调整，为顾客提供不同的产品，如各种促销优惠、多种交货方式以及差异化的产品定价。在此策略下，网络商家无须不断以牺牲价格和潜在收益为代价，便可及时清理多余库存。例如，在Amazon. com网上书店，每当回头客户登录网站，书店都会根据他的消费记录，给予个性化的购书建议。这样做的好处是，既清理了库存积压，又满足了顾客的个人兴趣，同时还增加了销售收入。

在实际运用过程中，企业可酌情考虑单独实施某一策略，或进行策略组合。它们相信，顾客价格承受心理差异性越强，市场需求的不确定因素越多，这些策略的价值及其作用也就越大。

然而，动态定价有它一定的适用范围，对商品特征有着特殊的要求。

（1）商品的独特性。相对于普通商品，动态定价更适合于具有独特性的商品。这是因为越是普通的商品，消费者的需求越是频繁，他们越是无法适应频繁变化的商品价格。此时，制定什么样的长期价格才是价格决策者最应做出的决策问题。

（2）商品的生命周期。一般来说，动态化定价法用于销售市场生命周期短的商品更有效。对于任何一家企业来说，商品的生命周期越短，预测其长期需求的错误成本就越高。决策者按照预测的需求值执行长期价格之后，一旦出现商品的高需求状况，企业便会错失收益的良机，或是在低需求时，造成过剩商品的荒废。商品的市场生命周期短，一般分为以下几种情况：①保质期短的商品，如各种食品、蔬菜、机票、旅馆等；②季节性或过时性商品，如时装、空调等；③兼具上述两种特征的商品，如圣诞树、月饼等，它们共同的特点就是要及时卖掉。因此，经营此类商品的商家，必须确定一系列的最优价格，以便保证在商品生命周期前销售完毕，同时取得最大收入，获取最大利润。

（3）期望的价格周期。如果商家希望使用动态定价，那么什么样的价格有效周期，或者说多长时间变动一次价格才是既有效又是顾客所能接受的，是决策者所要考虑的问题。商品的价格周期应以其生命周期、客户需求和市场竞争状况的不同而不同，可以是每月、每周、每天，甚至可以是每小时或更短。一般来说，商品的生命周期越短，其价格周期也就越短；并且价格周期并不是平均的，即越是接近其生命周期的末期，商品价格的变化应越是频繁。

（4）商品+服务。不同客户对于同一种商品的服务需求可能不同。一般来说，这种差异越明显，商家采取划分客户群体进行定价的策略的成功概率就越大。

（5）客户的风险敏感度。不同的客户对价格的风险容忍程度也是不同的。他们越是表现出明显差异的价格敏感度，企业越是值得运用区分客户的定价策略。就企业来看，越是不愿承担风险的消费者，越是愿意看到价格保持长时间不变，此时，企业越是需要根据经验，做出定价决策。另外，客户的风险敏感度也是企业用以确定价格周期的依据。

4.3.3 动态化定价系统

运用动态化定价，企业必须改变审视自身商业运营的角度和方法，并着手管理产品、供需和定价等一系列复杂的核心问题。对于一个大型企业来说，高水平的收益管理和动态定价技巧必将带来复杂的计算过程，企业唯有运用现代化的信息技术和计算技术，建立完善而有效的动态定价系统，才能实现真正意义上的动态定价，并使其发挥功效。

图 4.5 描述了基于收益管理原理和方法的企业动态定价系统。图中，企业动态定价系统由数据收集、需求预测和最优定价决策三个子系统组成。各子系统的地位相等，相互依赖，系统的稳定和高效运转对各子系统提出了同等的高要求。

1. 数据收集

动态化定价使得一个企业能够对消费者基于实时的供需信息的报价需求做出反应。当试图重新定价时，这些数据是非常有价值的。商家采用最优动态定价法需要拥有大量的数据，包括各个价格点、时间点上的销售数据、客户信息、商品信息、竞争者的价格数据等，以及其他影响销售的外部因素的数据，如天气状况等。获取这些数据的速度决定了价格变动的频率。对于一个零售企业来说，企业的库存管理信息系统、销售系统（POS）、客户关系管理系统（CRM），ERP 系统和供应链管理系统（SCM）及历史信息数据库为动态定价提供了十分有价值的数据，它们的有效运用可大大提高价格决策的效率。

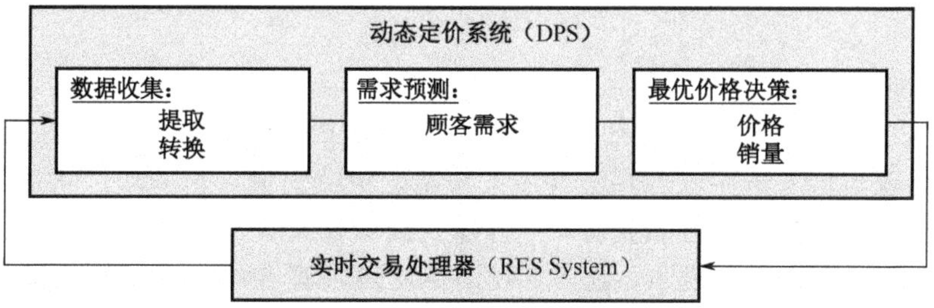

图 4.5　企业动态定价系统

2. 需求预测

企业动态定价和收益管理的理想结果是通过定价使得企业能够抓住每个获取收益或增长收益的缝隙和机会，这对企业需求预测的精确程度提出了极高的要求，而非模糊、粗略的估计。

精确的需求预测，为决策者展现了更为完整的市场供需情境，帮助企业准确地理解未来市场，并据此确定因时制宜、因地制宜的定价策略和最优价格。而在一个错综复杂、市场结构不断调整的环境下，预测非忠诚的客户行为是十分困难的。它要求企业必须做到对客户，以及他们的习惯、他们的喜好和他们的活动了如指掌。

动态化定价的研究方法允许管理者综合地做决定，而不仅是处理数据。因此，企业在需求预测系统中应该至少运用过去一年所有的历史交易数据，综合天气、风险、销售模式(如预定模式)、市场供给等因素，建立一个预测模型，借助统计分析软件和仿真技术对周期和历史趋势进行统计分析和模拟，预测出客户行为的循环模式。一个高质量的预测所必须具备的准则：预测结果的详细程度必须达到一定的水平；预测过程中的数据分析必须足够充分；预测必须反复进行，其频率必须达到一定数值。

动态定价的需求预测作为一个信息连续输入输出的评估体系，是一个循环反复、不断发展的过程，即预测、预测、再预测的反复循环过程。

3. 最优价格决策

如果把市场预测看作是分析客户可能做什么的话，那么最优化则是向决策者建议企业应做什么的步骤。在许多企业的收益管理和动态定价实践中，最优化法则已被企业用来定价和控制库存，其最终目的都是最大化企业的收益。因此，优化程序和法则的设计目标应是多重的，不仅包括向企业建议可以获取多大的收益和此收益下的产品价格，还包括最优的销售数量、订货数量或生产数量。为此，企业需要设计详尽、细致且全面的决策程序和最优化的运算法则，利用数学方法帮助企业实现最优化的目的。

因此，在最优价格决策系统中，能解数学方程问题的智能化定价软件必不可少。这些软件要能决定出一套价格，既满足在商品生命周期内取得最大收入的条件，同时又满足库存、价格和需求的条件。通常，价格决策越是频繁和复杂，智能化定价软件越是必要。目前，Talus（已被 Manugistics 收购）、Pros 与 Maxager 三大公司分别聚焦于为客户量身设计动态定价方案。Manugistics 与 Pros 向航空公司提供的软件可以为每一张机票计算出正确的价格，以及是否和在哪儿可以销售一张机票。如今，Manugistics 已做出了最大胆的尝试，将定价决策融合到供应链管理的全过程中，称作企业利润最优化方案(EPO)。

企业动态定价系统是一个针对企业实施收益管理和动态定价而开发的系统，为企业提供以往所不具有的信息与市场智能技术，因此它所实现的不应仅仅是自化企业已经熟练掌握的操作过程，而是使得这些操作更有效率、更具备增效能力。

本章小结

本章分别从大数据定价的关键环节、个性化定价策略和动态化定价策略三个方面阐述了大数据技术在传统定价方法中的应用。其中大数据定价的关键环节板块，从企业的3C战略谈到影响定价的关键因素到影响因素指标，再到建立指标体系表，特别指出大数据技术为传统定价方法赋能，不仅融合了产品成本、竞争者和消费者需求等多种因素，还把企业的利润紧密联系其中，突破了企业已有定价策略不全面、偏定性及未能融入企业长远发展的利益诉求等问题。

大数据技术在定价中的主要应用体现在个性化定价策略和动态化定价策略。两者的本质都是基于细分的差别定价。在本章中，通过对差别定价的分级，指出了个性化定价的内涵。随后介绍了常见的几种个性化定价方法，以及具体实施中存在的问题和解决方案。

动态化定价突破了以往我们对价格变动的认知，以时间细分这一全新的观点来理解大数据技术在这一领域的应用，其中的商业案例值得思考。

【延伸阅读】

大数据时代体育场馆余裕时间动态定价

长期以来，我国体育场馆主要采取边际成本定价法、目标效益定价法和需求导向定价法这三种定价方法。根据数据分析，单一定价策略不仅会造成场馆资源的浪费，导致诸多体育场馆入不敷出，还会影响体育消费者的需求，损坏正常的社会福利。现在提倡利用大数据技术提高对体育场馆余裕时间的利用，运用数理统计和概率论对体育场馆的定价策略重新做一番探讨。利用多阶段动态博弈等方法制定出的动态价格策略不仅可以在降低场馆运营压力的情况下增加场馆利润，还可以通过价格调整有效保证消费人数总量的增加和平稳，从而提高场馆的社会效用和经济效用。例如，通过对杭州某大学游泳馆的实证分析，根据消费人数制定的动态价格机制可以使一部分价格敏感人群改变锻炼时间，从而提高场馆余裕时间的利用率。

本部分基于杭州某大学游泳馆在7月某日的游泳爱好者消费数据（为了方便起见，只统计了早场数据，如表4.2所示），验证游泳价格分区段定价的实证效果。该游泳馆价格为每小时30元，对特殊群体和特定时段有基于指导价格的一定比例折扣，一般上午价格为每小时20元，晚上为每小时40元。实践证明，虽然实行了特定时段的定价机制，但是游泳馆每日的区段消费数量波动仍旧较大，未达到比较合理的稳定态势。因此需要根据游泳爱好者的数量制定一个动态调整的价格策略，来刺激周边的游泳爱好者改变游泳计划，达到合理利用资源的目的。

表4.2　杭州某大学游泳馆早场出入场馆数据

编　号	卡　号	卡类	场次	入场时间	出门时间	消费金额	折扣	优惠金额	备注
201507150001	2030010030	会员卡	早场	9:00:00	10:28	24	0.8	6	30次卡
201507150002	2030450031	会员卡	早场	9:00:13	10:30	15	0.5	15	50次卡
201507150003	2030003211	会员卡	早场	9:00:15					30次卡
201507150004	2030840033	会员卡	早场	9:01:00	11:02	24	0.8	6	30次卡
201507150005	2030015234	会员卡	早场	9:01:34	11:24	24	0.8	6	30次卡
201507150006	##########	临时卡	早场	9:05:00	11:07	30	0	0	NA
201507150007	2030010036	会员卡	早场	9:18:00					30次卡
201507150008	2030249100	会员卡	早场	9:20:00					50次卡

（续表）

编　号	卡　号	卡类	场次	入场时间	出门时间	消费金额	折扣	优惠金额	备注
201507150009	2030004726	会员卡	早场	9:22:00					50 次卡
201507150010	2030010345	会员卡	早场	9:22:33					50 次卡
201507150011	2030021040	会员卡	早场	9:22:50					50 次卡
201507150012	##########	临时卡	早场	9:30:00	11:28	30	0	0	NA
201507150013	##########	临时卡	早场	9:30:06	11:28	30	0	0	NA
201507150014	##########	临时卡	早场	9:30:54					NA
201507150015	2030056900	会员卡	早场	9:32:00					30 次卡
201507150016	2030010045	会员卡	早场	9:33:54					50 次卡
201507150017	2030096600	会员卡	早场	9:34:00					30 次卡
201507150018	2030020037	会员卡	早场	9:34:46	11:00	24	0.8	6	50 次卡
201507150019	2030110048	会员卡	早场	9:40:00					30 次卡
201507150020	2030013040	会员卡	早场	9:40:34					30 次卡
201507150021	2030210055	会员卡	早场	9:45:00					30 次卡
201507150022	2030015051	会员卡	早场	9:45:44	11:28	24	0.8	5	30 次卡
201507150023	2030100762	会员卡	早场	9:50:00	11:35	15	0.5	15	50 次卡
201507150024	2030010463	会员卡	早场	9:55:44	11:28	15	0.5	15	50 次卡
201507150025	2030030054	会员卡	早场	10:01:00					30 次卡
201507150026	2030013005	会员卡	早场	10:05:33					30 次卡
201507150027	2030210056	会员卡	早场	10:05:50					30 次卡
201507150028	##########	临时卡	早场	10:20:44					NA
201507150029	##########	临时卡	早场	10:20:50					NA
201507150030	##########	临时卡	早场	10:21:00	11:32	30	0	0	NA

注：##########是临时卡代码，NA 是数据缺失代码。

（资料来源：傅钢强．大数据时代体育场馆余裕时间的利用[J].上海体育学院学报，2016(4): 50-53.）

【实验与思考】

1. 实验目的

（1）了解动态定价的基本方法。

（2）分析定价的相关影响因素。

（3）学习建立动态定价模型。

2. 工具/准备工作

开始本实验之前，请认真阅读课程的相关内容。

准备一台可以上网的计算机或者移动设备。

3. 实验内容与步骤

1）概念理解

（1）什么是动态定价？

答：____

____。

（2）动态定价策略适合于什么情况？

答：____

____

____。

（3）如何建立动态定价模型？它的价格影响因素有哪些？

答：____

____

____。

2）延伸阅读

参考本章的"延伸阅读"，阐述我国大学体育场馆除了动态定价方式，还可以利用什么定价方式进行定价？如何实施？

答：____

____

____。

4. 实验总结

____

____

____

____

____。

5. 实验评价（教师）

____

____

____

____

____。

第 5 章▶▶

销售促进与管理

【学习目标】

1. 理解传统促销策略实施中的不足
2. 掌握大数据背景下促销组合的实施流程
3. 理解如何用大数据塑造企业形象
4. 掌握利用大数据设计广告的方法
5. 掌握利用数据筛选销售促进工具的方法

【思维导图】

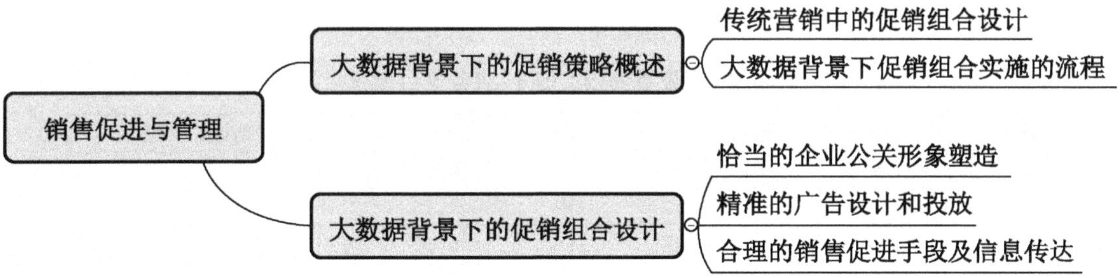

【开篇故事】

付费节目点播最多的是哪些

北京百分点信息科技有限公司与南京一家电视机机顶盒厂商合作，为其提供优化电视节目的个性化推荐算法。公司该项目负责人针对 21 万个电视节目分析了 151 万用户，在 2013 年两个月内共计 7.4 亿条观看记录的基础上设计了优异的算法。在上述数据集中，有一个数据子集，虽然规模很小但是商家却非常看重，即付费用户。付费的电影单片和电视剧并不多，在上面的数据集中，只有 640 个节目被购买了至少一次，有过付费记录的用户一共有 177 082 位，共 628 719 条付费记录。项目负责人对这个“小数据集”进行了简单的统计分析，按照付费金额排除了前 11 名电视节目，它们的销售额都超过了 50 000 人民币。

表 5.1 中，在销售金额排名前 11 位的受欢迎节目中，有 8 个节目都是动画片类型的节目，而且这 8 部动画片的销售金额达到了所有付费节目总销售金额的 31.86%。在付费用户中，无论从销售次数还是销售金额的角度看，主要客户群体都是有小孩子的家庭。有可能是小孩子在点播电视节目的时候，不会注意到是否付费，也不关注这个问题；还有可能是爸爸妈妈不忍心因为三两块钱而拒绝小孩子的请求。为什么动画片在付费节目点播中占据绝对主导地位，这不是我们关注的重点。但是这一结果，可以帮助企业优化个性化影片推荐结果。无论算法计算出来的推荐结果是什么，都强行保证至少有一个是付费的动画片。当然，如果算法建议展示的推荐中已经包含了付费动画片，那么就不用修正。这个简单的修正优化带来的收益高过了很多复杂的算法优化带来的收益。

表 5.1 销售金额排名前 11 位的节目信息

排名	节目名称	销售金额	销售金额比例
1	我爱灰太狼	255 556	8.09%
2	赛尔号大电影 2：雷伊与迈尔斯	177 006	5.60%
3	喜羊羊与灰太狼之兔年顶呱呱	176 150	5.58%
4	人再囧途之泰囧	129 096	4.09%
5	喜羊羊与灰太狼之虎虎生威	119 540	3.78%
6	猪猪侠之囧囧危机	96 036	3.04%
7	箭在弦上	77 472	2.45%
8	蓝精灵（国）	69 710	2.21%
9	101 次求婚	61 944	1.96%
10	波鲁鲁冰雪大冒险	59 297	1.88%
11	秘鲁大冒险[英]	52 986	1.68%

（资料来源：周涛. 为数据而生：大数据创新实践[M]. 北京：北京联合出版公司，2016.）

思考：

案例中是怎么得出每一次推荐都至少要有一个付费的动画片的结论的，依据是什么？

企业开发的符合消费者需求的产品，制定的合理价格，以及各种优惠信息，必须能够准确地传递给消费者，只有被消费者感知才能实现企业市场营销的目的。那么，如何准确有效地向消费者传递企业想要消费者了解的信息以引导其消费就显得至关重要。传统促销手段能够在一定程度上满足企业信息传递与沟通的需求，但是在信息传递过程中总会出现很大的资源浪费及沟通有效性差的问题。大数据分析能够解决上述两个问题，本章我们将讨论大数据背景下促销策略的设计和效果评估。

5.1 大数据背景下的促销策略概述

在经营过程中，企业不可避免地要充当传播者和促销者的角色。对大多数企业来说，其面临的传播问题不在于是不是要传播，而在于传播给谁、传播什么、怎么传播，以及传播效果。

5.1.1 传统营销中的促销组合设计

传统营销中的促销组合主要由广告、公共关系、人员销售、销售促进等工具构成，不同促销工具的组合使用形成了不同的促销组合。

促销的本质是信息沟通。实施促销组合的主要目的在于向消费者传递相应的信息。通过信息的传递，使消费者了解企业产品的特性、分销渠道、优惠信息等以刺激消费者购买。

每种促销工具都有其独特的特性和不足，表 5.2 中列举了四种促销组合工具的特点、作用和局限性。

表 5.2 常见促销工具的特点、作用和局限性

促销工具	特点、作用、局限性	
广告	具体工具	电视、广播、印刷品、户外广告、互联网及其他形式
	特点	广告是一种能够大范围地向消费者传递信息的信息传达工具，根据广告目的可以分为告知性广告、说服性广告、提醒性广告
	局限性	广告只能与受众进行单向沟通；像电视广告等非常昂贵
销售促进	具体工具	折扣、优惠券、销售竞争、卖点展示及现场演示等
	特点	吸引顾客注意，强烈刺激购买，增强产品吸引力以扭转下滑的销售趋势
	局限性	效果通常是短期的，建立长期品牌偏好和顾客联系的效果不如广告或人员销售
公共关系	具体工具	新闻发布会、赞助、特殊事件及网页宣传等
	特点	高度可信（新闻故事比广告更真实可信）；覆盖许多避开销售人员和广告的目标受众，让信息以“新闻”而非销售导向的传播形式传达给购买者
	局限性	营销人员通常不能充分利用公共关系或者只是将它作为事后选择
人员销售	具体工具	销售展示、交易会及促销项目
	特点	是购买过程后期最有效的工具，尤其是在树立购买者偏好、信念和促进行动上。与消费者面对面接触，培养关系；使购买者感觉有义务进行反应
	局限性	单位成本高，以销售人员为媒介的关系不稳定

企业通过不同促销组合的使用，向顾客传递企业的形象、产品信息、渠道信息、优惠信息等，通过良好的形象、优质的产品、便利的渠道及相关的信息吸引消费者购买。

5.1.2 大数据背景下促销组合实施的流程

传统促销策略的局限性体现在：传统促销方式对企业营销活动的展示不足，企业公共关系难以有效展开，所耗成本巨大，但收效甚微。大数据可以帮助企业有效地搜集、筛选信息，并将之具体化，为促销决策的制定提供依据。大数据以数据信息为核心点给予媒体和企业一定的决策支撑，将促销决策的制定过程从经验决策转变为科学决策，最终实现促销效果的最大化。

在大数据背景下，促销组合实施的流程如图 5.1 所示。

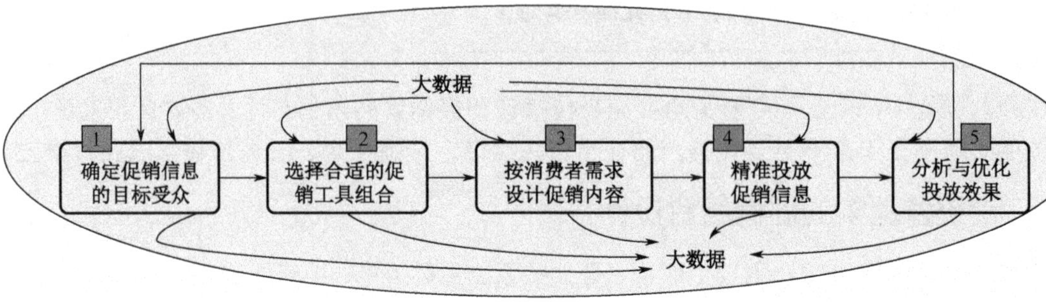

图 5.1 大数据背景下促销组合流程

1. 确定促销信息的目标受众

传统促销组合在实施过程中往往不具有明显的针对性，对于目标受众的选择只是大概给出一个形象的文字性描述，并不会确定到具体的消费者。例如，电视广告投放是无差别的，不会考虑企业的这则广告只给哪些人看，不给哪些人看，而是所有看电视的消费者都有可能接收到这样的广告信息。然而这里面存在一部分明显不属于企业目标消费者的群体，在进行广告成本分析时，这部分人也会消耗一部分广告投放成本。

大数据从互联网、智能终端、各个场所获得数据，可以很容易掌握消费者的信息，通过一些关键词的检索得到依据。通过大数据与标签化思路的消费者画像分析，得到用户标签和消费者画像，如性别、年龄、学历、收入、生活习惯、居住的城市、日常的饮食、购物习惯等，企业通过消费者画像分析，便可以精准定位消费群体。

2. 选择合适的促销工具组合

企业确定目标消费群体以后就要选择合适的促销工具组合。在传统营销中，广告、销售促进以及人员推销的使用频率要比公共关系高很多，这是因为公共关系本身不具有直接促进销售的作用，而传统上分析促销工具效果的往往是可以直接量化的销售量。在大数据背景下，依托互联网技术的公共关系的大范围使用是可行的。

例如，企业的微博平台和微信公众号平台经常借由一些事件进行相关营销活动，俗称“蹭热点”。这种“蹭热点”的行为往往只能增加企业产品在消费者心中的认知度，并不能增加太多的销量，并且即使增加了销量也很难量化统计。在大数据背景下，这种“蹭热点”的行为可以依据微博、微信信息的转发量、点赞量、点击量、转化率等各种虚拟数据量化其活动效果。通过使用大数据分析、数据挖掘等工具和方法，同时也可以利用大数据进行企业形象调查，从而获取这些活动对企业认知度和美誉度的影响。

3. 按消费者需求设计促销内容

随着消费者知识的增长，一些常规的销售意图明显的促销工具已经明显不符合消费者预期，达不到企业促销的目的了。现代促销手段要隐藏其明显的销售意图，同时要具有美感。那么企业就需要对促销信息和内容进行系统的优化设计。大数据为此提供了充足的需求分析和预测模型。利用大数据对定位精准的消费群体在信息渠道、交易行为、情感与态度、购买偏好等方面进行分析，总结和预测企业目标消费群体的喜好，以便对促销内容进行个性化的设计。

通过消费者画像和用户标签分析，确定消费者欣赏的故事类型、喜欢的生活方式等，由此企业可以通过大数据预测消费者心中企业形象最佳的代言人，设计目标消费群体喜欢的广告情节和场景，提供目标消费者满意的优惠措施。此外，企业还可以根据用户的个性化信息，为其配备特定类型的销售人员。例如，若根据用户终端信息、网络使用行为及消费行为判断出某一证券行业的客户属于积极、健谈、好奇心重的标签类别，那么证券企业就可以根据其个性化的特点选择与之匹配的销售人员，这样更有利于关系的建立和最终销售。

实例 5-1　百度曾良：大数据让形象代言选择更靠谱

2013 年 11 月 15 日，第六届金投赏国际创意节百度分论坛如期举行，百度副总裁曾良携百事中国 CMO Richard • Lee、时尚集团副总裁张扬正，以及知名歌手吴莫愁共同亮相，以“大数据时代，营销是个技术活儿”为主题，畅谈掌握和运用大数据对选择品牌代言人的重要性。曾良认为，“找代言人不能只凭直觉，依靠百度大数据才是最靠谱的”。

会上，曾良分享了一个经典案例—— 百事成功牵手排名“2013 年华语女歌手吸金榜”第一位的吴莫愁做品牌代言人。曾良从认知度、美誉度、相关性、差异性四个维度阐述了百事如何借助大数据优选这位吸金女王，以及百度的各类增值产品如何为实现品牌代言双赢提供服务。

从百度指数、百度风云榜等数据得知，吴莫愁的关注度和知名度非常高，甚至超越了王菲、李代沫等热门人物。事实上，吴莫愁一出道便颇具争议，但从百度大数据来分析，这些争议仅限于每位观众对她不同的感觉，而不是她自身的负面或绯闻。百事查看这些数据后发现，吴莫愁具有相当高的美誉度，并且个性鲜明、带有很强的新生代正能量。这成为百事选择吴莫愁的另一个要素。

“有知名度和美誉度还不够，必须根据品牌特性找出有差异性和相关性的代言人。”曾良解释道。例如，百事借品牌探针工具捕捉到吴莫愁身上坚持自我、特立独行的气质，这非常符合百事的品牌调性。又通过百度司南了解到，北方出生的吴莫愁，其关注人群在北部城市也明显偏多，因而可以在相应的地区加大广告投放力度。百度的一系列工具能帮助广告主找出独特且合适的代言人，以获得更突出的投放效果。

在成功代言百事广告的 2013 年，吴莫愁跻身“年度华语女歌手吸金榜”第一名。同时，“吴莫愁代言百事”的相关检索量快速攀升，从而带动了百事品牌关注度的增长。从百度搜索风云榜人物兴趣图谱来看，百事可乐与吴莫愁的相关度极高，这也是吴莫愁代言过的众多品牌中唯一上榜的。曾良表示，“吴莫愁广告上线之后，为百事可乐贡献了很多新增搜索量及关注度。百度视频和百度音乐数据显示，吴莫愁的百事广告 MV 播放量已接近 3 亿次。百事与吴莫愁的合作，再次验证了选对靠谱代言人可以获得共赢的结果”。

（资料来源：慧聪广告网，2013 年 11 月 18 日，节选）

思考：

百度大数据是如何帮助百事可乐选择代言人的？

4. 精准投放促销信息

在传统促销组合的实施过程中，企业往往也可以在一定程度上定位其目标消费群体。但是没有大数据和互联网及移动终端技术的支撑，企业很难找到目标消费者最合适的接触点，而往往不得不进行大范围的广告和促销信息覆盖，这使其目标受众分析变得毫无意义。在大数据背景下，企业可以依托高速发展的互联网及移动终端技术，精准地分析、找到目标消费者最合适的接触点。

通过消费者网络使用行为分析、手机使用行为分析，企业可以轻松地获得消费者浏览过的网页、经常使用的App，以及其对推送广告的反应等信息，这样企业就可以利用这些途径进行促销信息的传播。例如，目前大多数购物中心都已实现，WiFi全覆盖，购物中心可以通过API接口和网络爬虫获取消费者的个人信息、App使用信息以及网页浏览信息等，然后可以通过这些途径直接向这批目标消费者传递相应的个性化促销信息。除了手机短信、手机App，企业还可以利用多种渠道向消费者传递促销信息，如电子邮件、微博、微信等社交平台。当然，传统促销信息传播渠道如路牌、海报、背投等依然有效，而且在大数据背景下更为有效。

基于互联网和移动终端技术的大数据促销组合打破了传统的营销地理位置和区域的限制，可以在任何时间、任何地点，全天候24小时进行，使全球逐步成为一体，这种空间和时间的变化都要求企业随时调整自己的促销策略。消费者的手机可以在任何时间和地点接收企业的优惠信息，App推送的广告也可以在任何时间和地点直达消费者终端。例如，手机短信中各个淘宝店铺的优惠信息、各类App中的推送广告，尤其是后者，仔细留意还会发现，每个人的App收到的广告是不同的。

此外，大数据还可以分析、预测、得出促销信息投放的频率，以及单一促销信息的使用寿命。

实例 5-2　关联规则挖掘在商品陈列和推荐中的应用

在零售行业一个耳熟能详的例子就是沃尔玛的啤酒——尿不湿案例：沃尔玛通过对原始交易数据的分析，发现跟尿不湿一起购买最多的商品竟然是啤酒！表面上看，这两者几乎完全无法联系起来，但是通过大数据挖掘技术发现，两者之间的销售存在关联。

目前，许多企业都利用销售记录中不同产品之间的关联关系进行商品陈列和推荐。超市会把雀巢咖啡和咖啡伴侣放在一处，红酒与开瓶器放在一处。电商平台经常根据消费记录为顾客推荐商品，音乐平台会根据消费者的听歌记录和消费记录进行歌曲推荐。亚马逊网站有35%的销售来自产品推荐，Netflix大约70%的影碟租借业务来自推荐。这些商品陈列和推荐往往使用的是各种的数据挖掘技术，算法也是各有异同、各有优劣。其中，从数据记录中找到关联的最简单的办法是“关联规则挖掘”，其根本目的是寻找商品销售记录中的相关性，从而更好地指导销售策略的制定。

简单来说，企业通过销售数据的“关联规则挖掘”发现商品之间的关联规则，但是这种关联规则的有效程度需要进行数据检验。一般来说，可以用“支持—置信”来分析、判断一个关联规则是否有效。如果把每个消费者的一次购买行为看做一个事件，那么，考虑从商品 X 到商品 Y 的关联规则，其中支持度是指在所有事件中同时购买商品 X 和商品 Y 的比例，置信度则是在所有购买了商品 X 的事件中也购买商品 Y 的比例。如果支持度和置信度都超过了相应的阈值，则从商品 X 到商品 Y 的规则被认为是有效的。有关“关联规则”的概念、数据处理和挖掘方法，参见本书第 9 章“商品关联营销”。

这里举个简单的例子，如果把支持度和置信度分别设为 50%和 60%，那么根据表 5.3 中的简单数据可以知道，从购买商品 A 到购买商品 B 的规则是有效的（支持度 60%，置信度 70%），而从购买商品 C 到购买商品 D 的规则是无效的（支持度 40%，置信度 100%）。对于一个销售量非常大的电子商务平台或者实体超市，支持度往往是千分之一甚至万分之一这样的数量级，在置信度阈值难以选择时，可以按照置信度从高到低的优先顺序进行商品推荐。

表 5.3　消费者购买记录示例

消费者/商品	A	B	C	D	E
1	√	√	×	×	×
2	√	×	√	√	×
3	×	√	×	×	√
4	√	√	√	√	×
5	√	√	×	×	√

（资料来源：周涛. 为数据而生：大数据创新实践[M]. 北京：北京联合出版公司，2016.）

思考：

1. 根据你的生活经历，举个关于商家产品推荐的案例，并说明你是否赞同商家的这种推荐。
2. 谈谈你对“个性化推荐”的理解。

5. 分析与优化投放效果

以往企业在分析促销组合实施效果时存在明显的滞后性，并且有一些促销效果是不能用量化的数据进行统计分析的。在大数据背景下，企业可以通过促销信息投放数据及目标消费者的实时反馈数据持续跟踪、分析促销信息的投放效果，并以此分析结果不断优化促销信息的投放。

例如，企业在给目标消费群体的手机 App 投放促销信息以后，分析这些消费者对促销信息的反应，主要数据有是否点击信息、信息页面停留时间、是否转化为实际消费者、是否转发他人等。由此，企业可以在后期投放促销信息时，剔除那些从不点击促销信息的、页面停留时间过短的目标消费者，而对转化为实际消费者的、转发他人的目标消费者进行多次投放。

从以上论述可以发现，大数据背景下的促销组合设计是一个系统的过程，它从定位目标受众开始，经过选择促销工具，设计促销内容，再到多时空、多渠道的促销信息投放，最后到投放效果的分析和优化。这还是一个不断循环的过程，随着获取的消费者信息越来越多，企业需要不断重新定位其目标受众，不断重复上述步骤。

实例 5-3　谁最关注超声波洁面产品

某全球领先的化妆品品牌推出了一款超声波洁面仪，它可以在 1 分钟内快速、高效地清洁皮肤表面。其重要目标客户群体为“对美肤和外表有认识和追求的 30 岁及以上的白领女性”。该品牌运用大数据技术，对官网上十多万活跃粉丝及微博上提到这个产品的用户进行了职业、兴趣、年龄和地理位置等综合画像，发现教师这个职业人群不管从人数还是比例来说，对超声波洁面产品的关注度都非常高。技术分析人员通过分析大数据，发现教师与关注超声波洁面产品之间存在关联关系。经过市场负责人员多方调查和讨论，这种关联关系包含了因果关系：教师因为经常用粉笔板书，所以需要一款便捷的设备，在短短的课间时间清洁面部皮肤。有了这样的发现以后，企业在进行广告宣传时的针对性就非常强。在教师节或是与教师相关的网站和论坛中开展了针对教师的一系列营销活动，同时以教师为职业背景进行了广告设计和宣传。

（资料来源：周涛. 为数据而生：大数据创新实践[M]. 北京：北京联合出版公司，2016.）

5.2　大数据背景下的促销组合设计

5.2.1　恰当的企业公关形象塑造

企业形象是指人们通过企业的各种标志，建立起来的对企业的总体印象。它是企业文化建设的核心，是社会公众在与企业接触交往过程中所感受到的总体印象。良好的企业形象往往是企业产品质量的调节器，好的企业形象能够增加消费者对企业的接受度，使其更容易接受企业的促销信息，并给予反馈。因此，设计一个良好的企业形象对企业进行宣传和促销起到至关重要的作用。

传统营销认为，企业形象识别系统（Corporate Identity System, CIS）包括理念识别（Mind Identity, MI）、行为识别（Behaviour Identity, BI）、视觉识别（Visual Identity, VI）。CIS 的设计就包括了 MI、BI 和 VI 的设计。企业在进行 CIS 设计时往往需要大量信息，但是在以往的调研条件下，企业能够获得的信息是有限的，根据有限的信息进行的 CIS 设计不可避免地带入了经营者和设计师的主观判断。企业在设定 CIS 并对外宣传以后，消费者和公众能否理解这一形象，或是消费者和公众心目中的形象与企业设定的形象之间的差异是很难有准确的定量依据的。此外，在发现企业形象认知度低，消费者和公众对企业形象认知错误的情况下，如何改进也是传统营销中企业经常面临的问题之一。

在大数据背景下，企业在进行 CIS 设计时能够充分利用各类信息进行综合设计。例如，设计企业 Logo 时，可以根据用户画像和具体标签进行匹配，选择出那些比较容易记忆，能引起目标消费群体共鸣的 Logo 设计。大数据还可以从大量数据中归纳、总结出竞争对手在消费者心目中的实际形象而非其对外宣传的形象，企业可以据此设计出明显区别于竞争对手的差异化形象。在企业确定其形象并对外宣传以后，企业可以利用大数据对企业形象的认知度及消费者心中的企业形象进行实时调研，从而判断消费者是否准确地理解了企业想要传递的形象信息。如果没有准确理解，就要提取出消费者对其形象的相关评论，据此判断在企业形象传播过程中哪个环节出了问题，然后根据大量历史数据和消费者对企业形象的理解，对形象信息内容进行调整，对传播渠道进行改进。例如，企业在选择形象代言人的时候不应该仅看代言明星的流量效应，还应该更多地利用大数据的众多分析决策模型判断出最贴合企业的形象，同时经数据分析，发现消费者喜欢的代言人。

实例 5-4　大数据在旅游地形象设计中的应用

旅游地形象能够帮助旅游地以直观的方式向消费者展现自己。这种展现，应该突出旅游地独具个性和最具特色的一面。这种特色不但体现在旅游地独特的地理特征、自然风光上，还体现在当地别具特色的风土人情、地域文化上。正是这些与其他地方有着明显区别的特征，使旅游地在游客眼中具有独特的魅力，让游客无论是在感官还是心灵上都受到极大的震撼，从而增强游客对旅游地新鲜而强烈的体验感。无论消费者是否到过旅游地，通过旅游地品牌形象就能对旅游地产生强烈的形象感知，进而对旅游地产生深刻印象，这主要得益于旅游地品牌形象的定位和设计。

旅游地形象系统包括品牌名称、标志、象征符号、形象口号等。在进行旅游地形象系统设计时，前述每个方面的设计元素都要突出当地旅游特色，加强消费者对旅游地的直观感知，建立一套旅游地形象体系的视觉语言。例如，大海、蓝天、阳光、椰子等都是海南的象征符号。

基于旅游地形象设计的相关理论，大数据在旅游地形象定位和设计过程中，可以帮助设计者准确进行形象定位，达到更好的设计效果。

1. 收集数据，分析游客喜好

旅游地可通过旅游网站、微信、微博等网络渠道，收集游客对当地旅游资源的点击、讨论数据，分析消费者的喜好偏向，从而根据消费者的喜好，结合当地优势旅游资源和特色元素，进行形象设计。

2. 通过网络评选增强互动

在完成了旅游地的形象设计后，可以将其投放至网上，让消费者进行投票选择，使消费者有机会直接参与旅游地的品牌形象设计，拉近消费者与旅游地的距离。例如，2014 年海南省三亚市就将由多个设计团队设计出的 20 个旅游吉祥物放在网上，让游客通过网上投票的方式，选出自己喜欢的吉祥物，通过收集游客网上投票的数据，分析游客的喜好，并最终决定出三亚的旅游吉祥物。在这个过程中，不但增加了游客与旅游地在感知和视觉上的互动，也提升了游客对旅游地的印象。

（资料来源：符王润. 大数据在旅游地品牌形象管理中的应用[D]. 海口：海南师范大学，2017.）

思考：

大数据是如何帮助海南旅游地进行形象设计的？

5.2.2 精准的广告设计和投放

广告是企业以付费的形式，通过一定的媒介，向广大目标消费者传递信息的方式。在制定广告项目方案时，企业需要先确定目标消费群体及其购买动机，然后做出五个重要决策，即广告设计中著名的“5M”：任务（Mission）、预算（Money）、信息（Message）、媒体（Media）、测量（Measurement），如图 5.2 所示。这五项决策分别解决了以下几个问题：广告的目标是什么，需要花费多少资金，传送什么信息，使用什么媒体，如何测量广告效果。

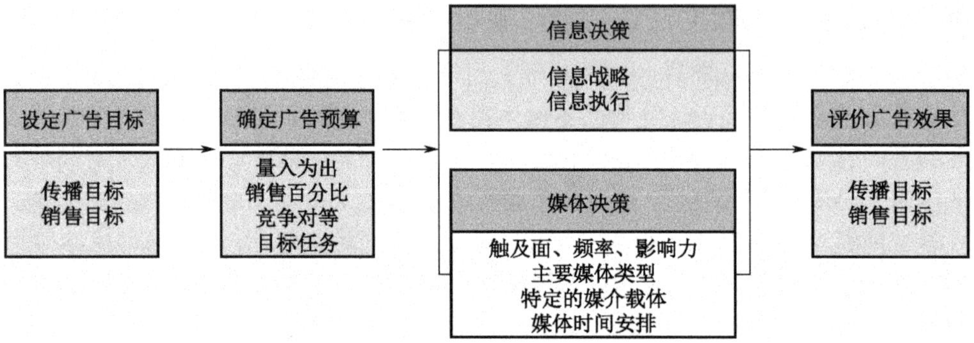

图 5.2　广告设计的五项重要决策

在大数据背景下，企业可以利用更多的信息和分析模型，更准确地制定这几方面的决策，尤其在信息决策、媒体决策及效果评价方面，大数据的使用能够极大地提升企业广告的效率。

通过对用户画像的进一步分析，企业可以找出其目标消费群体的广告偏好，如平面广告的配色偏好、构图偏好，视频广告的情节偏好、配乐偏好、人物偏好等，企业可以根据这些偏好设计出符合目标消费群体审美的广告创意，选择消费者喜欢的广告代言人，做出能在目标消费群体中迅速传播的广告。

在媒体决策方面，大数据先天地依托高速发展的互联网及移动终端技术，这些新兴媒体途径有着以往媒体无法比拟的优势。当然，这并不是说传统媒体不重要，而是在企业进行媒体选择时，综合考虑其广告目的、目标受众覆盖率、广告信息传播要求、购买决策的时间和地点、媒体成本等因素后，有侧重地采用媒体工具。事实上，企业可以在确定前述影响变量后，通过大数据的决策模型，确定相对最优的媒体组合。

在广告投放后，企业需要跟踪评估广告的效果。大数据在这方面有着先天的优势。大数据本身具有监测功能，可以实时发现并抓取、储存有关目标市场的各种类型的信息，可以是消费者的评论、论坛帖子、图片、视频等多种信息，通过提取关键字来分析消费者对广告的反应；也可以是用户终端对投放广告的操作行为，如曝光、点击、注册、互动等。图 5.3 是大数据平台跟踪品牌广告效果的模拟图。

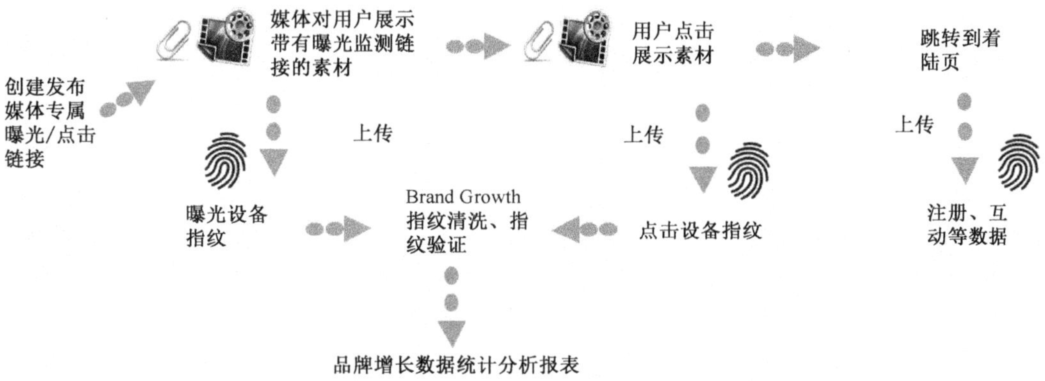

曝光设备指纹——通过媒体曝光链接获取的用户信息，包括：设备号、IP、时间、设备类型、系统版本等。
点击设备指纹——通过媒体点击链接获取的用户信息，包括：设备号、IP、时间、设备类型、系统版本等。
指纹清洗——验证之前，所有指纹都会进行3轮清洗，过滤掉错误、重复、失效的指纹。
指纹验证——将清洗后的激活设备指纹通过验证算法，实时地判断媒体来源，打上媒体标签。

图 5.3　大数据平台跟踪品牌广告效果的模拟图

实例 5-5　TalkingData：大数据背景下移动互联网广告的精准投放

2015 年中国网络广告市场规模达到 2093.7 亿元，同比增长 36%。其中，中国移动广告的市场营收规模为 901.3 亿元，同比增长率高达 178%。随着互联网广告规模的不断扩大，预计到 2019 年年底，中国网络广告市场规模将突破 6000 亿元，而移动端广告在网络广告市场中的占比将接近 80%。移动互联网的高速发展，为移动广告的发展提供了巨大的空间。然而，高速发展的移动互联网广告隐含了许多问题。

1. 难以定位真正的目标消费群体

企业想要达到对目标消费者的精准定位和触达，最有效的移动广告投放方式是通过第三方的程序化媒体购买。程序化媒体购买的基础是拥有数据管理平台（Data-Management Platform，DMP）。移动 DMP 不同于 PC 端给予 Cookie 的 DMP，其困难主要来自唯一用户识别和用户移动端行为数据的收集、分析和处理。

移动端的浏览器虽然也有 Cookie，但是在 In-App（应用内广告）的场景下基本没有作用，移动设备上其他可以依靠的唯一用户标识包括网卡 MAC 地址、IMEI、Android ID、AdID（谷歌的匿名广告用户标识）、IDFA（苹果的匿名广告用户标识）等。但是广告主和需求方平台（DSP）不一定能获得这些 ID，也很难相对全面地收集这些 ID 代表的设备的行为数据。在这种状况下，广告主通常只能收集到已有消费者的数据，不能获得潜在消费者的数据。DSP 一般会建设自己的 DMP，但是数据来源和体量有限，并且标签数据不够多，覆盖面不够广。

2. 找不到目标消费者最合适的接触点

确定投放目标后需要做的下一步是将投放目标群体进一步细分为多个投放目标群体，并分析通过移动设备上的哪些接触点可以更好地触达投放目标，从而找到最经济、最有效的途径吸引消费者。然而，品牌广告主们仍然执着于花重金对各个超级应用、游戏等“优质”广告展示位置的购买。从本质上讲，这种做法其实是照搬了传统媒体撒花式的品牌广告投放策略，但是传统媒体通过兴趣属性定位的用户群体远没有大数据标签化用户来得精准。

3. 不能基于人群做投放效果的及时优化

在传统投放方式中，只能根据汇总的投放数据调整和优化各投放媒体的投放量，但是这种优化方式比较粗放，只能反映各投放媒体覆盖人群和目标人群的相关性，没有具体分析各投放媒体中不同用户群体和目标人群的相关性，可能会忽略某些总体互动数据不太好但部分人群特别活跃的媒体或者投放人群。

许多企业都在致力于解决上述问题，其中 TalkingData（北京腾云天下科技有限公司）是其中的佼佼者。例如，某国际母婴品牌曾使用 TalkingData 智能营销云平台设计、投放了一次活动的广告。那次投放精准定位母婴用品、育儿、怀孕备孕三大人群，并利用 LBS 技术锁定全国 3000 多家妇幼机构活动人群，实现面向客户的“精准营销”和“按需投放”，最终比预期成本降低了 34%，参与完成率是预期参与比例的 210.35%。

（1）精准的目标人群定位。

大数据平台精准定位目标受众的流程，如图 5.4 所示。

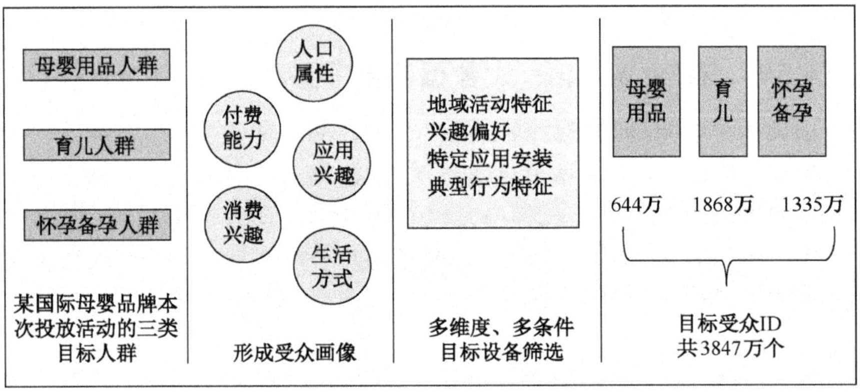

图 5.4　大数据平台精准定位目标受众的流程

① 首先根据本次活动投放目标，预先设定投放目标人群：母婴用品人群、育儿人群、怀孕备孕人群。

② 参考 TalkingData 智能云系统对外提供的标签体系，将上述三类人群分解成多个标签组合，从 600 多个标签中选择最合适的标签组合。TalkingData 智能营销云系统根据选定的标签组合，提取符合标签特征的设备 ID，分析各 ID 人口属性、应用兴趣、生活方式、消费兴趣、付费能力等特征，生成用户画像。

③ 生成画像的同时，针对已经选定的标签组合对应的设备 ID，根据本次投放的要求，在其中按照地域活动特征、兴趣偏好、特定应用安装、典型行为特征等制约条件，进一步选择目标 ID。

④ 最后生成母婴用品相关设备 ID 644 万个，育儿相关设备 ID 1 868 万个，怀孕备孕相关设备 ID 1 335 万个，共计目标受众 ID 3 847 万个。

（2）精准的人群定向筛选。

为提高本次投放活动的成功率，在 TalkingData 智能营销云系统输出目标受众 ID 3 847 万个的基础上，结合在其他投放活动中积累的历史投放数据，选取其中曾经发生过互动的设备 ID，包括曝光、点击、注册等互动行为，在其中选出共计 5 032 180 个目标 ID 作为本次投放的目标，如图 5.5 所示。

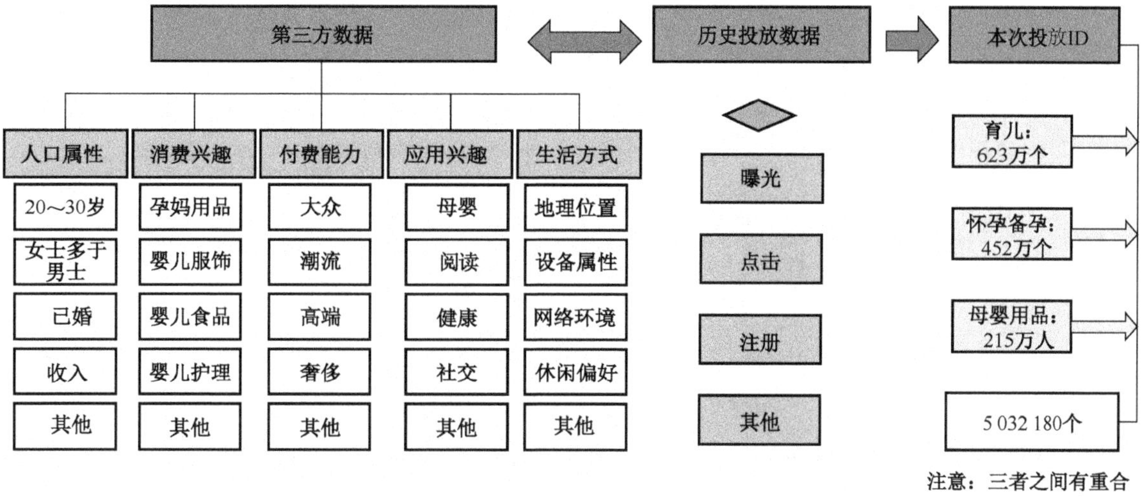

图 5.5　投放人群的定向筛选

（3）精准的媒体选择。

在 TalkingData 智能营销云系统生成的三类目标人群画像中，已经输出与三类人群相关性最大、使用率最高的 App，排除其中大众化应用，选择与目标人群相关性较高的行业中精选的目标投放媒体。然后在实际投放中，根据互动情况做进一步优化。其中，TOP10 投放媒体如图 5.6 所示。

分类	名称
时尚育儿	时尚育儿
孕期/胎教服	胎教音乐盒子
孕期/胎教	胎教故事
母婴护理	母婴护理
影视音乐	PPTV
母婴护理	母婴之家
时尚育儿	美好妈咪
生活	家常菜谱
孕期胎教	孕期食谱
孕期胎教	孕期瑜伽

启用定向技术，对表现较好的媒体进行白名单处理，加大对该类媒体的投放力度。

图 5.6　TOP10 投放媒体

（4）基于人群、媒体的投放效果优化。

首先，根据投放目标分析、投放媒体选择，参考历史投放数据，制定完善的智能优化策略。其次，在实际投放过程中，按照系统设计及人工分析，动态优化投放媒体、投放目标人群，如图 5.7 所示。

在投放过程中，对三大类人群投放，采用智能优化技术，根据点击率、转换率等数据加大智能优化投放比例；采用重定向技术，对其中数据反馈情况最好的育儿人群，加大投放力度。针对人群的性别、婚姻状况、年龄的投放操作及数据展示如图 5.8 所示。

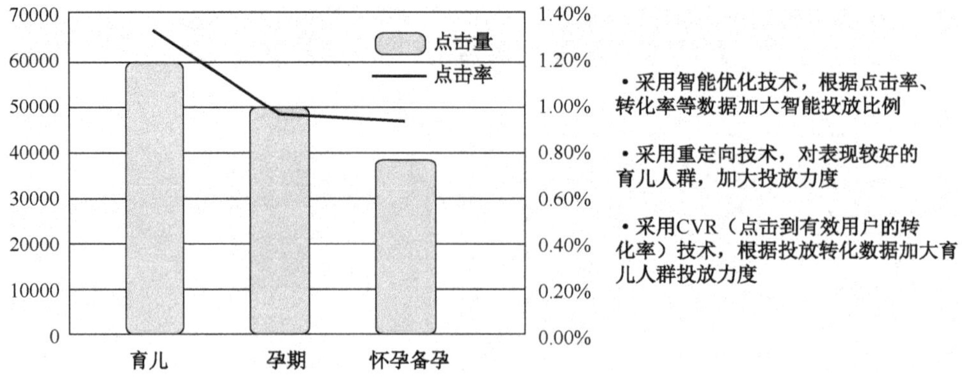

图 5.7　三类人群投放数据情况及优化

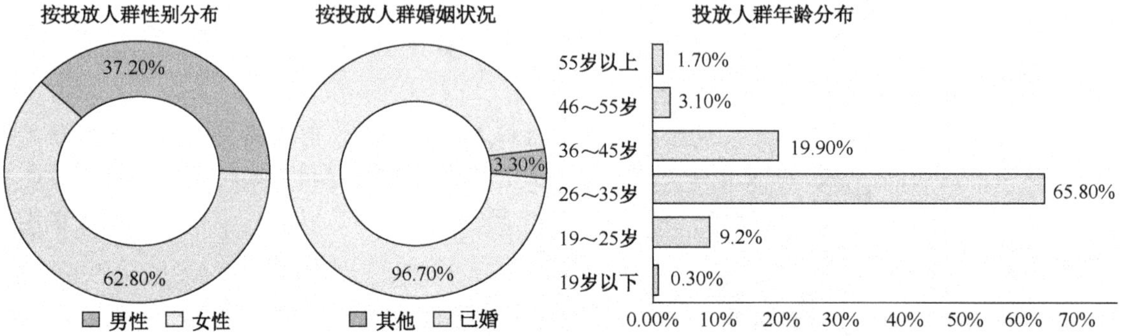

图 5.8　投放操作及数据展示——按人群的性别、婚姻状况、年龄

在 TalkingData 智能营销云系统已经输出的目标人群性别比例、婚姻情况、年龄分布情况基础上，在投放过程中，根据点击率、转化率等的数据反馈情况，定期优化投放策略。根据数据实际反馈情况，加大对女性、已婚人士、年龄集中在 26～45 岁人群的投放。

在精准人群选择、精准媒体定向的基础上，结合 DSP 以往投放的经验和历史数据，设置多种智能优化策略，结合 TalkingData 智能营销云高速的人群数据处理技术，定期分析投放目标人群、互动人群的数据情况，智能优化对目标人群、目标媒体的投放策略，最高效率地利用投放预算和投放资源。在实际操作中，还可以加入对同一人群投放内容的 A/B Test，通过数据支持实现投放素材的优化。

（资料来源：陈新河，赢在大数据：营销/房地产/汽车/交通/体育/环境行业大数据应用典型案例[M]. 北京：电子工业出版社，2017.）

思考：

根据上述案例，为护肤品牌丹姿水密码设计移动广告投放方案。

5.2.3　合理的销售促进手段及信息传达

销售促进是一种短期促销工具，只有与其他促销工具结合使用，才能发挥更好的作用。广告、企业形象等为消费者喜欢某产品提供了原因，而销售促进则是为消费者的购买行为提供了必要的激励。消费者喜欢某一产品但未必会立刻购买，而短期的销售促进手段则会使消费者产生冲动型购买。

销售促进的具体手段有很多，常见的主要有以下几种：样品、折价券、现金返还、买赠、满减、抽奖等。这些手段往往都能给消费者带来附加价值，从而激励消费者的购买行为。然而，附加价值对消费者的激励作用是边际递减的。当附加价值达到某一水平后，每增加一个单位的附加价值能够带来的销售利润开始为负。因此，企业需要确定附加价值的大小，如分发样品的数量、折价券的具体折扣、满减时的标准设定等。在传统营销中，销售促进的工具往往是根据企业以往经验以及竞争对手水平来确定的，即使有些企业会对消费者对不同促销手段的反应进行调研，但是结果也只是事后才能获得，仅能为以后的销售促进活动提供参考。在大数据背景下，企业可以通过对比消费者以往的购买行为数据和企业相应的优惠措施及优惠程度，预先测试出消费者对不同优惠程度的反应，然后通过建模判断出企业提供的附加价值的边际临界值，从而以最小的成本获得相对最优的消费激励效果。

另外需要关心的问题就是销售促进的信息应该发给谁，哪些目标客户会对企业的优惠信息做出反应。这些问题用大数据分析都可以轻松解决。首先，企业需要对获得的数据进行清洗，清除掉一些明显异常的数据，还有那些经常浏览却从不购买的用户，这很可能是网络爬虫爬取数据留下的痕迹。其次，提取特征变量。特征变量会进入不同的预测模型中进行行为预测。例如，对某一女装上衣提取出的特征变量有三个：性别（男性为 0，女性为 1），前一年购买女装的次数和 7 天以内点击同类女装的次数，分别记为 X、Y 和 Z。最后，假设预测器通过某种回归学习得到加权公式：$T=0.03X+0.01Y+0.002Z^2+0.005$，当 T 大于 1 时，记为 $T=1$。每个消费者都有对应的 X、Y 和 Z，这个简单的预测器就相当于输入一个人，输出一个概率值，也就是预测的这个人会购买相应女装的概率。当然，这仅仅是一个简化的例子，真实的大数据预测分析是非常复杂的，但是原理类似。

有了这样的数据分析能力，企业在制订销售促进计划的时候就更加有参考性，发放优惠信息时就能做到有的放矢。例如，本次发放的优惠规模有多大，发放给哪些消费者，总的销售量预计有多少等，这些信息在实施销售促进计划之前就能够确定下来。

此外，企业还可以通过大数据发现不同的目标消费群体对不同销售促进手段的反应，有些消费者喜欢直接的折扣，有些消费者喜欢满减，还有些消费者喜欢样品。因此，企业可以通过大数据分析设计出最适合其产品的销售促进工具组合，以最小的成本让消费者在一次购物经历中体验到最大的满足感。例如，通过数据，企业了解到消费的主力人群是青年群体，而在其中，接受高端水平消费的又以 26～35 岁年龄档为主，而这部分人群在服装消费上更容易接受 500～3 000 元价位区间的商品。此时，企业就可以在营销活动策划时确定明确的目标顾客，针对此类人群组合出最为恰当的销售促进工具，如拼图、寻宝、定期折扣等。这种高度精准的个性化营销使销售转化率非常高。

随着竞争的逐渐加剧，企业用以满足消费者需求的销售促进手段越来越多。事实上，企业能够为消费者在购买时提供的一切便利都可以视为销售促进手段。这些手段不再局限于以往的样品、折扣等，如随着科技进步和金融监管的放松，蚂蚁花呗、京东白条等信用销售促进手段越来越多；餐厅给消费者提供的信用卡支付折扣、健身房给消费者提供的旅游优惠等跨界销售促进手段也屡见不鲜。在大数据背景下，企业可以充分获得消费者的信息，能够发现特定消费者的不同需求，由此提供的销售促进手段更是千差万别。尤其是传统实体零售业，在电商迅猛发展的情况下，必须利用大数据对自己进行转型，才能更好地服务于消费者，同时使自身获得新的发展。

实例 5-6 大数据背景下实体零售行业的商业综合体创新

众所周知，顾客是实体零售业最重要的资产，在淘宝、京东、1 号店等电商巨头的分流刺激下，各商业综合体有渐入围城之势。2016 年上半年，在单体百货、购物中心及大型超市业态中，共有 22 家公司关闭了 41 个店铺，歇业总面积超过 60 万平方米。商业综合体战场硝烟弥漫，业态同质化、信息数据孤岛、电商竞争、消费群不明、消费力量分散……粗放式运营呈现出诸多的行业弊端。然而，大数据为实体零售带来了福音。

通过大数据分析技术，企业可以将原始数据转化为价值数据，为商场运营、营销活动等提供数据支持，真正打通线上和线下，串联商场内外，以更精准的数据服务为消费者提供定制化服务。

1. 利用室内定位技术，跟踪用户轨迹

通过融合用户线上、线下的大量数据，通过商场内部定位设备，以活动的形式，将用户接入营销系统，为商场提供各种用户数据管理和营销数据管理。企业基于用户的实时位置进行周边 POI（Point of Interest 的缩写，译为“兴趣点”）推荐，并支持“一键导航”到定制 POI。室内导航引导顾客快速到达购物店、停车位等；行为导航增加商品触及率及单价。这明显提高了商场的到店人数和转化率。

2. 使用用户图谱分析，打通多来源数据之间的关系

以室内定位技术为基础，企业可以收集到大量的顾客数据，通过分析这些数据可以形成多样化的分析图谱，建立各种数据模型。例如，顾客位置图、人流温度图、用户密度图、历史客流人数统计图等。通过详细分析活动用户数据，商场即可通过实时客流信息做相应的实时安防预警，也可甄别人气较高的活动、人气较高商场区域，从而达到事半功倍的效果；商场管理人员也能更好地进行商品管理、个性化营销。

3. 用户标签化，个性化营销和服务

商场的“用户”并不单纯是数据点，性别、职业、购物习惯等标签将会为商场消费者画像。结合硬件接口收集数据，大数据平台融合了购物中心会员、营销系统、O2O 模块等数据，实现了商场用户信息系统的互通，创造出“千人千面”的用户标签。

通过顾客触发设备时的单点数据，企业可以发现顾客获取信息的习惯以及支付习惯较以往已经发生了哪些转变。当顾客接入设备后，各系统会将顾客在商场中的全方位行为留存记录，如此，顾客的偏好就可以直观地显示在营销人员面前。消费者每消费一次，每忽略一次优惠活动，其偏好就更精准；走到喜欢的商家旁边就有优惠券推送，午餐时间就能收到喜爱的餐厅的吃饭邀请。企业如果能够带给消费者如此体验，其顾客数量便会与日俱增。

大数据分析将商场用户变成数据点和商品，精准掌握消费者在商场的活动与购物习惯，并进行个性化营销，从而建立起一个良性的商业综合体生态圈。

（资料来源：陈新河. 赢在大数据：营销/房地产/汽车/交通/体育/环境行业大数据应用典型案例[M]. 北京：电子工业出版社，2017.）

思考：

现代实体零售行业应该从哪些方面借助大数据实现营销目的？

本章小结

本章主要阐述了大数据背景下企业实施促销组合的流程，在此基础上进一步阐述了大数据时代促销组合的设计及各促销工具的实施方法，包括合理的形象设计、精准的广告设计和投放、合理的销售促进手段及信息传达。

【延伸阅读】

移动大数据下的酒类推广策略

在当今电商行业高速发展的时代，许多传统行业也不得不改变以往的线下经营和推广方式，如传统的白酒行业就开始了线上的推广和销售。酒类企业必须保持与时俱进的态度，才能在移动大数据背景下获得时代红利。

当前酒类企业相继降低了代理标准，就连一线酒类企业都制定了一系列诱人的优惠招商政策，以此巩固经销商体系，同时也借机拓展新的经销商。看似代理形势大好，但更多的酒类经销商则持十分谨慎的态度，这个瞬息万变的信息化时代，让新老经销商不知道如何应对。

对于酒类企业来说，产品推广会是一个非常熟悉的手段。通过产品推广会将产品介绍给客户，从而建立购销或是代理关系。然而，要想实现这一目的，找到合适的人参与产品推广是前提。然而，很多产品推广会的参与者往往对企业或是产品并没有太大的销售和推广兴趣。此外，很多企业和经销商由于准备不足、策略不明、执行不力等因素，经常把推广会开成吃喝会、沟通会、答谢会，严重削弱了推广会的作用和效益。那么，在当前时代，白酒行业的企业和经销商怎么才能开出一场高效的产品推广会呢？

广州某商贸公司的蔡总做白酒产品推广会有个与时俱进的新策略，就是结合时下最热门的大数据和人气最高的智能移动端，进行高度聚焦的精准产品推广会。通过庞大的移动大数据库，通过有效的市场调查、受众邀约、传播推广、沟通维系、有偿奖励等方式激发客户的代理热情和主推信心，对客户进行实时的销售策略指导。蔡总有效利用了现代人空前依赖的智能移动端，将信息实效化，提升效率、节约成本、针对邀约，配合线下回访及现场优惠政策，取得了高效的签约转化率。

1. 移动市场调查：收集用户数据定目标

以往开产品推广会，要么利用自身的资源直接邀约，要么就是派业务员去扫街邀约，而大部分经销商都会选择第二种方法。扫街邀约，不仅耗费较大的人力、物力、财力，很多时候效果都不大，甚至有的时候还让自己的业务员信心大大受损。大部分业务员为了完成任务，只能硬着头皮上，眉毛胡子一把抓，参会人员的质量就很难保证。

广州的蔡总在开产品推广会时，不再派人去扫街收集数据，而是先收集数据再派人去回访，大大提升了效率和参会人员的质量。现代人都患上了严重的手机依赖症，这不单单是年轻的80后、90后，甚至60后、70后也是如此。微信更是强大，凝聚了6亿注册用户，是大众每天频繁使用的社交软件之一。这个热门的社交工具，蕴含了巨大的商机，同时也是庞大的数据源。

蔡总的公司开通了企业微信服务号，并聘请专业的技术公司将公司老客户的数据导入系统，同时对即将推广的产品设计了专门的HTML链接，然后在微信上不断推广传播。该推广活动往往以市场调查为目的，以财富机遇和奖励礼品等为吸引，让用户填写公司名称、地址、营业状况、对产品的兴趣等方面的信息，从而收集了大量的目标客户信息。之后配合电话回访、店铺面访等方式进行后续详细沟通，从而有效提升了参与产品推广会的客户人群质量。

时代在变，每个人身边的资源也在变。经销商要做好产品推广会，就要尽可能将资源利用到极致，通过智能终端实现数据收集，精准邀约，从而达到目的。

2. 移动执行：全程智能把控提效率

传统的产品推广会，一般都是至少提前一个月进行人员邀约，继而找到会场，提前一周发出邀请函，最终进行现场执行。邀约—筹备—落实会场—发出邀请函—制作物料—到场确认—会场布置—开会，大的流程环节有经验的人都知道，看似简单，却十分繁杂。有时，在紧密的流程中，可谓是牵一发而动全身，一步走错那就会对产品推广会的效果造成很大的影响。同时，还可能有很多不可控的突发状况，如宣传物料不及时、会场布置效果差等，都会大大影响推广会的效果。因此，很多经销商开产品推广会往往耗费了巨大的人力、物力、财力，但最终的效果却差强人意。而且这种情况经常出现，而问题往往都是出在某个细节上。

产品推广会要成功，必须做到每个细节都百分之百完美。蔡总在这方面就敢为人先，大胆地进行数字化尝试，将以往通过传统方式进行的步骤，统统放到移动端。纸质的邀请函改为便捷发送的电子版；传统的手写签到改为扫二维码；传统的产品画册全部由智能终端直接推送；现场每个座位配合可翻阅的电子阅读器；同时现场的付款方式都电子化，新增支付宝转账、微信支付等方式。如此一来，基本实现了全程智能把控，将所有流程信息都数字化，从以往的人脑记忆改为电脑储存，实现了方便快捷的执行与数据分析，可谓是一步到位。

不论是对开推广会的经销商来说，还是对与会的客户来说，传统的推广会有很多需要改进的地方。复杂的邀约程序，烦琐的入场签字和礼品发放，单一的支付方式等不一而足。而今是高度智能化的时代，“手机在手，一切皆有”，移动执行既能够节约成本，又能够提高效率。

3. 移动管理：手机售后系统保订单

很多人都看过经销商的订单，也看过现场客户签约的表格，甚至是分销商的表单。不得不说，有的表格做得很细致，但也很复杂，让人看不明白。尤其是销售订单，人数较多，更是繁杂。以往开产品推广会，现场签约打款后，一般都是由现场工作人员填写好详细的姓名、地址、数量、金额等，然后在推广会开完后，再录入到OA（办公自动化）系统里，最后统一安排发货。而在这一过程中，不能说它流程过多，但它耗时很长。对于一些热门的产品来说，分销商都急切地想拿到货就卖，拖时间太久，对双方都是考验。“天下武功唯快不破”，对经销商来说，道理是一样的，谁能实现高效快速的分销，谁就能加快产品的市场流转，随之而来的便是现金流。因此，售后管理也是非常重要的。

面对传统售后方式的拖沓，蔡总的公司直接开发了手机售后系统，实现移动管理。利用手机和微信，开发了一个专门的移动端下单和售后发货系统，甚至将移动管理移到产品推广会现场下单，大屏幕上显示打款开始，所有人的手机都可以登录系统，根据自己喜好选择代理的产品和数量，下单在线支付或线下刷卡支付。这样，系统就自动记录了客户订单，后台 PC 端发货人员就直接打单安排发货。距离较近的客户，往往开完推广会，货已经送到店里了。如此高效的服务，赢得了很多客户的赞许。

在酒业调整期，要维护好分销客户，经销商的售后服务体系是至关重要的。

4. 移动推广：推广奖励机制促销售

一般酒类企业推出的广告均是面对广大消费者的。这些广告可以传递并加深消费者对产品的印象，刺激购买欲望。但是在实际的购买过程中，经销商或是零售商对产品的推广也至关重要。经销商往往不仅仅只销售一家企业的白酒，有时候经销商为了完成某一销售任务或是降低某一库存，会在顾客购买时对某些产品进行大力推广，而不对另一些产品进行推广。这会直接影响企业产品的最终销售结果。事实上，经销商为了更好地销售产品，必须自己进行市场推广，如配合特色节日促销，或是按当地人最喜好的渠道铺货等。但这在某种程度上应该是酒商完成的工作。

蔡总看准了当前白酒行业的电商热潮，但他看到的不是怎么去做电商，而是利用云时代的优势去做产品推广。他在移动端找到了他想要的解决办法，即通过奖励分享机制，将分销商通过移动端推广产品信息作为一项激励政策，并给每个分销商一个管理账户。每个人可从系统中查看，从自己移动端查看或转发产品信息的用户。根据个人账户中的分享名单，公司按月给予销售奖励，这大大促进了产品的推广和互动。移动端，有微博平台也有微信平台，还有很多其他社交媒体。每个人都有好友群体，通过移动端将个人的小圈子打动，就形成了一个庞大的传播圈，甚至是无限制级的传播分享。

当今是高度智能的云时代，白酒行业的电商热潮就是行业未来革新的号角。环境变了，酒商不能局限在传统的思维里，移动大数据是未来的趋势，也是酒类经销商社会化变革的方向。

（资料来源：华夏酒报，2015 年 1 月 6 日，有改动。）

【实验与思考】

1. 实验目的

（1）理解大数据背景下促销组合的实施流程。

（2）利用大数据进行促销设计。

2. 工具/准备工作

开始本实验之前，请认真阅读课程的相关内容。

准备一台可以上网的计算机或者移动设备。

3. 实验内容与步骤

1）概念理解

（1）大数据背景下的促销组合与传统促销组合有哪些不同？

答：＿＿＿＿＿＿＿＿＿＿＿＿＿＿＿＿＿＿＿＿＿＿＿＿＿＿＿＿＿＿＿＿＿＿＿＿＿＿＿

＿＿＿。

（2）在大数据背景下实施促销组合的基本流程是什么？

答：＿＿＿＿＿＿＿＿＿＿＿＿＿＿＿＿＿＿＿＿＿＿＿＿＿＿＿＿＿＿＿＿＿＿＿＿＿＿＿

＿＿＿。

2）延伸阅读

参考本章“延伸阅读”，蔡总做酒类推广会成功的关键是什么？在大数据时代，做产品市场推广会需要掌握哪些专业能力和技术？

答：＿＿＿＿＿＿＿＿＿＿＿＿＿＿＿＿＿＿＿＿＿＿＿＿＿＿＿＿＿＿＿＿＿＿＿＿＿＿＿

＿＿＿。

3）网络搜索和浏览

参考本章内容，为公众号“湛庐文化”制定促销方案。

＿＿＿。

4. 实验总结

＿＿＿。

5. 实验评价（教师）

＿＿＿。

第 6 章▶▶

客户管理

【学习目标】

1. 理解在客户管理中大数据的作用
2. 理解在客户管理中大数据的功能
3. 掌握客户管理中数据的收集方法
4. 掌握客户分层模型
5. 掌握商品推荐模型

【思维导图】

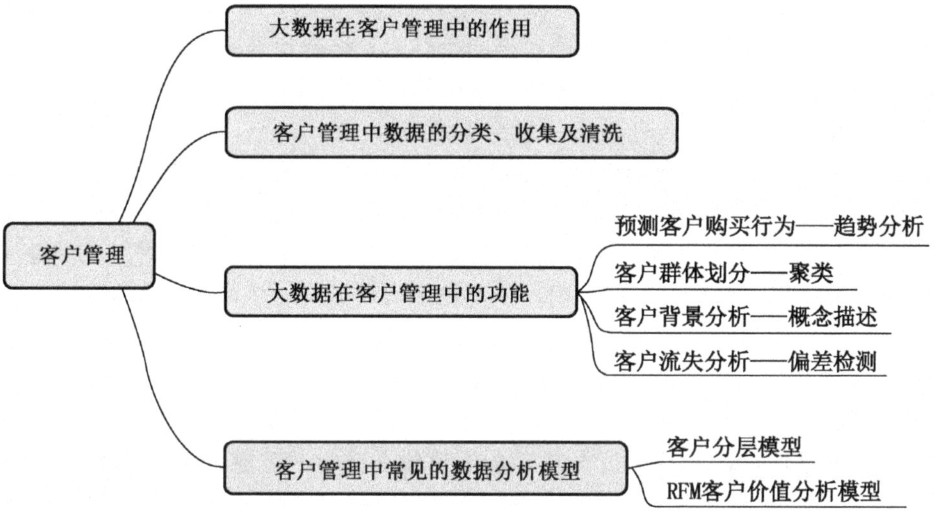

【开篇故事】

银行利用大数据定位房贷客户

某个银行，想拓展房屋按揭贷款业务。该银行在本市已有一百多万储户，其中应该有不少是有房贷需求的。于是银行决定从自己的一百多万储户入手拓展房贷业务。留有手机号码的储户，发送手机彩信；只留了固定电话的储户，采用电话营销；没留任何电话号码的储户，依照其登记地址，邮寄传单过去。

但这一波营销攻势很快就中止了，原因是命中率太低，有时连推 100 个人也没有一个是成功的。宣传费用花了不少，职员疲于奔命，最糟的是使大部分没有房贷需求的储户对银行的推销非常反感，极大地降低了客户的满意度。

于是银行不得不改变营销方式，引入大数据营销的理念，对客户进行精准筛选。为了筛选出最有可能在近期购房、需要房屋贷款的客户，银行引入三个指标，对百万储户进行筛选。

指标一：过去六个月平均存款余额在 40 万元以上或者在资料中填写了自己拥有硕士以上学位的储户。（为了筛选出有经济实力，能够买得起房的人。）

指标二：过去六个月平均存款余额在 300 万元以下的储户。（为了筛选出闲钱不太多、不会一次性付款的人，这类人申请按揭的可能性更大。）

指标三：每个月都有一笔固定金额的汇款汇给同一个账号的储户。（为了筛选出目前正在租房住的人。租房说明有购房需求。）

只有同时满足这三个指标的储户，才会收到银行的房贷推广信息。果然，经过如此筛选的储户有房贷需求的可能性非常高，大概每发出七条信息，就会收到一个回音。但不好的消息是：一方面，同时符合这三个指标的储户太少了，一百多万储户，只有几千人完全符合；另一方面，很多本来要买房的顾客，被这么一筛选，就被漏掉了。

于是，银行决定对这三个指标进行调整放宽。

首先，把指标“过去六个月平均存款余额在 40 万元以上 300 万元以下”放宽到 40 万元以上 1000 万元以下。因为考虑到房价不断攀升，高端一点的房子 300 万元是不够付全款的。

其次，把第三个指标取消。两个原因：一是很多人交房租是交现金，而不是汇款；二是当前大部分的购房其实不是自住需求，而是投资需求，所以即便自己已经有了房子，也并不影响其购房欲望，没有必要把目标客户限制在无房户。

把指标放宽后重新进行筛选，效果就很理想了。信息发出后的回应率果然很高，大概每十几条信息就会有一个回应，而筛选出来符合条件的储户数量则是原来的十倍以上。

（资料来源：陈颂坚，范洁. 透明社会—— 大数据营销攻略[M]. 北京：机械工业出版社，2015.）

思考：

1. 银行筛选的条件是否合理？
2. 是否还有其他方法能够更准确地找到目标客户？

6.1 大数据在客户管理中的作用

现代企业的一个重要特征就是以客户为导向。近年来，随着信息技术的快速发展，企业可以通过各种各样的方式获得大量的客户信息，传统的营销模式受到严重的挑战，这就使得企业需要借助先进的管理思想去充分地了解和掌握客户信息，挖掘潜在的市场机会，从而提高客户满意度与客户忠诚度。

客户关系管理（Customer Relationship Management，CRM）是企业利用信息技术，通过对客户的跟踪、管理和服务，留住老客户、吸引新客户的手段和方法。在竞争日趋激烈的现代社会，企业仅仅靠提高产品品质来留住客户已经远远不够了，而在这样的环境下，提高企业的市场竞争力最主要的一点就是要为客户提供符合客户需求的优质服务。由于企业客户的需求存在多样性，那么就需要企业针对不同的客户提供个性化服务。

企业可以把海量的数据（客户信息）通过数据技术进行收集、整理，从而形成数据集或数据群。然后，利用数据挖掘分析技术使这些数据集/群产生巨大的商业价值。与大数据相关的技术知识包括：数据库和数据仓库、数据挖掘、客户机/服务器体系、知识发现、图形用户界面、决策支持、互联网和电子商务技术、面向对象技术、呼叫中心等，这些技术使得很多理想中的 CRM 功能得以实现，使企业的客户关系管理进入了真正的智能化时代。

对于客户关系管理而言，大数据的作用有以下三点。

1. 增强客户黏性

飞速发展的信息技术使得信息透明度越来越高，客户对产品信息的获取也越发容易，随之而来的改变是客户对产品及服务的满意度水平也处于一个实时的变化当中。在这样的情况下，企业若想要全方位地满足客户需求，提高客户黏性，那么关键的任务就是要了解客户的消费习惯及偏好，从而改善产品并向客户提供个性化服务。而客户的消费习惯及偏好信息就在企业与客户的日常互动中，若企业能从海量的互动数据中提取到有价值的信息并进行大数据分析，这对于企业准确地认识客户将大有裨益。

2. 挖掘潜在客户

大数据分析不仅可以帮助企业分析现有客户，还能为新客户的开发提供支持。随着信息技术的高速发展，信息已经从过去的单向流动发展为双向互动。企业不仅可以利用大数据技术把产品及其相关信息推送给客户，同时还可以从与客户的互动中获取客户的反馈数据。这些反馈数据，不仅可以帮助企业精准地定位目标市场及目标群体，还可以帮助企业发现新的业务增长点及新客户。

3. 建立客户分类

客户分类是基于客户的属性特征所进行的有效性识别与差异化区分。例如，可以根据客户的性别、收入和交易行为特征等属性，针对客户不同需求和交易习惯进行细分，具有相似属性的客户被划分在同一个类里。对客户进行分类后，针对有价值的客户群体，企业可以开展更具针对性的促销活动，提供个性化服务，从而使企业获得更大的投资回报。

在客户分类中，企业可以利用大数据技术对现有的客户进行聚类分析。例如，按照客户的不同价值进行分类标识客户（普通客户、最具增长型客户、高价值客户、负价值客户），在描述客户特征时可使用决策树算法来建立分类模型，独立的客户细分群可视为决策树的一个节点等。

6.2 客户管理中数据的分类、收集及清洗

> "要完成一个数据方面的项目，数据前期准备往往要占据70%甚至更多的工作量！"
>
> ——毕马威中国大数据团队

1. 客户管理中的数据分类

在客户管理系统中，客户数据可以分为描述性数据、促销性数据和交易性数据三大类。

（1）描述性数据。

描述性数据是客户的基本信息，如果是个人客户，则包含了客户的姓名、年龄、地域分布、婚姻状况、学历、所在行业、职业角色、职位层级、收入水平、住房情况、购车情况等；如果是企业客户，则包含了企业的名称、规模、联系人和法人代表等。描述性数据的特点是：稳定性较强，不轻易改变或改变比较缓慢。

（2）促销性数据。

促销性数据是体现企业曾经为客户提供的产品和服务的历史数据，主要包括用户产品使用情况调查的数据、促销活动记录数据、客服人员的建议数据和广告数据等。在当今的大数据环境下，数据可以更细化一些，客户可以被记录的促销性数据还包括：媒体接触行为、页面停留时间、社交行为以及这些行为的频次等。促销性数据的特点是：容易被获取和跟踪，易于被识别和分析。

（3）交易性数据。

交易性数据是反映客户对企业做出的回馈的数据，包括历史购买记录数据、投诉数据、请求提供咨询及其他服务的相关数据、客户建议数据等。交易性数据的特点是：变化快，会随时间迅速变化。但此类数据能直接反映企业对于该客户的经营情况。

2. 客户管理中的数据收集

企业在客户管理过程中需要收集客户数据，特别是那些需要针对客户开展一对一个性化营销且预算充足的企业，更应该考虑通过自己建立客户数据库的方式收集客户数据。不过，虽然对企业而言，尽可能多地掌握客户数据是有效进行客户管理的基础，但企业搜集、清洗、储存数据需要付出大量的人力、物力、财力，所以，企业需要有选择地根据客户的特点来收集客户数据。

此外，企业面临的客户包括个人客户和组织客户等不同类型，这些不同的客户有各自不同的要求和特点。因此，对企业而言，在收集数据的时候，有必要根据客户的特点来确定数据收集的侧重点，见表6.1。

表 6.1　不同的客户类型所需要收集的不同数据

客户类型	企业需收集的数据	
	一级数据	细分数据
个人客户	自身数据	姓名、性别、年龄、性格、电话、传真、住址等
	家庭数据	婚姻状况；结婚纪念日；配偶姓名、生日、爱好；是否有子女；子女姓名、年龄、生日、教育状况、子女是否与父母同住等
	事业相关数据	就业情况、单位、工作地点、职务、任职时间、收入、个人从业经历等
	心理与态度相关数据	购物动机、个性、生活方式、品牌信念与品牌态度
	行为数据	购买频率、购买种类、购买金额、购买途径
企业客户	基本数据	名称、地址、电话、创立时间、所在行业、规模、经营理念、销售或服务区域、声誉
	业务状况相关数据	销售能力、销售业绩、发展潜力、企业优势、企业存在的问题
	交易相关数据	交易条件、信用等级、本企业与该客户的紧密程度

而根据数据收集平台的归属和数据源的归属，企业在客户管理中的数据收集主要来源于三个方面。

（1）第一方数据。

第一方数据即企业自有数据，包括通过销售系统、会员系统、客户服务系统等直接采集的客户信息。例如，在订单系统中的历史交易数据，通过营销活动收集的客户描述性数据，企业电话中心收到的客户咨询及投诉等信息数据，企业通过网站分析技术收集的访问企业主页和移动端应用的行为数据等。

第一方数据记录着企业与客户接触的点点滴滴，由于数据是自己自主收集的，所以数据的质量毋庸置疑。但仅凭企业单方面的收集能力，其数据的规模必然受到限制，并集中在既定的消费群体中，理论上更适用于客户服务与客户忠诚计划，而不适用于新客户发掘。

（2）第二方数据。

第二方数据主要来自企业在外部平台上收集的属于自己的数据，包括企业从其下游企业、广告代理商、合作媒体平台等收集的数据。例如，企业会使用谷歌、腾讯等媒体大数据，或媒体投放平台提供的广告曝光、点击量数据等。几乎所有媒体都会为广告主提供数据服务，从谷歌、BAT（百度、阿里巴巴、腾讯）这样的媒介巨头，到各大视频网站、门户网站、垂直媒体、智能设备供应商，都自有一套数据营销与应用体系。它们所提供的数据可以帮助企业了解客户的媒体偏好、内容偏好，甚至地理位置和生活习惯等，非常方便企业直接应用。以微信公众号为例，腾讯就能提供所有粉丝用户的 ID、性别、注册地、发言等各种数据。

但第二方数据由于数据采集源并不属于企业，所以企业能收集到的数据完全取决于这些外部平台的开放程度，一旦外部平台停止提供数据，或提出一个企业无法接受的条件时，企业之前基于第二方数据建设的数据设置和数据内容就会失去作用，企业就会为此付出代价。

（3）第三方数据。

第三方数据指的是由独立的数据供应商提供的数据。这些数据类型丰富、体量庞大、来源与维度极其丰富，能够帮助企业形成对市场以及用户的全面认识。但由于第三方数据直接面向市场公开出售，所以数据的稀缺性比较低，也就是说你现在看到的这份数据，你的竞争对手也能看到，双方将很难在数据战略上拉开距离；同时，专业的第三方数据机构数量众多，如何证明第三方数据的客观真实性也是困扰企业的一大问题，部分数据质量存疑。另外，需要强调一点：在中国，B2C（Business-to-Customer）领域的数据，即个人数据的买卖属于非法行为。

3. 客户管理中的数据清理

从不同数据源收集的客户数据由于各种原因，会存在一些质量问题。例如，客户在调研问卷上填写假的姓名和联系方式；企业销售人员为了不让自己的公司了解真实的客户信息，在 CRM 系统中录入虚假的客户信息；营销商为了完成指标编造假数据；每天在各五星级酒店晃悠，参加产品推介会，但目的是领取免费礼品和享受午餐的“会虫”给的虚假名片；在客户信息录入时出现的数据录入错误；等等。以上这些都是造成数据虚假的原因。在将这些数据录入数据系统前，数据分析人员需要对它们及时鉴别并进行清理，防止错误数据被营销部门使用。

首先，数据分析人员需要凭借经验对搜集的客户数据质量进行评估，如长度只有 10 位的手机号码、不带@字符的电子邮件地址，都是错误数据，需要清理。

其次，通过相关字段的对比了解数据真实度。例如，拿一张“全国城市名—邮编—电话区号—手机号段归属城市”的对照表，判断客户填写的数据是否有冲突，虽然可能存在一个客户在多个城市办公的情况，但如果这个比例超过 1%就是不可接受的了。又如，利用“中文—拼音”的对照工具，将客户的名字换成拼音字母，查看电子邮件是否含这些拼音，如果匹配率不到 20%，那就需要人工识别了，如果看到大量姓名是“张三”，但邮件地址是“lisi@sina.com”的数据，就需要找到数据源探查具体原因了。

通过一些工具对数据进行清理，清除数据中的空格、非法字符等，当数据量很大的时候，需要通过 ETL 工具来实现。

最后，通过测试工具对已经确认格式和逻辑正确的数据进行测试。例如，通过电子邮件发送欢迎邮件，通常电子邮件发送供应商都提供退回功能，并列出发送失败的邮件列表和失败原因（邮件已满、邮箱不存在、邮件服务器拒收等）。而验证电话号码用的则是“信令”技术，即批量对电话号码进行预呼，根据拨打时运营商系统的回复如“您拨打的用户忙”“您拨打的电话号码是空号”、正常接通的“嘟嘟”声等情况进行罗列，了解电话号码的正确程度。

数据质量清理的大致逻辑如上所述，但是手法远不止这些，经过数据质量清理，可以保证之后录入 CRM 系统的数据是基本正确的。

6.3 大数据在客户管理中的功能

客户管理是企业从“以产品为中心模式”向“以客户为中心模式”转移的必然结果。客户管理的目标是一方面通过提供更快捷、更周到的优质服务吸引和保持更多的客户，另一方面通过对业务流程的全面管理降低企业的成本。它既是一种概念，也是一套管理软件和技术，而客户管理实施效果的好坏与客户信息数据库的好坏息息相关。如今客户管理结合大数据技术，既充分发挥了大数据的商业价值，又使得企业了解了客户的需求，开拓了业务，一改传统的经营模式，创新盈利方法，在经济整体下滑的今天，使企业依然能够获得利润的持续增长。

6.3.1 预测客户购买行为—— 趋势分析

寻找预测性信息，以往需要进行大量人工分析的问题如今可以迅速直接由数据本身得出结论。其中，一个非常典型的方法是利用大数据进行市场预测，换而言之，就是利用过去有关促销的数据寻找未来投资回报最大的客户。

美国第二大零售商 Target 曾经通过识别怀孕的顾客和预测预产期帮助客户形成特定的购物习惯。曾经有研究表明，通过产品展示、促销和优惠券等传统的市场推广手段很难改变消费者的购物习惯，如客户对零售店的选择和日用品的购买。但是，搬家、结婚或离婚等生活中重大事件的发生往往是改变购物习惯的时机。而新生儿的降临可能会促使新任爸爸妈妈形成另一种购物习惯并维持多年，所以很多商家都希望识别出怀孕的顾客以提高销售收入。由于新生儿的记录通常是公开的，所以企业是否能够提前预测产妇的预产期就成为把握商机的关键。

Target 的目标是抢在其他竞争者之前联系怀孕的顾客，以培养这些顾客在 Target 购物的习惯。Target 第一份特别设计的广告一般会在新生儿出生前 4 到 6 个月发送，因为这是准妈妈们开始考虑购买孕妇维生素和孕妇装的时候。这时，Target 会为迎婴聚会（Baby Shower，亲朋好友送礼物为准妈妈和新妈妈庆祝）提供登记服务，让孕妇列出所需用品的清单。获得清单之后，Target 的数据分析员会从这些清单上的数据中发现一些有意义的规律。例如，孕妇在新生儿出生前 6 个月左右开始购买大包装的无香味体乳，5 个月左右开始补充钙、锌、镁等保健品，临近预产期时大量购买无香味的肥皂和超大包装的卫生棉球。

通过对这些海量客户数据的分析，Target 的数据分析员可以建立预测模型，他们根据从数据中挖掘出的 25 种指示怀孕的商品，设计出了“怀孕预测”指数。应用模型根据女性顾客的购物记录来计算这个指数，以此识别已经怀孕了的客户。借此模型，Target 还可以比较准确地估计预产期，由此可以在已锁定的客户孕产期的不同阶段适时地发放特定的购物优惠券，从而扩大客户群，提高销售额。

6.3.2 客户群体划分——聚类

聚类指的是数据库中的记录可被划分为一系列有意义的子集。聚类增强了人们对客观现实的认识，是概念描述和偏差分析的先决条件。聚类技术主要包括传统的模式识别方法和数学分类学。20 世纪 80 年代初，Mchalsk 提出了概念聚类技术，其要点是在划分对象时不仅考虑对象之间的距离，还要求划分出的类具有某种内涵描述，从而避免了传统技术的某些片面性。

激烈的市场竞争曾使得电信企业必须划分客户群体并按照划分群体选取细分市场进行定位，从而更好地满足客户需求和提高客户满意度，最终取得更多的市场份额。某市电信运营商曾使用 K-means 法进行聚类分析，数据分析员从业务系统选取 100 000 条客户数据，经过一系列处理之后，可以得到基于客户价值行为的客户细分结果。

1. 第一类客户（大众稳定型客户）

该类客户人均消费不高，客户数量占总体样本的 40.38%，是主要客户群体。该类客户的特征是漫游需求很少，以本地通话为主，入网时间比较长，有较高的忠诚度。

2. 第二类客户（商务型客户）

该类客户人均消费远高于总体水平，客户数量占总体样本的 9.15%。该类客户的特征是漫游费和长途费都非常高，属于经常出差的商务型客户，是电信企业的高价值客户。

3. 第三类客户（短信型客户）

该类客户的人均消费与总体消费水平接近，客户数量占总体样本的 19.53%。该类客户在短信和新业务上的消费比较高，而长途费、漫游费和市话费水平都比较低。此类客户主要是以年轻人为主，对电信运营商推出的新增值业务比较关注。

4. 第四类客户（节俭型客户）

该类客户的人均消费远低于总体水平，客户数量占总体样本的 16.24%。该类客户的显著特点是各项业务费用都很少，以本地被叫居多，入网时间也比较短，不关心新技术和新业务，对运营商的贡献度最低。

5. 第五类客户（本地优质型客户）

该类客户人均话费远高于总体水平，客户数量占总体样本的 14.70%。该类客户的特征是本地通话和长途通话都较多，各项消费都很高。

6.3.3 客户背景分析——概念描述

概念描述就是使用大数据对某类对象的内涵进行描述，并概括这类对象的有关特征。概念描述可分为特征性描述和区别性描述，前者描述某类对象的共同特征，后者描述同类对象之间的区别。概念描述不但可用来对客户数据集进行描述，进行特征化，还可以进行比较，如买商品 A 的客户群可以和买商品 B 的客户群进行比较。这样营销时就可以根据不同的主题在不同层次进行挖掘，从总体上把握，加快对客户群的理解。

随着大数据时代的到来，“用户画像”这个新兴词语进入了大众视野。用户画像，即用户信息标签化，就是通过收集与分析消费者社会属性、生活习惯、消费行为等主要信息的数据之后，使用概念描述方法，完美地抽象出一个用户的商业全貌。通俗地讲，就是通过用户个人的消费习惯或行为习惯等数据，为用户打上标签。

企业可以根据客户的画像属性，有针对性地进行营销。例如，A 企业是健身器材店家，而 B 客户的画像是一个“健身达人”，那么 A 企业便可向 B 客户发送一些折扣商品的链接，吸引其购买。另外，企业还可根据客户画像，在了解客户的年龄、爱好等信息后，判断产品定位是否准确、功能设计是否完善等。例如，C 企业出品一款大学校园社交 App，但收集到的客户画像中，高中生占 80%。由此可以看出此情况与产品定位不符，这就需要产品经理找出真正的原因，并决定是否需要修改某些功能或重新定义产品客户群体。

6.3.4 客户流失分析——偏差检测

大数据中常会有一些异常记录，从数据库中检测出这些偏差很有意义。偏差包括很多潜在的问题，如分类中的反常实例、不满足规则的特例、观测结果与模型预测值的偏差、量值随时间的变化等。偏差检测的基本方法是寻找观测结果与参照值之间有意义的差别。比如，传统的客户流失分析一般是通过销售员对客户交易进行检测来实现的，对销售员的依赖太大，为了提高流失客户的判别效率，企业可先根据一般分类客户的正常交易数据进行初步的自动判断，再针对那些被认定为有流失倾向的客户进行深入分析。

6.4 客户管理中常见的数据分析模型

6.4.1 客户分层模型

客户分层模型是大数据在客户管理中最常见的分析模型之一，客户分层与大数据运营的本质是密切相关的。在客户管理中，一对一的精准营销要求针对不同层级的客户进行区别对待，而客户分层则是区别对待的基础。

客户分层模型是介于粗放运营与基于个体概率预测模型之间的一种折中和过渡模型，既兼顾了精细化的需要（相对粗放经营而言），又不需要投入太多资源到预测模型的搭建和维护中，因而在利用大数据进行客户管理的分析中，分层模型有着比较广泛的应用和较大的价值。

如同其他模型有特定的目标变量和模型应用场景一样，分层模型也有具体的分层目的和特定用途，这些具体的目的和用途就决定了分层模型的构建思路和评价依据。客户分层模型的用途：客户服务团队需要根据客户分层模型，针对不同的客户提供不同的产品和相应的服务；销售管理层需要基于客户数量形成以客户为核心的分层销售目标；市场团队需要通过客户分层模型指导相应方案的制定和执行，从而提高效率等。这些分层模型既可以为管理层、决策层提供基于特定目的的统一进化视图，又可以给业务部门做具体的大数据运营提供分群/分层/依据和参考。

比如说在销售环节，将从获取用户到最终转化成购买这整个流程分为一个个子环节，每个子环节成为一层，而相邻环节的转化率就是用数据指标来量化每一层的表现。那么，整个客户分层模型就是先将整个购买流程拆分成一个个步骤，然后用转化率衡量每个步骤的表现，最后通过异常的数据指标找出有问题的环节，从而解决问题，优化该步骤，最终达到提升整体购买转化率的目的。整体分层模型的核心思想其实可以归为分解和量化。在这里，以某电商平台为例，制作以交易卖家数量为核心的客户分层进化视图。

实例 6-1　互联网公司基于卖家数据的卖家群体分层

某互联网公司作为买卖双方的交易平台，其最终的价值体现在买卖双方在该平台上达成的交易，从而真正让买卖双方互赢、满意。现在，管理层希望针对在线成交的卖家（群体）形成一个分层进化的视图。其基本目标就是，从免费注册的卖家开始，通过该视图可以粗略地、有代表性地勾画出卖家一步一步成长、进步乃至最终达成交易的全过程。这里的每一层都有一个或几个有代表性的重要指标门槛，顺着不同的门槛逐步进化，越往上走，人群越少，越有可能成为有交易的卖家，而最后、最高一层将是近 30 天来有交易的卖家。从这个背景和目标描述里，我们可以大致想象出这个客户分层模型是一个类似金字塔的形状（底部大，越往上越小，表示人群在减少）。

这个分层模型的主要价值体现在：可让管理层、决策层对交易卖家的成长、进化、过滤的过程有清晰、直观的把握，并且可从中直观地了解影响卖家交易的一系列核心因素，以及相应的大致门槛阈值；也可以让具体的业务部门直观地了解“培养成交卖家，让卖家能在线成交”的主要因素，以及从相应的运营入手，促成卖家成交。

（资料来源：卢辉. 数据挖掘与数据化运营实战 思路、方法、技巧与应用[M].
北京：机械工业出版社，2013）

在本案例中，有必要了解一些关键的业务背景和业务因素。例如，要想在线交易，卖家的 Offer 必须是“可在线交易 Offer”。这个条件很关键，所谓“可在线交易 Offer”是指该商品的 Offer 支持支付宝等第三方在线支付手段，如果卖家的 Offer 不支持这些手段，那就无法在线交易，也就无法满足本案例的目标了。所以，这里的“卖家 Offer 必须是可在线交易 Offer”是一个前期的重要门槛和阈值，由此也可以看出，对业务背景的了解非常重要，它决定了交易是否能够成功。

下面来谈谈具体的分析思路，如图 6.1 所示，先是从最基本的免费注册的卖家（即“全会员”）开始，之后是“近 30 天有登录网站或贸易通的卖家”（说明是“活”的卖家，这里经过了直观的业务思考），再到“近 1 年有新发或重发 Offer 的卖家”，然后是“当前有有效 Offer 的卖家”，最后是“当前有可在线交易 Offer 的卖家”。这个分析过程其实是第一部分的思考，它们构成了金字塔的下半部分，基本上是基于业务背景的了解和顺理成章的逻辑来“进化”的，之所以在“全会员”与“当前有可在线交易 Offer 的卖家”之间安插了另外 3 层逐步“进化”的指标，主要是基于业务方需要门槛的进度和细分的考虑，但这不是主要的核心要素。

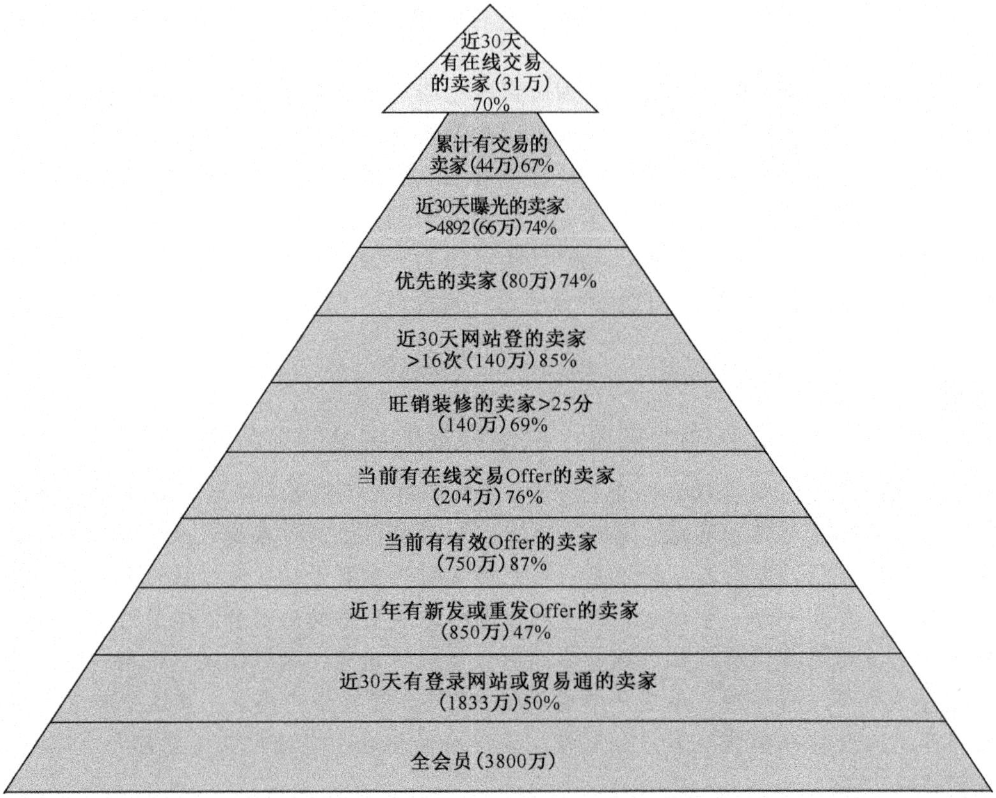

图 6.1　交易卖家分层示意图

接下来，从“当前有可在线交易 Offer 的卖家”开始，层层进化到最高端的“近 30天有在线交易的卖家”，也就是找出影响卖家成交的核心要素，并将之提炼成具体的层级和门槛，这一部分则是本案例的重点和核心所在。

如何找出其中的核心要素及重要性的先后顺序，在本案例中，使用了预测（响应）模型的方法，即通过搭建预测（响应）模型（目标变量是“近 30 天是否在线成交”，输入变量由数据分析团队与业务团队共同讨论确定），并通过多种模型算法的比较，最后找出决定交易的几个最重要的输入变量即核心要素及先后次序。

思考：

该互联网公司是通过哪些核心要素确定卖家分层的？

6.4.2 RFM客户价值分析模型

客户管理告诉我们，一家企业最有价值的客户是经常与企业保持业务关系的客户。因此，企业对自己的所有客户平均分配自己的资源是没有道理的。对企业来说，了解哪些客户是最有价值的，或这些客户比那些客户更有价值，有利于企业优先安排资源，在竞争的市场环境里居于更主动的地位，即对于那些能给企业带来更高回报的客户，分配相对多的时间、资源，以及付出更多的努力。

例如，很多企业就使用一种被称为“时间、频率、货币价值”（Recency，Frequency，Monetary Value，RFM）的客户价值指标作为代理变量的数据，根据客户的价值，对客户进行分级管理。RFM 模型是建立在单个客户的购买基础上，且建立在三个互不相干，但却有大量数据的指标基础上的，如图 6.2 所示。

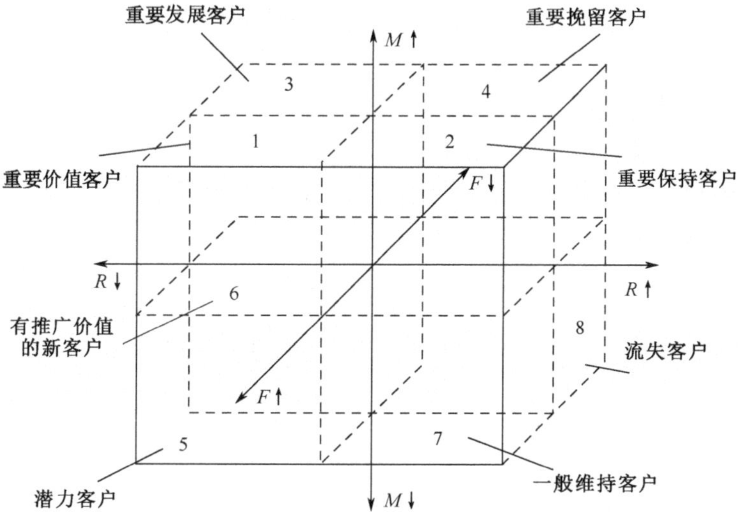

图 6.2　RFM 客户价值分析模型

（1）时间（R）：客户现在距上一次购买的时间。理论上说，距上一次购买的时间越近的客户就应该是越好的客户，对这类客户马上提供服务或商品信息是最有可能有反应的，所以企业一般都会把一些营销信息比如说优惠服务、促销计划等优先提供给这类客户，从而提高营销策略的有效性。

（2）频率（F）：客户在一定时期内购买的次数。最经常购买的消费者，对产品以及企业的忠诚度是最高的，而拥有了忠诚度高的客户就相当于提高了本企业的市场占有率，使企业更具有竞争力。

（3）货币价值（M）：客户在一定时期内购买该企业产品的金额。对企业来说，在一个特定的时间内，客户的购买金额越高，客户为企业创造的价值也就越大。

如图 6.2 所示，如果将 R、F、M 分别划分为高低两档，就可以根据 R、F、M 的高低分布确定客户所属的细分类型，如表 6.2 所示。

表 6.2　用聚类分析二次细分客户群体

R 越低越好	F 越高越好	M 越高越好	类　型
低	高	高	重要价值客户
高	高	高	重要保持客户
低	低	高	重要发展客户
高	低	高	重要挽留客户
低	高	低	潜力客户
低	低	低	有推广价值的新客户
高	高	低	一般维持客户
高	低	低	流失客户

- 重要价值客户：优质客户，提高客户满意度以便增加留存；
- 重要保持客户：最近未购买，需要做触达，以防流失；
- 重要发展客户：需要挖掘客户特征，提高客户购买频率；
- 重要挽留客户：有潜在价值客户，需要重点挽留；
- 潜力客户：有潜力发展成优质客户，购买升级；
- 有推广价值的新客户：可以进行针对性推广；
- 一般维持客户：一般维持，需要深挖特征（进行品类交叉等）；
- 流失客户：最近无交易，且购买频率、购买金额较低，相当于流失。

以上是根据 RFM 值的高低将客户细分为 8 种类型。在实际操作时，利用大量客户数据，根据客户 RFM 指标分别赋予 1～5 分值，把现有客户分为 125 个客户群体。这样有利于了解客户群体的空间分布情况。利用 RFM 模型区分客户价值的具体思路如下。

第一步，对各项指标进行定义，即用 RFM 模型的 RFM 汇总节点和 RFM 分析节点产生 R、F、M。

- R：客户最近一次购买与分析点时间差；
- F：客户在一定时期内购买的次数；
- M：客户一定时期内购买该企业产品的总金额。

第二步，对 R、F、M 进行各自的分级，即将 R、F、M 分别按照 5、4、3、2、1 进行赋值，分别给出 R_Score，F_Score，M_Score。

- R 按照数值递减排列，按数值区间依次分别赋值 5、4、3、2、1；
- F 按照数值递增排列，按数值区间依次分别赋值 5、4、3、2、1；
- M 按照数值递减排列，按数值区间依次分别赋值 5、4、3、2、1。

第三步，将目前的客户按照这三个指标分值进行分类，并给 R、F、M 三个指标分别赋予相应的权重（如权重采用 R∶F∶M＝0.25∶0.25∶0.5），计算各类的用户价值。

通过上述步骤，可将客户细分为 125 个客户群。在实际的客户管理工作中，125 个细分市场往往太多，无法进行针对性的营销，所以有必要进一步深入各客户群的分布特征。如利用 K-Means 聚类方法对客户群进行聚类，并优化聚类的类别数量，再把客户分为合适的几类，计算各类的用户价值。

在实施 RFM 客户价值模型时，还有以下三点需要考虑。

第一，从业务部门具体实施的角度看，不同的行业有可能选择使用的 RFM 指标也各不相同。例如，对于航空公司而言，也许会使用客户的经常性飞行里程作为替代变量，替代货币价值。

第二，由于 *R*、*F*、*M* 三个字段的测量尺度不同，所获得的三个变量在数值上的数量级往往相差很大。当各指标间的水平相差很大时，如果直接用原始指标值进行分析，就会突出数值较高的指标在综合分析中的作用，相对削弱数值水平较低指标的作用。因此，为了保证结果的可靠性，需要对原始指标数据进行标准化处理。因此，最好对三个变量进行标准化处理之后再进行分析。目前数据标准化方法有多种，归结起来可以分为直线型方法(如极值法、标准差法)、折线型方法(如三折线法)、曲线型方法(如半正态性分布)。不同的标准化方法，对系统的评价结果会产生不同的影响，然而不幸的是，在数据标准化方法的选择上，还没有通用的法则可以遵循。常见的方法有：min-max 标准化（Min-max normalization），z-score 标准化（Zero-mena normalization,），归一化方法，log 函数转换，atan 函数转换等方法。最为常用的数据标准化是 z-score 标准化和 min-max 标准化。

第三，使用 RFM 模型还需要考虑的是 R、F、M 三个指标的权重。在现实营销中这三个指标的重要性显然不同，不同的研究者对 RFM 各变量的指标权重取值并不一致，因而具体各行业要根据实际情况由专家或营销人员测定。

扩展内容：如何在 R 语言中实现 RFM 分析

要进行 RFM 分析，需满足以下三个假设，这三个假设也是符合逻辑的：

① 最近有过交易行为的客户，再次发生交易的可能性要高于最近无交易行为的客户；

② 交易频率较高的客户比交易频率较低的客户，更有可能再次发生交易行为；

③ 过去所有交易总金额较多的客户，比交易总金额较少的客户，更有消费积极性。

在了解 RFM 分析原理之后，下面结合具体的案例通过 R 语言来说明如何实现 RFM 客户价值分析。

部分餐饮客户的消费行为特征数据如表 6.3 所示。

表 6.3　消费行为特征数据（部分数据）

ID	R（最近一次消费时间间隔）	F（消费频率）	M（消费总金额）
1	5	1	195.30
2	17	3	1845.34
3	12	13	1434.29
4	21	3	275.85
5	18	5	449.76
6	30	21	1628.68
7	4	2	1795.41
8	7	12	1786.24
9	18	1	679.44
10	60	7	5318.81

首先，在读入消费行为数据之后，对 R、F、M 分别进行 5 级分段，并对 R、F、M 数据进行标准化处理；然后，在此基础上，依照表 6.2 的客户类型定义对客户进行归类；最后，对分析结果进行可视化。以下是 RFM 分析的 R 语言代码。

```
# 5 级分段得分
salesRFM <- mutate(  salesRFM, rankR  = 6- cut(salesRFM$Recency,breaks =
quantile(salesRFM$Recency, probs = seq(0, 1, 0.2),names = FALSE),include.lowest
= TRUE,labels=F), rankF = cut(salesRFM$Frequency ,breaks =
quantile(salesRFM$Frequency, probs = seq(0, 1, 0.2),names = FALSE),include.lowest
= TRUE,labels=F),  rankM = cut(salesRFM$Monetary  ,breaks =
quantile(salesRFM$Monetary,  probs = seq(0, 1, 0.2),names =
FALSE),include.lowest = TRUE,labels=F),  rankRMF = 100*rankR + 10*rankF +
1*rankM)

# 数据的标准化处理
salesRFM <- mutate(salesRFM, rankR1 = 1-rescale(salesRFM$Recency,to = c(0,1)),
rankF1 = rescale(salesRFM$Frequency,to = c(0,1)),  rankM1 =
rescale(salesRFM$Monetary,to = c(0,1)),  rankRMF1 = 0.5*rankR + 0.3*rankF +
0.2*rankM)

# 对 RFM 分类：
salesRFM <- within(salesRFM,{R_S = ifelse(rankR > mean(rankR),2,1)
F_S = ifelse(rankF > mean(rankF),2,1)
M_S = ifelse(rankM > mean(rankM),2,1)})

# 客户类型归类：
salesRFM <- within(salesRFM,{Custom = NA
Custom[R_S == 2 & F_S == 2 & M_S == 2] = '重要保持客户'
Custom[R_S == 1 & F_S == 2 & M_S == 2] = '重要价值客户'
Custom[R_S == 2 & F_S == 1 & M_S == 2] = '重要挽留客户'
Custom[R_S == 1 & F_S == 1 & M_S == 2] = '重要发展客户'
Custom[R_S == 2 & F_S == 2 & M_S == 1] = '一般维持客户'
Custom[R_S == 1 & F_S == 2 & M_S == 1] = '潜力客户'
Custom[R_S == 2 & F_S == 1 & M_S == 1] = '流失客户'
Custom[R_S == 1 & F_S == 1 & M_S == 1] = '有推广价值的新客户'
})
```

```
#RFM 分箱计数
ggplot(salesRFM,aes(rankF)) + geom_bar()+ facet_grid(rankM~rankR) + theme_gray()


#RFM heatmap
heatmap_data <- salesRFM %>% group_by(rankF,rankR) %>% dplyr::summarize(M_mean
= mean(Monetary))
ggplot(heatmap_data,aes(rankF,rankR,fill =M_mean ))+geom_tile() +
scale_fill_distiller(palette = 'RdYlGn',direction = 1)
```

根据代码的运行结果，客户分级和客户类型归类如表 6.4 所示。

表 6.4　客户分级和客户类型归类（部分数据）

ID	R	F	M	五级分段			两级分段			Customer
				rankR	rankF	rankM	M_S	F_S	R_S	
1	5	1	195.30	5	1	1	1	1	2	流失客户
2	17	3	1845.34	3	2	5	2	1	1	重要发展客户
3	12	13	1434.29	4	4	4	2	2	2	重要保持客户
4	21	3	275.85	2	2	1	1	1	1	有推广价值的新客户
5	18	5	449.76	3	2	2	1	1	1	有推广价值的新客户
6	30	21	1628.68	1	5	5	2	2	1	重要价值客户
7	4	2	1795.41	5	1	5	2	1	2	重要挽留客户
8	7	12	1786.24	4	4	5	2	2	2	重要保持客户
9	18	1	679.44	3	1	2	1	1	1	有推广价值的新客户
10	60	7	5318.81	1	3	5	2	2	1	重要价值客户

RFM 的分级计数如图 6.3 所示。RFM 的热力分布如图 6.4 所示。

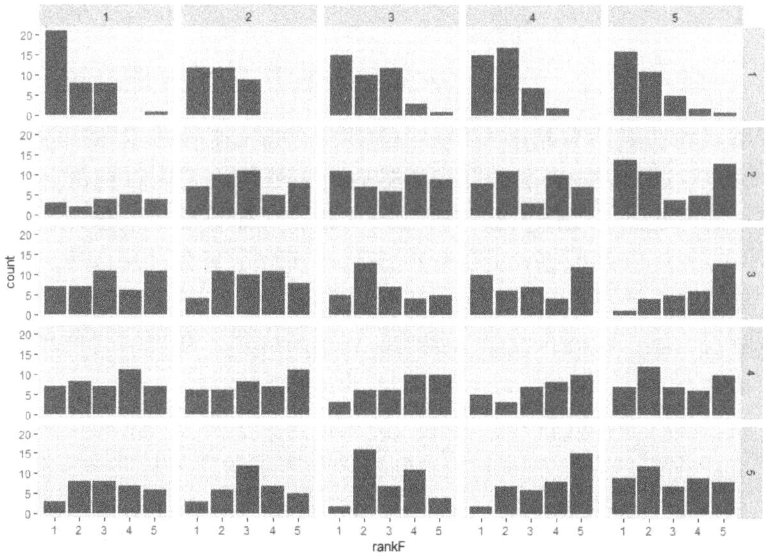

图 6.3　RFM 的分级计数图

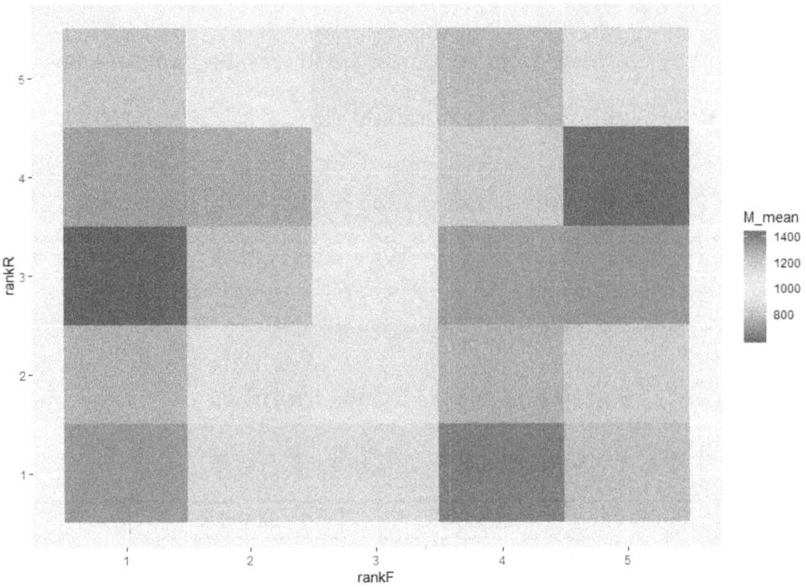

（彩图）

图 6.4 RFM 的热力分布图

思考：

重要挽留客户与潜力客户相比，哪个价值更大一些？

本章小结

本章从介绍大数据在客户管理中的作用入手，主要内容由客户管理中数据的获得——分类、收集、清洗，数据分析方法——趋势分析、聚类、概念描述和偏差分析，常见的分析模型——客户分层模型与客户价值分析模型构成。

【延伸阅读】

恒丰银行——基于大数据的客户关系管理系统

在互联网金融迅速发展的背景下，差异化营销和个性化服务越来越成为银行长期客户维系的重要方面。传统银行的 CRM 主要关注内部数据，关注如何把银行内部各个业务环节中零散的客户信息搜集、汇聚起来。而在大数据时代，伴随社交和移动化的盛行，外部数据越来越丰富，促使银行不仅要关注内部数据，更要想办法把外部数据整合利用起来。通过多种渠道获取大量中、高价值潜在客户信息，获取更多的销售商机和线索，充分了解客户的个性需求并提供差异化的服务和解决方案；拓展传统销售渠道，利用新媒体、新渠道开展精准营销，提高营销环节的投入产出比。

基于上述背景，恒丰银行开始建设基于大数据的客户关系管理系统，为“大力发展企业金融业务，聚焦重点行业核心客户”服务，达到自上而下实现客户定位与营销指引的目标。

目标一——数据处理：分析整合大量的行内外数据，综合运用知识图谱、机器学习、智能推理引擎、自动规划等智能技术，充分挖掘行内外结构化与非结构化数据信息的价值，减少客户数据采集成本，实现更全面、更清晰的客户视图，并通过自动化工作提醒、优化组合产品解决方案、智能客户推荐等多种业务功能，提升一线业务团队的工作效率。

目标二——功能提供：客户经理可随时随地通过手机获取客户实时业务动态、客户风险预警信息，了解最新行业资讯和市场动态，极大限度地提高实时协作、商机发掘的效率；为各级管理人员提供绩效排名、客户现场签到记录、拜访记录等辅助管理功能，为自动化管理、绩效驱动管理模式打下坚实基础。

基于以上两大目标，恒丰银行的 CRM 系统在大数据方面的重点探索如下。

1. 多渠道、全方位的客户画像

客户画像是对客户个体形象的全面描述，它从大量的客户基础数据、触点轨迹数据等信息中提炼模型，细致刻画客户的社会角色、行为偏好、信用风险、客户价值等深层次特征，大大提升了企业对客户隐性需求的洞察力。

为更好地分析客户，构建全面、立体的客户画像，突破固有思维，将数据采集的着眼点从行内交易和维护数据，转移到构建出立体的多维用户画像标签体系。主要设计思路如下。

从多角度出发进行分析，通过对客户的分析，定义客户的贡献度、忠诚度，刻画客户生命价值特征，为定位客户需求打好基础。

深度挖掘各类客户数据，实现用户人生阶段及大事件智能分析；利用特定用户群进行精准的客户画像，提取各个维度特征的语义标签，分析出用户群适合的服务和产品，如图 6.5 所示。

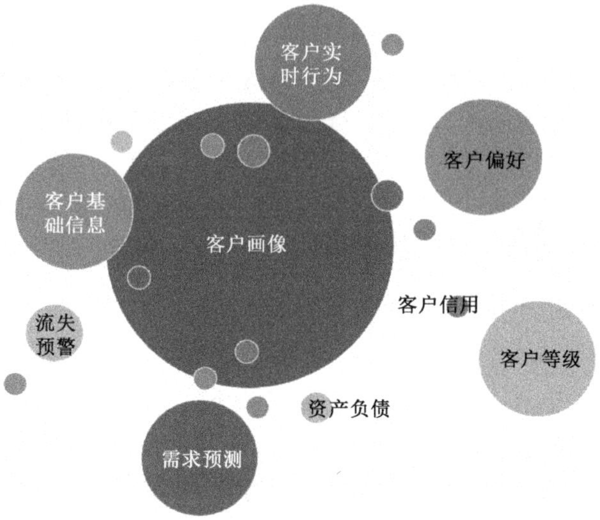

图 6.5　用户画像

2. 高价值潜在客户的获取

CRM 系统提供潜在客户获取、潜在客户营销、潜在客户转化的潜在周期管理功能，能够精准识别与行内客户关联的高价值潜在客户并进行营销和管理，图 6.6 就是智能获取客户的示例。潜在客户可分为企业客户和零售客户两种类型，根据客户类型不同，营销方式也有所不同。

企业客户：以客户交易链、资金流向为主，外部工商数据为辅进行客户定位和获取，结合宏观市场、产业链、金融市场等方面信息进行推荐。

零售客户：以渠道交易信息为主，公开的工商注册信息、信用信息、公共社交网络如微博等信息为辅，结合与本行客户的关联关系进行推荐。

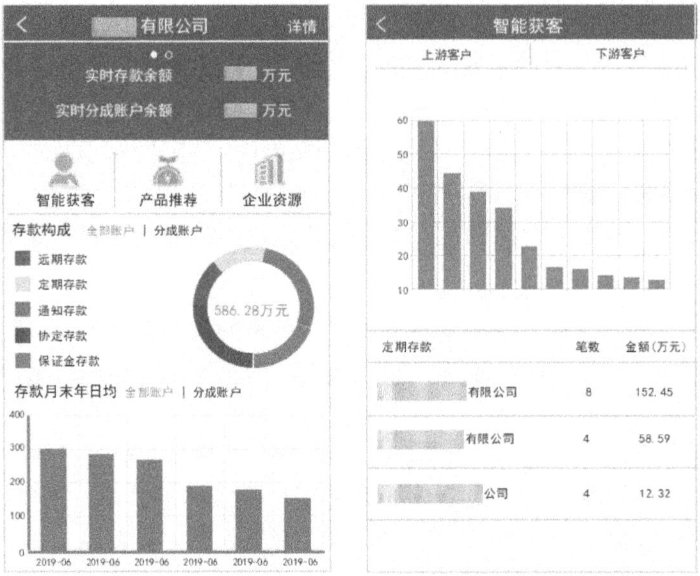

图 6.6 智能获取客户

3. 基于关系网络的企业图谱

企业图谱主要为业务人员实时掌握客户动态并准确预测客户行为，提供决策、投资研究、风控等方面的服务。CRM 系统采用机器学习方式，采用关系网络分析技术和基于 MPI（Message Passing Interface）的图模型算法的并行化分布式计算对海量数据进行数据挖掘和利用，整合工商信息、司法信息、资讯信息、交易信息，提取体现在上下游供应链、股东、投资、高管、抵押担保等企业间的关系，通过整合企业及企业关联信息，挖掘客户在互联网上的信息，结合多维交叉分析及智能算法，形成统一的企业图谱。

4. 实时智能化的工作提醒

（1）基于实时流处理的交易提醒。

CRM 系统提供基于 Kafka、Zookeeper、Redis、Storm 等流处理组件的实时客户交易提醒功能，将交易数据加工汇总，并将分析结果发送到业务人员/管理人员的相关设备，如图 6.7 所示。核心交易系统实时交易数据通过 Kafka 推送至 CRM 系统，CRM 将数据存储于 Redis 数据库并通过消息推送平台推送到手机 App 及 PC 端；使用 Storm 分析生成客户实时交易链和客户、机构、交易渠道、交易频率等分析数据，为管理人员监督日常业务运营提供了强有力的数据支撑。

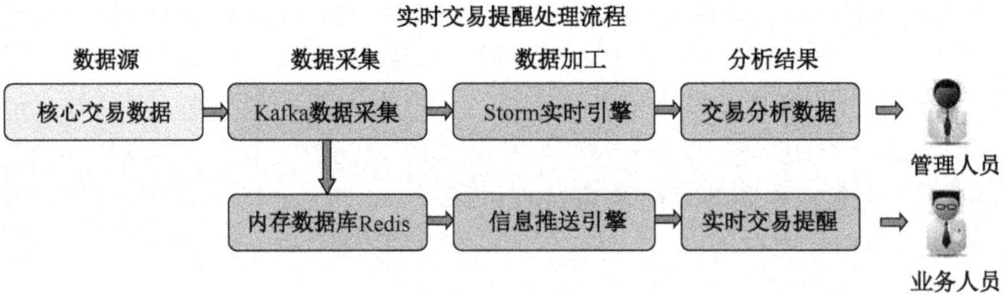

图 6.7 实时交易提醒处理流程

（2）基于影响性质的事件提醒。

构建外部数据爬虫智能网络，整合互联网信息采集技术及信息智能处理技术，通过对互联网海量信息自动抓取、自动分类聚类、主题检测、专题聚焦，实现客户的网络舆情监测和新闻专题追踪，为全面掌握客户动态，对客户做出正确评估提供分析依据，如图 6.8 所示。

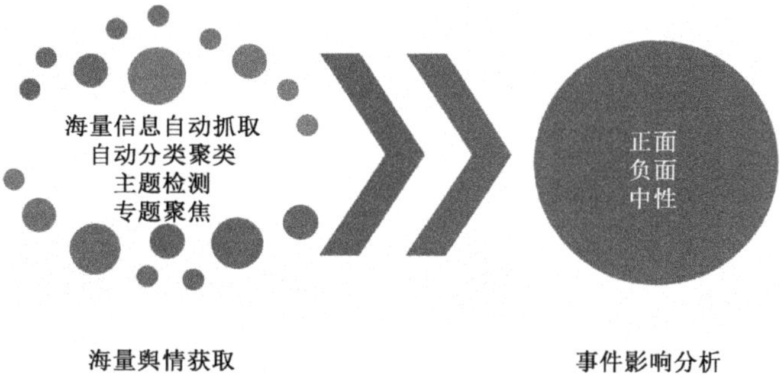

图 6.8　基于影响性质的事件提醒

（3）基于客户风险信号的智能分析。

客户行内的交易行为暴露的风险信号仅仅是很小的一部分。我们在此基础上借助行内大数据平台的数据优势、计算优势，运用多种信息渠道和分析方法，根据银行的风险战略和偏好确定预警指标，并以这些指标为出发点，及时识别、分析、衡量客户和资产的信用风险状况或潜在风险，及时采取适当的措施，对信用风险进行汇报、防范、控制和化解，如图 6.9 所示。

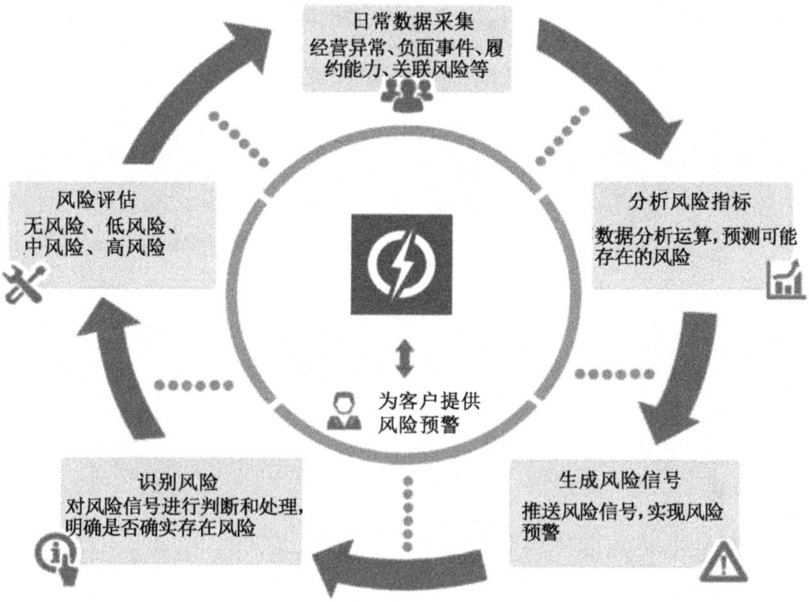

图 6.9　基于客户风险信号的智能分析

风险监测范围包括：客户基本信息变动、经营资格变化、负面事件、经营管理者异常情况、公司经营内外部异常情况、银企关系、履约能力、关联风险，以及宏观政策、行业政策、产品风险、监管风险等。

5. 产品推荐智能化

产品推荐智能化，就是要提供丰富的推荐策略，全方位满足用户的不同推荐需求，如图6.10所示：

① 大众化推荐——紧跟热点，根据热销榜、人工筛选、精品榜推送当下最热产品，以满足大部分用户的兴趣与需求；

② 差异化推荐——根据用户历史浏览记录、购买记录，利用协同过滤、SCD等算法差异化地推荐产品；

③ 个性化推荐——基于每位客户的不同喜好，千人千面地推荐产品。

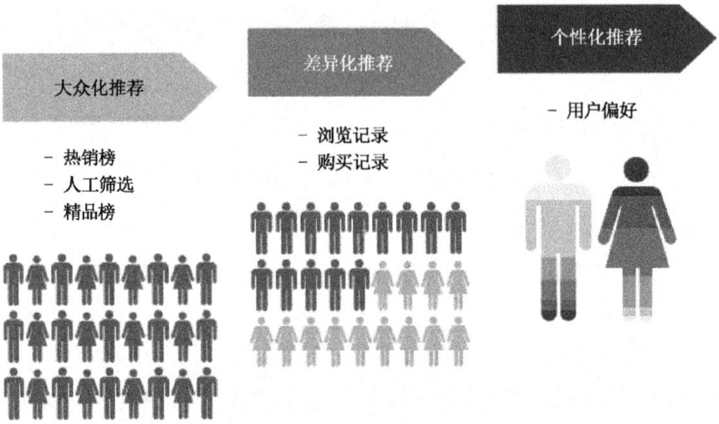

图6.10　产品推荐智能化

综上，客户经理通过产品分析生成的流失客户预警进行客户挽留，降低了客户流失率，同时通过产品推荐和智能获客，提高了新客户增长率和产品持有率，新客户增长率、价值客户增加率和重点产品持有率明显提升。

（资料来源：恒丰银行——基于大数据的财富管理平台[OL].
http://www.sohu.com/a/143068459_400678）

【实验与思考】

1. 实验目的

了解客户管理中数据分析模型的作用。

2. 工具/准备工作

开始本实验之前，请认真阅读课程的相关内容。

准备一台可以上网的计算机或者移动设备。

3. 实验内容与步骤

1）概念理解

（1）在RFM客户价值分析模型中，哪一类客户是企业的最优质客户？哪一类客户是企业的高成本客户？

答：____

____

____。

（2）什么是客户分层？请谈谈你对客户分层模型的看法。

答：____

____

____。

2）延伸阅读

参考本章的“延伸阅读”，总结案例中恒生银行是如何利用大数据建立其CRM（客户关系管理）系统的。

答：____

____

____。

3）网络搜索和浏览

通过网络搜索了解并学习除了以上模型，还有哪些模型可以利用在客户管理方面。

4. 实验总结

____

____

____

____。

5. 实验评价（教师）

____

____

____

____。

第 7 章▶▶

精准营销

【学习目标】

1. 理解精准营销产生的背景及其概念
2. 理解大数据在精准营销中的作用
3. 掌握大数据在企业精准营销中的方法
4. 掌握利用大数据进行精准营销的步骤

【思维导图】

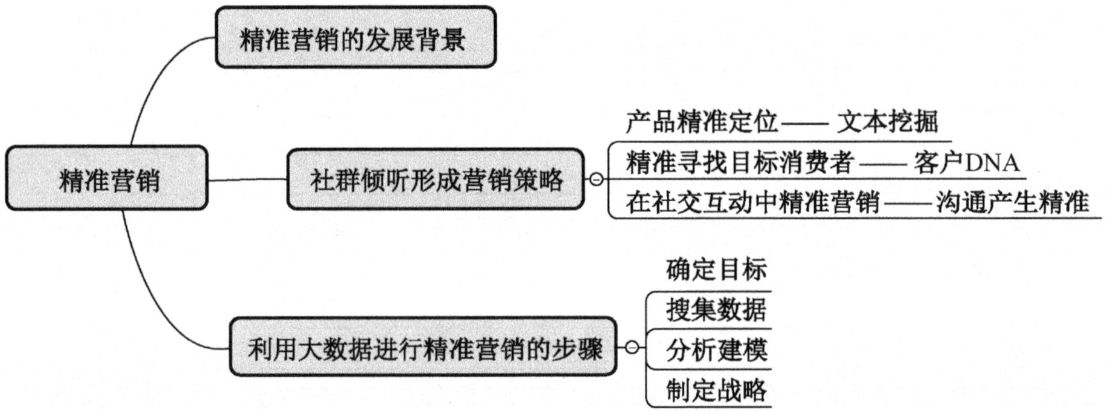

【开篇故事】

《纸牌屋》依靠大数据分析进行营销

越来越多的企业开始从海量的数据中挖掘有效的信息，研究用户消费习惯，利用挖掘出来的有效数据进行用户行为分析，从而做到精准营销。

一部《纸牌屋》，让全世界的文化产业界都意识到了大数据的力量。《纸牌屋》的出品方兼播放平台 Netflix 在 2013 年一季度新增超 300 万流媒体用户。第一季财报公布后股价狂飙 26%，达到每股 217 美元，较 2012 年 8 月的低谷价格累计涨幅超三倍。这一切都源于《纸牌屋》的诞生是从 3000 万付费用户的数据中总结收视习惯，并根据对用户喜好的精准分析进行创作的。

《纸牌屋》的数据库包含了 3000 万用户的收视选择、400 万条评论、300 万次主题搜索。最终，拍什么、谁来拍、谁来演、怎么播，都由数千万观众的客观喜好统计决定。从受众洞察、受众定位、受众接触到受众转化，每一步都由精准、细致、高效、经济的数据引导，从而实现大众创造的 C2B，即由用户需求决定生产。

互联网及社交媒体的发展让人们在网络上留下的数据越来越多，海量数据再通过多维度的信息重组，使得企业都在谋求各平台间的内容、用户、广告投放的全面打通，以期通过用户关系链的融合、网络媒体的社会化重构，在大数据时代为广告用户带来更好的精准营销效果。

（资料来源：姜中介，黄锴. 《纸牌屋》的大数据力量：巫术一般的精准营销[N]. 21 世纪经济报道，2013 年 6 月 24 日）

思考：

国内是否有利用大数据营销对影视娱乐节目进行主题定位的例子？

7.1　精准营销的发展背景

现代营销活动中非常关键的一个环节就是市场的细分与定位。只有市场细分足够准确，才能保证市场、产品和品牌定位的有效性。而大数据营销可以对消费者的消费行为进行精准的衡量和分析，在这样的基础上建立相应的数据体系，通过数据分析进行客户优选，最后通过市场测试确定所做的定位是否有效，以此来实现精准营销。精准营销（Precision Marketing）的概念是由营销专家菲利普·科特勒在 2005 年年底提出的，他认为企业需要更精准、可衡量和高投资回报的营销沟通，需要制订更注重结果和行动的营销传播计划。而精准营销简单来说就是五个合适，即在合适的时间、合适的地点、将合适的产品以合适的方式提供给合适的人。

现阶段互联网上的竞争变得越来越激烈，一般的网络精准营销已无法满足企业的发展和需求，在这样的背景下，大数据精准营销被推到台前。企业之所以需要大数据精准营销，是因为大数据精准营销更有针对性，更一针见血，更能高效捕捉目标客户、降低企业运营成本。

相对于传统的精准营销，大数据精准营销有以下四点优势。

（1）可量化：传统的营销定位具有局限性，依靠现代信息技术精确定位市场的精准营销，量化营销的结果，所以比一般的网络营销效果更好。

（2）可调控：传统的广告沟通成本高，企业想要通过低成本达到快速增长根本不可能，精准营销借助的是数据库技术、网络通信技术及现代高度分散物流等手段，保障了与客户的长期个性化沟通，使结果可度量、可调控，成本更低。

（3）保持企业和客户的互动沟通：开发新客户的成本比维持老客户的成本要高，精准营销提供的系统手段可以保障企业和客户的长期沟通，从而不断满足客户的需求，提高用户黏度。

（4）简化过程：精准营销依赖现代科技手段，实现高效营销，简化了中间的环节，脱离了传统营销模块，使营销成本大大降低。

而大数据背景下的精准营销，用一句话概况就是“利用大数据手段在合适的时机，通过合适的渠道，在合适的场景，把合适的内容，推给合适的用户”。大数据极大程度上改变了传统的营销方式，以往的营销主要是通过群体分析进行品牌传播，而在大数据时代却是让营销变得更加精准、更加有效，甚至直接促成交易，极大地提高了营销的效率。同时，大数据实现了线下渠道和线上渠道的结合，让传统的营销方式直接进入多屏时代；大数据通过用户画像分析、市场状况分析、触达场景分析、营销产品内容分析，洞悉营销对象的诉求点，利用个性化推荐技术，实现了真正意义上的个性化精准营销。可以这样理解，精准营销的极致状态就是个性化精准营销，而大数据的个性化推荐技术反过来让营销更加精准。以往的营销手段想都不敢想的千人千面，自从有了大数据的个性化推荐技术，并在数据挖掘分析的帮助下，变成了现实。毋庸置疑，大数据可以帮助企业进行营销决策的调整与优化，也有助于品牌发现机遇，如新客户、新市场、新规律、规避风险、消除潜在威胁等。如此一来，企业如何驾驭数据、利用数据驱动实现业务洞察，是形成差异化竞争优势的关键所在。

7.2 社群倾听形成营销策略

7.2.1 产品精准定位—— 文本挖掘

曾经有过这样一个例子。

每当问到外国人对中国什么最关注的时候，很多人条件反射就会回答经济、政治，等等，但这是否是客观真实的呢？如果在 Google 上利用“chinese”作为关键词进行查询，就会列出搜索量最大的前 30 个包含“chinese”的组合词。看到数据以后，我们会发现，搜索量最大的“中国的×××”一类词中，其中“chinese food”和“chinese girl”都排在 20 多名，而剩下的词都与一个主题相关，那就是“玄学”。搜索量最大的关键词是“中国占卜”“中国占星术”“中国历法”等相关的词。原来，外国人最关注的是中国玄学，这才是真实的情况。

曾经，很多企业在需要进行产品定位的时候，会去找专业的调查公司拿数据。对于一些中小企业而言，费用未免过高，但是其实企业可以使用互联网采集海量数据，通过文本挖掘后进行舆情分析从而帮助企业实现产品的精准定位。

文本挖掘是指利用数据挖掘技术，从大量无结构的文本信息中发现潜在的、可能的数据模式、内在联系、规律、发展趋势等，抽取有效、新颖、有用、可理解、散布在文本文件中的有价值的知识，并利用这些知识更好地组织信息的过程。常见的文本挖掘包括文本结构分析、文本摘要、分类、聚类、关联和数据演变分析等，涉及信息抽取、信息检索、自然语言处理、知识发现和数据挖掘技术。

舆情，是“舆论情况”的简称，信息化时代人们越来越深切地感受到舆情，尤其是网络舆情的影响力。外出聚餐之前，消费者会打开大众点评，参考过往食客的评价，那么 App 上一条条打分和评论就是一种舆情；买车、家电之前，消费者也会浏览相关网站，或者在微博上搜索一番，看看某品牌或款式的评价如何，负面反馈多不多，这些评价和反馈也是一种舆情。消费者在网络上所形成的对于品牌、产品的评价，企业可以通过网络舆情数据，分析顾客对品牌或产品形象的描述，再对比企业自身的期望，分析原因进行品牌定位或产品定位。例如，从产品、时间、地区等维度分析口碑变动情况及热词分布，对热词进行情感判断，识别热词倾向性。据此企业可针对分析结果，采取针对性的精准营销策略，也可以针对反馈集中的问题对产品进行优化。

不管采用什么方法或者技术，最好是形成一套完整的系统，所以搭建文本挖掘分析系统是最有效率的产品定位管理手段。文本挖掘分析系统分为三个主要模块：文本信息采集、文本挖掘分析引擎和文本分析应用。文本信息通过文本信息采集模块流入文本挖掘分析引擎，文本挖掘分析引擎负责数据加工处理、文本信息分析等，最终分析结果通过文本分析应用展示，分析过程中的数据分别存在产品信息数据库和查询索引数据库中，如图 7.1 所示。

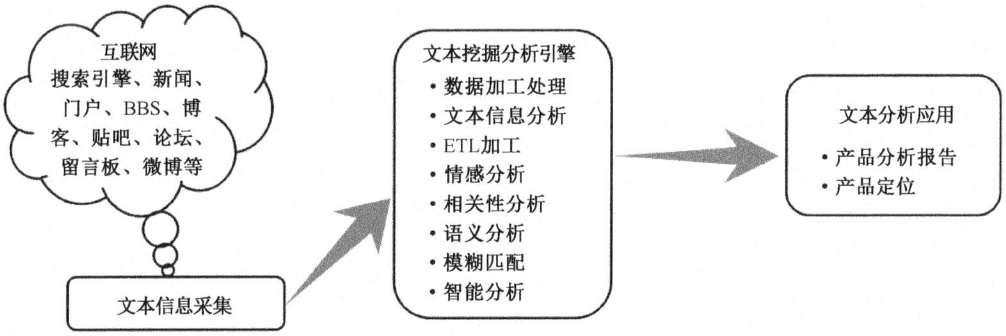

图 7-1　文本挖掘分析系统示意图

1. 文本信息采集

文本信息采集的基础在于使用当前十分成熟的网络爬虫技术，对指定网站的数据进行抓取。而运用网络爬虫技术实现对文本信息的采集时，需要注意以下两点。

（1）网页的抓取。对网页抓取的原理是通过 HTTP 协议请求访问指定的 URL 资源，URL 资源以 HTML 文档的形式返回给网络爬虫，通过对 HTML 文档的解析完成信息的采集任务。

（2）网页的更新。网页的更新是指网络爬虫访问并采集过的网页随着时间的推移会有内容更新的可能，这就要求网络爬虫周期性地访问那个网页并采集信息，如果这个网页的内容没有更新，就会造成网络爬虫对该网页的多次采集，而且采集的结果是相同的，这样不仅浪费了网络资源，还增加了数据库中的冗余数据。

目前，网页信息的抓取策略主要分为广度优先、最佳优先和深度优先三种。由于深度优先经常会受到限制，因此在很多抓取策略中，主要采用广度优先和最佳优先策略。广度优先是指网络爬虫会先抓取起始页面中链接的所有网页，然后再选择其中的一个链接网页，继续抓取在网页中链接的所有页面。而最佳优先是指网络爬虫会先抓取重要的网页，这就要求爬虫在抓取网页前就要判断网页的重要性，其算法比较复杂。

现在市面上的开源网络爬虫工具多达 100 多种，它们各有所长，主要以 Python 为主，其他开源软件为辅，从网络上抓取所需信息。在此，我们需要注意的一点是，现在大多数网站都采取了反爬虫技术，我们在搜集数据时，还需要使用多种技术手段应付反爬虫技术。

2. 文本挖掘分析引擎

文本分析是利用 NLP 技术分析文本文档、社交媒体、网页等文本数据的一种应用。在我们日常的产品和运营工作中，经常接触的数据分析方法、形式绝大部分是基于对数字或数值的描述性分析，而对数值型数据的分析主要是在事物的“量”上进行描述，但是这并不能解决“质”方面的问题，如“为什么”和“怎么样”。所以，文本分析的需求呼之欲出。

文本数据，包括但不限于社交网络（微博、微信、QQ 和脉脉等）、客户反馈（客户抱怨邮件、社交媒体网站的帖子、开放式问卷调查、消费者点评）、新闻媒体、销售人员的拜访记录等数据。而文本分析的目的在于从之前这些被认为难以量化的海量文本中抽取出大量有价值的、有意义的数据或信息。

借助基于大数据的文本分析，可以对用户行为和想法进行科学分析，使用户洞察由原来的主观“猜测”转变为以数据为驱动的精准预测。在新产品上市前，或者是小规模投放市场后，在社交媒体上对粉丝和潜在用户的言论进行收集，对其进行文本分析，知道他们喜欢产品的哪些方面，对哪些方面不太满意，以及他们对产品的其他期望，从而敏捷、快速、准确地对用户的反馈做出积极的回应。

3. 文本分析应用

文本信息通过文本信息采集模块流入文本挖掘分析引擎，最终的分析结果通过文本分析应用展示，如实例 7-1 所示。

实例 7-1　运用 R 语言进行某避孕药文本分析

我们将按照图 7.2 所示的分析逻辑，运用 R 语言进行某避孕药的文本分析。

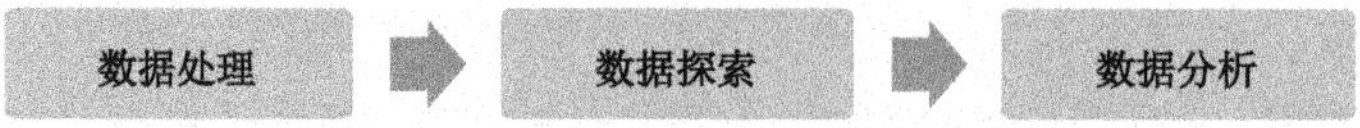

图 7.2　分析逻辑

1. 数据处理

（1）数据源：利用爬虫工具，从各大网站论坛、微博等抓取关于某避孕药的内容，关键字段名称如下。抓取的数据示例如图 7.3 所示。

content Aut

hor: 发帖作者（第 D 列）

Content Forward: 转发的内容（第 F 列）

Content_Main: 发帖内容（第 G 列）

Title：发帖内容（第 H 列）

A	B	C	D	E	F	G	H	I	J	K
Content_F	Project_K	Project_K	Content_A	Content_A	Content_F	Content_Title		Content_F	Forward	Reply
42:09.0	3005	避孕	温哥华王医	http://we	您吃避孕药	您吃避孕药避孕		http://we	139	23
42:09.0	3005	避孕	温哥华王医	http://weibo.com/2		您吃避孕药吗？如果		http://ap	139	23
34:46.0	3005	避孕	龚晓明医生	http://we	☆非移动	回复@麦门冬凌草:从		http://we	62	70
17:17.0	3005	避孕	城市知道-	http://we	【23名女性	【23名女性服Yaz/Ya		http://we	76	38
54:54.0	3005	避孕	恶鬼蔷薇	http://we	短效避孕药	短效避孕药的用法虽		http://we	1	113
45:18.0	3005	避孕	协和何方方	http://we	停避孕药后	停避孕药后多长时间		http://we	69	33
58:31.0	3005	避孕	温哥华王医	http://we	☆移动平	国内的朋友们也请注		http://we	92	10
58:35.0	3005	避孕	协和何方方	http://we	达英-35和	达英-35和优思明有什		http://we	55	30
54:17.0	3005	避孕	绿野神踪	http://bb	这年头，身	这年头的事，看看有		http://bb	0	64
05:17.0	3005	避孕	橘熊oba家	http://weibo.com/3		优思明21天终于吃完		http://we	4	30
19:00.0	3005	避孕	emily1su	http://my	求大神们不	求大神们不吝赐教！奶		http://bb	0	34
14:15.0	3005	避孕	毅啦不挂	http://weibo.com/3		我已经吃了一年的优		http://we	3	30
36:58.0	3005	避孕	summer__m	http://we	还是没戒掉	还是没戒掉。我去大		http://we	0	33
36:58.0	3009	调经	summer__m	http://we	还是没戒掉	还是没戒掉。我去大		http://we	0	33
08:43.0	3005	避孕	dr_mana	http://we	说到口服避	说到口服避孕药的问		http://we	0	32
08:43.0	3007	治痘	dr_mana	http://we	说到口服避	说到口服避孕药的问		http://we	0	32
02:35.0	3005	避孕	纪阿卷儿	http://we	诶。我还一	诶。我还一直觉得优		http://we	19	11
21:42.0	3005	避孕	樱桃妈香	http://we	香港的避孕	香港的避孕药价格偏		http://we	2	25
21:42.0	3007	治痘	樱桃妈香	http://we	香港的避孕	香港的避孕药价格偏		http://we	2	25
44:13.0	3007	治痘	司马兰旦	http://we	我是一个多	我是一个多会和自己		http://we	0	21
44:13.0	3010	治疗痛经	司马兰旦	http://we	我是一个多	我是一个多会和自己		http://we	0	21
54:05.0	3005	避孕	顾中一科普	http://we	回复[@use	回复[@username]:恩		http://we	3	17
55:34.0	3005	避孕	夏蹿中的a	http://we	汗 //[@us	汗 //[@username]:[		http://we	20	0

图 7.3　数据示例

（2）使用 Rwordseg 加载数据包（R 语言）并在中文分词中插入中文单词。

① Rwordseg：分词包就是让 R 语言识别中文，将单词视为一个值；

② 插入中文单词：因为 Rwordseg 中文词性包含不了其他特殊的专业词汇，如“毓婷”“短期避孕药”“多囊”“治疗多囊”等。所以这些特殊词汇需要添加到中文词汇表中，作为 Rwordseg 标准词汇表的补充。添加方法是利用 insertWords( )函数，其用法如图 7.4 所示。

```
insertWords("毓婷")
insertWords("短期避孕药")
insertWords("多囊")
insertWords("治疗多囊")
insertWords("长期避孕药")
insertWords("调经")
insertWords("紧急避孕药")
insertWords("口服避孕药")
insertWords("Yasmin")
insertWords("Yas")
insertWords("Yaz")
```

图 7.4　插入中文单词作为模型变量

（3）读入文本分析处理：在此步骤需要去掉数字、特殊符号等文本内容，如图 7.5 所示。

```
Contentcorpus=tm_map(Contentcorpus,removePunctuation)
Contentcorpus=tm_map(Contentcorpus,removeNumbers)
removeothers=function(x) gsub("ê*ê","",x)
Contentcorpus=tm_map(Contentcorpus,removeothers)
removeothers2=function(x) gsub("☆*☆*☆","",x)
```

图 7.5　去掉数字、特殊符号等文本内容

2. 数据探索

（1）根据设置的变量值（即中文单词）统计各个中文单词出现的次数，如图 7.6 所示。

避孕药	避孕	口服避孕药	服用	月经	女性	可以
5320	3571	3154	3066	2565	2542	2064
优思明	使用	作用	没有	激素	孕激素	紧急避孕药
2055	1782	1435	1434	1424	1423	1373
副作用	如果	可能	药物	周期	影响	雌激素
1359	1339	1260	1201	1198	1151	1136
卵巢	子宫	安全	一个	排卵	怀孕	增加
1121	1046	1033	1024	985	943	935
妇女	效果	开始	这个	方法	问题	目前
919	907	898	892	849	839	810
身体	发胖	出血	PostsEnd	医生	复方	健康
804	799	787	778	778	761	758
但是	自己	治疗	体重	导致	时间	因为
751	744	743	738	736	732	731
降低	发生	引起	出现	剂量	很多	我们
727	715	715	699	685	676	671
长期	所以	服药	妈富隆	什么	生育	那么
644	641	627	612	608	595	592
主要	风险	减少	建议	一种	一些	妊娠
591	584	579	559	555	542	541

图 7.6　变量值（中文单词）出现次数统计

（2）重新转化用于聚类的数据格式：根据上一步骤数据探索的词频，将词作为 colname，词频表示数值，每一行代表帖子内容并用用户 ID 作为标识，即每个用户的帖子出现了某词的次数。用户 ID1 的帖子中出现“避孕药”2 次，“优思明”4 次，“副作用”1 次，用户 ID2 的帖子中依次出现 4 次、2 次、5 次，如下所示。

	避孕药	优思明	副作用
ID1	2	4	1
ID2	4	2	5

（3）转化分词之后生成一个列表变量，用列表变量构建语料库。生成语料库之后，生成词项——文档矩阵（Term Document Matrix，TDM），顾名思义，TDM 是一个矩阵，矩阵的列对应语料库中所有的文档，矩阵的行对应所有文档中抽取的词项，该矩阵中，一个[*i*,*j*]位置的元素代表词项 *i* 在文档 *j* 中出现的次数。

3. 数据分析

（1）查看频率和基本统计：在数据挖掘后查看数据基本统计，并确认数据逻辑是否符合社会认知，如图 7.7 所示。

findAssocs(sample.tdm,"**优思明**",0.6)

特性	**相关**	**后者**	**一款**	**醇和**
0.71	0.69	0.64	0.64	0.63
乙炔抗盐皮质	**激素**	**潴留**	**对抗**	**接近**
0.62	0.62	0.62	0.61	0.61
显示	**禁忌症**			
0.61	0.60			

图 7.7　查看优思明和它相关概率高于 0.6 的词

（2）LDA：LDA（Latent Dirichlet Allocation，LDA）是一种文档主题生成模型，也称三层贝叶斯概率模型，包含词、主题和文档三层结构。所谓生成模型，是指我们认为一篇文章的每个词都是“以一定概率选择了某个主题，并从这个主题中以一定概率选择某个词语”。

VEM = LDA(sample.dtm2, k=10, control = list(seed= SEED)),

根据以上 raw data 形成主题词，如图 7.8 所示。

```
     Topic 1      Topic 2 Topic 3    Topic 4      Topic 5 Topic 6
[1,] "口服避孕药" "女性"  "医生"     "避孕药"     "卵巢"  "避孕药"
[2,] "妇女"       "头发"  "月经"     "避孕"       "治疗"  "避孕"
[3,] "流产"       "症状"  "postsend" "口服避孕药" "多囊"  "女性"
[4,] "避孕药"     "避孕"  "优思明"   "女性"       "激素"  "服用"
[5,] "作用"       "激素"  "老公"     "月经"       "痤疮"  "月经"
     Topic 7      Topic 8  Topic 9      Topic 10
[1,] "避孕药"     "独立"   "避孕药"     "口服避孕药"
[2,] "月经"       "女人"   "副作用"     "服用"
[3,] "服用"       "第一次" "紧急避孕药" "避孕"
[4,] "避孕"       "一个"   "服用"       "优思明"
[5,] "短效避孕药" "生活"   "发胖"       "女性"
```

图 7.8　主题词

（3）具体数据分析：根据以上结果可知，在该品牌避孕药的评论中，主要可以将内容主题分为 10 个主题，分别如下。

- 主题一：女性服用避孕药后副作用会不会增加流产风险。
- 主题二：女性避孕和激素的关系（需要优化）。
- 主题三：医生推荐“优思明”会不会影响月经（需要优化）。
- 主题四：口服避孕药会不会影响月经。
- 主题五：治疗痤疮、激素、多囊。
- 主题六：口服避孕药会不会影响月经（和第四个主题一样，需要优化）。
- 主题七：口服避孕药会不会影响月经（和第四个主题一样，需要优化）。
- 主题八：杂文帖子。
- 主题九：吃完避孕药后会不会发胖。
- 主题十：女性服用“优思明”避孕。

确切来说，文本经过我们分析提炼的结果是：网络上关于该避孕药大部分集中在使用目的方面，主要表现在“避孕”“安全”“发胖”“治疗痤疮”等，少部分集中在副作用等方面。

思考：

企业应如何用该分析结论进行个性化营销？

7.2.2　精准寻找目标消费者——客户 DNA

精确信息是基础。实施精准营销需要以事实为依据，需要有精确信息作为支撑，这样才能精准把握市场，把握消费者的真实需求。

如何精确采集信息呢？受益于现今信息化程度的飞速提高，消费者可以借助各种信息手段产生消费行为，包含通话、购物、网上浏览等，而用户的消费行为会在信息通道留下轨迹和数据，我们可以借助这些数据分析用户、分析市场。

麦肯锡公司的一份研究显示，金融业在大数据价值潜力指数中排名第一。我们以银行业为例，中国银联涉及43亿张银行卡，超过9亿的持卡人，超过1000万商户，每天近7000万条交易数据，其核心交易数据都超过了TB级。

通过银联大数据资料库，可对银行下辖分支机构服务柜台及摆设、理财区装饰，甚至座椅的设计，依照资料库中机构所在地的人口特征、年龄、交易量和复杂度等数据，以及客户在网站、手机银行、微信银行等软件中的使用习惯进行分析，为客户提供个性化服务。例如：针对高龄客户比例偏高的机构，考虑新增矮柜服务窗口并提供大屏幕显示器提醒；针对顾客在网银、手机银行的使用习惯，将浏览率高的栏目与浏览率低的栏目进行重新排版设计，实现提升客户使用率及忠诚度的目的。

7.2.3 在社交互动中精准营销——沟通产生精准

现在的营销推广形式主要是有线电视的付费广告、邮件和短信推送、互联网广告、线下各种实体广告营销、线上电子营销等，其中，推广效果较好的是互联网互动营销。互联网互动营销主要借助互联网技术实现企业和目标客户之间的互动，它的特点就在于抓住了彼此的共同利益点，将双方的联系变得紧密起来。

而在互联网社交平台上的推广，会更强调精准，即精准的投放是推广的核心。精准投放建立在精确信息的基础上，对采集到的信息进行系统分析，对市场进行有效细分，再根据市场的细分有效组织资源，实现消费者和资源的精准匹配。精准投放就是为了更好地满足消费者的真实需求。

要实现精准投放，需要重视以下三点。

1. 准确定位投放目标

投放目标的准确定位必须构建在对客户需求的精准洞察的基础之上。一方面，大数据时代，客户数据的爆炸式增长对企业精准营销提出了新的挑战；另一方面，不断发展和成熟的人工智能和大数据技术也让企业有能力对客户数据进行深度分析和挖掘，真正通过客户数据了解客户需求，从本质上了解和洞察客户。

举个例子，银行在做营销活动时，可以接触到各式各样的客户数据，有销售的数据，有客户在网上浏览的数据，还有各种各样其他的数据，有了这些客户数据以后我们能做些什么呢？通过大数据分析技术，我们能更加精准地了解每个客户，知道每个客户的投资行为是什么样子的，基于对客户偏好的精准把握，就能选择合适的理财产品推荐给客户。比如说做存贷款产品营销时，可对高价值信用卡用户的资产管理规模（资产管理规模=当月日均存款余额+当月日均投资额）进行分析。筛选他们每月的消费金额、信用额度、当前存款情况、贷款有没有拖欠、是不是商务卡持有者等，通过这些维度对用户进行分析。再针对不同用户给出不同的营销策略，如哪些用户该提升额度，哪些应该为其推荐金融产品。在落实时，可以先通过短信进行营销，再通过呼叫中心了解客户意图。当客户有意向时，再交给理财经理进一步跟进。

事实上，与大数据相结合的精准营销的独特之处，不仅在于对用户群体的精准定位，还在于对“人性”深处的洞悉。巴里•施瓦茨在《选择悖论：为何商品越多，选择越少？》一书中曾描述：商品的过度丰富不仅不能让消费者更快乐，反而使他们在购物前就感到疲累、沮丧。消费者的诉求在不断提升，他们需要的不再是简单的商品，而是功能、情感、社会属性等多方面的满足，他们需要的是一种深度的消费，而智能客服结合精准营销、深度营销与垂直营销，有效地解决了“消费焦虑症”。

2. 实时把握营销时机

信息化时代，消费者时刻都在产生需求。营销或服务，只有在客户最需要的时候立即出现，才能让客户在惊喜中感受到服务和产品的溢价。随着客户需求越来越个性化、弹性化、生活化、差异化，业务也越来越复杂，营销的难度也在逐渐加大。只有在客户消费行为过程中，通过实时捕获用户行为数据，并对其进行即时分析，得到客户的需求最高点时机，此时触发营销的执行，才是最佳的营销时机。例如，在客户有一定量储蓄时主动推荐理财投资产品，在客户余额较低时主动推荐分期付款产品，更可能获得事半功倍的效果。

3. 智能匹配

在互联网上，内容足够好的广告固然能引发用户点击和分享，但能形成购买转化的广告，更需要触达用户的兴趣，尤其是在当前场景下用户最关心的兴趣。换言之，关键问题在于，如何把握用户在“当下”最关心的话题。

例如，腾讯视频在进行精准场景投放时，会从两个层面考虑：一是通过大数据导出的用户画像，掌握用户的长期兴趣，形成对单个消费者的兴趣标签；二是根据消费者当前场景及行为，把握瞬时兴趣，洞察其潜在的购买意向。腾讯视频在为携程定制的针对老用户的“再营销”投放中，通过分析某用户的过往数据，识别出该用户收入水平较高，青睐欧洲旅游，重视旅游服务等“长期兴趣”；而当该用户身处资讯阅读场景中时，捕捉到其阅读了爱尔兰的签证和景点等信息，腾讯就能通过效果广告平台，为其推送携程的爱尔兰高端定制旅游产品，从而把握用户瞬时兴趣带来的商机。而且用户可以通过点击广告直接唤醒携程 App，缩短购买路径。突破性的数据对接和技术运用为携程带来了点击通过率的两倍提升和投资回报率的 200%提升。

7.3 利用大数据进行精准营销的步骤

7.3.1 确定目标

对于企业而言，制定明确的、可量化的目标是进行精准营销的关键。企业希望通过精准营销解决什么问题，是需要获得较高的顾客留存还是希望通过顾客的获得来实现收益的增长，如果我们的目标可以制定得十分明确，就有可能获得有价值、可量化且有意义的效果。一般而言，企业可以选择的四个精准目标是：

- 顾客保留——维持现有顾客；
- 顾客增长——增加顾客数量；
- 顾客激活——激活休眠顾客；
- 顾客获得——获得新顾客。

1. 顾客保留

任何一家企业，为了使其自身能继续运转下去，都需要注意关键的一点：当自己的顾客完成一次购买后、开始下次购买前，留住他们。现实状况是，许多企业在吸引新顾客方面不遗余力，不过如果无法让你吸引来的顾客成为回头客的话，那么你之前所做的努力就会徒劳无益。

顾客保留是为了防止顾客流失和建立顾客忠诚的手段。有研究表明，保留一个老顾客的成本是获取一个新顾客成本的 1/5，也可以这样理解，向一个现有顾客销售产品要比不断寻找新顾客容易得多。

因此，为了留住自己的顾客，很多企业会非常关注用户的反馈情况，并针对这些信息进行数据分析。

2. 顾客增长

很多营销人员都知道，使收益增长最快、最节约成本的方法就是针对现有顾客追加销售和交叉销售。例如，保险业内人士皆知的一个事实就是，与只购买过一个保险产品的顾客相比，已经购买了两个或者两个以上相关保险产品的顾客更换保险公司的可能性要小得多。针对保险行业的研究证明，与前一种顾客相比，后一种顾客对保险公司保持忠诚的时间平均要长出 5～10 年。

通过追加销售与交叉销售实现现有顾客收益增长是提高客户忠诚度和当前盈利的最佳手段。通过精准营销来实现顾客增长的具体办法是：判断顾客适合接收的信息，或者说哪些顾客更愿意了解具有某一特性的产品。

许多营销人员都知道追加销售与交叉销售在维持现有顾客、增进企业与顾客的关系、提高收益以及建立客户忠诚方面的优点，然而，只有少数营销人员知道，预测顾客需求以及在适当的时机向顾客提供适当的推荐背后的逻辑：预测需要以精准为基础。

3. 顾客激活

顾客激活是企业可选择的另一个营销目标。营销人员意识到老顾客有再次购买的可能，因此，他们可以通过顾客以往的购买行为预测其重新购买的可能性。很多企业经常犯的一个错误就是忽略甚至删除最近没有购买行为的老顾客，也有很多企业不会把这些“休眠”顾客作为自己的营销对象，认为这些顾客已经放弃了自己的产品或对自己的品牌失去了兴趣。自然这些企业也不会去研究历史销售记录，使得这些记录数据变成“无用的垃圾”。

而事实上，用即时性的关联性信息激活不活跃的顾客可以为企业带来巨大的利润。因此，为了创造关联性信息，企业必须挖掘和利用丰富的顾客历史数据。

4. 顾客获得

顾客获得是精准营销真正的难题。首先，企业对新顾客知之甚少，因为这些顾客没有购买过任何产品，找不到任何与本企业相关的记录。其次，这些顾客有可能对企业的产品要求苛刻，他们完全可以继续购买自己曾经使用过的、那些曾经令自己满意的产品。所以，企业需要向这些潜在顾客提供与之高度关联的营销信息，在与其互动时留下良好的第一印象。而解决这一难题的关键就在于找到合适的数据，掌握潜在顾客的情况，进行准确的归类与定位。

以顾客获得为目标的精准营销，需要营销人员通过数据去了解潜在顾客的行为、爱好与需求，然后将这些数据应用到获取新顾客的过程中。

7.3.2 搜集数据

若已经完成了精准营销的第一步——确定目标，接下来就需要实施第二步——搜集数据。数据对精准营销而言至关重要，因为大数据产生客户洞察力，客户洞察力创造关联性，而关联性培养客户的忠诚度。

企业可以通过两个途径搜集客户信息数据：直接渠道和间接渠道。

1. 直接渠道获得内部数据

有研究显示，高达76%的高级营销人员认为自己没有充分利用客户数据的全部潜力。他们因为没能及时搜集客户数据而无法获取其中的最大资本价值。另外，只有46.5%的营销人员表示对自己的客户留存率、盈利率以及生命周期价值已经做到了深入了解。

其实，企业可以通过与客户的直接接触获取所需要的客户信息数据及资料，具体方式如下。

（1）与客户直接交谈。当企业面临客户的时候，更需要主动与客户交流，以便于准确、详尽地掌握客户信息数据。为了实现精准营销，企业与客户的直接交流主要体现在三个阶段：客户关系建立前、客户关系建立中，以及客户关系建立后。在客户关系建立前，企业通过与客户交流，确定客户的基本状况及其主要的需求信息；在客户关系建立的过程中，企业需要进一步明确客户具体的需求信息及这些需求信息是否发生了变化；而在客户关系建立后，企业要通过交流了解客户对于品牌及产品的评价和态度，以便实施下一步行动。

（2）在营销活动中搜集客户信息。最常见的是，现在很多企业都推出了会员卡，以此记录客户的基本信息数据及其消费习惯数据。此外，企业还可通过对展销会、洽谈会、促销活动等营销活动的信息整理获得客户信息。

（3）通过售后服务获得客户信息。根据企业对客户的回访、客户反馈、客户的维修记录以及客户的抱怨投诉获得客户信息。

（4）通过网站及移动终端搜集客户信息。越来越多的企业有了自己的网站或 App 终端，或者利用这些终端销售产品。当客户通过网站了解或订购产品的时候，不可避免地需要填写相关信息，此时，企业就可以获得这些客户的基本信息，并通过追踪客户的购买频率、购买内容了解客户的购买行为和偏好，掌握更多的客户信息。

2. 间接渠道获得外部数据

除此之外，企业可以利用多种渠道购买、补充和生产数据。如今，越来越多的产品和服务都需要借助互联网上传或者下载各种数据、更新软件、进行交易或提供客户支持，这就意味着在客户离开线上商店或者线上网站之后，企业仍然能收集到他们的数据。

（1）利用搜索关键词了解客户。客户在电子商务网站输入的搜索关键词是一个非常重要的信息。例如，特易购只在其大型卖场销售服装，但是只有一半的英国人居住在特易购大型卖场附近，因此特易购根据客户的搜索信息创建了专门的在线服务商店。“服务不仅是在线销售额增长最快的产品之一，而且‘服装’这个词也是网民在 Tesco.com 搜索次数最多的关键词之一，所以我们意识到可以通过专门的服装销售页面吸引新老客户。”

（2）客户定位。营销人员可以利用客户的所在地信息在目标客户与信息的筛选方面提高营销的精准度。地域信息十分有用，它可以让我们了解客户所在地的人口统计情况，从而做出有针对性的营销计划。

地域数据可以从网上获得，如根据网站访客的 IP 地址可以推断其所在地。即使客户没有填写自己的信息，根据其 IP 地址也会查到客户所在地的邮编或者地区统计资料。此外，营销人员根据客户所使用的设备访问网络的动态可以知道他们的身份，网络跟踪技术公司 BlueCava、Ringleader Digital 和 41st Parameter 都可以通过客户网络访问的数据缓存判断他们使用的是台式电脑还是智能手机。这些数据帮助跟踪技术公司及企业为消费者的行为建档，摸清客户在各种购买渠道方面的行为模式。

GPS 是目前广泛使用的一种技术，它涉及手机、汽车等独立设备，并且通过这些设备提供不同的功能服务，包括通信以及接收折扣信息。人们在美国境内使用的移动设备每天都会产生 6000 亿条地理位置信息，这些新颖的数据可以帮助营销人员从另一个角度了解客户的位置。当你知道了客户的所在地，就可以向他提供基于地域的服务与营销活动。从理论上说，企业甚至可以知道客户什么时候路过自己的商店，或者什么时候进入了商店。

（3）快速投票和调查。在企业自己的网站、官方 SNS 或者通过电子邮件发起快速的简单投票是很容易的事情。这类快速调查不但是吸引客户互动的便利机会，还能帮助营销团队掌握更多的客户信息数据。不过，需要注意的是调查的内容一定要保持简短：大概 3～7 个问题，这样才能让客户在几秒钟内迅速做出回答。调查可以涉及的方面有：

- 满意度调查："您如何评价近期的购买体验？"
- 一般表态："您是否会将我们的产品分享给您的朋友？"
- 产品使用："您何时/何地使用过我们的产品？"
- 与竞品的比较："您为什么购买我们的产品，而不是***的产品？"
- 信息偏好："您希望在订阅中看到什么内容？"
- 对营销活动的反馈："如果我们提供**活动，您会喜欢吗？"
- 生活方式："您喜欢在汽车/家里/公司使用我们的产品吗？"
- 放弃原因："您为什么决定不再使用我们的产品？"

（4）社交媒体。由客户的自由言论组成的数据：在社交媒体这种渠道上，企业不仅能与客户直接对话，还可以以此为平台收集各种自由数据，或称"客户自由言论数据"。现在大多数营销人员都会在社交媒体方面投入预算，但是投入必要的技术来获取其中的深度信息的人却很少。自由数据超越了用投票、多项选择、1～5 级评分或者导向性评分等收集客户反馈的方式，社交媒体确保客户自由地用自己的语言表达看法，给企业的信息收集带来深度与广度，让企业了解客户的真实想法。不过，将原始的自由数据转化为可用的数据通常需要 3～4 周时间，这对于长期营销计划来说自然不是问题，但是对于想要及时纠正客户问题或者营销失误等公关问题的企业来说却不适用。

幸运的是，现在的软件工具可以：

- 迅速处理自然语言数据；
- 找出言论的主要思想；
- 确定言论的情感基调（积极的或消极的）；
- 跟踪自由数据中的深度意义线索。

国际数据公司的搜索与发现技术副总裁苏珊·费尔德曼说："文本分析程序可以将人们表达的观点、概念、情感等非结构化的内容去糙取精，组织成更为完善的客户观点，达到提高生产力与提高营销活动绩效的目标。"盖洛德就是运用 Clarabridge 公司的技术自动处理网民的评论数据的，这样不仅数据处理的时间减少到几分钟，而且数据转化的深度与广度也得到了显著提高。

如果将分析比作汽车的引擎，那么数据就是燃料。数据告诉了企业客户的收入、住址、手机号码、休闲爱好以及购买习惯等细节。每当与客户互动时，营销人员都有机会收集和了解其中的数据。每当与客户交流时，企业都应该思考如何倾听和回答客户的问题。只有了解客户的需求才能创造出关联性信息，只有收集与分析数据才能了解客户的需求。

精准营销的第二步“搜集数据”，其本质是提炼客户信息的价值，根据这些数据以及其他有助于产生关联性的信息优化营销内容。高度有效的企业会把各方面的数据整合起来，将客户数据应用到业务的方方面面，而不仅限于营销。这些高效率企业已经超越了信息壁垒与部门分界的局限。

7.3.3 分析建模

有些企业已经发现了预测性分析在增加收益、降低成本以及调整业务经营方面的能力。然而，还有很多人想知道如何进行精准营销。精准营销的第一步是确定符合业务需要的目标，第二步是收集实现目标可用的数据。现在，我们将向读者阐释如何利用数据形成客户洞察力，也就是精准营销的第三步—— 分析建模。

分析建模是一种重要的数据分析方法，能够从数据中找到“相似点”。它可用于帮助企业划分客户的优先次序，判断客户激活、客户获得以及交叉销售与追加销售的成本。营销人员可以利用交叉销售与追加销售保留客户，消除营销活动摩擦，用产品组合销售获得较大的利润回报。

在开始这一步之前，我们首先列举几种分析方法。人们很容易混淆“描述性分析”“商业智能”“预测性分析”等术语，而理解它们的区别有助于实现你的目标。

1. 几种分析方法

描述性分析也被称为商业智能，这是最常用和最为人熟知的术语，常见于现代社会的企业经营。描述性分析是以事实为导向，建立在历史和/或实时事件的基础上的决策。企业的业务主管需要在每周一都能看到有关移动端客户流失的分析报告；供电部门想要了解公司在夏季销售了多少电量；保险公司想要知道自己的商业保险中存在多少虚假索赔，通过描述性分析可以做到这些，它在一定程度上可以优化企业的成本以及拉动收入的增长。

企业可以委托商业智能团队起草结构与格式预定的报告，这些报告被用于解释业务开展情况。商业智能团队提供的信息能够启发经营管理者的洞察力，他们的业务决策就是以这种洞察力为基础的。例如，商业智能报告可以帮助企业掌握客户信息，如所属的收入群体、地理位置、销售或购买水平等。

商业智能报告通常需要人们的分析诊释来决定下一步的行动，此类分析的局限在于决策可能不会总是最优的业务选择。商业智能报告的本质是历史，这意味着它不包含预测未来关键事件的必要信息。例如，如果企业需要商业智能报告来理解某一组购买行为，以便决定“下一个最佳营销推荐”，那么该报告只能反映客户过去的情况，不会预测未来的行为，也无法提供预测未来客户行为的必要信息。

预测性分析则将商业智能带到了一个更高的层次。它与描述性分析的唯一共同点就是都使用来自历史数据的信息，都具有商业智能。但它能够检测到隐藏的模式，将数据与发现做对比，然后预测客户未来的行为。如果将预测结论与业务目标联系起来加以适当利用，就能实现经济与企业增长。有了预测性分析的帮助，精准营销就能够制定符合目标客户要求的正确战略，从而提供最具关联性的产品和服务。

2. 目标性建模

在某个大型旅馆连锁企业的案例中，一个模型可以预测如何通过定位 30%～40%的少量精心选择的最有可能对营销做出反应的客户来实现 70%～80%的营销业绩提升，表 7.1 就是如何优化营销预算、实现业务目标的例子。这个例子将以规则为导向的分类方法与预测性分析建模进行了比较。规则规定，任何在过去 90 天内购买过产品的客户均可以获得等级提升和奖励，而精准营销人员只会给表现出较大的再次参与品牌互动潜力的客户（休眠客户或活跃客户）升级和奖励，从而节约很多成本，同时获得相比之下高得多的投资回报率。该方法还可应用于多种不同情况，建构不同的模型以解决不同的问题。

表 7.1　目标性建模

	传统营销	精准营销
目标客户数量（人）	20 000	2 000
目标客户平均成本（元）	5	12.5
总沟通成本（元）	100 000	25 000
反应数量（人）	474	222
反映客户平均收益（元）	210	210
总收益（元）	99 540	46 620
反应率（%）	2.37	11.10
总盈利（元）	550	21 620
投资回报率（%）	99	186

（1）客户获得。

对于很多营销人员而言，客户获得是当务之急。人们普遍认为以客户获得为目标的营销成本高于客户保留。通过预测性分析，营销活动可以变得更有目标性，从而大幅降低成本。模型提供了既有逻辑性又节约成本的方法来定位和吸引最有可能做出反应、成为新客户的潜在客户并与他们互动。

（2）客户增长。

客户增长这一目标的实现有赖于针对目标客户的交叉销售与追加销售，通过建模提高现有客户的价值与盈利率。交叉销售对拥有多个产品系列的企业而言是一项挑战。通过正确的信息定位确定正确的客户群体的过程可能比较复杂，但是产品的交叉销售有助于巩固客户关系，提高其忠诚度。预测性分析帮助营销人员将正确的营销信息，在正确的时间发送给正确的客户。

（3）客户保留。

竞争的加剧与经济形势的压力迫使营销人员改进挽留客户的战略。研究证明，保留一位现有客户比获得一位新客户的成本更低。如果营销的目的是挽留客户，那么可以通过预测性建模了解客户的价格敏感度、消费习惯以及生命周期价值，从而避免风险。客户保留的建模将帮助营销人员挖掘现有客户的潜力，提升盈利水平。

（4）客户激活。

预测性分析可以根据过去的客户流失情况建模，并且识别出隐藏的趋势与行为。针对企业的现有客户应用该方法将有助于识别出哪些客户放弃你的品牌的可能性最大，便于你主动出击，提前预防。

在确定目标、搜集数据以及分析建模这几个步骤中，精准营销的基本工作已经完成了，接下来便可以从战略上确定下一步如何行动。收集来的数据已经得到了归类与分析，随之带来的新的客户洞察力将协助你制定与业务目标一致的营销战略。无论营销人员的目标是获得、增长、保留还是激活客户，分析建模都会帮助你定位最有可能对特定活动、促销或产品做出回应的目标人群。

7.3.4 制定战略

使用基于事实的分析制定针对目标客户的精准战略，是策划与创造行之有效的精准营销活动的关键。了解哪些客户拥有最大的收益潜力，有助于企业提高投资回报率。我们使用包括低倾向、有未来潜力、高倾向以及最佳客户分类来描述客户的潜在收益能力。

在本步骤中，作为精准营销人员，你的任务是拟订一份切实可行的营销计划，运用分析数据得到的客户洞察力实现业务目标。在第三步分析建模完成后，营销的研究阶段告一段落，营销人员对客户已经有了足够的了解，也认清了机会。现在到了应用客户洞察力设计与拟订营销活动计划的时候了。

现在的许多公司都会面临因营销信息的无关性而导致客户反应率下降的问题，公司的营销战略也往往达不到预期的效果。而只有意识到并切实执行精准营销的战略与战术，结合分析数据得到的可行的客户洞察力，才能创造出关联性内容，取得营销的成功。

战略的制定能够帮助营销人员避免错误的客户定位，如果企业的客户定位错误，那么由此产生的无关联性信息可能导致客户放弃你的品牌，你投入了预算却得不到应有的回报。数据分析团队会根据业务目标、实际问题或机会向营销团队推荐合适的方案。在战略制定阶段，数据分析团队会将收集来的数据进行更深入的挖掘、分析建模，确保客户洞察力切实可行。他们会根据数据判断潜在的客户群体及其反应倾向。例如，根据价格敏感度或者地域特点对新的受众进行分级，从而运用客户洞察力、分级结论与推荐的方案综合制定行之有效的新营销战略。

缜密的分析建模是制定精准营销战略的必要前提。数据不会撒谎。所谓"经验证明的"直觉性判断可能会误导战略的制定和预算的安排。而数据分析团队的分析过程包括将成百上千乃至几百万条记录转换成有用的信息，赋予企业全新的客户洞察力，从而实现新的目标、找到机会或者解决业务问题。根据以数据为导向的客户洞察力，企业能够在更深层次上理解客户的真实价值与购买倾向，同时反过来影响战略的制定与营销过程、传播渠道、战术与信息内容的决定。

如果能有效实施以数据为中心的战略并获得营销业务的成功，营销人员在组织决策中的价值就会不断上升。许多公司现在的营销活动并不成功，浪费了许多预算和资源，既没有争取到客户，也没有给公司带来回报，而他们往往意识不到资源配置的失误是因为他们的评估标准无法体现所需的客户洞察力。

在精准营销的框架中，未来的决策是基于数据做出的，它有效地将财务结果与业务目标相联系，使所有战略、战术与标准符合业务目标的要求，因此成功率得到极大提高。我们知道，精准营销活动比其他营销活动成功得多。而如果营销活动失败，我们需要搜集数据，改进现有的模型、计划与战术，这将支持企业重新开展活动，取得前所未有的成功。

本章小结

本章从大数据背景下的精准营销入手，说明了大数据精准营销的优势，章节的主要内容由利用大数据进行产品定位、消费者细分及沟通传播的精准营销策略及其实施步骤构成。

【延伸阅读】

通信运营商利用人工智能实现精准营销

人工智能作为发展新一代信息技术的主要方向，已经上升为国家战略，体现了国家顶层设计对人工智能这一引领产业变革的颠覆性技术的高度重视。在 4G 逐渐深耕、5G 蓄势待发的时代，内容消费成为主流，数字营销领域发展潜力巨大。运营商要借助先进技术有效开展产品研发，推动相关 IT 系统的规划建设、运行维护和数据运营等工作，将优化商业模式、提升营销服务能力作为主要的切入点，向社会输出精准营销产品，努力成为数字服务的引领者。

移动互联网的用户行为和购买决策显著不同，这给运营商的市场营销带来了新课题。从客户方面来看，多元化的客户具有个性化需求，使得客户的注意力成为稀缺资源。如何实现客户细分，有效识别客户需求，把握客户更分散的接触机会？从产品方面来看，精准化的要求越来越高，如何凸显产品的差异价值，以产品为出发点设计推广传播模式？如何在客户影响要素更加复杂多样的情况下，建立千人千面的营销网络？产品规模爆发式增长、客户接触渠道快速丰富，使得传统的营销模式逐步被线上线下协同所取代，需要利用人工智能的理念来应对更复杂的环境。随着人工智能的应用，运营商可以顺应客户行为碎片化、触点离散化等趋势，利用客户标签和匹配模型，发展存量与增量市场，建立适合移动互联网时代的营销服务体系。

相比而言，国外运营商在人工智能领域的投入较早，已开始利用人工智能开展多维度市场营销。基于对客户需求的精准把握，细化渠道承载、资费设计、传播推广、营销管理的颗粒度，开展个性化、场景化营销，包括基于超级细分的个体营销、基于关键时刻的适时营销、基于客户接触的交互营销等。法国 Orange 公司和德国电信联合开发基于人工智能的语音助手平台 Djingo，与市场上已有的苹果 Siri 和亚马逊 Alexa 等产品开展竞争。SK 电讯也展出了与 Djingo 类似的韩语人工智能虚拟助理 NUGU。沃达丰基于人工智能的客服机器人可以通过手机 App 帮助用户处理手机维修和订单追踪等客服问题，提升网络客服体验。软银公司除了收购人工智能专业公司外，还与 IBM 合作将人工智能系统引入日本。运营商利用人工智能技术，分析移动网络的使用情况，预测潜在的问题区域，同时帮助其获得用户服务体验的实时数据，有助于发现提升用户体验的新手段。

在国内，中国移动作为人工智能的技术推动者与落地实践者，在 2016 年的全球合作伙伴大会上首次发布了《智能化产品与服务白皮书》，推出了七项智能化产品与服务。2017 年自主研发了人工智能平台“九天”，向业界展现了中国移动在未来网络和人工智能领域突出的创新成果，体现了中国移动在人工智能领域的战略布局。“九天”依托中国移动的“大连接”战略，结合运营商的智慧连接、智慧决策等服务场景，提供深度学习平台等基础服务，智能语音、人脸图像等核心能力，以及智能客服、智能营销机器人等应用产品，并聚焦垂直行业提供场景化驱动的端到端人工智能应用解决方案及实施保障，为合作伙伴提供全方位的开放式共享服务。

从人工智能架构的角度，产业链的发展包括基础资源支撑、关键技术及业务场景三个层次。基础资源支撑由数据中心及计算资源构成；关键技术是依托存储资源和各类大数据，通过机器学习建模开发面向不同领域的产品；业务场景主要为人工智能与传统产业相结合实现不同场景的应用。对于运营商而言，主要突破口是基于提供的数据资源，通过大数据的分析应用，为市场营销和网络运维等场景提供高效解决方案。利用人工智能挖掘更多商业机会、改善网络性能、提升客户体验已经成为更多运营商最为关注的内容。

1. IDC 和云计算为人工智能提供存储与计算资源

人工智能的成功实践离不开超大的存储空间与计算能力，运营商的数据中心与云服务能为人工智能提供相应的硬件支持。传统的 IDC（互联网数据中心）是指拥有完善的设备（包括高速互联网接入带宽、高性能局域网络、安全机房环境等）、专业化管理和应用服务的平台。在这个平台上，运营商通过自营或租用的数据中心为人工智能企业提供互联网基础平台服务和各种增值服务。根据服务等级的不同，IDC 服务可以划分为基础与延伸两种类型。基础型的 IDC 服务包括场地出租、主机托管、带宽租赁等初级的低价值服务，以及安全增值服务、内容增值服务和 IT 外包等高级服务。延伸型的 IDC 服务特指各类云计算服务。

业界普遍认同的云计算是一种商业计算模型。它可以将人工智能的计算任务分布在异地的大量计算机构成的资源池上，使各种应用系统能够按需获取计算能力、存储空间和信息服务。云计算按照服务类型划分，包括为多用户构建、部署在运营商数据中心内部的公有云，以及为单一用户构建、可以选择性部署在人工智能企业内部或者托管在运营商数据中心的私有云。在提供服务的层次上，既可以为用户提供存储、网络计算等基础设施，也可以进一步提供开发环境，把用户进行深度学习时采用的开发语言和工具部署到基础资源上，最高层次可以提供运行在云计算环境下的应用程序。

运营商为人工智能提供的云服务的市场发展趋势大致分为三个阶段。第一阶段，运营商进行多个服务领域的尝试。绝大多数运营商都有能力提供基础的公有云服务，并尝试在较大的人工智能企业自建的数据中心提供入驻式私有云服务。逐年增长的公有云，尤其是高附加值的软件即服务（Software-as-a-Service, SaaS）成为未来发展方向已日渐明朗。在第二阶段，私有云与公有云互相渗透，混合云是运营商参与的过渡状态。在成功开展公有云服务的同时，开始为有定制化需求的人工智能客户提供私有云服务。大多数运营商会面临公有云与私有云的选择，把在自有机房内为小规模的人工智能企业提供混合云业务作为发展的中间阶段。到第三阶段，运营商将利用统一的公用管理平台，为人工智能企业高度整合公有云和私有云服务，并全部托管在运营商的数据中心中。初级整合期是在平台内部独立提供两种云服务；高级整合期则根据大小客户的不同需要，在单用户或多用户平台上按需提供私有云或公有云服务。

在数据中心将深度学习和其他的机器学习等人工智能技术应用到市场领域中的各种类型数据的研究和成果，将会随着云服务市场的发展而大大增加。运营商借助存储与计算资源可随着实践的深入，逐步建立全网整合平台，推动外在资源的改造与接入，实现全网资源的集中管理、精细调度与协同。

2. 大数据应用与分析工具为人工智能提供解决方案与市场空间

运营商进军人工智能领域的一项不可替代的优势就是拥有非常丰富的数据源。同时，大量需要精准数据化的业务场景是人工智能的潜在市场。如果运营商能把现有的用户做精准画像后进行精准营销，就能够带来大量的商业机会。

目前，客户需求日益多样化和小众化，客户接触渠道快速而丰富。传统的大众化和规模化营销模式越来越难以适应现有的市场情况，严峻的市场形势不断驱动人工智能应用的产生。随着大数据相关技术的逐步完善，运营商的 IT 能力和业务能力已经为推动营销体系的智能化转型奠定了较好的基础。人工智能实现大数据技术解析，还原客户使用场景，发掘用户真实需求，推动渠道、促销、团队合作的能力转型，助力业务及网络建设。通过深度学习细化营销的颗粒度，基于对客户需求的精准把握，开展个性化和场景化营销。在关键事件发生时，实现事件的分析与计算，提升事件处理的时效性，并开放事件结果，驱动事件触发的交互营销流程。

在此背景下，为顺应客户多样化、行为碎片化、触点离散化等趋势，运营商以人工智能促进精准服务为核心，以大数据资源为依托，驱动营销转型，建立以数据分析为驱动，包括目标客户选取、营销事件捕捉、商机把握、营销匹配、渠道执行与效果评估等环节在内的营销服务体系。在营销准备阶段，分析客户标签模型，建立产品与营销渠道目录。到事件捕捉时，制定详细的营销事件捕捉规则，以及与之相关的商机目录。通过信息模型实现各个营销要素的匹配，最后运用效果评估模型对营销活动的执行进行有效评估。

从大数据的角度，实现话单、信令、DPI（指每英寸点数，是一个量度单位）、业务平台、第三方合作伙伴等各类数据的聚合，通过各类人工智能技术解析处理，为客户的深度洞察奠定基础。基于大数据构建客户标签库，建立以个体为粒度的超细分客户洞察体系。通过客户标签、关键时刻，洞悉客户需求与特征，为能力建设提供依据，为开展小众化、精细化的营销活动提供支持。同时建立市场能力匹配体系，以大数据分析与客户洞察为依据，以人工智能分析营销需求为牵引，助力业务、终端、网络等建设，推动基础能力的改造与匹配，为运营商开展市场营销活动夯实基础。

除此之外，人工智能有助于运营商打造高水平的营销支撑运维团队。随着人工智能新技术的兴起和成熟，运营商不断创新探索，通过对前沿新技术、新方法的有效掌握和利用，形成了一系列具有智慧、高效特色的管理方法与运营手段，在运维管理、质量分析、投诉处理、智能终端等领域取得了显著成果。利用人工智能学习维护数据安全，监控实时数据，满足客户对高水平支撑运维团队的需求，向客户提供数据分析报告。此外，运营商利用人工智能提供标准化的运维增值服务，培养专业人员与人工智能机器人相结合的 ICT 运维团队作为未来的战略储备。通过人工智能技术培训、实践锻炼营销与运维团队，既能提高用户感知，又能带来潜在的增值与 IT 业务需求。智慧运营就是要以大数据为驱动，以大 IT 平台为支撑，通过流程优化和管理完善，提升运营水平，改进客户体验，打造新的竞争优势。

目前人工智能的发展仍处于初级阶段，其中以深度卷积神经网络为代表的感知智能通过大数据，在视觉识别、语音识别和自然语言理解等方面取得了较大成功，具有近似人类能力的认知智能的研究仍在逐步探索中，而更为高级的无监督学习等要求人工智能具有类似于人类思想的创造性智能甚至还没有起步。客观来讲，早期发展阶段的人工智能价值还未得到充分释放，运营商需要进一步布局。但是从行业趋势来看，未来几年人工智能的影响将进一步扩大。

人工智能的重要意义是为每一个行业和领域的运营效率提升起到指数级拉动作用。随着深度学习、对抗学习等相关技术的成熟，近年来颇为火热的人工智能研究为客服、营销等领域的融合实践带来了市场变革、机遇和挑战。当前，运营商正面临服务效能提升与模式创新的产业临界点，人工智能技术的广泛应用将带来一个低成本、高效率、优体验的新时代。人工智能在技术上将更加迅猛发展，机器学习也会应用在更复杂的任务以及更多领域中，而且将被更多的人作为挖掘数据的方式。将来，随着硬件架构的突破和运算能力的极大提高，专用智能将有可能逐步进化成为跨场景、跨上下游应用的通用智能。总的来说，未来人工智能会深远影响各个科技领域的创新，持续改变消费者、企业以及机器的交互方式，同时刺激整个通信市场的成长与革新。

（资料来源：张政. 利用人工智能实现精准营销，中国电信业[J]，2018 年第 04 期）

【实验与思考】

1. 实验目的

了解大数据在精准营销中的作用。

2. 工具/准备工作

开始本实验之前，请认真阅读课程的相关内容。

准备一台可以上网的计算机或者移动设备。

3. 实验内容与步骤

1）概念理解

什么是精准营销？大数据对精准营销有何影响？

答：____

____

____。

2）延伸阅读

参考本章的“延伸阅读”，总结案例中大数据精准营销与人工智能精准营销的区别和联系。

答：____

____

____。

3）实验操作

利用大数据的数据搜索及分析技术，针对某一品牌商品进行产品定位分析、目标消费者分析并制定社交媒体推广策略。

____

____

____

____。

4. 实验总结

____

____

____

____。

5. 实验评价（教师）

____

____

____

____。

第 8 章▶▶

跨界营销

【学习目标】

1. 理解跨界营销的内涵
2. 掌握大数据分析支撑下跨界营销成功的关键点
3. 掌握大数据时代跨界营销的形式

【思维导图】

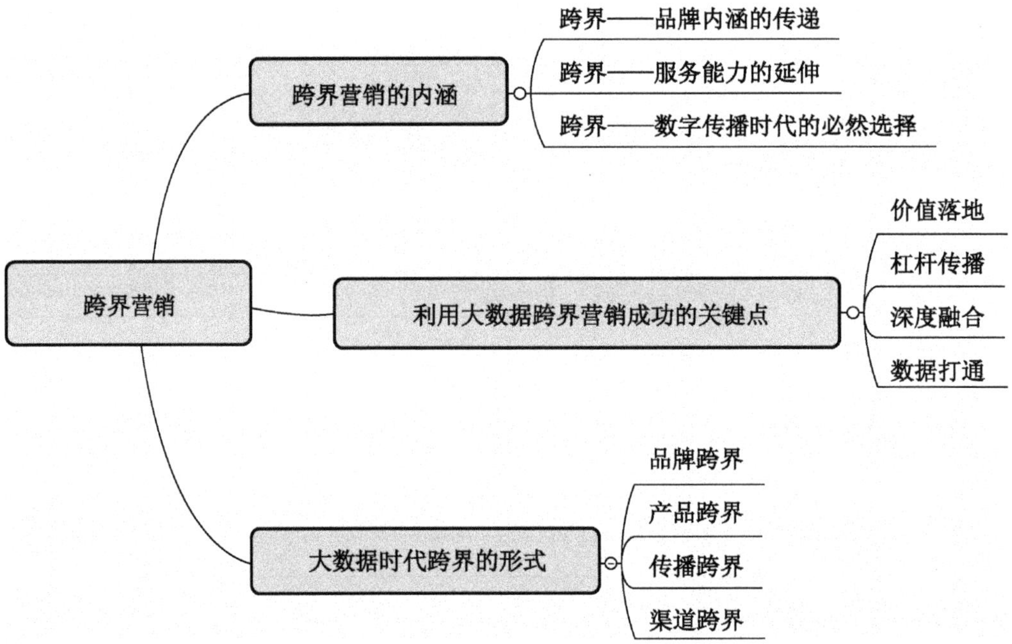

【开篇故事】

安佳酸奶利用大数据分析进行跨界营销

2017 年 12 月，作为全球领先的乳品企业恒天然集团旗下的核心消费品牌之一——安佳，推出了恒天然首款高端常温酸奶。这个来自新西兰的百年乳品制造商，把目标瞄准了 90 后的年轻一代，用一个“轻醇小白瓶”在中国市场玩出了新的味道。

近段时间，朋克式养生成了年轻人一种自嘲式的活法，养生标配的零食也随之走高。作为健康美味的代表之一，酸奶也逐渐走进了日常生活，成为健康零食中的一种。根据市场调研显示，大约 40%的中国消费者每天至少食用酸奶一次，17%的人喝乳酸菌饮料一次。目前安佳内部已成立了一个安佳数字卓越中心，该中心会基于专业的调研公司、阿里数据银行、恒天然公司自有 DMP 以及微博 CIG 等数据，对目标消费者人群进行数据分析。

经过大量的数据处理后，他们发现安佳轻醇的目标消费人群集中在 24～30 岁的年轻时尚女性。这类人群关心自我感受和想法，关注身材和健康饮食。在购物上，她们很乐意多花钱去购买那些她们认为是原创的或独一无二的品牌，是最早一批愿意购买并和别人分享新产品的人；在生活中，她们非常注重娱乐生活，喜欢看电影和旅游，对于艺术和时尚的兴趣点远高于其他内容。

基于这样的消费习惯研究、媒体行为研究，以及对于品类的痛点研究，安佳对于新品“轻醇小白瓶”也有了清晰的定位——时尚，主打“零食新风尚”和“原生营养”的理念。

（资料来源：安佳酸奶利用大数据分析进行跨界营销[OL]. https://socialbeta.com/t/102570）

思考：

根据以上资料思考安佳酸奶是如何进行跨界营销的？

本章在介绍跨界营销内涵的基础上，讨论在数据分析技术的支撑下进行成功跨界营销的关键点，最后总结出在大数据时代企业进行跨界营销的形式。

8.1 跨界营销的内涵

在如今商品同质化越来越严重、竞争越来越激烈的市场形势下，任何一个品牌都有可能受到外部因素的干扰而出现营销危机。然而，企业若能够找到一个互补性的品牌，多方面诠释目标消费人群的特征，就能让品牌形成更多的优势和竞争力，同时富有张力的品牌联想会在品牌出现营销危机的时候重塑形象。

跨界营销是依据消费者表现出来的具有联系或者共性的消费特征，将不同偏好、产业、环境的消费群体联系起来，将一些之前没有任何联系的要素进行延伸、融合或渗透，从而彰显出独特的价值观念、审美情趣和生活态度，以此赢得目标消费者的好感，最终实现跨界企业的利润最大化和市场扩大化。跨界营销可以避免孤军作战，通过不同行业品牌的联盟增强协同效应。跨界营销的本质是将同一个用户的特征以多个品牌、从不同角度加以诠释，让不同行业的品牌在拥有相似消费群体和商品特征的基础上，相互融合、渗透，从而让品牌更具纵深感与立体感。

跨界营销，通俗地讲就是通过互联网连接一切的思维理念，对不同产品的广告受众，进行连接、分享，从而突破旧有的营销手段的局限。

8.1.1 跨界——品牌内涵的传递

跨界营销并不是两家企业走到一起，做一次联合促销那么简单，它不仅要考虑两个品牌的受众群是否重合度高，还要考虑两个品牌是否属于一个梯队，要门当户对，更要考虑两个品牌在内在属性上是否有着一致的理念。

企业理念是企业在持续经营和长期发展过程中，继承企业优良传统，适应时代要求，由企业家积极倡导，全体员工自觉实践，形成的代表企业信念、激发企业活力、推动企业生产经营的团体精神和行为规范。在跨界的时候寻找的合作方要理念一致，因为内在的契合要高于外在的联合。

企业跨界营销的根本目的是希望通过另外一个领域的成功经验，将自己很好地嫁接到一个本不相关的领域，并产生惊喜的效果，但最终，所有营销的跨界都是围绕着一个中心，即让企业的品牌内涵得到更好的传递。

案例 8-1 网易严选×MINI 中国的移动咖啡馆

2018 年 4 月 18 日，网易严选和 MINI 中国在舟山的沙滩上开了一家移动咖啡馆，并邀请到独立音乐人陈鸿宇参与此次活动。而不久之前，网易严选在微博上宣布会与 MINI 中国打造一个空间，与陈鸿宇和他的小伙伴们一起去远行，将平凡的生活变成连续的奇迹。“生活的另一种选择”是这次活动的主题。

MINI 中国的品牌内核是 passion，他们把这个词翻译成“酷爱”，主张“人们一定要拥有一种不一样的生活方式”。而网易严选一直主张的是“人们要找到属于自己的生活方式”，至于这种生活方式是网易严选崇尚的“自然简约”，还是其他的什么，这是人们自己的选择，网易严选只是一个陪伴者的角色。

所以，这次合作无论是在双方品牌契合度上的不谋而合，还是在探寻生活方式上达成的共识，都使双方合作有了一个顺利的开始。

关于这次的空间改造，网易严选在选择艺人的初期就确定了两个选择的基本框：一是要寻找具有原创精神、尊重原创的合作伙伴；二是网易严选一直以来都在强调简约、自然的品牌理念。所以这次寻找的是商业化程度相对来说不是那么高的艺人。当网易严选联系到陈鸿宇，了解到陈鸿宇最新推出的专辑《与荒野》，其音乐理念恰好是“在理想与现实之间探寻一席之地”时，双方都异常惊讶与兴奋：竟然会有这么契合的存在。

从北京的地铁、深圳的城中村，再到这次和 MINI 中国合作的可移动咖啡馆，关于空间改造这件事，“严选的商品不是冷冰冰地摆在某一个展柜里边，而是能在各种场景中融入人们的生活，扮演一个陪伴者的角色”。

这场疯狂又现实的“出离”，是网易严选对于“生活的另一种选择”的一份答卷。抛开这次营销事件是否会给双方带来销量上的增加，这场由网易严选和 MINI 中国打造的“出离之旅”，本身就是对双方品牌人群的一次融合，是对品牌美誉度的一次提升。

（资料来源：网易严选×MINI 中国：一家海边的移动咖啡馆，如何成为生活的另一种选择？[OL]. https://www.sohu.com/a/231075252_220283）

思考：

网易严选为什么要选择 MINI 中国作为合作伙伴开一间可移动咖啡馆？

8.1.2 跨界—— 服务能力的延伸

因为互联网上的信息有一种自生成和高速传播的特性，因此，一方面做互联网营销可选择的工具太多，另一方面工具的有效性又在不断下降，根本原因就是受众的注意力被严重分散，所以，如果不是有针对性地选择工具，而是采用那种到处投放广告进行地毯式轰炸的方式来获取用户，一方面成本高得离谱，另一方面用户黏性小得可怜，效果不佳。所以做互联网营销，思路必须要变，即要把握你投放广告、挑选工具的关键原则。

那什么是关键原则呢？你投放的广告，要能够赢得用户的心，也就是说，不仅媒体要精准，场景也要精准，才能够打动客户。而打动客户，看起来很复杂，其实还是有一个关键点容易把握的，那就是思考怎么为用户做到服务延伸。这就要求你不仅通过产品改进，还要通过营销手段，为用户不断提供延伸服务，围绕让用户获得更好的体验、更丰富而且个性化的资讯，用你聪明的营销思路去引导用户，让用户也变得更聪明。

另外，这种服务能力的延伸，还意味着我们能抓住新的流量入口。互联网的技术更迭是很可怕的，因为有搜索引擎，一个不留神，千千万万个小网红就把中小网站的流量都切走了，一个从 PC 端到移动端的入口切换，许多小小的流量王国就都改朝换代了，所以我们做跨界营销就是给品牌做延伸服务，消费者要的多，我们提供的更多。

8.1.3 跨界—— 数字传播时代的必然选择

现在的传播方式正在经历一场革命，从传播媒介到传播形式，都与过去有了很大不同。从企业的角度而言，产品的传播内涵已经完全不一样了。在互联网作为新媒体成为传播主流之后，我们身处的传播时代，环境有了哪些改变呢？

1. 产品在碎片化

产品本身的物质形态不再重要了，按照功能被分类和分割成模块，完成一项为用户提供的服务，可能需要很多种产品的组合，所以重要的是产品的功能，而不是载体。产品的本质含义是完成某种服务、满足用户的某种需求。目前，甚至技术也不再是产品制胜的核心要素了，大多数创新技术出来后，不再由少数厂家所垄断，而是会通过专利授权甚至开源（免费授权）的方式成为共有的资源。那么如何应用这些技术、增强用户的体验，可能会成为比产品技术更重要的因素。

例如，100 年前，IBM 是卖考勤机的；50 年前，IBM 是卖服务器的；而 20 年前，IBM 的产品种类就已经很多，于是 IBM 换了一种对产品的概括讲法，也换了一种产品策略。今天的 IBM 卖的是什么？你会听到 IBM 在谈智慧医疗、智慧交通或者智慧地球，这里面的根本含义是为用户提供服务功能。对于像 IBM 这样的企业，用户不再关心 IBM 旗下有几百种或者几千种产品，而是关心它们加在一起能做什么。

2. 媒介工具也在碎片化

过去媒介形式比较单一，现在，可供企业选择的媒介资源数不胜数，大的分类包括互联网、户外、平媒、广播电视等。互联网自身的广告渠道和广告工具就更多了，而且，随着互联网技术的发展，入口也在不断发生变化，比如过去人们通常通过电脑来获得资讯，今天则主要依靠手机。在这个“移动化”的过程中，传播内容碎片化，媒介工具碎片化，这就要求过去提供PC端服务的传播渠道必须做出重大转型。

微信的推出可以说改变了人们的阅读习惯，过去人们从报纸、网站，浏览同一群编辑所编辑分发的新闻资讯，到现在人们通过朋友分享以及新闻聚合作为主要的资讯阅读手段，这也势必影响整个广告触达方式的改变。

诸如快手、抖音、火山小视频类的短视频App，降低了视频拍摄的门槛，拉近了品牌与用户之间的距离。抖音目前可为品牌提供的展示方式大致可分为四种：视频流广告、发起挑战、品牌官方账号、开屏广告。

目前传播渠道融合成为企业的普遍需求，因为渠道融合不仅能够让多种渠道的内涵延伸到自己的产品中，更可以降低传播成本，突破单一渠道的瓶颈，形成联动优势，在联动的场景下，取得事半功倍，乃至十倍的效果。当触达路径不断发生变化，同时碎片化的资讯内容呈几何级增长，在组合传播渠道时，跨界就成了一种适应数字传播时代的必然选择。

8.2 利用大数据跨界营销成功的关键点

8.2.1 价值落地

跨界营销绝不是买粉丝，或者让粉丝搬家那么简单，它的核心不是受众的简单搬运，而是让产品跨界实现价值落地。未来是价值营销的时代，不能仅靠硬广告，而应通过情感、情绪推动价值营销，并且消费者潜意识里是不是认知、认可你的价值观是非常关键的。这就要求企业在跨界整合资源的时候充分利用大数据信息，从用户的消费习惯和品牌的关注度着眼，深入研究跨行业整合的可能性，用数据诊断问题，用数据寻找伙伴。许多企业随意地将不相干的资源叠加在一起，反而造成了资源的重合，达不到想要的营销效果。最后，因为选错了合作对象，给自己带来了风险。

跨界营销之所以失败，最主要的原因就在于操作者把跨界想得过于简单。这个问题主要表现在一些中小企业主和个人创业者的身上——他们以为跨界的整合就是找到另一个企业联合搞活动、推广自己的创意、促销自己的产品，并且最大化地有利于自己。可事实上，两个企业无论在品牌知名度上还是目标消费群上都无法达成联合，消费者在两者之间感受不到富有契合度的体验。

跨界营销作为满足用户体验的营销方式之一，本就主张具有相似用户群体的品牌通过优势互补，为用户提供更加贴心而富有创意的体验，因此跨界营销的基点就是要坚持以用户体验为中心的原则。尽管这一原则在跨界营销兴起之初就被提及，但是“互联网+”的时代背景赋予其全新的内涵和形式，使其具有时代的特点和价值。

首先，在传统的营销过程中，我们往往按照年龄、地域、职业等信息对用户进行划分和定位，这些数据虽然对于我们走进客户具有重要的价值和意义，但是在“互联网+”的时代背景下，大数据和云计算等科学算法能够帮助我们更有效地发挥这些数据的作用，甚至描绘出用户画像。例如，针对 45 岁人群，以往我们可能会按照“中年人”的方式进行定位，但是通过数据分析我们发现，时代的变化让人们的心态趋于年轻化，45 岁的人却喜欢 25 岁的穿衣风格和生活方式，因此以“年轻态”进行市场细分才更为准确。“互联网+”时代进行跨界营销的品牌要善于运用大数据和云计算等互联网技术对用户进行精准定位，善于发现和引领用户的新诉求，做“有温度”的品牌。

其次，互联网催生“新消费群体”的出现。新消费群体具有追求变化、寻求差异化的消费特点，在跨界营销的过程中实时把握用户需求，可以为用户提供个性化或定制化的产品或服务，但产品功能同质化现象严重，具有优势的技术和设计很快就会被批量生产，面对这种境况，企业一方面要运用互联网的迭代思维，对产品进行更新换代，不断完善；另一方面可以通过文化跨界的方式增加产品的情感属性。许多产品在功能上大同小异，但是有情怀的产品和品牌能够同用户沟通、交流、产生共鸣，在用户心智中占据一定的重要位置，可以有效地保持用户的忠诚度。

最后，跨界营销要围绕消费者的场景需求，把握用户“痛点”：淘宝打造足不出户的购物平台，减少了人们费时费力逛街的痛点；滴滴打车降低了人们出行成本的痛点；小红书的海淘平台解决了人们出国购物的痛点；等等。跨界营销通过强强联合，对外在价值进行整合，为消费者创造新的价值，从不同的角度诠释和满足用户的体验，增强品牌的立体感和纵深感，增加用户对品牌的好感及忠诚度。

8.2.2 杠杆传播

曾经有很多广告主、专业的代理公司和媒体，对跨界营销的尝试，就是媒体的累加，如多种媒体投放，就是把平面媒体、电视广播媒体、互联网媒体各选一个或几个，一起放在预算的“篮子”里，但是并没有考虑如何打通几种媒体之间的壁垒。这样粗放的广告投放，不但不能做到效果累加，反而会使效果递减。

跨界营销的理想效果是杠杆传播，即在不同领域的跨界传播中，传播效果得到杠杆式的放大，这也是互联网传播独有的“秘密武器”。

跨界营销在最初设计时，需要寻找到一个引爆点。例如，小米利用 QQ 空间发布手机新产品，就采用了有限供给加病毒式传播的方式。有限供给不仅使小米可以将产能障碍暂时抛在脑后，其核心更是借鉴了互联网思维下的产品开发模式。事实上，大多数互联网产品，在正式推广之前，都会进行封闭测试，先让一部分人使用，同时根据这些用户的反馈加以完善，然后再根据情况逐步地进行大规模生产和推广。于是，小米通过有限供给——用户必须获得 F 码才能购买，形成用户的追捧，再加上核心用户和早期用户满意度较高，让人们在心理上形成了越难买到越想要的晕轮效应，这样在社交工具的传播下，便形成了病毒式传播。

要想达到杠杆传播的效果，关键是找到正确的引爆点，然后集中资源去撬动它。在小米手机的营销推广中，QQ 空间就是一个杠杆，有限供给就是一个引爆点，在社交工具的传播下引爆了小米手机的病毒式传播。

案例 8-2 《小猪佩奇》的跨界营销

2018 年社交平台上最火的带货女王是谁？杨幂？Angelababy？

不，是猪猪女孩小猪佩奇。

简单来说，小猪佩奇在国内火起来的过程可以总结成这样：

先在电视台、网络平台播出动画片，打好儿童基础；之后在社交平台炒作话题，吸引成年人注意；最后靠儿童向家庭“安利”和短视频平台话题炒作双管齐下，完成最终的引爆；火起来之后迅速进行合作授权变现。

从媒体对《小猪佩奇》的报道中大致可提取四组数据：

豆瓣评分 9.2 分：表示用户体验佳，好评率高；

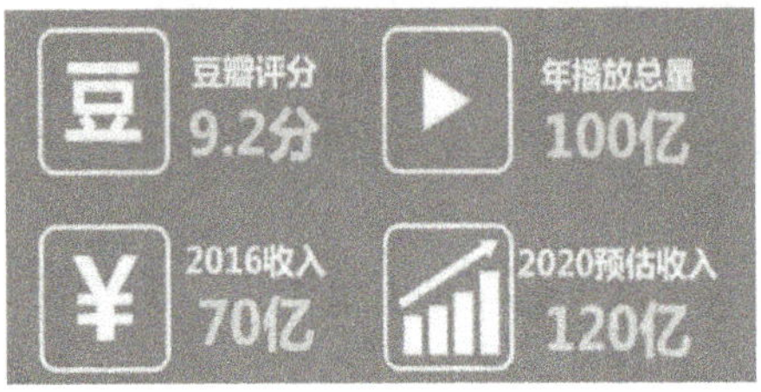

年播放总量 100 亿次（国内）：表示用户规模大，爆发期短；

2016 年收入 70 亿元（全球）：表示变现模式成熟，吸金能力佳；

2020 年预计收入 120 亿元（全球）：表示该 IP 持续生命力强，前景好。

这当然不全是自觉自发形成的传播，版权方有意的营销行为起了很大作用。这样一波操作下来，还能说“猪姐”不“社会”？

2017 年 7 月，大 V“休闲璐”发起“猪猪女孩”话题，算是微博上和小猪佩奇有关话题内容的开始；到 2017 年 10 月第五季播出期间，营销号们又不断以“猪叫”和“跳泥坑”等剧情炒热度；到 2018 年上半年，“小猪佩奇是富二代”“小猪佩奇和国际大牌联名款”等话题也被疯狂转发。

接踵而至的是视频平台的火爆。2018 年 11 月，B 站鬼畜区关于《小猪佩奇》的视频集中爆发，多个网友制作的视频播放量超过百万。专业制作方言网络视频的“果子哥哥工作室”在 B 站投稿的《重庆版小猪佩奇来了》如今已经有超过 300 万的播放量，之后，网友们又做了广东话、四川话、东北话、新疆话、上海话、山东话、潮州话、长沙话、福州话、海南话、河南话、河北话等多个版本的小猪佩奇。

2017 年年底，一则将小猪佩奇画在背上的短视频引发了小猪佩奇在快手、抖音等短视频平台的火爆。紧接着，有网友发现意大利著名球星吉拉迪诺的左臂也有小猪佩奇文身。随着“小猪佩奇身上纹，掌声送给社会人”口号喊响，小猪佩奇也成了成年人圈子里的明星。

如果你经常用抖音、快手、B 站、知乎、微博……或者类似的任何一个内容或社交平台，那你很大概率能答出这道题：

随着口号喊响，社会人小猪佩奇似乎一夜之间就在短视频平台和社交网络上爆火了，还顺手救活了一堆卖盗版儿童塑料玩具的淘宝店。淘宝上随便搜搜小猪佩奇的文身贴、手表、滑梯玩具、毛绒公仔，动不动就月销量过万了。

之后就是抖音视频引发的佩奇带货风暴了。如今，抖音上“小猪佩奇”话题挑战下的视频已经超过 3 万个，每条视频里，都带有不止一个小猪佩奇相关的周边产品。

随之而来的是商业上的繁荣。2018 年 3 月，优衣库、耐克先后与小猪佩奇推出合作商品，淘宝网则出现大量有关小猪佩奇的玩具、零食、手表和公仔。从小猪佩奇 IP 版权方英国

Entertainment One 公司官方公布的数据看，《小猪佩奇》目前的正版衍生品和版权授权已经超过 750 项，包括 DVD、书籍、电影、玩具、文具、食品、衣服、游戏等。Entertainment One 公司宣称其 2017 年上半年在中国的授权和销售收入增幅超过了 700%，预计到 2020 年相关商品零售额将达到 20 亿美元。

（资料来源：小猪佩奇为什么这么火？一篇文章看懂 100 亿大 IP 背后的逻辑 [OL]. http://www.sohu.com/a/212019588_473285）

思考：

小猪佩奇引发杠杆传播的原因是什么？

8.2.3 深度融合

跨界营销的目的是为了突破传统广告效果越来越低的怪圈，用创新的手段强化新的品牌内涵。跨界营销是把品牌、优质内容、广告投放技术、媒体资源、大数据资源等各个环节全方位地融合起来，以适应新环境下的不同营销点。当传统的广告效果越来越低的时候，企业不得不围绕自己的产品理念，寻找新的媒体，创造新的传播手段。无论是跨产品的边界，还是跨媒体工具的边界，跨界都不是简单的拼凑，而是为了实现内容的碰撞和深度融合。

2017 年年底，微信《跳一跳》小游戏依托 10 亿微信月活用户和简单的游戏体验，在短短几个小时内迅速刷屏。根据 2018 年 1 月 15 日的发布数据，《跳一跳》累计用户量高达 3.1 亿，日活跃用户量超过 1 亿，春节期间同时在线人数高达 2800 万。这样的数据对于品牌主而言无疑是一个天然的流量平台，麦当劳是《跳一跳》首个商业化品牌。当《跳一跳》的游戏小人跳上麦当劳定制的盒子之后，基座会由红色变为白色并出现品牌 Slogan，同时响起麦当劳定制的音乐；适当停留还会出现 20 分的额外加分，并飞出汉堡或薯条的特效动画。Nike 作为第二个尝试的品牌，在玩法上和麦当劳类似：小人跳上耐克定制的盒子之后，基座会变色并出现“Nike React”字样，稍做停留即可获得 20 分的额外加分，并看到“Go”的动效。耐克植入《跳一跳》的是其 React 跑鞋广告，“弹、跳”既是《跳一跳》的玩法也是耐克 React 跑鞋的特性，两者结合得比较紧密。

8.2.4 数据打通

在互联网时代，一个最大的变化就是数据化—— 数字可以表述一切信息，数字就是生产力，数字就是市场的真实面貌。我们不必再用眼睛去外面的世界一点点挖掘模糊的信息，所有的东西都可以从专业的数据公司拿到。

在这个前提下，“互联网＋”的出现又使各个行业之间的壁垒消失了，不但实现了跨界，还打破了传统商业模式对信息的垄断。这时，互联网让每个行业都发生了翻天覆地的变化，用无所不在的计算、数据对行业形成反馈，促进行业的创新。对创意、营销和客户管理来说，大数据的第一个贡献就是“去中介化”，坐在办公室就可以得到的即时数据让我们随时能够监测行业的走向，分析流量，判断市场，为跨界操作提供客观依据。

因为跨界使用到多种平台和媒介工具，如果数据不打通，也就无法实现真正的媒体整合，那么在整个传播通路中，就无法保证实时的交融和优化，传播也就不能实现步步为营，向纵深挺进的效果。通过互联网的技术手段，如大数据，可以预测到市场以及市场的变化，通过数据挖掘，可以智能、实时地实现资源分配，从而有效而合理地分配资源和预算，更可以分析消费者的接受偏好，分析消费者的体验。

案例 8-3 小米×QQ 空间

小米与 QQ 空间的合作并不是简单地做预售公告，而是加入了激发族群社交的引爆因子。红米 Note 的首发设定了三个环节，即预热（猜价格）—预约（签到、集赞）—抢购，三者环环相扣。仅以集赞为例，用户在 QQ 空间发布一条“说说”，向好友集齐 32 个赞，便能抽取三次预约机会。这种熟人圈子营销很“接地气”，波纹传导效应惊人，最终约有 1 亿用户参与点赞。

要做好“媒介产品化”并没有捷径，关键还是看企业运营时是否“走心”，是否具有产品思维，以吸引用户主动参与。在小米创立初期，雷军就曾在微博上发起过“我是手机控”的活动，参与的用户能够收到一份属于自己的“手机编年史”，内含用过几部手机、话费多少等信息，这击中很多人心里的怀旧情结，引发了海量的用户主动分享。

小米在 QQ 空间的销售神话——90 秒卖出 10 万台，惊爆了很多人的眼球。大多数人只是看到了结果，并未意识到这是一场经过提前预测与精准匹配的社群引爆事件。QQ 空间以及腾讯效果广告平台——广点通从五个方面评估了引爆的可能性：

一是根据 QQ 相册的来源分析手机的品牌活跃度，连续三年基本都是苹果与三星领衔，直到 2012 年，发自小米手机的图片量级快速攀升到第三位，活跃度远超其他国内手机品牌；二是广点通发现 QQ 用户大规模讨论替换功能机的话题，上亿的用户正处在换机前夜，潜在需求旺盛；三是广点通发现用户在讨论小米手机时，品牌认知多为“经济实用的 iPhone”，一旦强化该认知，对中等收入用户以及三四线城市用户，会具有较强引爆力；四是广点通在微博和 QQ 空间上做了一次 AB 测试，通过小规模的投放测试，发现新浪微博的用户已经完成智能机换机，而 QQ 空间用户正处在换机边缘；五是小米敢于以“价格锚点”激活用户购买欲望，当时双方商定 QQ 空间售卖的小米手机是“千元机”，在临近活动的最后一天，小米给出了 799 元的尖叫价格。

与此同时，QQ 空间与广点通对两次合作中的目标用户群做了精准匹配。除了将首发消息送达“米粉”，双方将目光聚焦到对小米感兴趣的潜在用户，重点推送包括关注 IT 科技类认证空间的发烧友、曾经在 QQ 空间提及小米品牌的人群等。

顺便分析一下为何小米会两次选择跟 QQ 空间合作，除了社群的高匹配度与高用户活跃度，还有一条就是小米对流量迁移红利有着敏锐的嗅觉。

具体来说，用户习惯的迁移正带来社交红利的勃兴。仅以 QQ 空间的分享量级为例，它的月活跃用户已经达到 6.2 亿，2014 年元旦当天的 24 小时内，QQ 空间内容发表量就超过 10 亿次，平均每秒 1.15 万次。除此之外，最为关键的一点是企业将越发依赖社交传播中的口碑效应，一旦你无法在社交口碑中存在，也就无法有效触达用户。为此，企业要追逐社交红利，就要通过分享、签到、点赞等互动方式，来引爆社群商业的新玩法。

不过，要完成不断地引爆，除了上述提及的精准匹配能力，场景化能力也变得非常关键。

例如，小米与 QQ 空间的新合作在移动社交上有两大创新：一是签到红包，二是信息流广告（Feeds 广告）。签到红包是鼓励用户在 QQ 空间的 App 上点击“签到”按钮，选择“签到有码咯”，发表一个签到，即可收到来自 QQ 空间的私密消息，获得红米 Note 的预约码，这是一种基于移动端用户行为的场景化尝试；所谓“信息流广告（Feeds 广告）”，主要是基于用户行为和偏好的分析，向用户推荐可能感兴趣的广告，融入用户移动社交的场景当中，使得广告成为有用的信息，而不是骚扰。信息流广告在 Facebook 上已是标配，小米也算是国内较早尝鲜体验该模式的品牌。

总体来说，在“移动+社交”的新红利时代，企业的社会化营销与社群经营要“瞄准”，布局不能再散乱无章，而要去精准触达并经营好目标族群。

（资料来源：小米两次引爆 QQ 空间的不传之秘[OL]. https://www.jianshu.com/p/c3c0ef78cce0）

思考：

结合案例分析跨界营销成功的关键点是什么。

8.3 大数据时代跨界的形式

从行业发展的角度来看，跨界营销可以分为水平跨界营销、纵向跨界营销和交叉跨界营销三类。水平跨界营销主要是指两个或者两个以上的企业为了获得发展而进行合作，实现资源共享。纵向跨界营销是指在同一个经济实体中整合各部门的资源，以实现自身的发展。交叉跨界营销包含了上述两种跨界营销方式的特点，并增加了与消费者互动的环节，从而可以实现增值和粉丝效应。

跨界营销包含多种形式，企业需要根据自身的特点，选择合适的跨界营销形式。大体来说，跨界营销主要有以下四种形式，如图 8.1 所示。

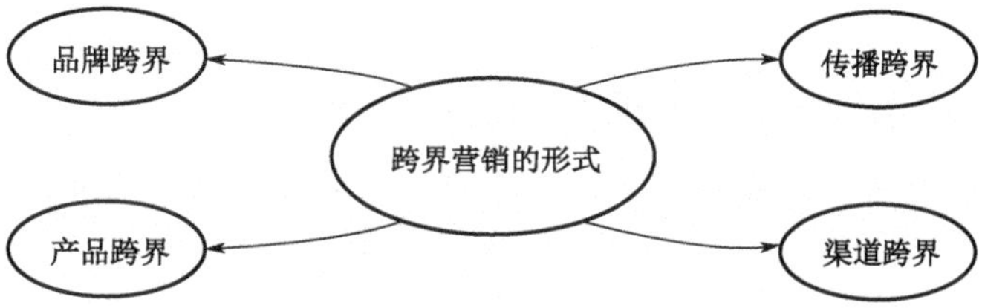

图 8.1　跨界营销的四种形式

8.3.1 品牌跨界

作为一种营销方式，品牌跨界的核心体现在“创新”二字上，通过创新解决一般营销方式所解决不了的问题。

通过跨界合作实现双方的互利共赢，是企业在实际操作中需要把握好的一项原则。把握好这一原则可以帮助企业避免陷入“当局者迷”的局面，跳出品牌及其行业的局限；能够帮助企业从外部客观看待自己，敢于打破及颠覆传统思维，跨越行业之间的界限，借鉴以及嫁接其他行业的模式、资源、思想及方法，从而实现自我的提升和超越。

长期以来，竞争不仅存在于同质商品之间，同样也存在于异质商品之间。每家企业都习惯将自己的品牌、内容及人力等资源封闭起来，并且不与其他企业发生互动往来。因为很多企业认为资源是有限的，如果将自己的资源与其他人共享，将会损害自己的利益，并将自己置于竞争的不利位置。

事实上，两种异质的商品不管是在传播工具、接受方式、接受群体，还是在接受习惯及偏好方面都存在着差异，因此不能将两种商品视为竞争者，而应该将彼此看作自己的合作者及互补者，通过相互之间的合作，借助彼此的优势，实现共同成长和进步。

通过跨界合作，实现资源共享、整合配置，提升各自品牌的价值，最终获得“1＋1>2”的营销效果。跨界活动通过对各个品牌的资源进行有效整合，可以最大化地利用各自的资源，从而提升整体的传播营销效果，塑造更为高大的品牌形象，并让用户对多个品牌萌生“爱意”，收获多赢的结果。

案例 8-4　《小王子》跨界营销

“重要的东西是用眼睛看不见的，只有用心才能看得清楚。”改编自影响了全球 70 年的世界经典童话巨著的电影《小王子》于 2015 年 10 月 16 日正式登陆中国院线。自上线以来，票房与口碑全线飘红，上映一周票房破亿，远远超出同类型影片的市场表现。

70 多年的童话经典、1 场享誉国内外的梦幻首映礼、11 位国内重量级配音明星、20 个商业合作品牌、50 个推广渠道、覆盖 500 多座城市、10 000 家线下店面、8000 万线上人群，短短几个月，《小王子》 悄然走出久远的童话世界，成为被业界及大众热议的超级 IP。而在超级 IP 的养成背后，电影中国区发行方基美影业做了前所未有的营销尝试，深度挖掘《小王子》营销潜质及影响力，击破行业壁垒，着眼于大市场、大环境、大视野，绑定各行各业优质商业品牌、手机 App 及媒体大号，真正构架出一个全新的电影大营销格局。合作品牌汇集文化娱乐，融入吃喝玩乐衣食住行的每个角落，由点及线至面地构建出《小王子》电影营销网，完成了一场动画电影整合营销的生态革新，突显了基美影业强有力的资源开发及整合能力，为行业开创了全新的营销格局与方向。

汇集 11 位国内顶级配音明星，打造史上最豪华配音阵容

《小王子》一路从戛纳火回国内，为了比肩英文版的好莱坞重量级明星配音，中文版邀请了周迅、黄渤、黄磊、易烊千玺、马天宇等 11 位涵盖各年龄层的人气明星为《小王子》 配音，配音阵容曝光当天，“小王子来了”居微博话题榜首位，24 小时内突破 1 亿阅读量，目前累计至 7.5 亿。与此同时，影片在密集宣传期高频次地发布宣传物料和新闻，跟进实时热点话题，使影片未映先火，提前为《小王子》在同期上映的《蚁人》《魔卡行动》《小飞侠》等影片中夺得关注前席。

《小王子》跨界携手《天天爱消除》，消除大人的烦恼

腾讯旗下拥有 3 亿用户的《天天爱消除》与电影上线同步推出《小王子》定制专属主题版本，其中包括线上游戏《小王子》相关主题定制任务、地图、系列宠物，线下重点院线专属活动——参与游戏领取电影代金券等深度捆绑营销，而在线上线下互为导流的同时，腾讯游戏也为《小王子》的大型童话梦幻首映礼实现了全网及影院直播。

商业大牌混搭“小王子”对话受众生活

专注于高端婴幼童市场的儿童国际品牌小星辰，在全国 1200 家店面进行小王子的主题展示，同时在《小王子》中国首映礼上成立了小王子儿童艺术教育专项基金，并在北京 UCCA 尤伦斯艺术中心举行了“小王子归来——童画绽放主题艺术展”，从身心全面推广小王子关爱儿童成长的主题。

联想将“拒绝做无聊的大人”这一影片推广话题巧妙运用到产品的秋季促销传播中。覆盖全国 6000 多家联想终端店面，让“小王子”与消费者亲密接触。

国际知名品牌兰蔻气垫 CC 霜特别臻献三款“小王子”主题限量贴纸，定格电影中最美丽、难忘的瞬间，以法式纯真和轻盈击中女性心中最柔软的部分。

立邦中国推出“小王子儿童漆”，专为孩子量身定制，为孩子刷新缤纷多彩的家，让孩子们在梦想的陪伴下成长。

IWC 万国表牵手《小王子》，推出联名合作的限量款飞行员系列手表，为重要角色飞行员推出“小王子”特别版飞行员追针计时腕表。

德国玩具品牌 Hape 与电影《小王子》在责任、情谊、分享及感受等方面共同的价值观，成就了 Hape 小王子系列玩具的诞生。

在微信、微博等社交媒体平台，各大品牌纷纷以小王子为主题，发酵热门话题，引发受众的自主转发，成为全民关注热点。宝马、兰蔻、kindle、IWC 万国表、联想、阿芙、立邦等的创意 H5 在微信朋友圈高频传播，其中宝马携小王子中文配音的“原声”“首映”朋友圈更是获得了一致好评。

除了 QQ、微信等拥有海量用户的社交工具外，IN、唱吧、荔枝 FM 等潮流 App 纷纷加入营销阵营：微信及 QQ 推出小王子表情包；主打美图、心情和品牌潮物分享的女性社交软件 IN 推出“小王子”主题贴纸。

活跃用户数达 1.12 亿的天猫联合网下阿芙、周大福、罗莱、梦洁、英氏等 19 个电商知名品牌发起“定制你的 dream 款”小王子周边众筹活动。

知名零食电商品牌百草味在天猫旗舰店及电商平台进行大量小王子推广物料的投放，预计总展现量可以达到 6000 万、总触达人数达到 4600 万。线下则开发 50 万个《小王子》专属的包裹箱，电影上映信息随着百草味零食一起精准送达年轻购买人群。

“小王子故乡之旅”主题众筹在京东众筹平台上线四天，众筹金额即超百万元人民币，引爆关注。《小王子》与京东的合作除传统意义上借助品牌平台的影响力之外，更重要的是将影片在 IP 层面和精神层面的优势发挥到最大，在影视与电商跨界融合的推广趋势中占得先机，也为众筹类电影宣传开创了全新的传播视角。

由基美影业带入中国的“小王子”联合了国内 20 个知名品牌，在电影密集宣传及全国发行的同时，数十个区域合作及推广伙伴集中发力，与电影深度互动，通过电影自身维度丰富的传播影响及品牌的二次传播、跨界联动，全方位树立并铸就了《小王子》的文化价值及影响力，为行业树立了全新的营销高度。

（资料来源：电影《小王子》打造全新跨界营销生态圈[OL].
http://www.sohu.com/a/40850493_141588）

思考：

结合案例分析品牌跨界是如何进行资源整合的。

8.3.2 产品跨界

随着市场经济的发展成熟和人们生活水平的日益提高，消费者拥有了越来越多的选择，因而产生了更加丰富和个性的消费需求，同时对消费体验也提出了更高的要求，进入了所谓的"跨界消费时代"。依靠单打独斗在市场上站稳脚跟的企业，面对消费者多元化和个性化的消费需求，由于受到自身规模以及资源等方面的限制，离消费者越来越远。在互联网，特别是移动互联网迅猛发展的环境下，行业间的跨界融合已经渐成风尚，单打独斗的经营模式正在被市场逐渐淘汰，未来的市场必将是跨界合作者的天下。

在跨界融合的过程中，行业之间的壁垒已经被打破，商品的功效和应用范围也突破了原有行业界限的桎梏，向着更广阔的空间延伸，不同行业品牌的目标消费群体也不再是明确分开的，而是逐渐出现了重叠的现象。

第一种常见的产品跨界方式是：改变产品的价值属性。基于这种理念研发的产品主要是在原有产品的基础上附加或者强化产品的其他属性，使产品焕发新生，树立全新的产品形象，在不同的领域拓展市场。其中比较典型的案例就是云南白药跨界牙膏领域。云南白药作为传统药企由于受到外部竞争环境的影响遇到了发展的瓶颈，在寻求转机的过程中，云南白药以已深入人心的"止血、修复和化瘀"产品功能为核心资本跨界牙膏领域，研发出具有牙龈止血功效的全新产品，将目标消费者定位为乐于接受新生事物、具有预防意识，以及对药品具有一定敏感性的人群。这样一来，云南白药不仅保留了其技术和品牌上的优势，而且跨入了全新的营销领域，占据药效牙膏的空白市场，获得了比较高端的价值定位。云南白药在产品跨界研发的过程中，主要运用其核心的药效技术，将以往产品的药物定位变成了新产品的牙膏定位，使其价值属性发生了根本性的改变，但因其核心优势已经植入目标消费者的内心，所以更有利于新产品的推广以及云南白药品牌形象的提升。当然，产品跨界并不是一定要完全跨入全新的行业和领域，适当地增加产品的附加属性也能够帮助产品跨界。连续多年位列境外信用卡消费第一名的招商银行信用卡和亚马逊合作推出"网红快递袋"，快递袋的独特之处主要在于其文案为"我的心愿是买到世界充满爱""一日之计在于刷"等流行语。虽然这只是一次看似简单的产品跨界，但是合作企业针对同为海外购物的目标消费群体，选择可以100%触达用户的快递袋作为传播媒介，附上迎合现代人购物心理的流行文案，无疑为快递袋原本单调的包装属性增添了娱乐和趣味的效果，这种产品跨界同样可以为用户带来贴心的体验。

第二种常见的产品跨界方式是：不同品牌共同合作研发新产品。在"互联网+"时代，人们的需求具有复合性，功能单一的产品难以取得竞争优势，所以企业需要和同行业或者其他行业的企业进行合作，优势互补，借鉴不同的产品理念，为受众带来全新的体验和感受。在这种产品跨界的过程中往往也伴随着技术跨界。红牛功能饮料曾和 Hallym 大学合作推出一款适用于智能手机的红牛饮料罐形状的便携充电器。这款充电器不仅外形独特，而且在充电过程中和充电断开状态下都会显示红牛的移动网页。首先，这款产品准确地把握住当下智能手机越来越普及，人们对于便携充电的需求越来越大的市场趋势，因此研发便携充电器具有很强的实用价值；其次，红牛饮料的目标受众和广泛使用智能手机的年轻人具有很大的重合性，能够精准定位目标消费群体；最后，红牛一直以“功能饮料和补充能量”进行产品定位，而便携充电器也是补充能量的典型产品，二者有异曲同工之处，在这款便携充电器的使用过程中红牛饮料“不可看见之能量”跃然于屏幕之上，化无形为有形，巧妙地将产品理念传递给用户，让红牛补充能量的功效更加直观，给人的印象更加深刻。类似的案例还有很多，例如：苹果和耐克共同推出“Nike+iPod”系列产品，用户在穿耐克鞋运动的过程中可以实时查看运动消耗的热量等锻炼数据；强生公司的创可贴和迪士尼开展合作，推出针对儿童的印有迪士尼卡通形象的实用创可贴；等等。不同品牌在结合自身产品特性的基础上，共同合作开发产品，让用户从不同的视角和场景去感受产品，体验全新的生活方式。

在这个“跨界消费时代”，如果企业不能勇敢地跨过行业的界限，那么它们就不可能收获到惊喜。企业整合产品的实力，也就是丰富产品的功能，扩大产品的适用范围，具体来讲就是在研发产品的过程中不再遵循行业的单一法则，而学会借鉴同行业或不同行业成熟的技术和功能，让产品的性能更加多样化，实现产品的跨界，生产出兼具高增长率和高市场占有率的产品，从而增强企业的整体实力，重新定义企业品牌。

许多传统企业已经意识到要想在全新的商业环境中顺利实现战略转型，就必须借助移动互联网的力量，因而也就掀起了一股与移动科技企业开展跨界合作的热潮。

这些企业之所以能够进行跨界合作，关键在于它们在产品设计或市场营销上有共同点：在产品设计的过程中都追求美感和动感，要求产品富有个性，并能引领时代潮流；在市场营销方面有共同的消费群体，都主张营销要从消费者的需求入手等。

假若两家企业在产品设计或市场营销上都存在较大的差异，那么双方的联合不仅不会带来“1＋1>2”的效果，反而会出现牺牲一方利益来成就另一方的情形，甚至出现两败俱伤的情形。

案例 8-5　安佳酸奶通过数据分析实现产品定制

在 2018 年 4 月的天猫欢聚日上，安佳与阿里进行了深度合作，推出了一款“安佳轻醇限量绽放礼盒”。它们颠覆了以往奶制品礼盒的设计，将礼盒设计成为一个实用的化妆盒。

除三瓶安佳轻醇小白瓶之外，礼盒中还加入了一面化妆镜和一支定制化妆刷，用户还可以随喜好选择化妆刷手柄的长短以及颜色。礼盒外观采用的是当时流行的繁花作为主元素，每一簇都坦然盛放，以此承载着品牌号召女性绽放自我的精神理念。在用户反馈层面，礼盒一经推出，就成为小红书上的晒单爆款。

其实，此次时尚化妆盒的设计灵感来源于品牌大量的数据调研。通过网络调研、街头采访、时尚趋势解读等方式挖掘年轻女性的时尚、美妆偏好后，它们发现比起单一、传统的礼盒，年轻女性更喜欢多功能、时尚化的礼盒。

在此次时尚跨界中，安佳内部内容与数字创意部门还发起了“轻醇敢言”活动。邀请当红“小鲜肉”牛骏峰作为安佳轻醇酸奶风尚大使，在天猫直播中围绕“轻醇绽放、表达自我”的话题，以艺人的演艺生涯以及生活中的各个方面进行切入，软性植入产品，带出产品的卖点以及饮用场景。在直播过程中牛骏峰与消费者进行良好互动，鼓励消费者自我表达。

另外，安佳在投放上，选择了年轻人最爱的 App 端。在抖音、今日头条、微博等时尚媒体进行开屏投放，吸引了众多女性消费者的目光；刷朋友圈也能刷到牛骏峰手拿安佳轻醇小白瓶，邀请你一起品尝的画面，甚至在上海人流量聚集的静安寺地铁站也能看到这次时尚合作的广告。据安佳的品牌负责人介绍，在 App 开屏联投部分，它们基于创新的 Content Studio & Digitalab 模式，可以快速产出内容。在拥抱 digitalized（数字化）和 socialized（社交化）的营销环境中，消费者在微博上发表的真我态度，UGC 隔天就能呈现在各类 App 开屏上。

除此之外，安佳轻醇更借助 C2B 全新传播链路，从年轻女性中征集优质素材，邀请密子君等年轻女性为代表发声，进行二次传播互动。多平台联合发声，使得轻醇酸奶的年轻时尚的形象更深入人心。

这一系列的时尚营销，不仅提升了安佳轻醇小白瓶的知名度，也提升了其销量。在 3 天的天猫欢聚日里，旗舰店单日成交额较 3 月同期增长了 84 倍。对于安佳而言，时尚不仅仅是外在，更需要内在的精神加持，诚如安佳百年原草放牧的坚持。

作为一个传统品牌，安佳已经迈出了数字化转型的重要一步。

（资料来源：安佳酸奶利用大数据分析进行跨界营销[OL]. https://socialbeta.com/t/102570）

思考：

你认为安佳酸奶的时尚产品跨界做得怎样？你还有哪些创意？

8.3.3 传播跨界

企业在进行跨界营销的时候既可以选择同行业的企业，也可以选择不同行业的企业，甚至两个完全不相关的企业之间也可以开展跨界营销。当然企业进行跨界营销首先应该满足的前提条件就是双方必须是非竞争性关系，并且双方要拥有相似的消费群体、消费文化、品牌资源和品牌影响力。

企业在进行跨界营销时还要注意考虑品牌的互动能力。品牌互动能力就是通过品牌跨界为对方创造品牌宣传与商品营销的机会，品牌间的互动能力越强，企业间的合作就越紧密，创造的价值就越高。

2013 年，可口可乐与小米开展合作，双方约定将小米的 LOGO 印在可口可乐的瓶身上，只要消费者购买可口可乐旗下的汽水、果汁商品，都将有机会获得由小米提供的小米手机，而小米则专门为可口可乐定制了限量版的可口可乐主题手机。在进行品牌跨界的过程中不仅扩大了自己品牌的影响力，提高了商品的销量，同时也让合作方收获颇丰，这样的结果可谓是皆大欢喜。

案例 8-6　知乎×饿了么跨界合开了一家线下食堂

“民以食为天”，或许这句话在古代无法量化，但在互联网时代，通过知乎全站超过 2.6 亿人每天用饿了么吃饭、超 2000 万人关注了跟“吃”有关话题的现象，就能看出，古人的这句箴言是真真切切地深入民心。

当饮食文化发展到现在，大家对“吃”的研究和挖掘更是五花八门，饿了么上有超过百万家餐饮商户，对于“吃”这件最重要的“小事”真是包罗万象；知乎上知友们讨论“吃”的方式和角度，也是谜之独特：“最适合在办公室吃的零食是什么？”“如何煎出完美的鸡蛋？”“古代的食物真的比现代的好吃吗？”……要知道，“吃”话题下有近 8000 个趣味横生的问答，其中精华问答足有上千之多。各种角度、极富创想的问答令人拍案叫绝。

可以看出，身为“大吃货帝国星人”，我国人民在“吃”方面确实有着源源不绝的好奇与动力。而最近朋友圈一则 H5，正好可以解答你心中很多对吃的疑惑。

点开 H5，一个名为“知食堂”的店铺映入眼帘，大门自动打开，自动带你向前迈进……这种贴心的交互设计，能够为用户带来绝佳的沉浸式体验，让人忍不住想要推开门，走进去一探究竟。

原来，打开的每个房间里，都设有脑洞大开、措手不及的古怪问题，如“为什么《西游记》里唐僧总被提议蒸着吃？”“如果吃一小勺月亮会如何？”“龙可以怎么吃？”等。并且，每个房间内还生动地还原了问题场景，玩法丰富且充满互动细节：试试调节火候大小，看看唐僧被蒸的样子。

当然，除了能够收获一堆冷门小知识，最大的福利还在后面：尾页出现一个老朋友——知乎萌物刘看山，竟是这家食堂的掌柜，而它背后的公告栏表明：我们并不是在开玩笑！“知食堂”即将在线下限时开业，菜品绝对包你满意，每个吃货都不能错过！点击还能领取知乎电子书和饿了么大礼包。

这家主张“知有趣，食不同”的“知食堂”，是由知乎和饿了么跨界联手开的一家线下快闪店，坐标北京三里屯，2018 年 9 月 22 日到 9 月 24 日限时三天售卖“知食”。只有到店来你才会发现，原来食堂竟然会成为一个寓教于乐的地方！

“知食堂”为前来的客人举办了一场精美的“感官食界静态展”——包括“视觉放大器”“味觉实验室”“嗅觉交响曲”“感觉剧情片”四大主题活动。这一回，知乎和饿了么联手，将线上问答搬到线下，并巧妙选取四个维度，实体还原那些优秀答案，给用户冲破书面文字、更为直观立体的知识感知方式。通过这些趣味丰富的互动环节，到店客人可以轻松获得美食智慧，一起饿了就要一起长知识，发现更大的美食世界。

除了能够亲自体验的特色主题展，店内专供食物也别具一格：“可以喝的墨水”“切开十万个为什么”“芝士就是力量”……而用心的菜品背后，有着更多知识力量，只要扫描二维码，就能一键跳转到知乎平台，查看相关的精选问答。

此外，知乎和饿了么都有着一个初心：试图通过此次活动，揭开食物背后更多的知识故事，帮助生活节奏快、容易迷失于眼前一时一事的人们，发现一个更有趣、更多元的美食世界。在活动中，饿了么延续自家“饿了就要”的品牌精神，提倡用户“饿了就要涨知识”。知乎也希望能从更贴近人们生活的角度，找到一些关于“吃”这件事的不同面相，从而帮助大家“发现更大的美食世界”。

两家企业充满真诚且难得的关怀使命感，令这次营销活动更具社会价值。并且此次营销也不仅仅限于品牌自身的传播，两家企业更希望每位到店客人都能在“知食堂”快闪店里，找到所有跟“吃”相关疑问的答案，找到自己那颗对生活更好奇的心。

（资料来源：知乎 × 饿了么跨界合开了一家线下食堂[OL]. http://www.sohu.com/a/194015948_151313 ）

思考：

1. 知乎为什么要和饿了么开这样一家“知食堂”？
2. 对于线上企业进行跨界营销有何启示？

8.3.4 渠道跨界

渠道是市场营销中一个非常重要的环节，是帮助企业和产品进入市场和占领市场的重要条件，由此可见“得渠道者得天下”。渠道的跨界是指产品或品牌在营销过程中突破常规销售渠道的限制，跨越到不同的渠道进行市场营销，抑或是双方相互借助对方的优势资源渠道开展营销推广活动。

从某种程度上讲，汽车与数码产品的跨界合作就是为了让用户获得高科技体验所做的一种尝试。例如，宝马与惠普电脑就曾经开展过跨界合作，在合作中宝马允许惠普的商务笔记本在其全国的 42 家经销商店里面进行销售。

在渠道跨界合作中，比较典型的例子就是上海大众斯柯达汽车与红星美凯龙的合作，双方不仅在全国 15 个城市合作开展了一系列的营销活动，斯柯达的两款车型还出现在了红星美凯龙的卖场中。此外，双方还在营业场所、服务体系、媒体资源等方面实现了资源共享。

案例 8-7　麦当劳和肯德基的二次元跨界

为了争取年轻用户的认同，这两年许多商家都在努力寻找“突破次元壁”的角度，许多非常规的营销渠道也因此而被发掘。在传统的意识里，餐厅主要是消费场所，就算被当作宣传阵地，也多半是饮料、食品等产品的主场。但是对快餐业来说，餐厅其实还可以有更广泛的用处——除了充当动漫产品的玩具周边产品宣传窗口，所有年轻人感兴趣的泛娱乐产品，都可以在这里直面用户。

率先找到这条路的是麦当劳。2014 年，《魔兽世界》的 6.0 资料片《德拉诺之王》上线前夕，和麦当劳正式启动跨界合作，合作内容不但包括许多给玩家的福利，还包括在北京、上海和广州分别有一家特别装潢过的“魔兽世界”主题麦当劳餐厅，而整个合作包括了麦当劳全国逾 2000 家门店。

从当时的官方宣传物料上的合作内容，可以看到这次跨界合作不仅仅是在麦当劳做简单的物料投放和门店布置，用户除通过购买指定麦当劳产品获得的积分可以兑换游戏中的实用道具、坐骑、宠物和玩具外，还能在门店现场参与 COS 表演、3D 合影、线下聚会等活动，线上线下的互动结合得非常紧密。

打游戏的年轻人是快餐的重要客户，麦当劳比它的老对手肯德基先明白这一点。有了前几次和大 IP 的成功合作经验，于是在 2017 年，当一部以玩游戏的年轻人的经历为主要卖点的动画——《全职高手》上线的时候，麦当劳再一次成为特定的营销渠道。

《全职高手》的视觉元素出现在麦当劳各大门店，包括推出供粉丝收藏的“麦乐卡”，而在《全职高手》的动画片里，醒目地进行了内容植入，如剧情中植入的位于杭州东坡路上的“全职高手”主题麦当劳门店，一时成为粉丝光顾的热门餐厅，售出了远超预期几倍的“麦乐卡”。

相较于麦当劳的一骑当先，肯德基的反应就迟缓得多，直到 2017 年，才醒悟过来自己错过了什么，赶紧跟进。这次，两款话题性国产手游明争暗斗的战场从营收榜转移到了快餐店。2017 年 1 月，腾讯手游《王者荣耀》和肯德基达成战略合作，推出“王者荣耀”主题套餐以及随餐赠送含有游戏权益的限量版闪卡。另外，在北京、上海、广州、深圳四大城市推出主题餐厅。2017 年 3 月，网易的手游《阴阳师》与肯德基全国 5000 多家门店合作推出欧气明星餐，并在北京、南京、长沙、广州、上海、杭州、厦门、成都八个城市推出八家主题餐厅。

（资料来源：麦当劳、肯德基与二次元不得不说的跨界营销之战[OL]. http://www.sohu.com/a/159034745_813600）

思考：

1. 麦当劳和肯德基餐厅为什么要与二次元合作？
2. 对二次元的选择要注意哪些要点？对于线下渠道有何启示？

本章小结

本章介绍了跨界营销中的大数据运用，通过分析跨界营销的内涵，阐述运用大数据进行成功跨界营销的关键点，给出企业在大数据时代进行跨界营销的常见的四种形式。

【延伸阅读】

播放量 7 亿、话题量 4 亿的整合营销是怎样炼成的

随着科技的发展，机器人技术也在日渐完善，越来越多的机器人进入生活中的各个领域，走近每个普通人的生活，成为人类的助手和伙伴，从而显著提高人类的生活品质。曾经那些出现在电影里的场景，正在走近我们的生活。

2018 年天猫机器人节第二季，在延续机器人节第一季热潮的基础上，嫁接优酷 S +级超级网综《这！就是铁甲》，联手全球 16 大顶级机器人品牌，在北京水关长城、上海外滩、上海黄浦江三大地标制造覆盖海陆空的大型事件，升级打造全智能生活方式，掀起新一轮机器人狂欢盛宴。

首先我们来回顾一下这次活动的大数据：

《这！就是铁甲》仅前三期，观看量就破 7 亿，天猫机器人节作为节目独家互动支持，曝光次数 10 亿+；

“天猫机器人节”话题阅读量 4 亿+，讨论量 30 万+，位列微博热门话题榜总榜第二名，TVC 播放量 3000 万+；

《这！就是铁甲》话题阅读量 6.5 亿+，讨论量 150 万+，抖音视频播放量 1 亿+；

搜狐、新浪、网易、凤凰等超过 150 家权威媒体发文报道；

天猫机器人全类目销售历史性爆发，同比增长超过 500%。

天猫机器人节第二季不断完善升级，并赋予机器人生命，将目标锁定科技发烧友、潮酷娱乐宠儿及智能生活人群，通过娱乐营销和事件营销双线整合，全方位传递“极智你的生活”的活动心智。

从创意的层面回归到产品，在科技发烧与生活完美结合的时代，消费者将告别以往沉重烦琐的劳动体验，迈开追求更高生活品质的步伐。机器人不仅能满足使用需求，还能从精神层面赋予科技新的内涵。

超级活动嫁接超级网综　内容与商业全面融合

全民娱乐时代，商业与内容的界限逐渐模糊。但纵观现有的娱乐营销案例，大多还局限于商业品牌为节目做冠名或者在节目中生硬地展示产品这样浅层次的合作阶段。同为阿里系生态的作品，《这！就是铁甲》作为优酷与天猫出品联合打造的网综，与天猫本身的营销活动—— 天猫机器人节，天生具有深度合作的契机，再加上铁甲与机器人之间天然的联想，双方的目标人群高度重合，为营销活动与娱乐节目的融合提供了绝佳的土壤。

天猫机器人节作为《这！就是铁甲》的独家互动支持，在包括口播、广告片、品牌空镜、花式解说、片尾彩蛋、明星台词、节目剧情等十余处进行植入和透出。截至 2018 年 5 月 4 日，《这！就是铁甲》前三期节目的观看量已突破 7 亿，天猫机器人节借助节目，得到了 10 亿次以上的曝光，活动性质与产品得到了大范围的深度传播。

2018 年 4 月 22 日，天猫机器人节与《这！就是铁甲》在上海黄浦江天猫铁甲号上举行联合新闻发布会，全球机器人品牌的新品发布与节目杀青全面融合。吴尊、郑爽两位现场打 Call，吸引了包括新浪、网易、凤凰在内的 150 多家权威媒体登船报道。与此同时，天猫、优酷以及拥有 16 个核心机器人品牌的 Social 矩阵开始发力，50 多个超级 KOL（营销学上的概念，指关键意见领袖）协同发声，使得“天猫机器人节”的话题阅读量突破 4 亿，讨论量突破 30 万；“这就是铁甲”话题阅读量突破 6.5 亿，讨论量突破 150 万。双话题数据达到了惊人的地步。

运营层面，打通天猫 App、优酷 App 与新浪微博，使得优酷节目端、天猫营销会场、明星微博粉丝之间可自由跳转，轻松实现实时的边看边买与边买边看。大量的天猫购物人群与明星粉丝前去观看节目，与此同时，大量的优酷节目观看人群和明星粉丝涌向天猫购物。几位明星也通过活动收割了一大波粉丝，可谓三方共赢！另外，天猫这次还通过定制版的天合计划，对核心品牌进行营销赋能，各品牌营销费用的投资回报率均得到指数级的提升！

娱乐营销项目虽看过很多，但在节目环节设计、大型线下事件、明星、社会营销、公关营销、销售等多个层面达到如此深度融合的项目还是极其少见的。天猫机器人节与《这！就是铁甲》的嫁接，将内容商业化、商业内容化发挥到了极致！

全球顶级地标惊现机器人海陆空轰动性事件

海：神秘天猫铁甲号游走黄浦江

2018 年 4 月 19～20 日，一艘由机器人驾驶的，名为“天猫铁甲号”的邮轮，多次出现在黄浦江上。相关短视频被网友上传至抖音后，很快引起了超过 4000 万次的观看。4 月 22 日，这艘之前只存在于抖音中的天猫铁甲号，真的出现在了外滩。扫地机器人、擦窗机器人、烹饪机器人、空气净化机器人、管家机器人、水下机器人、智能机器人、翻译机器人、智能音箱机器人等上百款机器人活跃在天猫铁甲号的各个角落。电影中才会有的未来智能生活，竟然触手可及，让包括吴尊、郑爽在内的 200 名嘉宾惊叹不已。与此同时，天猫机器人节与《这！就是铁甲》联合新闻发布会召开，5 大顶尖机器人品牌的新品全球首发，AI（人工智能）、深度学习、激光导航、视觉导航等技术定义全球机器人行业方向。

陆：花旗银行大厦&震旦大厦上演机器人空袭地球事件

4 月 22 日晚，花旗银行大厦与震旦大厦两座上海地标性建筑被“天猫机器人节”灯光一齐点亮。在高 200 米、宽 50 米的巨幅银幕上，机器人战队空袭地球等剧情陆续上演，震撼整个外滩，引发路人疯狂拍摄。

空：百米风筝翱翔北京水关长城上空

2018 年 4 月 26 日，24 个 20 米高的巨型机器人风筝翱翔于北京水关长城上空，覆盖超过 5000 平方米的空中面积，如长龙盘旋。夜幕降临，灯光映射出机器人的形状如长城机器人护卫军队，在横亘千年的古老建筑上，上演了从未有过的奇特景象，成为“帝都”当日的超级新闻。

在天猫机器人节第一季，巨型 UFO 和机器人惊现北京长城上空，引发了浪潮般的热议。这次，天猫玩得更大了。在上海黄浦江、上海外滩、北京水关长城制造出覆盖海陆空三线的震撼性事件，达到了爆炸性的传播效果，在抖音上的视频观看量突破 1.1 亿。另外，天猫机器人节第二季，还沿袭了在第一季中，事件之上再起事件的方法，在海上事件的基础上，又策划了“天猫铁甲号寻找郑爽”事件，直播引发了超过 20 万人同时在线观看，当晚便冲上了新浪微博热搜，赚足了消费者的眼球。真是只有你想不到的，没有天猫做不到的。这得有多大的脑洞，才能把事件营销策划成这样啊。

机器人求婚大作战，让机器不再冰冷

此次为天猫机器人节量身定制的 TVC 病毒传播视频，继续沿用引发共鸣的情感路线。来自全球 16 个品牌的机器人，化身丘比特，为一对年轻情侣奉上了浪漫的求婚仪式，直击年轻消费者内心最柔软的部分，让人情不自禁地反复点开，全网观看量超过 3000 万。

现象级增长力证机器人销售第一平台

2018 年 4 月 28 日，经过近 10 天的娱乐营销和事件营销轰炸后，天猫机器人正式开卖。28～29 日，天猫机器人全类目销售同比暴增 500%多，其中空气净化机器人、烹饪机器人、管家机器人、水下机器人等新物种实现同比 3000%以上的繁荣增长，扫地机器人同比增长 563%，擦窗机器人同比增长 513%，翻译机器人同比增长 216%，智能机器人同比增长 212%。根据全球顶尖市场研究公司的数据佐证，天猫已是“机器人销售&孵化第一平台”。

（资料来源：播放量 7 亿，话题量 4 亿的整合营销是怎样炼成的？[OL]. http://www.sohu.com/a/230804986_220283）

【实验与思考】

1. 实验目的

（1）掌握跨界营销的四种形式。

（2）会运用跨界思维为企业策划跨界营销方案。

2. 工具/准备工作

开始本实验之前，请认真阅读课程的相关内容。

准备一台可以上网的计算机或者移动设备。

3. 实验内容与步骤

1）概念理解

（1）什么是跨界营销？

答：____。

这个定义的来源是：____。

（2）运用大数据进行跨界营销成功的关键点是什么？跨界营销的四种形式是什么？

答：____。

2）延伸阅读

参考本章的“延伸阅读”，分析“天猫机器人节第二季”是如何进行跨界营销的？成功的关键是什么？

答：____。

3）策划训练

综合运用本课程所学知识，为你熟悉的企业策划一次跨界营销活动，内容包括活动的目标、选择的跨界对象、具体的形式、如何运用大数据分析达到预期目标。

答：____
____
____。

4. 实验总结

____
____
____
____。

5. 实验评价（教师）

____
____
____
____。

第 9 章▶▶

商品关联营销

【学习目标】

1. 了解商品关联营销（购物篮关联分析）的概念
2. 了解简单关联规则的概念
3. 了解购物篮分析模型的基本原理和方法
4. 了解简单关联规则的应用场景及其有效性和实用性

【思维导图】

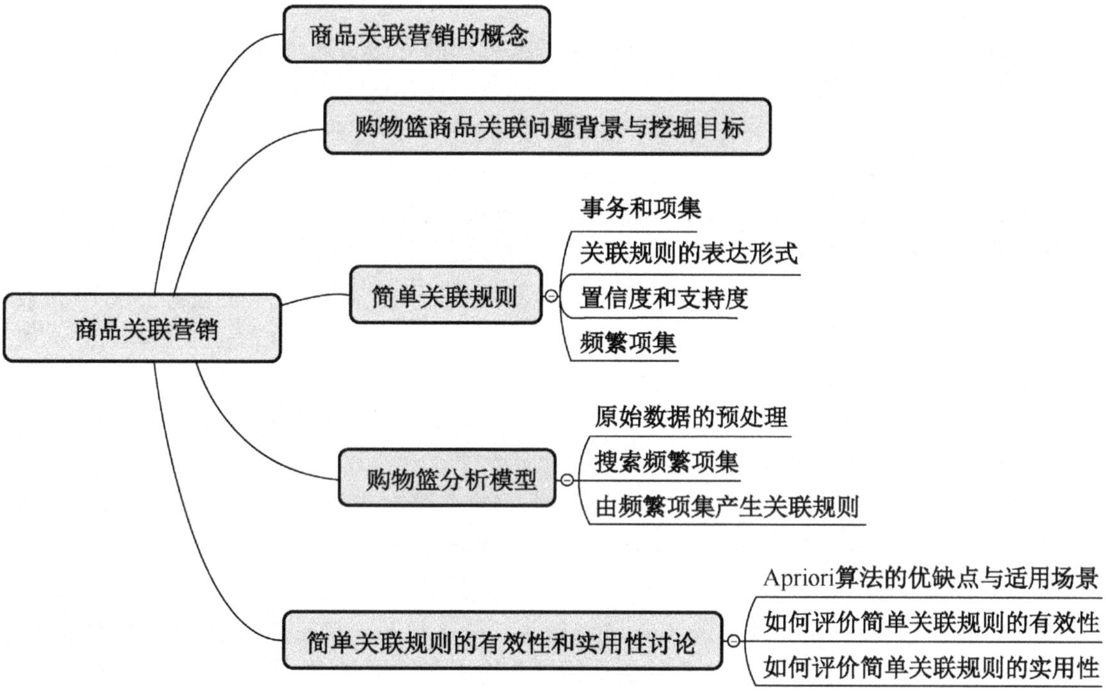

【开篇故事】

你所不知道的滴滴大数据

拥有海量用户、车辆、司机以及交通轨迹的大数据对于滴滴而言，已经远离了纸上谈兵，在司机接入、智慧交通等多个维度产生了实际效用。滴滴近日披露，在其严格的注册审核机制下，共有超2500万名“问题司机”被拒之平台外。而通过大数据实时分析、智能上车点推荐等领先技术，全国20个机场上线“智能引导”功能，帮助乘客快速出港。

2016年7月，中国互联网协会分享经济工作委员会联合滴滴对外发布移动出行驾驶人员禁入标准，首次明确网约车驾驶人员资格审查“负面清单”——有暴力和危害公众安全的犯罪、严重治安违法、交通安全违法三大类违法，犯罪记录人员，以及精神病人、涉毒人员，都将被一票否决，禁止进入移动出行平台。

滴滴是行业内率先与国家相关部门展开合作并共同进行犯罪记录筛查的出行平台。推出“负面清单”、实行背景筛查的同时，滴滴与全国多地公安机关携手合作，持续推进“三证验真”以及“人车一致”等注册审查工作，并且通过人像认证、声纹识别等技术手段设置准入门槛。

滴滴表示，平台强制要求司机及车主进行“三证验真”。滴滴自成立以来，司机、车主都需要提供身份证、驾驶证和行驶证等信息才能成功注册；滴滴还于2016年5月上线了“车型一致”功能。乘客如遇到车牌信息不符、车型不一致的情况可通过App内的投诉通道直接反映，并拒绝搭乘车辆。

人像认证是指滴滴通过人脸等生物识别技术对司机的身份信息进行二次确认。人脸识别是由人工智能在大量的人像数据库中查找、检索特定人员的身份信息，将待验证身份人员的照片与数据库中照片逐一比对，根据比对结果按相似度排列，从而对照片中的人进行准确身份识别和鉴定；声纹识别的原理与人脸识别的原理相似。人像认证系统定期更新升级，其中人脸识别功能已100%覆盖接入平台的出租车，并在快车、专车、顺风车等业务线快速推广。同时，滴滴未来还将上线声纹识别系统，目前正处于最后的调试状态。

滴滴所采用的数据库均有公安部门的相关备案，且定期更新数据。上述超2500万名被拒“问题司机”或因身份证、驾驶证、行驶证中一证或多证存在问题，被挡在了平台门外；或因适配滴滴开出的“负面清单”中的一项或多项，卡在了背景筛查环节；还有司机因自身或车辆问题无法通过审核，代人注册，使用他人账号，均被人像认证、反作弊等技术手段识别出来。

大数据的比对能够严控司机接入，还能让智慧交通变成现实。滴滴透露，北京首都国际机场、深圳宝安机场等20个机场上线“智能引导”功能，通过大数据实时分析、智能上车点推荐等领先技术，帮助乘客快速出港，让机场出行变得更加智能。

滴滴“智能引导”首期覆盖了滴滴快车、专车业务线。目前，凡是在北京首都国际机场、深圳宝安机场等20个机场通过滴滴App呼叫快车、专车，并使用了滴滴机场推荐上车地点的乘客，被接单后，均可在等待接驾界面上看到引导提示，并可获得一份“机场乘车指南”。

“机场乘车指南”包含的“智能引导”形式共有三种：实景引导、文字引导和路径引导。其中，实景引导将为用户提供文字加实景图的引导，文字引导将为用户提供文字加简易地形示意图的引导，路径引导则将为用户提供二维俯视的路径引导。

滴滴还将通过“智能引导”功能对机场各个上车地点进行智能分流推荐，帮助机场快速分流出港旅客。滴滴在20个机场共挖掘建设了近百个推荐上车地点，均基于机场交通状况、停车难易、乘客寻找难易度等信息，通过大数据机器学习技术挖掘得出。而随着数据的不断迭代，这些推荐上车地点的信息也会随之更新升级。

推荐上车地点是滴滴自主研发的智能功能之一，旨在帮助司乘快速对接，提升接驾效率。目前，滴滴已在全国范围内挖掘了超过3000万个推荐上车地点。而随着数据、技术的不断迭代，推荐上车地点也正在迸发出新的能量，从单一的司乘接驾地点向智慧交通建设的基础设施进化。滴滴方面透露，未来除机场外滴滴还将为城市火车站提供智能引导。

（资料来源：你所不知道的滴滴大数据[OL].
http://www.xinhuanet.com/tech/2017-03/13/c_1120614658.htm）

思考：

滴滴已成为人们市内出行的首选。请试想一下，滴滴有哪些大数据营销的场景。

本章将着重介绍大数据营销技术在关联营销的购物篮商品关联特征分析中应用的基本原理和方法。通过使用 Apriori 关联规则算法实现购物篮分析，发现不同商品之间的关联关系，并根据商品之间的关联规则制定销售策略。

9.1 商品关联营销的概念

随着大数据技术的进步和发展，大数据的商业应用也越来越广泛。特别是在电子商务领域，大数据营销技术在许多方面都有了广泛的应用。商品的关联营销是商业领域最前沿、最具挑战性的问题之一，也是许多企业研究的重点问题。

关联营销是一种建立在双方互利互益基础上的营销，在交叉营销（交叉营销是指把时间、金钱、构想、活动或是演示空间等资源整合，为任何企业提供一个低成本的渠道，去接触更多潜在客户的一种营销方法）的基础上，在事物、产品、品牌等所要营销的东西上寻找关联性，以实现深层次的多面引导。同时，关联营销也是一种新的、低成本的、企业在网站上用来提高收入的营销方法。关联营销有时候也叫绑缚营销，目前在很多店铺里面已经开始使用了。关联营销是指一个产品页同时放了其他同类、同品牌可搭配的有关联的产品。

在关联营销中，可能是一家企业的网站上或者其他平台上有另一家企业所售产品的描述、评价、评级和其他信息的链接，也可能是同一家企业对同款产品的交叉但有关联的引导销售，即在一款产品销售页面上除了本身产品的一些信息之外，将同类型或者有关联的产品信息放在一起，实现多款对比。这些都提高了用户自主选择和网站黏性。因此，关联营销一般称之为"购物篮分析"。购物篮分析是通过发现顾客在一次购买行为中放入购物篮中不同商品之间的关联，研究客户的购买行为，从而辅助零售企业制定营销策略的一种数据分析方法。掌握商品的关联特征后，就可以制定合理的营销策略，在提升转化率、提高客单价和提高店内商品曝光率方面获得优势。

9.2 购物篮商品关联问题背景与挖掘目标

关联分析是挖掘数据内在结构特征或变量之间的关联性。在日常生活中，事物之间的关联性随处可见，在电子商务平台的购物篮中的商品，其关联性也是显而易见的。例如，顾客中有很大比例的人会同时购买婴儿尿布和奶粉，或面包和牛奶；女性顾客中绝大多数会选择某知名品牌的护肤品系列产品；等等。这些都是事物（商品）间关联性的具体体现。

虽然购物篮中商品之间的关联关系在很多情况下是显而易见的，但是在现代高科技快速发展的时代，从商业视角出发，是否存在一些商品之间的关联关系并不被我们所知？在海量密集的商务数据中是否存在具有重要商业价值又不被人们认识的深层次的关联关系呢？商场以获得最大的销售利润为目的，零售商都在考虑销售的商品采用什么样的促销策略，商品在货架上如何摆放，怎样了解顾客的购买习惯和偏好等。因此，商场的购物篮分析是商业领域最前沿、最具挑战性的问题之一，也是许多企业研究的重点课题。

购物篮商品的关联关系通常有两种情况。一种是顾客在一次购买行为中放入购物篮中不同商品之间的关联关系，我们称之为简单关联关系。例如，在超市中购买啤酒的顾客往往会同时购买一些如花生米、鸡爪之类的小吃。另一种是顾客在购买某种商品之后，在下一次光顾时会购买另一些其他商品，这些前后不同时间购买的商品之间同样存在关联关系，我们把这种关联关系称为序列关联关系。例如，购买了婴儿尿布和奶粉的很多顾客一段时间内会购买婴儿护肤用品，购买汽车的很多顾客近期内会购买汽车美容产品，等等。

最早的关联分析概念是 1993 年由 Agrawal、Imielinski 和 Swami 提出的。其主要研究目的是分析超市中顾客购买行为的规律，发现连带购买商品，为制定合理的、方便顾客选取的货架摆放方案提供依据。该分析被称为购物篮分析。

随着关联分析方法的不断丰富和完善，关联分析已被广泛应用于众多领域。例如，在电子商务领域，关联分析可帮助经营者发现顾客的消费偏好，定位顾客消费需求，制定合理的交叉销售方案，实现商品的精准推荐；在保险公司业务中，关联分析可帮助企业分析保险索赔的原因，及时甄别欺诈行为；在电信行业，关联分析可帮助企业发现不同增值业务间的关联性及对客户流失的影响等。

购物篮关联分析的目标就是基于已有数据，找到事物间的简单关联关系或序列关联关系，研究客户的购买行为，从而辅助零售企业制定营销策略。在数据挖掘中，关联分析成果（即关联关系）的核心体现形式是关联规则，包括简单关联规则和序列关联规则。本章主要讨论简单关联规则及其在电子商务购物篮分析中的应用。

9.3 简单关联规则

9.3.1 事务和项集

理解简单关联规则的前提是理解事务和项集。

事务就是简单关联分析的分析对象。事务可理解为一种行为。例如，百货商店顾客的购物行为是一种事务，网页用户的页面浏览关注行为是一种事务，一份财产保险公司的汽车保单也是一种事务。

项目是在事务中涉及的对象。一个事务通常包含若干个项目。一个项目可以是一种商品、一个网页链接、一个险种等。若干个项目的集合称为项目集，简称“项集”。我们把属于同一个事务的所有项目组成的集合，称为事务的项集。

以淘宝线上客户购物行为的事务和项集为例。小明喜欢在淘宝上购物，当他想购买某商品时，会在淘宝上浏览，一遍又一遍地研究该商品，也会关注它，甚至把它放入购物车。经过一段时间的研究，小明才会准备购买，同时，小明也准备购买其他商品。最终他购买了 *A*、*B*、*C*、*D*、*E* 共 5 件商品。在这里，小明的购物行为就是一个事务。他购买的 5 件商品 *A*、*B*、*C*、*D*、*E* 的集合就是项集。为了研究方便，我们会给每个事务一个 ID（标识），对应每个 ID 就有一个项集。其他客户也会在淘宝上购物，也会像小明一样有自己的购物篮，购物篮里有自己喜欢的商品，见表 9.1。

表 9.1　顾客购买行为数据示例

事务 ID	项　集	备　　注
1	*ABCDE*	表中不同的字母代表不同的商品
2	*BEF*	
3	*CDG*	
4	*ABDF*	

9.3.2　关联规则的表达形式

简单关联规则的一般表达形式是：前项→后项[支持度（Support）= s%，置信度（Confidence）= c%]，

或表达为：$X \rightarrow Y$（$S = s\%$，$C = c\%$），

其中：

- X 称为规则的前项，可以是一个项目或项集，也可以是一个包含项目以及逻辑操作（与∩、或∪、非|）的逻辑表达式；
- Y 称为规则的后项，一般为一个项目，表示某种结论或事实；
- 括号中，$S = s\%$表示规则支持度为 s%，$C = c\%$表示规则置信度为 c%。

简单关联规则的含义是：有 c%的把握程度相信有前项则有后项，该关联规则的适用性为 s%。规则支持度和置信度是对关联规则的评价测度。

例如，面包→牛奶（S=85%，C=90%），就是一条简单关联规则。前项和后项均为一个项目。该关联规则的含义是：有 90%的把握程度相信购买面包则购买牛奶，该规则适用性为 85%。

再例如，性别（女）∩收入（＞5000 元）→品牌（A）（S=80%，C=85%），也是一条简单关联规则。前项是涉及多个属性项集且包含逻辑与（∩）的逻辑表达式。这里，不同属性项集和属性取值（项目）用“属性名（属性值）”的形式表示，如性别（女）表示性别是女，收入（＞5000 元）表示收入大于 5000 元。该关联规则的含义是：有 85%的把握程度相信收入大于 5000 元的女性倾向购买 A 品牌，该规则适用性为 80%。

9.3.3　置信度和支持度

关联规则是形如 $X \rightarrow Y$ 的表达式，其中 X 和 Y 不相交。置信度和支持度这两个指标用于测量关联规则的强度。支持度也称为相对支持度，表示 X 与 Y 同时发生的概率。置信度是指 X

发生的条件下 Y 发生的概率。因此，支持度和置信度可以分别用下列公式表示：

$$\text{Support}(X \rightarrow Y) = \text{C}(X \cap Y)$$

$$\text{Confidence}(X \rightarrow Y) = \text{S}(Y|X)$$

9.3.4 频繁项集

项集是项的集合，包含 k 项的项集称为 k 项集。项集的出现频率是所有包含项集事务的级数，又称绝对支持度或支持度计数。若存在项集的支持度满足预定义的最小置信度或最小支持度的阈值，则称此项集为频繁项集，频繁 k 项集通常记作 L_k。而同时满足最小置信度和最小支持度的规则称为强规则。包含 1 个项目的频繁项集称为频繁 1 项集；包含 k 个项目的频繁项集称为频繁 k 项集。

根据频繁项集的定义很容易得到以下结论，即频繁项集的子集一定是频繁项集。例如，$\{A, B, C\}$是一个 3 项的频繁项集，则其子集$\{A, B\}$、$\{B, C\}$、$\{A, C\}$也一定是 2 项的频繁项集。反之，如果在不是频繁项集的项集 I 中添加事务 A，那么新的项集 $I \cap A$ 一定也不是频繁项集。最大频繁项集是 k 最大时的最大频繁 k-项集。确定最大频繁项集的目的是确保后续生成的关联规则具有较高的普适性，即得到的关联规则具有较高的支持度。在之后寻找频繁项集的过程中，频繁项集的这一特性经常被用到。

9.4 购物篮分析模型

本节通过实例使用关联规则算法探索商品之间的关联关系，建立商品零售购物篮关联规则模型，得出商品关联规则的结果，并结合实际，使用关联规则提升商品销量。关联规则算法有 Apriori 算法、FP-Tree 算法、Eclat 算法和灰色关联算法等。Apriori 算法是应用最广泛的关联规则算法之一，也是最为经典的在大数据集上可行的提取关联规则的算法。因此，本节主要使用 Apriori 算法进行分析。

关联规则算法主要用于寻找数据中项集之间的关联关系，基于样本的统计规律，进行关联规则分析。根据所分析的关联关系，可从一个特征的信息推断另一个特征的信息。当信息置信度达到某一阈值时，就可以认为规则成立。

Apriori 算法的主要思想是找出存在于事务数据集中最大的频繁项集，利用最大频繁项集与预先设定的最小置信度阈值生成强关联规则。Apriori 算法包含两个过程：根据最小支持度阈值找出事务数据库中所有的频繁项集；由频繁项集和最小支持度产生强关联规则，最后根据算法结果输出关联规则。

首先让我们构建购物篮商品关联规则模型的流程图，如图 9.1 所示。

9.4.1 原始数据的预处理

购物篮商品关联规则分析中的数据预处理的主要任务是通过整理原始数据，建立事务数据集对象。事务数据集的组织方式有事实表和事务表两种格式。

例如，将表 9.1 的事务数据按事实表格式组织，见表 9.2。

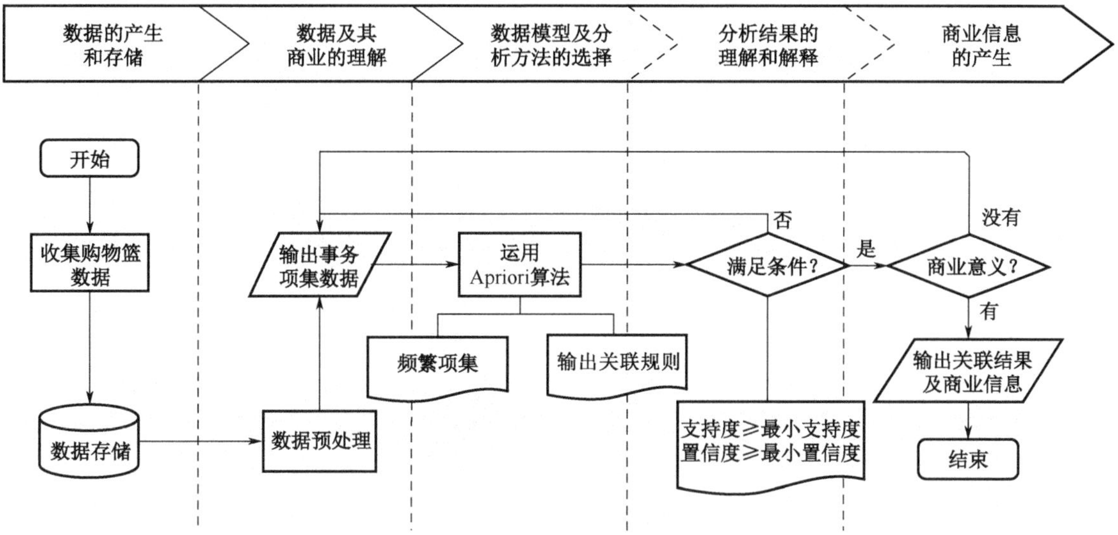

图 9.1 购物篮商品关联规则模型的流程图

表 9.2 事实表示例

ID	商品 *A*	商品 *B*	商品 *C*	商品 *D*	商品 *E*	商品 *F*	商品 *G*
1	1	1	1	1	1	0	0
2	0	1	0	0	1	1	0
3	0	0	1	1	0	0	1
4	1	1	0	1	0	1	0

表 9.3 事务表示例

ID	项集 *X*
1	*A*
1	*B*
1	*C*
1	*D*
1	*E*
2	*B*
2	*E*
2	*F*
3	*C*
3	*D*
3	*G*
4	*A*
4	*B*
4	*D*
4	*F*

在表 9.2 所示的事实表中，行是一个事务的完整描述；列是一个具体项目（商品）；1 代表项目出现（如购买），0 代表没有出现（如未购买）。

将表 9.1 的事务数据按事务表格式组织，见表 9.3。

在表 9.3 所示的事务表中，行是对一个事务的部分描述，一个事务通常需多行共同描述；列只有一个（一个变量），是一个项目。在本例中，1 号事务是个 5-项集，需 5 行描述，每行是一个项目。

9.4.2 搜索频繁项集

寻找频繁项集是 Apriori 算法提高寻找关联规则效率的关键。以图 9.2 为例，在 Apriori 算法中寻找频繁项集的基本原则是：如果最底层中只包含 *D* 项的 1-项集不是频繁项集，则包含 *D* 项的其他所有项集，即 *D* 的超集（图中灰色圆圈）都不可能是频繁项集，后续无须再对这些项集进行判断，因为基于这些项集的关联规则不可能有较高的支持度。

Apriori 算法从图 9.2 所示的底层（1-项集）开始向上，采用迭代方式逐层找到下层的超集，并在超集中发现频繁项集。如此反复，直到最顶层得到最大频繁项集为止。每次迭代均包含两个步骤。

第一步，产生候选集 C_k。所谓候选集，就是有可能成为频繁项集的项目集合。当 k=1 时，

候选集 C_k 是所有 1-项集。

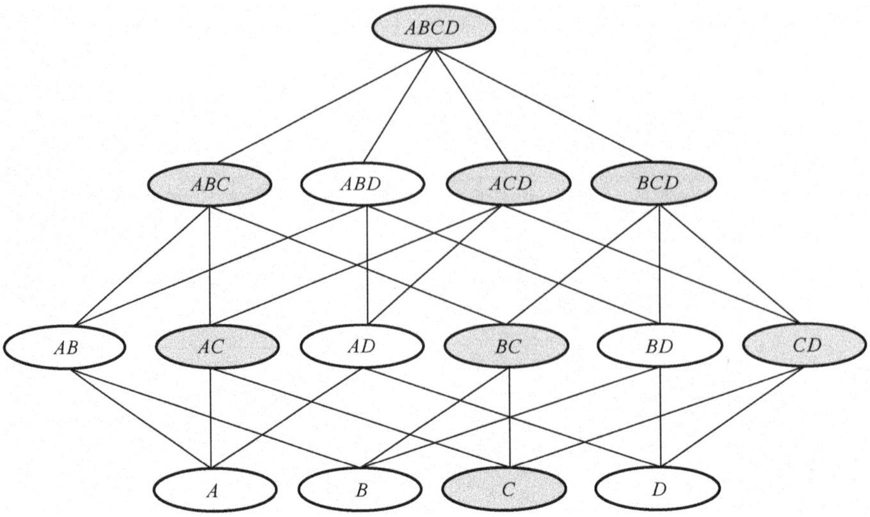

图 9.2　寻找频繁项集

第二步，修剪候选集 C_k。基于候选集 C_k 计算支持度，且依据最小支持度对候选集 C_k 进行删减，最终确定最大频繁项集 L_k。

具体做法和步骤如下。

首先找出 1 项的频繁项集，然后将 1 项的频繁项集进行组合，找出 2 项的频繁项集。如此迭代下去，直到不再满足最小支持度或最小置信度的条件为止。其中重要的两步分别是连接和剪枝。

① 连接步。连接步的目的是找到 k 项集。对给定的最小支持度阈值，分别对 1 项候选集 C_1 剔除小于该阈值的项集，得到 1 项频繁项集 L_1；下一步由 L_1 自身连接，产生 2 项候选集 C_2，保留 C_2 中满足约束条件的项集，得到 2 项频繁项集，记为 L_2；接下来再由 L_2 与 L_1 连接，产生 3 项候选集 C_3，保留 C_3 中满足约束条件的项集，得到 3 项频繁项集，记为 L_3。这样循环下去，得到最大频繁项集 L_k。

② 剪枝步。剪枝步紧接着连接步，在产生候选项 C_k 的过程中起到减小搜索空间的作用。由于 C_k 是 L_{k-1} 与 L_1 连接产生的，根据 Apriori 算法的性质，频繁项集的所有非空子集也必须是频繁项集，所以不满足该性质的项集将不会存在于 C_k 中，该过程称为剪枝。

图 9.3 就是用表 9.1 的数据举例说明以迭代的方式找出最大频繁项集的过程。由图 9.3 可以看出，最大频繁项集是{ABD}，支持度达 50%。

9.4.3　由频繁项集产生关联规则

上述步骤已经剔除了不满足最小支持度阈值的项，如果剩下的项能满足预定的最小置信度阈值，那么就可以找到强关联规则。例如，对于上述例子，频繁项集 L 包含项目 A、B、D。如果设 L 的子集 L' 包含项目 A 和 B，则 $L\text{-}L'$ 包含项目 E。计算置信度：

$$C_{(|A,B|\to D)} = S(A,B,D)/S(A,B) = 0.5/0.5 = 100\%$$

置信度最大，大于用户指定的任何阈值。因此，简单关联规则

$$\{A,B\}\to\{D\}(S\text{=}50\%, C\text{=}100\%)$$

第一次迭代

1-项集
A
B
C
D
E
F
G

项集	计数	支持度%
A	2	50
B	3	75
C	2	50
D	3	75
E	2	50
F	2	50
G	1	25

项集	计数	支持度%
A	2	50
B	3	75
C	2	50
D	3	75
E	2	50
F	2	50

第二次迭代

2-项集
AB
AC
AD
AE
AF
BC
BD
BE
BF
CD
CE
CF
DE
DF
EF

项集	计数	支持度%
AB	2	50
AC	1	25
AD	2	50
AE	1	25
AF	0	0
BC	1	25
BD	2	50
BE	2	50
BF	2	50
CD	2	50
CE	1	25
CF	0	0
DE	1	25
DF	1	25
EF	1	25

项集	计数	支持度%
AB	2	50
AD	2	50
BD	2	50
BE	2	50
BF	2	50
CD	2	50

第三次迭代

3-项集
ABC
ABD
ABE
ABF
ADE
ADF
BDE
BDF
BEF
CDE
CDF

项集	计数	支持度%
ABC	1	25
ABD	2	50
ABE	1	25
ABF	1	25
ADE	1	25
ADF	1	25
BDE	1	25
BDF	1	25
BEF	1	25
CDE	1	25
CDF	0	0

项集	计数	支持度%
ABD	2	50

图 9.3　用 Apriori 算法产生频繁项集的迭代过程举例

为有效规则。同样我们也可以得到其他的关联规则：

$$\{A,D\}\rightarrow\{B\}(S=50\%, C=100\%)$$

$$\{B,D\}\rightarrow\{A\}(S=50\% ,C=100\%)$$

从以上结果可以看出，顾客同时购买商品 *A*、*B* 和 *D* 的概率为 50%，而置信度则达到 100%，说明该规则有效。了解到上述信息即可对商品摆放位置进行更改，可以考虑把商品 *A*、*B* 和 *D* 的位置摆放得靠近一些，在增加销量的同时给客户更好的购物体验。

总之，由于 Apriori 算法的关联规则是在频繁项集基础上产生的，因此有效保证了这些规则的支持度达到用户指定的水平，具有一定的普适性，再加上置信度的限制，使得所产生的关联规则具有有效性。当然，还应从其他方面进一步考察关联规则的实用性。

9.5　简单关联规则的有效性和实用性讨论

9.5.1　Apriori 算法的优缺点与适用场景

Apriori 算法是关联规则最常用的也是最经典的分析频繁项集的算法，它的优点是大大压缩了频繁项集的大小，并取得了良好性能。Apriori 算法的缺点是每次计算支持度与置信度都需要重新扫描所有数据，而且该算法有多次扫描事务数据的缺陷，在每一步产生候选集时循环产生的项集过多，没有排除不应该参与组合的元素。针对这些问题，Zaki 等人于 1997 年提出了一种快速搜索频繁项集的算法——简称“Eclat 算法”。该算法与 Apriori 算法的思路类似，但它的特色在于：基于对等类，采用自底向上的搜索策略，只需访问很少次的数据集，便可确定最大频繁项集，从而提高了搜索效率。

Apriori 算法除了适用于商品零售购物篮分析外，近年来也广泛应用于金融行业中，可以成功预测银行客户的需求，还可应用于网络安全领域，检测出用户行为的安全模式，进而锁定攻击者。此外，Apriori 算法还可应用于高校管理、移动通信、中医证型等领域。

9.5.2 如何评价简单关联规则的有效性

从数据中可以找到很多关联规则，但并非所有的关联规则都有效。可能有的规则令人信服的水平不高，有的规则适用的范围很有限，也就是说，这些规则都不具有有效性。判断一条关联规则是否有效，应依据各种测度指标，其中最常用的测度指标是关联规则的置信度和支持度。

一个有效的简单关联规则应具有较高的置信度和较高的支持度。如果支持度较高，但置信度较低，则说明规则的可信程度差；如果置信度较高但支持度较低，则说明规则的应用机会很少。一个置信度较高但普遍性较低的规则并没有太多的实际应用价值。例如，如果在 1000 个关于顾客购买行为的事务中，只有 1 个顾客购买了野炊用的烧烤炉，同时也只有他购买了碳。虽然规则“烧烤炉→碳”的置信度很高，为 100%，但其支持度只有 0.1%，很低，说明该规则缺乏普遍性，应用价值不高。

所以，简单关联分析不仅要找到简单关联规则，更重要的是，要在众多规则中筛选出具有较高置信度和支持度的规则。对此，用户应给定一个最小置信度 $C_{\min}$ 和最小支持度 $S_{\min}$ 的阈值。只有大于最小置信度和支持度阈值的规则才是有效规则。

阈值的设置要尽量合理。如果支持度阈值太小，得到的简单关联规则会失去一般性；如果支持度阈值太大，可能无法找到“如此高代表性”的规则。同样，如果置信度阈值太小，得到的简单关联规则的可信度不高；阈值太大，也同样可能无法找到“如此高可信度”的规则。

从统计角度看，规则置信度、规则支持度、前项支持度和后项支持度与统计中的列联表密切相关。表 9.4 是统计学中的一个典型的列联表。

表 9.4　一个典型的列联表

		Y		合计
		1	0	
X	1	*A*	*B*	R_1
	0	*C*	*D*	R_2
合计		C_1	C_2	*T*

这里，可令行表示前项，列表示后项，1 和 0 分别表示出现和未出现；*A*、*B*、*C*、*D* 为交叉分组下的频数，R_1、R_2、C_1、C_2 分别为各行合计以及各列合计，*T* 为总计。对于简单关联规则 $X \rightarrow Y$，规则置信度为 A/R_1，规则支持度为 A/T，前项支持度为 R_1/T，后项支持度为 C_1/T。

因此，在分析购物篮问题时，置信度和支持度的确定至关重要，一定要联系实际的商业环境，制定具体合理的阈值标准。

9.5.3 如何评价简单关联规则的实用性

简单关联规则的实用性体现在：一方面，简单关联规则应具有实际意义，例如，怀孕→女性，这条简单关联规则就没有多少实用价值；另一方面，简单关联规则应具有指导意义，如果一条简单关联规则的规则置信度和支持度大于用户指定的最小置信度和支持度阈值，尽管该规则具有有效性，但仍可能没有指导意义，具体表现为以下几种情况。

（1）简单关联规则揭示的简单关联关系可能仅仅是一种随机关联关系。

例如，超市依据表 9.5（a）所示的调查结果，得到反映购买牛奶与否和性别关系的简单关联规则：牛奶→性别（男）（$S=40\%$，$C=40\%$）。在最小置信度和支持度为 30%时该规则是一条有效规则。

但进一步计算发现，顾客中男性的比例（后项支持度）也为 40%，即购买牛奶顾客的男性比例等于所有顾客的男性比例。此时认为，上述规则反映的是一种前后项无关联下的随机性关联，该规则没有提供更有意义的指导性信息，因此不具有实用性。

（2）简单关联规则揭示的简单关联关系可能是反向关联关系。

例如，某教育研究机构依据表 9.5（b）所示的调查结果，得到反映中学生的成绩优异与否与吃早餐关系的简单关联规则：成绩（优异）→早餐（吃）（$S=33.33\%$，$C=60\%$），在最小置信度和支持度为 30%时该规则是一条有效规则。

表 9.5（a） 示意列联表（一）

	男	女	合计
买	400	600	1000
不买	0	0	0
合计	400	600	1000

表 9.5（b） 示意列联表（二）

	吃	不吃	合计
优异	60	40	100
不优异	66	14	80
合计	126	54	180

但进一步计算发现，70%（后项支持度）的被调查者是吃早餐的，即成绩优异的学生中吃早餐的比例低于总体比例。此时认为，成绩优异与吃早餐的关联是反向的，该规则有误导性。事实上，只有成绩优异的学生中吃早餐的比例高于 70%的规则，才是有正向指导意义的规则。

总之，规则置信度和支持度只能测度简单关联规则的有效性，并不能衡量其是否具有实用性，为此还需借助规则的提升度。规则的提升度（Lift）定义为：规则置信度与后项支持度之比。提升度可反映规则是否可用，它表示在 X 发生的条件下，Y 发生的概率与 Y 总体发生的概率之比，可以用下列公式计算：

$$\text{Lift}\ (X\rightarrow Y)=C(Y|X)/S(X)P(Y)$$

若提升度小于 1，则说明规则负相关；若提升度大于 1，则说明规则正相关。

事实上，后项支持度是没有模型时研究项（后项）的先验概率。规则提升度反映了项目 X 的出现对项目 Y（研究项）出现的影响程度。从统计角度看，如果项目 X 对项目 Y 没有影响，项目 X 独立于项目 Y，则 $S_{X\rightarrow Y}=S_XS_Y$，此时规则的提升度等于 1。所以，有实用价值的简单关联规则应是规则提升度大于 1 的规则，意味着 X 的出现对 Y 的出现有促进作用。规则提升度越大越好。

对于基于表 9.5 的两个简单关联规则，规则的提升度分别为：40%/40%=1 和 60%/70%＜1。

可见，尽管它们都是有效的，但却都没有实用价值。

综上，简单关联分析的目标是发现有效性和实用性的简单关联规则。在样本量较少的情况下该问题的实现算法非常简单，但随着样本量的增加，如何在海量样本下快速发现关联规则，就是一个较为复杂的算法问题。对此，计算机学科的学者们给出了众多实现方案，其中比较有代表性的是 Apriori 算法和 Eclat 算法。这些算法都提供了 R 语言的程序包，或像 Clementine 一类的软件可以选择使用。

本章小结

本章主要结合商品零售购物篮的项目，重点介绍了关联规则算法中的 Apriori 算法在商品零售购物篮分析项目中的应用，详细地分析了商品零售的现状与问题，同时以某商场的商品零售数据为例，分析了商品的热销程度，最后通过 Apriori 算法构建相应模型，并根据模型结果制定销售策略。

【延伸阅读】

用 Clementine 软件对女生购物篮进行分析

针对廊坊师范学院的 60 位女大学生，我们对其在廊坊市沃尔玛超市为期一个月的购物信息进行了搜集与整理，为了分析其购买商品间的关联规则性，对案例中整理出的牛奶、方便面、坚果、水果、火腿肠、果汁、果酱、面包及零食这九大类商品的购买情况进行了分析。

（1）数据的预处理。将搜集到的 60 位女生的购物信息以是否购买的形式输入 Excel 表格，建立名称为“购物篮分析.xls”的数据源。如表 9.6 所示，“ID”表示顾客编号，“1”表示购买，“0”表示未购买。表中 1 号顾客分别购买了牛奶、方便面、坚果、火腿肠、果酱、面包和零食，而未购买水果和果汁；2 号顾客分别购买了牛奶、坚果、火腿肠、果酱、面包和零食，而未购买方便面、水果和果汁；以此类推可知每位顾客的购买信息。

表 9.6　60 位女大学生的部分购物信息

	A	B	C	D	E	F	G	H	I	J
1	ID	牛奶	方便面	坚果	水果	火腿肠	果汁	果酱	面包	零食
2	1	1	1	1	0	1	0	1	1	1
3	2	1	0	1	0	1	0	1	1	1
4	3	1	0	0	0	1	0	1	1	0
5	4	1	0	1	1	0	0	0	1	0
6	5	1	1	0	1	0	1	1	1	1
7	6	1	1	1	1	0	1	1	1	1
8	7	1	0	1	1	0	0	0	0	0
9	8	1	1	1	1	1	1	1	1	0
10	9	0	0	0	0	0	0	0	0	1
11	10	0	1	1	1	1	1	1	1	1
12	11	0	0	0	0	0	0	0	0	1
13	12	1	1	0	0	1	1	1	1	1
14	13	0	1	0	1	0	0	1	0	1
15	14	0	0	0	1	1	1	0	1	1
16	15	1	1	0	0	0	0	0	1	1
17	16	0	1	1	1	1	1	1	1	1
18	17	1	0	1	0	1	1	1	1	1
19	18	1	1	1	1	1	1	0	1	1

（2）建立流程。如图 9.4 所示，在案例视图模板中加入一个数据访问模块和一个关联规则模块。设置数据访问模块为 Excel 格式，并连接到关联规则模块。此流程将完成从数据输入到

导出关联规则结果这一过程。

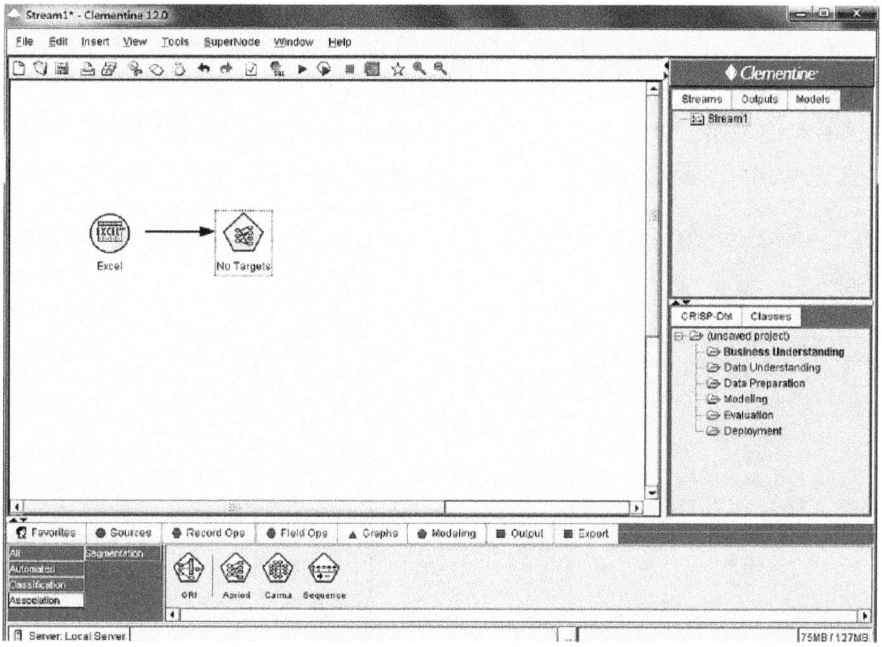

图 9.4　做购物分析的初步流程

（3）导入数据，并作初步审核。导入数据，在数据访问模块即 Excel 中输入已经建立且处理好的数据并作初步审核。如图 9.4 所示，将搜集的 60 位女生的购买数据即“购物篮分析.xls”导入数据访问模块，并执行（2）中建立的流程，由此得出结论：所搜集整理的数据均符合做购物篮分析的条件，不需做过滤处理。

（4）设置前项和后项，如图 9.6 所示。

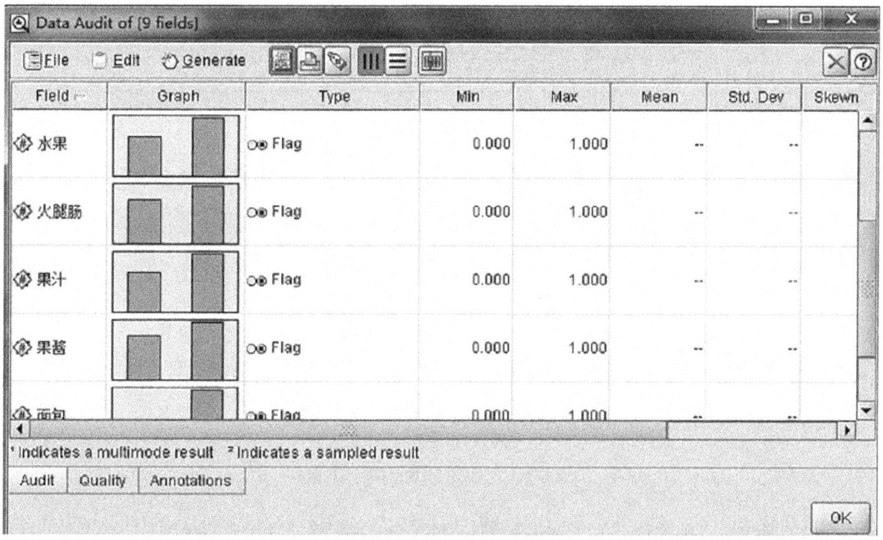

图 9.5　数据审核

（5）设置最低条件支持度、最小规则置信度、最大前项数。设定关联规则模块的参数为：

项集最小容量为 1，项集最大容量无限制。选择恰当的支持度与可信度是挖掘有效关联规则的关键。超市的销售数据属于大数据量数据，无法预知多大的支持度可以过滤出合适的数据。因此，可根据规则产生的实际数据和预定的目标对最小支持度和最小置信度标准做适当的调整，以避免过多或过少规则的出现。通过对局部购物数据进行数据挖掘，得出支持度、可信度以及关联规则数目的对比关系，对其结果进行分析、比较，最后确定相对精确的支持度和可信度的值：最小支持度为 10%，最小置信度为 80%，如图 9.7 所示。

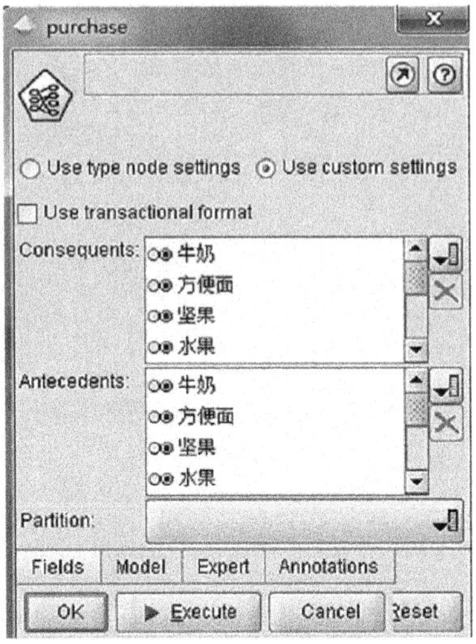

图 9.6　前后项选择

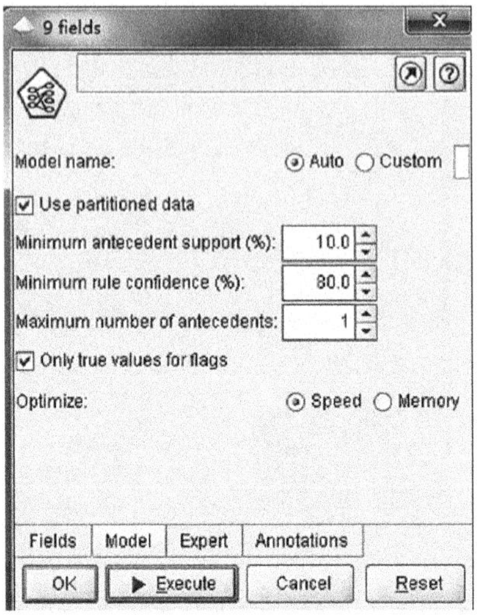

图 9.7　各参数设置

（6）导出结果并分析商品间的关联规则关系。根据图 9.8 得出的关联规则分析结果如下。

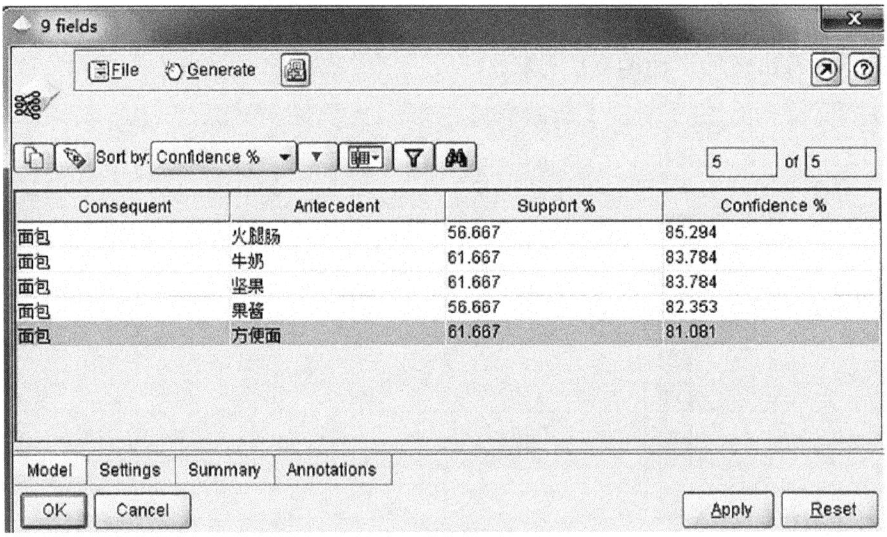

图 9.8　关联规则分析结果

*R*1：面包→火腿肠，*S*=56.7，*C*=85.3%，即有 85.3%的把握程度相信购买面包则购买火腿肠，该规则适用性为 56.7%，即购买面包的女生中有 85.3%也购买了火腿肠，56.7%的女生同时购买了面包和火腿肠。

*R*2：面包→牛奶，*S*=61.7%，*C*=83.8%，即有 83.8%的把握程度相信购买面包则购买牛奶，

该规则适用性为 61.7%，即购买面包的女生中有 83.8%也购买了牛奶，61.7%的女生同时购买了面包和牛奶。

*R*3：面包→坚果，*S* =61.7%，*C* =83.8%，即有 83.8%的把握程度相信购买面包则购买坚果，该规则适用性为 61.7%，即购买面包的女生中有 83.8%也购买了坚果，61.7%的女生同时购买了面包和坚果。

*R*4：面包→果酱，*S* =56.7%，*C* =82.4%，即有 82.4%的把握程度相信购买面包则购买果酱，该规则适用性为 56.7%，即购买面包的女生中有 82.4%也购买了果酱，56.7%的女生同时购买了面包和果酱。

*R*5：面包→方便面，*S* =61.7%，*C* =81.1%，即有 81.1%的把握程度相信购买面包则购买方便面，该规则适用性为 61.7%，即购买面包的女生中有 81.1%也购买了方便面，61.7%的女生同时购买了面包和方便面。

根据原始数据的分析，面包购买率高达 76.7%，再结合以上关联分析的结果可以得出“面包和火腿肠被同时购买的可能性最大，且其占总量的比重最高”。为了方便学生购买，同时提高其销售量，学校附近的零售点可以多置面包，并将面包和火腿肠摆在相邻或相近的位置。

（资料来源：陈丽芳. 基于 Apriori 算法的购物篮分析[J]. 重庆工商大学学报（自然科学版），2014 年 5 月，第 31 卷第 5 期：84-89.）

【实验与思考】

1. 实验目的

掌握利用 Apriori 算法建立购物篮分析模型的基本原理和方法。

2. 工具/准备工作

开始本实验之前，请认真阅读课程的相关内容。

准备一台可以上网的计算机或者移动设备。

3. 实验内容与步骤

1）数据采集和整理

（1）通过小组形式向学校食堂或便利店获取近一个月的部分商品的销售数据。

（2）按照表 9.6 的格式做好原始数据整理。

2）软件安装和数据分析

（1）在电脑上安装 Clementine 软件。

（2）在软件组建立流程。

（3）导入 Excel 数据列表并设置最低条件支持度、最小规则置信度。

（4）导出结果并分析商品间的关联规则关系。

3）根据关联分析的结果给出营销建议

4. 实验总结

____

____

____

____。

5. 实验评价（教师）

____

____

____

____。

第 10 章▶▶

商品评论文本数据的情感分析

【学习目标】

1. 熟悉商品评论数据情感分析的步骤与流程
2. 掌握文本分析的预处理方法
3. 文本数据的语义网络与情感倾向性分析
4. 使用 LDA 模型对正面及负面评论数据进行主题分析

【思维导图】

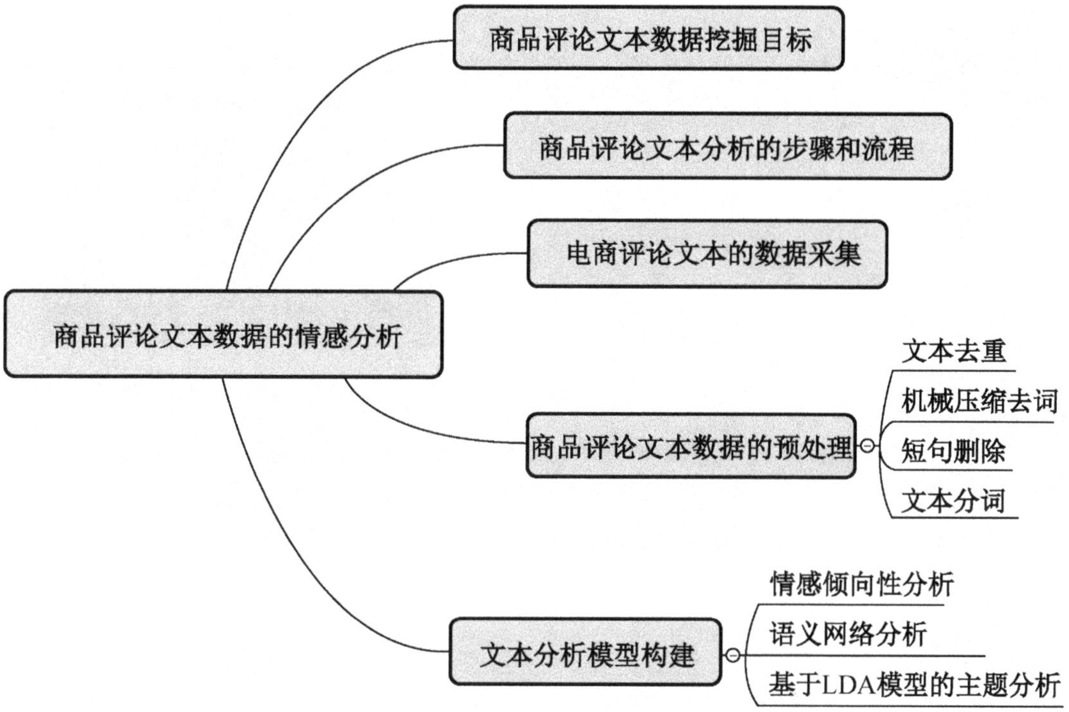

【开篇故事】

300 个小米之家让用户体验购物乐趣

小米董事长兼CEO雷军在2017年“哈佛中国论坛”的演讲中表示，互联网不仅仅是技术，更是从商业的角度教会企业如何做到极致的用户体验，如何做到极致的运作效率。小米公司从真正开始商业运营至今，只有短短6年多的时间，仅用了两年半的时间，就把手机做到了中国第一、全球第三，2014年的营业额更是达到100亿美元。小米取得好成绩的关键就是在技术和商业理念两方面的创新。

一方面技术是创新的核心。以小米MIX为例，全面屏手机让小米成为全屏时代的业界领先者，最近一两年，小米MIX带来的影响已成为行业潮流。雷军说：“小米成为主要研发芯片能力的手机公司，所用芯片全部通过自主研发而非收购。对于技术公司，技术是核心，技术决定成败。”

另一个重要方面是通过互联网的方式，重点提升用户体验和运作效率。雷军曾说：“关于口碑，我花了很长时间去思考。口碑不仅仅是好的或便宜的东西，口碑的核心来自超越预期。只有做到极致的东西才有机会超越预期，而口碑好的产品，市场营销成本应该几乎为零。” 而如何高效地了解客户的口碑是非常重要的。

在新零售O2O的驱动下，小米开始尝试用互联网的方法做实体零售业，发现和电商成本差不多，甚至更低。于是小米采用了线上线下相结合的模式。目前小米已经设立了70多家“小米之家”，目标是3年之内开到1000家，5年之内收入突破100亿美元。

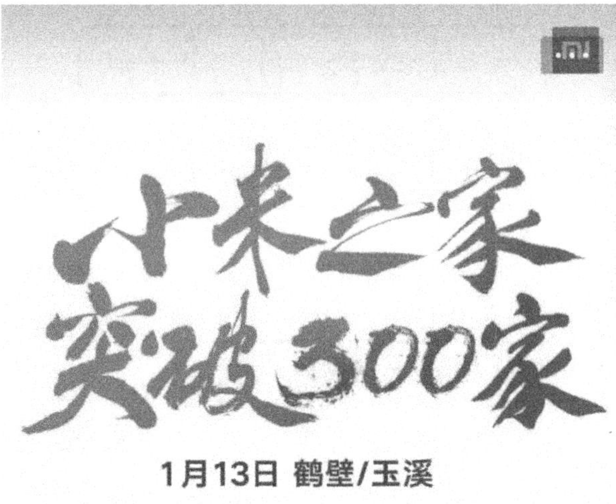

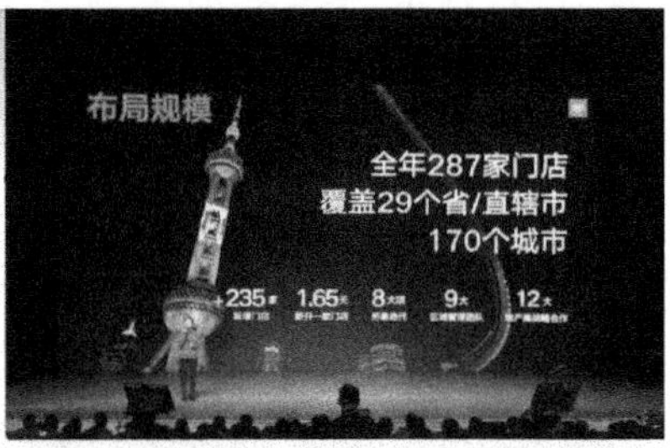

小米之家发布2017年工作报告
共接待人次6713万

覆盖170个城市，新增235家门店、2家品牌店（深圳旗舰店、上海东方明珠店），共接待了6713万人次，这是小米之家2017年的成绩单。就在1月13日，小米之家全国第300家门店也已于河南鹤壁开业。2018年，小米将继续探索新零售，更多的门店将来到大家身边。

通过小米之家，小米连接了客户，与互联网紧密结合，让用户参与设计。小米坚信“不懂用户就没有设计”，所以要求员工去泡论坛、发微博，不断跟用户交流，倾听用户的声音，让用户参与产品、营销的设计，这是小米商业模式的基础；同时坚持以用户反馈来驱动开发，大家公认的设计才是好设计。这种力量是循环互动的，当你很认真地对待用户的时候，用户也会用心地对待你。每次参观小米之家时都让人感觉很轻松，大家也都是抱着新鲜感去看的。在小米之家里没有疯狂的产品推销，店员更像我们的朋友，大家是在一种交流和体验中选择产品的，感觉这才是应该有的购物环境。在众多小米之家当中，深圳旗舰店和上海东方明珠店应该是最豪华的，当时也吸引了全球很多人的目光。

小米当初的互联网思维确实为小米带来很多线上粉丝，最初在网上渠道销售手机产品，没有中间商赚差价，也没有宣传成本，产品的定价因此变得非常良心，用户也因为产品的低售价给小米贴上了“高性价比”的标签。但是随着市场形势的转变，越来越多的用户更注重产品的体验。为用户打通更多的线下体验通道是非常有必要的，小米之家就是一个非常好的渠道。

在新零售开展的过程当中，小米的良心更加体现得淋漓尽致！线上线下产品同价，以前线上的高性价比也延续到了线下。这意味着，用户服务提升了，用户能够获得的享受更多了，但是需要用户付出的代价却没变，良不良心相信大家心里都有数！

小米之家在 2017 年一年之间新增了 235 家，整体规模达到了 300 家，真的是传奇性的增长！短短一年时间能够增长如此之快，体现了两方面的东西：第一就是小米的品牌口碑好，用户对小米之家的支持程度高，才使得小米之家的线下布局顺风顺水；第二就是小米的决心，想把“新零售”踏踏实实、认认真真地搞下去，真正为用户着想。

（资料来源：雷军，小米要做极致的用户体验，要做国民手机[OL].
http://www.jd.com/phb/zhishi/98e39b64aa4737a0.html;
小米 2017 年值得炫耀的地方，300 个小米之家让用户体验购物乐趣[OL].
http://www.sohu.com/a/216861329_100092604）

思考：

小米是怎样通过线上线下相结合的方式去了解客户的，客户又是利用什么渠道参与、体验和设计小米手机的？

10.1 商品评论文本数据挖掘的目标

随着电子商务的迅速发展和网络购物的流行，人们对网络购物的需求变得越来越大，这也给电商企业带来了巨大的发展机遇。与此同时，这种需求也推动了更多电商企业的崛起，引发了激烈的竞争。消费者在电商平台上浏览商品和购物过程中，会产生大量的用户行为数据，其中用户对商品的评论数据对商家具有重要的意义。利用好这些碎片化、非结构化的数据，将有利于企业在电商平台上的持续发展；对这部分数据进行分析，依据评论去优化现有产品也是大数据在企业经营中的实际应用。

因此，电商平台在激烈竞争的大背景下，除了提高商品质量、压低商品价格，了解更多消费者的心声对于电商平台来说也变得越来越有必要，其中非常重要的方式就是对消费者的文本评论数据进行内在信息的数据挖掘分析。评论信息中蕴含着消费者对特定产品和服务的主观感受，反映了人们的态度、立场和意见，具有非常宝贵的研究价值。一方面，对企业来说，企业需要根据海量的评论数据去更好地了解用户的个人喜好，从而提高产品质量，改善服务；企业得到的这些信息，也会有利于对应商品的生产厂家自身竞争力的提升，获取市场上的竞争优势。另一方面，消费者需要在没有看到真正的产品实体、做出购买决策之前，根据其他购物者的评论了解产品的质量、性价比等信息，为购物选择提供参考依据。

综上所述，针对电子商务平台上的商品评论进行文本数据挖掘的目标一般如下：①分析商品的用户情感倾向，了解用户的需求、意见、购买原因；②从评论文本中挖掘商品的优点与不足，提出改善产品的建议；③提炼不同品牌的商品卖点。

10.2　商品评论文本分析的步骤和流程

商品评论文本分析的步骤和流程如图 10.1 所示，主要包括以下步骤：

① 商品评论的数据采集；

② 商品评论数据的预处理，包括文本去重、机械压缩去词、短句删除、文本分词等操作；

③ 对文本评论数据进行处理后，选择适当的分析模型进行分析；

④ 从对应结果的分析中获取文本评论数据中有价值的内容。

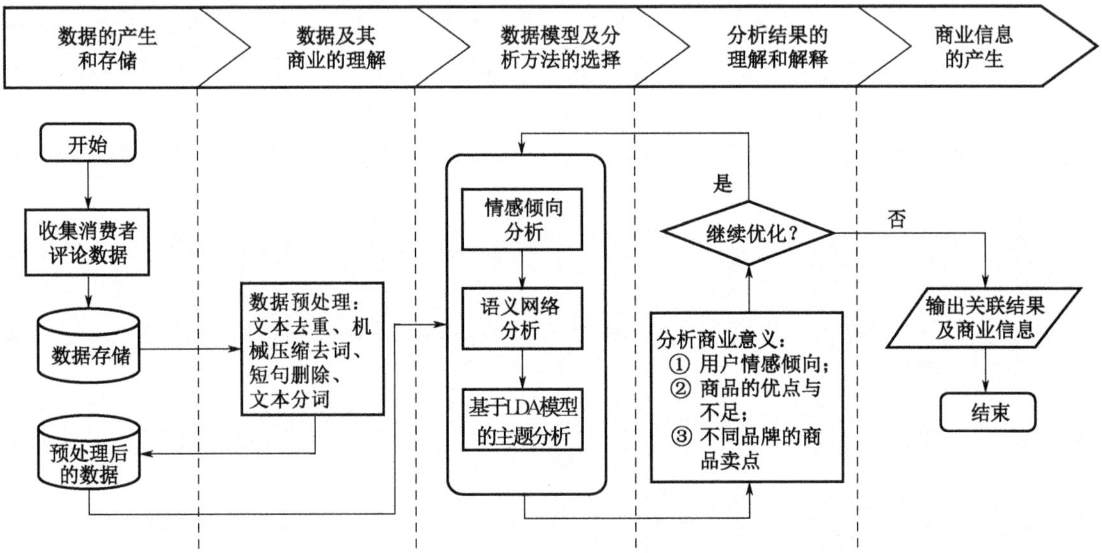

图 10.1　商品评论文本分析的步骤和流程

10.3　商品评论文本的数据采集

要分析商品的评论数据，需要先对评论数据进行采集。一般情况下，平台系统会直接把用户对商品的评价文本以结构化形式存入平台的数据库。如果你拥有这种平台的数据库，数据采集就比较容易，只要把数据库中的文本导出即可。但在多数场合，普通商家或生产企业对商品评价文本的分析更有兴趣，而恰恰这类企业并不拥有此类数据库，它们的商务活动往往全部依赖平台提供的服务。这种场合数据的收集只能依靠平台提供的 API 或利用网络爬虫技术。市场上有若干网络爬虫工具可以选择，如八爪鱼、火车采集器等。这类采集器属于“易用型”，主要通过模仿用户的网页操作进行数据采集，只需指定数据采集逻辑和可视化选择采集的数据即可完成采集规则的制定。还有一种方法就是利用 R 语言或 Python 语言的强大的程序库，直接编写程序来抓取你所要求的数据。

使用R语言对网络数据进行爬取，首先需要了解在网络上发布内容的技术，一般有HTML、XML和JSON。一般常见的网页都离不开HTML 。HTML是通过使用标记来描述文档结构和表现形式的一种语言。虽然HTML不是专用的数据存储格式，但是可以从它标记的文本、表格、列表、链接或其他结构中寻找数据。XML是网络数据交换格式，被用来传输和存储数据。另一个常用到的标准数据保存和交换格式是JSON，它是一种独立的语言，目前很多网络提供的都是JSON格式的数据，该格式易于阅读和编写，同时也易于机器解析和生成。

其次，需要了解Web文档中提取信息的技术。在R语言中，针对HTML/XML，如果所需要的数据存储在某个网页的源代码上，可以通过该网页的URL将网页源代码读取下来，使用R语言的基本函数readLines或RCurl程序包下的getURL函数实现该功能。若需要用R语言伪装成浏览器访问网页，可以使用getURL函数中的httpheader参数进行设置。对读取下来的网页源码，推荐使用XML包中的htmlParse函数将网页源代码进行解析，接着使用xpathSApply函数，通过XPath快速获取源代码中的信息。XPath 可以借助Google Chrome的Web开发者工具（其他浏览器也有类似的工具）获取，该功能一般使用F12 键或Fn+F12组合键打开。

再次，可以从“元素（Elements）”面板里看到该网页的结构。当光标悬浮在某个代码上时，对应的网页内容会在页面中高亮显示。反过来，如果要根据网页内容确定对应的代码片段，可以单击“元素（Elements）”标签最左侧的按钮，接着单击网页中某个部分的内容，相应的代码片段则会高亮显示。最后只要在需要的代码片段上单击右键，选择“Copy XPath”即可。如果所需要的信息分散在整个HTML中，可以利用正则表达式对信息进行提取。在R语言中，除了使用base包中提供的字符串处理函数外，还可以使用stringr包来实现。如果数据是以JSON文档形式存储的，可以使用R语言对其解析，无须使用特定的查询语言即可提取数据。如果数据采用动态请求的方式，可以使用RSelenium包，它提供了在浏览器中进行单击、滚动、滑动及文字输入等的驱动程序。RSelenium包的作用是使用R语言调用Selenium Server。Selenium Server允许在不同的浏览器上打开网址，对网页进行操作，并爬取网页元素的独立Java程序。通过Selenium Server可以对网页进行操作，从而爬取动态页面。

最后需要了解数据保存的手段。在R语言中，可以将数据直接保存在本地。如果需要将数据存入数据库，那么就需要了解数据库相关知识。

无论利用哪种数据采集手段，都要首先制订数据采集计划。这份计划应包括：①商品数据所在的网页 URL，如果需要还要包括用户名及密码等；②抓取内容的规划，如产品的名称、价格和评论信息；③制定翻页循环列表，包括商品翻页循环列表和评论翻页循环列表。本案例的网页数据抓取工具选择的是八爪鱼采集器。

10.4 商品评论文本数据的预处理

采集到文本后，首先要进行文本评论数据的预处理。一般情况下，文本数据的预处理比普通的结构化数值型数据的预处理要复杂得多。文本评论数据里面存在大量价值含量很低甚至没有价值含量的条目，如果将这些评论数据也引入，并进行分词、词频统计乃至情感分析等，则必然会对分析造成很大的影响，得到的结果也必然是存在问题的。所以在利用这些文本评论数据之前就必须先进行文本预处理，把大量的无价值含量的评论去除。

电商网站评论文本数据的预处理主要包括四个方面的工作：文本去重、机械压缩去词、短句删除和文本分词。

10.4.1 文本去重

文本去重，顾名思义，就是去除文本评论数据中重复的部分。无论获取到什么样的文本评论数据，首先要进行重复文本的去重。一般情况下可以从以下几个方面来检查获取的原始文本数据。

（1）检查是否是平台默认的文本。一些电商平台为了避免一些客户长时间不进行评论，往往会设置一道程序，如果用户超过规定的时间仍然没有做出评论，系统会自动替客户做出评论，当然这种评论的结果大多都是好评。很显然这类数据没有任何分析价值，而且这种评论是大量重复出现的，必须去除。

（2）是否是评论人重复复制粘贴的内容。在进行评论过程中评论人可能为了省事，就在多个商品中采用同样或相近的评论，这里当然可能不乏有价值的评论，但是即使有价值也只有第一条有价值。因此，同一个人可能出现的重复评论，应该被去除。

（3）是否引用了其他人的评论。由语言的特点可知，在大多数情况下，不同人之间的有价值的评论不会出现完全重复，如果出现了不同人评论之间的完全重复，那么这些评论一般都是毫无意义的，如“好好好好好”“差差差差差差”等，或者直接复制粘贴上一人的评论。这种评论显然只有最早出现的才有意义（即只有第一条有意义），而如果不是完全重复，是比较相近的，也存在一些无意义的评论。

文本去重的方法通常采用文本去重算法。在前人的研究下，有许多文本去重算法，大多都是先通过计算文本之间的相似度，再以此为基础进行去重，包括编辑距离去重、Simhash 算法去重等。不同的算法虽然各有千秋，但是大多也存在一些缺陷，所以必须灵活运用。以编辑距离算法去重为例。编辑距离算法去重实际上就是先计算两条语料的编辑距离，然后进行阈值判断，如果编辑距离小于某个阈值则进行去重处理。这种方法对那些接近重复而又无任何意义的评论文本的去除效果是很好的，主要去除接近重复或完全重复的评论数据，而并不要求完全重复。但是，当有意义且有相近表达的评论遇到这种方法时可能也会被删除，这样就会带来错删问题。所以，在预处理时要特别注意语义相近，但又有实际意义的文本，要避免错删。

有时也可以考虑采取一些相对简单的文本去重思路。由于相近的语料也存在不少有用的评论，去除这类语料显然不合适，那么为了留存更多的有用语料，就只能针对完全重复的语料下手。因此，处理完全重复的语料直接采用最简单的比较删除法就好了，也就是两两对比，完全相同就去除的方法。

10.4.2 机械压缩去词

由于电商平台的文本评论数据质量参差不齐，没有意义的文本数据很多，仅仅依靠文本去重远远不够，经过文本去重后的评论仍然有很多评论需要进一步处理。例如：

“太贵太贵太贵太贵太贵太贵太贵太贵太贵太贵太贵太贵”

“超贵超贵超贵超贵超贵超贵超贵超贵超贵超贵”

这类语料存在连续重复的语料，也是最常见的较长的无意义语料。因为大多数给出无意义评论的人都只是为了获得一些额外奖励等，并没有对评论真正抱有兴趣，而他们为了省事就很可能进行这样的评论。显然这类语料是重复的，也是毫无意义的评论，是需要删除的。

因此，需要对语料进行机械压缩去词处理，也就是说要去掉一些连续重复、累赘的表达，例如把“好好好好好好好好好好好好好”缩成“好”。

机械压缩去词实际上要处理的语料就是语料中有连续累赘重复的部分。从一般的评论偏好角度来讲，一般人制造无意义的连续重复只会在开头或者结尾进行。机械压缩去词处理过程的第一步就是要制定判断和压缩的规则，然后根据规则，便可以完成对开头连续重复语料的处理。类似的规则，也可以对处理过的文本再进行一次结尾连续重复语料的处理，算法思想是相近的，只是从尾部开始读词罢了。从结尾开始的处理结束后就得到了压缩去词后的精简语料。

10.4.3 短句删除

虽然精简的辞藻在很多时候是一种比较良好的习惯，但是由语言的特点可知，从根本上说，字数越少所能够表达的意思越少。要想表达一些相关的意思就一定要有相应量的字数，过少字数的评论显然是没有任何意义的，如“很不错”“质量差”等三个字的评论。为此，就要删除掉过短的评论文本数据，以去除没有意义的评论，包括：

① 原本就过短的评论文本，如“很不错”；

② 经机械压缩去词处理后过短的评论文本，即原本为存在连续重复的且无意义的长文本，如“好好好好好好好好好好好好好好好”。

显然，短句删除最重要的环节就是确定要保留的评论的字数的下限。这一点没有精确的标准，通常可以结合特定语料来确定，一般 4～8 个国际字符是较为合理的下限。例如，假定设定下限为 4 个国际字符，则经过前两步预处理后得到的语料其字符数若小于或等于 4 个国际字符，就将该语料删去。经过文本去重和机械压缩去词两步的处理后，再进行短句删除的效果是比较有效且明显的，可以过滤掉较多的垃圾信息。

10.4.4 文本分词

由于中文文本的特点，分词的难度要比英文复杂得多。原因是在中文文本中，只有字、句和段落能够通过明显的分界符进行简单的划界，而对于“词”和“词组”来说，它们的边界模糊，没有一个形式上的分界符。因此，分词是中文文本信息处理的基础环节。在进行中文文本挖掘时，首先应对文本分词，即将连续的字序列按照一定的规范重新组合成词序列的过程。

分词结果的准确性对后续文本挖掘算法有着不可忽视的影响，如果分词效果不佳，即使后续算法优秀也无法实现理想的效果。例如，在特征选择的过程中，不同的分词效果将直接影响词语在文本中的重要性，从而影响特征的选择。

在实践中，分词通常是利用中文分词工具来完成的。国内比较流行的中文分词工具有 jieba、SnowNLP、THULAC、NLPIR 等开源工具。各种分词工具在使用语言、原理及适用条件方面都有着各自的特点。例如，R 语言的中文分词包“jiebaR”，可以对 TXT 文档中的商品评论数据进行中文分词。jiebaR 提供分词、词性标注、未登录词识别、支持用户词典等功能。经过相关测试，此系统的分词精度高达 97%以上。

10.5 文本分析模型的构建

文本分析模型的构建包括三方面的内容：①情感倾向性分析；②语义网络分析；③基于LDA 模型的主题分析。

10.5.1 情感倾向性分析

虽然原始评论数据中已经含有评论的类标签（如好评、差评），但是在实际网络购物中，不乏有一些购买者为了避免因为选择差评而遭到卖家骚扰的情况，在评论标签选择了好评，但实际评论内容是差评。因此需要寻找一种基于评论文本数据判断评论情感倾向的方法，并检验该方法的有效性。

1．基于情感词表进行情感词匹配

情感倾向也称为情感极性。在某商品评论中，可以理解为用户对该商品表达自身观点所持的态度是支持、反对还是中立，即通常所指的正面情感、负面情感、中性情感。对产品的优缺点进行分析时，只要进行用户评论信息中的情感倾向分析即可，不需要分析每一条评论的情感程度。

要对评论情感倾向进行分析，首先要对情感词进行匹配，匹配的方法主要是词典匹配法。2007 年 10 月 22 日知网发布的《情感分析用词语集（beta 版）》，包括“中文正面评价”“中文负面评价”“中文正面情感”“中文负面情感”词表。利用《情感分析用词语集（beta 版）》，可以将“中文正面评价”“中文正面情感”两个词表合并，作为正面评论情感词表，并给每个词语赋予初始权重 1；将“中文负面评价”“中文负面情感”两个词表合并，作为负面评论情感词表，并给每个词语赋予初始权重–1。

一般基于词表的情感分析方法，分析的效果往往与情感词表内的词语有较强的相关性，如果情感词表内的词语足够全面，并且词语符合该项目场景下所表达的情感，那么情感分析的效果会更好。针对分析场景，可以在知网提供的词表基础上进行优化，例如“好评”“超值”“差评”“五分”等词只在网络购物评论上出现，这样就可以根据词语的情感倾向将其添至对应的情感词表内；将“满意”“好评”“很快”“还好”“还行”“超值”“给力”“支持”“超好”“感谢”“太棒了”“厉害”“挺舒服”“辛苦”“完美”“喜欢”“值得”“省心”等词添至中文正面情感词表；将“差评”“贵”“高”“漏水”等词添至中文负面情感词表。

2．对情感词的倾向进行修正

情感词的倾向修正主要根据情感词前面两个位置的词语是否存在否定词而去判断情感倾向的正确与否，由于汉语中存在多重否定现象，即当否定词出现奇数次时，表示否定意思；当否定词出现偶数次时，表示肯定意思。按照汉语习惯，搜索每个情感词的前两个词语，若出现奇数否定词，则调整为相反的情感极性。汉语中常用的否定词共有 19 个，分别为“不”“没”“无”“非”“莫”“弗”“毋”“未”“否”“别”“休”“不是”“不能”“不可”“没有”“不用”“不要”“从没”“不太”。

3．对情感分析结果进行检验

对于匹配好的情感词，可以通过词云来检验情感分析效果。正面情感评论词云示例如图 10.2（a）所示。“不错”“满意”“好评”等正面情感词出现的频数较高，并且没有掺杂负面情感的词语，可以看出，情感分析能较好地将正面情感评论抽取出来。

负面情感评论词云示例如图 10.2（b）所示，“差评”“垃圾”“不好”“太差”等负面情感词出现的频数较高，并且没有掺杂正面情感的词语，可以看出，情感分析能较好地将负面情感评论抽取出来。

图 10.2（a） 正面情感评论词云示例

图 10.2（b） 负面情感评论词云示例

以上是通过词表的情感分析来判断文本的情感程度的。随着深度学习的发展，特别是神经网络的运用场景越来越广泛，情感倾向性分析也可以用神经网络工具来进行。

10.5.2 语义网络分析

评论的语义网络分析对象是消费者对产品独有优势、产品抱怨点以及顾客购买原因等的评论。在此基础上，结合前面的分析对品牌或产品的改进提出建议。这个阶段主要通过不同产品或不同型号产品的好评、差评文本数据生成语义网络图，结合共词矩阵以及评论定向筛选回查完成对评论的分析。下面就语义网络的基本概念以及实施步骤等作一简单介绍。

1．语义网络的概念、结构与构建本质

语义网络是由 R．F．Simon 提出的用于理解自然语言并获取认知的概念，是一种语言的概念及关系的表达。语义网络实际上就是一幅有向网络图，例如，“小明给小华一本书”的语义网络如图 10.3 所示。

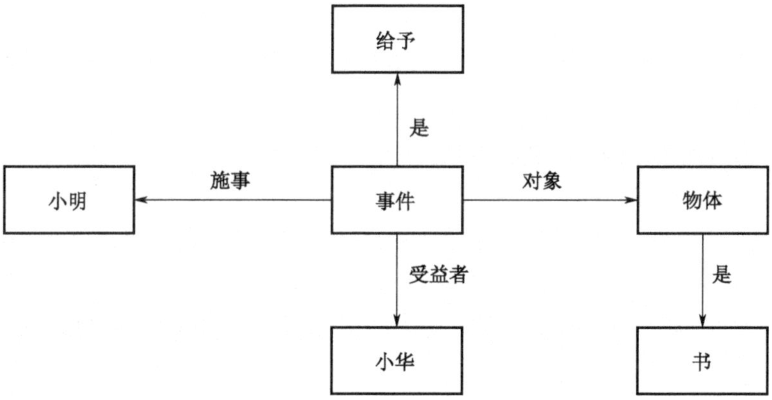

图 10.3 语义网络举例示意图

图中节点表达实体即各种用文字所表达的事物，而节点之间的有向线条则被用以表达节点之间的语言意义上的关系，其中线条的方向是语言关系的因果指向。在“小明给小华一本书”

这一事件中，小明是施事者，小华是受益者。小明施事的动作是给予，物体是书。当然，这种语言意义上的关系往往是复杂的。

虽然每一个语义网络结构里事物（节点）之间的关系是复杂的，但是语义网络的每一道连接线的形成从本质上看就是由于这种语义关系的存在。用不同词语表达的特定事物之间就是因为存在千丝万缕的联系，才会形成一个个的语义网络。

2．基于语义网络进行评论分析的特点

从前面的论述得知，要想对中文评论进行合理的分析必须要采取的一项措施是分词，因为计算机不可能像人一样去识别每一个整句的语义，不能直接识别语句的整体结构思想，但是分词又会使语句的整体结构变得凌乱，从而使对分词后的语句直接进行诸如产品差异等复杂的分析变得不切实际，所以必须找到方法，以尽可能地将这种原已凌乱的关系重新整合起来，使复杂的分析重新变为可能。建立起事物之间（这里分出的每一个词代表一项事物）的语义网络关系就能使原已凌乱的关系得以整合，特别是那些可以连成通顺语料的词语的关系（即连接“因果”关系）的重新整合，而这种关系的成功重建能够清晰地还原语料中所反映出来的许多内容，特别是当单独的词语无法清晰地表达相应的情况时。例如，热水器的网评：“安装”与“方便”分开时，任何一方都不能清晰地表达相关的情况，单独一个“安装”可以表达很多内容，可以是“安装很容易”，也可以是“有师傅上门帮忙安装”，还可以是“安装要收手续费”，等等；而单独一个“方便”也可以表达很多内容，可以是“使用十分方便”，也可以是“商品签收方便快捷”，还可以是“交款方式方便简易”，等等。但是如果“安装”和“方便”通过语义网络方式连接起来，如图 10.4 所示，就可以清晰地反映出是热水器产品在安装时比较便利。再如，“热水”与“不足”也是这样的情况，此处就不再赘述。

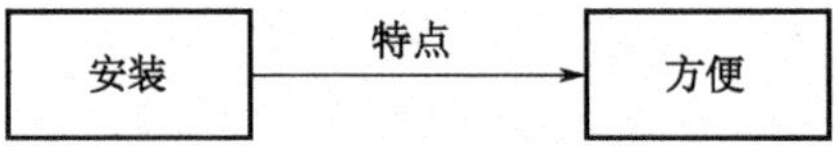

图 10.4　“安装”与“方便”的语义网络连接示意图

当这种语义网络建立起来后，就可以借助它进行各种各样的特定分析，特别是在判断特定产品优点、抽取各品牌的顾客关注点等上都具有一定的优势。以判断特定产品优点为例，如果某种产品相对于其他产品具有某种特定的优势，那么在由该种商品的正面评论形成的语义网络上就会生成与其他产品正面评论形成的语义网络不一样的且蕴含着这种优势的关系连接，通过可视化，就能够从中抽取出来。

3．基于语义网络进行评论分析的实现

基于语义网络进行评论分析的实现同样遵循大数据文本挖掘的流程。然而，由于语义文本的复杂性，对数据预处理的要求更高。语义网络分析所需要的前期处理不仅包括文本去重、文本分词、机械压缩去词过滤等，还要进行情感倾向性分析。在文本情感分析的基础上，针对以二分类文本情感分析的结果为起点开始语义网络的分析。因为评论是正面的以及评论是负面的大多都会具有不同的语意结构，且对于同一商品而言，正面以及负面的评论从根本上说关注的点必然是不完全一样的，信息也是不完全一样的，毕竟正面以及负面评论之间是存在逻辑冲突的。而这种正面、负面评论的分割需要用到情感分析的技术。

所以，首先进行情感倾向性分析，将评论数据分割成正面（好评）、负面（差评）、中性（中评）三大组；然后抽取正面（好评）、负面（差评）两组，进行语义网络的构建与分析。因为中性评论往往携带着比较复杂的信息，难以对细节进行倾向性提取，所以不对中性评论进行语义网络分析。

进行情感倾向性分析并将评论数据分类，可以在原有的情感分析工作基础上通过修改来完成，也可以使用 ROSTCM6 系统来完成。ROSTCM6 系统是由武汉大学开发的一款免费反剽窃系统，可用来检测论文是否抄袭；同时 ROSTCM6 系统又是一款大型的免费用于社会计算的软件，可以实现多种类型的分析，包括情感倾向性分析以及后面将要进行的语义网络的构建等。使用 ROSTCM6 系统完成情感分析是因为该软件的情感倾向性分析使用的是基于优化的情感词典的方法，目前来讲其准确率会比基于词向量以及基于神经网络的情感分析方法的正确率更高。另外，受限于现今中文分词技术的缺陷以及评论本身的特性，能够透过中文评论挖掘出来的内容还是很少的，因此对情感倾向性分析的正确率要求就要更高。当需要以此为基础进一步分析时，就需要利用基于情感词典的方法。情感分析完成后，便可以开始进行语义网络分析。

要进行语义网络分析，首先要分别对正面、负面两大组数据重新进行分词处理，并提取出高频词（为了实现更好的分词效果，在分词词典中引入更多的词汇）。因为只有高频词之间的语义联系才是真正有意义的，个性化词语间的关系不具代表性。然后在此基础上过滤掉明显无意义的成分，减少分析干扰。最后再抽取特征，处理完后便可进行两组语义网络的构建。前述的 ROSTCM6 系统也可以用来完成语义网络图及共词矩阵的构建。以语义网络图为基础，结合共词矩阵，用评论定向筛选回查，便可进行相关评论分析（有关 ROSTCM6 系统的用法可参考 http://www.gooseeker.com/doc/article-432-1.html）。

10.5.3 基于 LDA 模型的主题分析

基于语义网络的评论分析进行初步数据感知后，从统计学的角度，对主题的特征词出现频率进行量化表示。主题模型在机器学习和自然语言处理等领域是用来在一系列文档中发现抽象主题的一种统计模型。直观上来说，判断两个文本相似性的传统方法是通过查看两个文档共同出现的单词的多少，如 TF、TF-IDF 等方法，这些方法没有考虑到文字背后的语义关联，可能导致两个文本共同出现的单词很少甚至没有，但两个文档是相似的。因此在判断文档相似性时，应进行语义挖掘，而语义挖掘的有效工具就是主题模型。

如果一篇文档有多个主题，则一些特定的、可代表不同主题的词语会反复出现。此时，运用主题模型，能够发现文本中使用词语的规律，并且把规律相似的文本联系到一起，以寻求非结构化的文本集中的有用信息。例如，对于热水器的商品评论，代表热水器特征的词语如“安装”“出水量”“服务”等会频繁地出现在评论中，运用主题模型，将代表热水器特征的情感描述性词语同相应的特征词语联系起来，从而深入了解热水器评价的聚焦点及用户对于某一特征的情感倾向。LDA（Latent Dirichlet Allocation）模型作为其中一种主题模型，属于无监督的生成式主题概率模型。本小节主要介绍 LDA 模型。

1. LDA 模型介绍

LDA 模型是由 Blei 等在 2003 年提出的生成式主题模型。生成式主题模型，即认为每篇文档的每个词都是通过“一定的概率选择了某个主题，并在这个主题中以一定的概率选择了某个词语”。LDA 模型也被称为三层贝叶斯概率模型，包含文档、主题、词三层结构，能够有效地对文本进行建模。和传统的空间向量模型相比，LDA 模型增加了概率的信息。通过 LDA 模型，能够挖掘数据集中的潜在主题，进而分析数据集的集中关注点及其相关特征词。

LDA 模型在文本聚类、主题挖掘、相似度计算等方面都有广泛的应用，相对于其他模型，其引入了 Dirichlet 先验知识，因此，模型的泛化能力较强，不易出现过拟合现象。另外，它是一种无监督的模式，只需要提供训练文档，就可以自动求出各种概率，无须任何人工标注过程，节省了大量人力及时间。再者，LDA 模型可以解决多种指代问题。例如，在热水器的评论中，根据分词的一般规则，经过分词的语句会将“费用”一词单独分割出来，而“费用”是指安装费用，还是指热水器费用或其他费用，如果只是简单地进行词频统计及情感分析，是无法识别的，从而也无法准确了解用户反映的情况。而运用 LDA 模型，可以求得词汇在主题中的概率分布，进而判断“费用”一词属于哪个主题，并求得属于这一主题的概率和同一主题下的其他特征词，从而解决多种指代问题。

2．运用 LDA 模型进行主题分析的实现过程

在本章商品评论关注点的研究中，即在对评论中的潜在主题进行挖掘的过程中，评论中的特征词是模型中的可观测变量。一般来说，每则评论中都存在一个中心思想，即主题。如果某个潜在主题同时是多则评论中的主题，则这一潜在主题很可能是整个评论语料集的热门关注点。在这个潜在主题上越高频的特征词越可能成为热门关注点中的评论词。

首先，为提高主题分析对不同情感倾向和热门关注点的反应情况的精确度，本章在语义网络情感分类结果的基础上，对不同情感倾向下的潜在主题分别进行挖掘分析，从而得到不同情感倾向下用户对热水器不同方面的反应情况。例如，选取差评中的一则评论“售后服务差极了，不买他们的材料不给安装，还谎称免费安装，其实要收挺贵的安装费，十分不合理。这也算了，安装费之前说 200 元，安好之后要 400 元，更贵了，更加不合理，不管是安装师傅还是规定，都是很差很差的体验，我看其他人的了，一样的安装，安装费比别人贵。而且安装师傅做事粗糙、态度粗鲁”。在这则评论中，“安装费”和“安装师傅”在这则评论中出现频率较高，可作为潜在主题。同时，可以得到潜在主题特征词的概率分布情况，反映潜在主题“安装费”的特征词包括“贵”“不合理”，反映“安装师傅”的特征词包括“粗糙”“粗鲁”。因此，虽然 LDA 模型可以直接对文本做主题分析，但是文本的正面评价和负面评价混淆在一起，并且由于分词粒度的影响（否定词或程度词等），可能在一个主题下生成一些令人迷惑的词语。因此，将文本分为正面评价和负面评价两个文本，再分别进行 LDA 主题分析是一个比较好的主意。为将文本一分为二，可以进行手工分类，但是极耗精力和时间。为此，可以进行机器标注。这里采用 ROSTCM6 中的情感分析做机器分类，生成“正面情感结果”“负面情感结果”和“中性情感结果”，抛弃“中性情感结果”文本，分别对“正面情感结果”和“负面情感结果”文本进行主题分析，挖掘出商品的优点与不足。

其次，分别统计整个评论语料库中正负情感倾向的主题分布情况，对两种情感倾向下，各个主题出现的次数从高到低进行排序，根据分析需要，选择排在前若干位的主题作为评论集中的热门关注点，然后根据潜在主题上特征词的概率分布情况，得到对应的热门关注点的评论词。

本章小结

本章重点介绍了评论文本数据的情感挖掘分析步骤、预处理方法，包括文本去重、机械压缩去词、短句删除、文本分词等，并重点解释了情感倾向性分析、语义网络分析和基于 LDA 模型的主题分析三个主要的情感分析算法的原理及使用方法。

【延伸阅读】

基于 LDA 特征表达的社交网络平台文本情感分析

随着 Web 2.0 时代的到来，用户不但是信息的接收者，而且是信息的创造者。人们可以不受时间和地域的限制分享各种不同的观点，而且在得到自己需要的信息的同时也可以发布自己的观点。信息在网络上不断地累积，不会丢失。并且随着微博、微信、人人、Twitter、Facebook 等社交网站的发展，人们相互之间的交流更加频繁，信息的传播与演化更加迅速。网络是现实社会的映射，现实社会中所发生的事件会在网络中被放大，进而反作用于现实社会。但非常规突发事件的极端负面情绪，可能会误导大众对事件的真实看法，进而造成不良影响。因此，准确计算网络事件不同阶段的情感并预测下一阶段的情感倾向，从而采取必要的措施以尽可能地控制事件的发展、维护社会和平具有重要意义。

LDA 模型于 2003 年提出，是一种主题模型，在 PSLA 上加上了贝叶斯框架。它可以将文档集中每篇文档的主题以概率分布的形式给出，从而通过分析一些文档抽取出它们的主题（分布），之后可以根据主题（分布）进行主题聚类或文本分类。同时，它是一种典型的词袋模型，即一篇文档是由一组词构成的，词与词之间没有先后顺序的关系。此外，一篇文档可以包含多个主题，文档中每个词都由其中的一个主题生成。人们在编写文档时，事先计划要讲述哪几个主题。每个主题一般是使用该主题下出现频率较高的词项进行描述。所以在主题模型下，含有相近或者相同含义的词项，其在同一主题下的生成概率相近。

按照贝叶斯学派的观点：后验分布 = 先验分布 + 概率分布

为了使先验分布和后验分布在形式上保持一致，Blei 等人使用 Multinomial 的共轭分布——Dirichlet 分布，从而使得文档和主题的先验与主题之间，词项和主题的先验与词之间是满足 Multinomial—Dirichlet 共轭结构的。先验概率和后验概率满足共轭分布，可以让后续的推导更简便。所以，LDA 模型的图模型结构如图 10.5 所示。

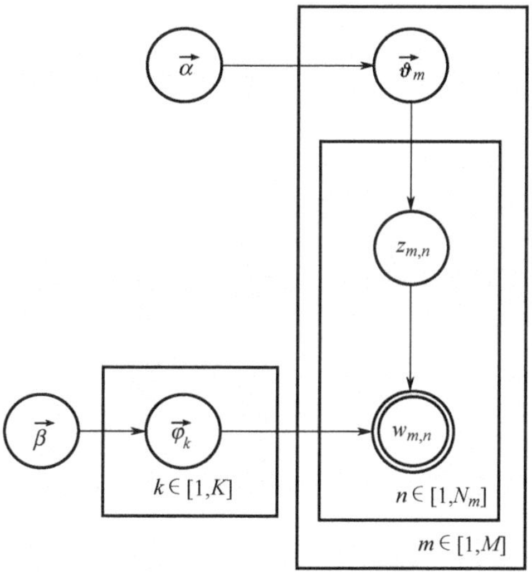

图 10.5　LDA 模型的图模型结构

对于语料库中的每篇文档，LDA 模型定义了如下生成过程：

① 对每篇文档，从主题分布中抽取一个主题；

② 从上述被抽到的主题所对应的单词分布中抽取一个单词；

③ 重复上述过程直至遍历文档中的每个单词。

在 LDA 模型中，估计 α 和 β 这两个未知参数可以用变分 EM 算法，也可以用 Gibbs 采样，前者的思想是最大后验估计 MAP，后者的思想是贝叶斯估计。贝叶斯估计是对 MAP 的扩展，但它与 MAP 有着本质的不同，即贝叶斯估计把待估计的参数看作是服从某种先验分布的随机变量。使用 Gibbs 语料训练 LDA 的过程如下：

① 对于语料库中的每篇文本的每个词项，随机赋予一个主题标号；

② 重新扫描语料库，对其中的每个词项，使用条件概率公式重新采样它的主题标号，并在语料库中进行更新；

③ 重复②中的重新采样过程，直到 Gibbs 语料收敛；

④ 统计语料库中词项与主题之间的共现频率矩阵和文本与主题之间的共现频率矩阵，就可以获取 LDA 模型的训练结果。

情感主题模型（Emotion Topic Model，ETM）是一种从文本挖掘社会情感而提出的联合情感主题模型。其在传统的 LDA 模型上加入一层情感模型的隐变量。该模型对情感的探测仍然遵循三步生成模型的过程：首先，从指定文本的情感分布中生成情感；其次，在给定情感作为先验分布的多项式分布中生成一个隐主题变量；最后，在基于隐主题变量的另一个多项式分布中生成文本的词汇项。所以，完整的 ETM 图模型如图 10.6 所示。

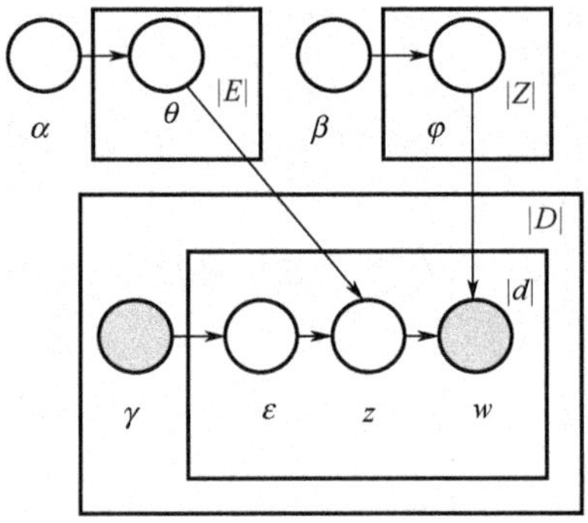

图 10.6　ETM 图模型

其中，各参数满足的分布如下：

$$
\begin{aligned}
\theta &\sim \text{Dirichlet}(\alpha) \\
\varepsilon_i &\sim \text{Multinominal}(\gamma) \\
z_i|\varepsilon_i,\theta &\sim \text{Multinominal}(\theta_{\varepsilon_i}) \\
\varphi &\sim \text{Dirichlet}(\beta) \\
w_i|z_i,\varphi &\sim \text{Multinominal}(\varphi_{z_i})
\end{aligned}
$$

所有变量的联合概率分布如下：

$$P(\gamma,\varepsilon,z,w,\theta,\varphi;\alpha,\beta)=P(\theta;\alpha)P(\varphi;\beta)P(\gamma)P(\varepsilon|\gamma)P(z|\varepsilon,\theta)P(w|z,\varphi)$$

由于对情感主题模型无法准确推导后验公式，因此用 Gibbs 语料的近似推导方法。对每维情感及每个主题的后验分布进行估计，并采用以下边缘分布：

$$P(\varepsilon_i = e|\gamma, \varepsilon_{-i}, z, w; \alpha, \beta) \propto \frac{\alpha + nz_{-i}^{e,z_i}}{|Z|\alpha + \sum_z nz_{-i}^{e,z}} \times \frac{\gamma_{d_i,e}}{\sum_{e'} \gamma_{d_i,e'}}$$

$$P(z_i = z|z_{-i}, \gamma, \varepsilon, w; \alpha, \beta) \propto \frac{\alpha + nz_{-i}^{\varepsilon_i,z}}{|Z|\alpha + \sum_{z'} nz_{-i}^{\varepsilon_i,z'}} \times \frac{\beta + nw_{-i}^{z,w_i}}{|W|\beta + \sum_w nw_{-i}^{z,w}}$$

作为一个完全的生成模型，我们能从情感主题模型包含的不可见文本中推测出大量条件概率，如给定某一维情感的隐主题分布，以及给定主题下的词分布。

为了克服现有研究方法的缺陷，提出了两种情感主题模型，分别为多标签监督主体模型（Multi-label Supervised Topic Model，MSTM）和情感隐主题模型（Sentiment Latent Topic Model，SLTM）。对应的图模型分别如图 10.7 和图 10.8 所示。

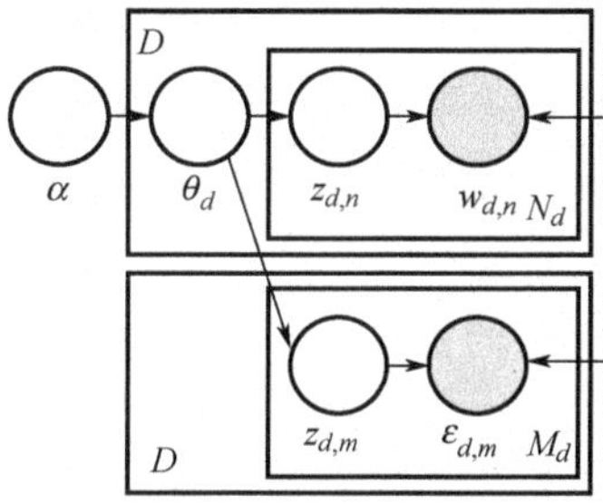

图 10.7　MSTM 图模型

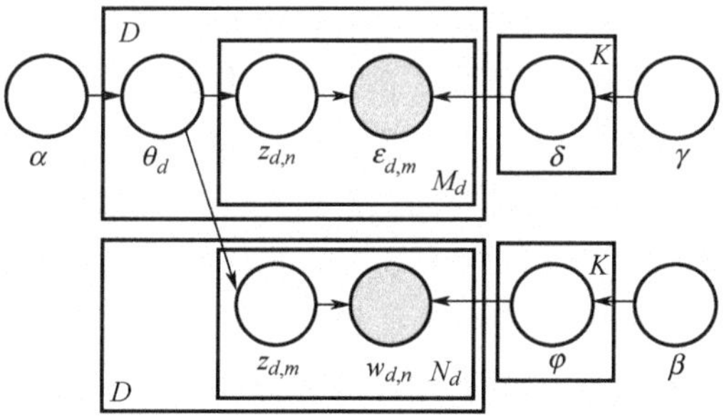

图 10.8　SLTM 图模型

MSTM 中加入了读者对文章的多维情感表情评定等级。对每篇文章先按狄利克雷分布生成词汇主题分布和情感主题，然后在两种主题下分别生成对应的词汇和情感标签。

情感和词汇的主题对应的后验条件分布分别如下：

$$P(z_n = z|z_{\neg n}, w; \alpha, \beta) \propto (c_{d_n,z}^{\neg n} + \alpha) \times \frac{c_{z,w_n}^{\neg n} + \beta}{\sum_{w'} c_{z,w'}^{\neg n} + W\beta}$$

$$P(z_m = z|z_{\neg m}, \varepsilon; \theta_d, \gamma) \propto \theta_{d,z} \times \frac{c_{z,\varepsilon_m}^{\neg m} + \gamma}{\sum_{\varepsilon'} c_{z,\varepsilon'}^{\neg m} + E\gamma}$$

而 SLTM 是先生成情感主题分布，再生成词汇主题分布。情感和词汇的主题对应的后验条件分布分别如下：

$$P(z_m = z|z_{\neg m}, \varepsilon; \alpha, \gamma) \propto \left(c_{d_m,z}^{\neg m} + \alpha\right) \times \frac{c_{z,\varepsilon_m}^{\neg m} + \gamma}{\sum_{\varepsilon'} c_{z,\varepsilon'}^{\neg m} + E\gamma}$$

$$P(z_n = z|z_{\neg n}, w; \theta_d, \beta) \propto \theta_{d,z} \times \frac{c_{z,w_n}^{\neg n} + \beta}{\sum_{w'} c_{z,w'}^{\neg n} + W\beta}$$

随着 Web 2.0 的蓬勃发展，互联网逐渐倡导“以用户为中心，用户参与”的开放式架构理念。用户由一开始单纯的“读”网页向“写”网页、“共同建设”互联网发展，由被动地接收信息向主动地创造信息转变。并且随着社交网络平台的兴起，网络上产生了大量的用户发起、评论、转发和点赞等信息，这些信息表达了人们的各种情感如喜、怒、哀、乐、惊、惧等。基于此，潜在的用户就可以通过浏览这些具有主观色彩的评论了解大众舆论对于某个事件的观点和情感。由于越来越多的用户在社交网络平台上分享自己的观点，没有了时间、空间、民族等的限制，信息具有了多源开放、快变多样、纷繁破碎、价值稀疏的特点，仅仅依靠人工方法难以应对网上海量数据的收集和处理。因此，估测公众对社会事件、政策变动、公司决策、市场活动和产品评价的观点越来越迫切。

MSTM 和 SLTM 在原有经典 LDA 模型的基础上加入情感层变量，用以从现有观测变量如词向量中学习训练出关于情感和主题的变量。实际上在这两种方法的实验再现中，发现对于网络短文本的主题与情感获取，往往训练结果是每篇文章对应非常稀疏的主题分布，而每个主题下对应的情感分布是更为稀疏的情感分布。而如今，对于网络上最容易获取的数据源通常是微博等各大社交平台的留言记录。这些数据都是海量的 Web 数据，这些数据往往具有如下特性。

（1）数以亿计的社交媒体用户不定时地在博客、Twitter 等媒体中发布内容各异的文本。网络上保留着大量用户的不同言论数据，如 Twitter 中的推文，微博、微信中存在大量表达用户观点、态度、看法的短文本，用户的情感也蕴含在这些短文本中。这些都为研究社交媒体中文本的情感提供了海量的数据。不同的事件中不同的用户往往有自己特定的情感表达方式。而个性化的表达方式则使某一事件中能准确表达情感的词汇组合模式不尽相同。因此，基于网络的社交媒体，其情感数据丰富海量，情感模式隐晦模糊。

网络社交媒体与现实事件总是息息相关，而现实事件引发的话题总是会引导用户的舆论趋向，从而导致社交媒体产生以相应话题为中心的情感。对某一事件，用户讨论的事件话题多样，但是由于话题数据之间的关联极度分散且组织结构极度混乱，造成话题情感碎片多样。

（2）不同用户，甚至同一用户不同时段通过社交文本表达出的情感也是有微妙变化的。往往随着话题事件的变化，关注该话题的用户群体的总情感倾向在不同时间段也会出现或多或少的变化。极端情况如“女司机”事件，社交媒体用户对事件主角的情感在一夜之间有了颠覆性的变化，从起初对女司机的同情转移到最后的愤怒。因此，随着社交媒体技术的运用越来越广泛，文本的情感也呈现出“话题情感碎片多样，情感状态转移迅速”的特征。

（3）在网络用语更新换代如此迅速的时代，用于情感表达的词汇也往往日新月异。因此，对于感情倾向都会完全颠覆的词汇，如“土豪”一词，由旧社会时期的贬义词变为如今的奉承词汇。这对辨析当下社交文本中真实的情感是难上加难。网络用户在日常交流中，往往会创造出新颖的词汇，如“喜大普奔”“狗带”等。而在语言表达中，带有情感倾向的词汇本就只是所有词汇中的少部分，更多词汇是不带有情感倾向的代词、助词等。与语义相关的形容词、副词等才是表现作者显式情感的词汇。短文本往往存在句子成分缺失的问题，且对于某一事件的短文本往往存在很多的冗余和噪声，词汇之间的情感关联呈现稀疏的特征。因此，在文本用户发布的诸多文字中，如何确定表达情感的词汇及其表达的情感种类，更是一大难点。因此，对于新型的社交媒体而言，“情感词汇新颖易变，词汇情感关联稀疏”是其一大特征。

（4）为追求表达内容丰富而形式简练，网络用户往往会将文字与标签混用来表达自己的情感及其强度。而标签在句子中的位置也是变化的，可存在于句子的开始、中间或者末尾。并且一篇短文本中的标签表达的情感多样，难以判定句子情感，具有混杂之感。如在“悲伤”一词后加上若干个省略号以表达情感的真切与程度之深。各社交媒体都有各自独特的标签，而标签在网络流传中会改变初始的情感色彩。如“蜡烛”一词由最初单纯的“蜡烛”含义，引申为“祈祷”“哀悼”等更复杂的含义。再如“再见”一词，由最初单纯的表示告别、希望再次见面之意，引申为“无法交流”“不想搭理”的含义，而并非真的再见或结束聊天。“词汇标签混杂共存，情感标签纷繁杂乱”的特性显而易见。

综上四点可见，社交媒体中文本情感具有自身的特点。如何针对这些特点，探索出切实可行的解决方法，才是当下对社交媒体文本情感探索的当务之急。

（资料来源：薛睿蓉.基于 LDA 特征表达的文本情感分析.软件学报.CNKI 在线出版）

【实验与思考】

1. 实验目的

（1）学习运用八爪鱼软件对文本数据进行采集。

（2）学习运用 R 语言对文本数据做数据清洗（预处理）。

（3）学习运用 R 语言中的 jeibaR 程序包对文本做分词处理。

2. 工具/准备工作

开始本实验之前，请认真阅读课程的相关内容。

准备一台可以上网的计算机或者移动设备。

3. 实验内容与步骤

1）数据采集和整理

（1）下载并安装八爪鱼软件。

（2）选择电商平台的一种商品，对评论文本数据进行采集和储存。

2）数据预处理和数据分析

（1）在电脑上安装 R 软件以及 jeibaR 程序包。

（2）使用 R 语言中的 jiebaR 中文分词库对评论文本进行分词。

（3）根据停用词库过滤停用词。

3）根据情感分析的结果给出商品的优势特征和商品品牌的建议

4. 实验总结

____

____

____

____。

5. 实验评价（教师）

____

____

____

____。

第 11 章▶▶

大数据营销中的伦理与责任

【学习目标】

1. 认知大数据营销中的伦理问题
2. 明确大数据营销中存在的伦理风险
3. 能够描述现阶段大数据营销中的伦理困境
4. 能够剖析大数据营销伦理困境的成因
5. 能够指出大数据营销伦理意识建构的必要性
6. 能够基于市场现状提出大数据营销伦理建构的方法

【思维导图】

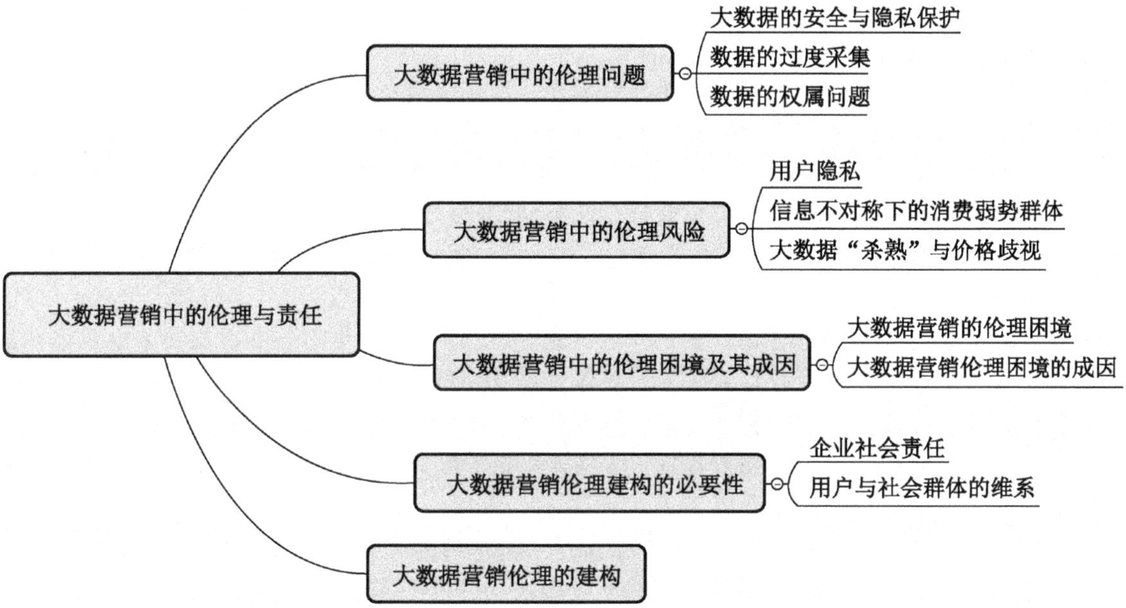

【开篇故事】

蚂蚁金服的“未来药店”

2018 年 5 月 24 日，首家“未来药店”在郑州开业。该药店由河南张仲景大药房股份有限公司与支付宝联合改造而成。在这家药店中，顾客可刷脸支付、通过电子社保卡自动扣费、免押金租检测器械、进行远程健康咨询等。

早在 2014 年，支付宝就发布了“未来医院”计划，正式以开放的方式进入医疗健康领域。该计划包括三个阶段。

第一阶段帮助医院建立移动医疗体系。支付宝通过开放支付宝的移动平台能力、支付和金融解决方案能力以及数据能力，联合各类独立软件开发商，协同医院打造以患者为中心的智能就医平台，帮助医院实现从挂号、候诊、院内导航、缴费，到取报告、医患互动的全流程移动就医服务，提升患者就医体验。

第二阶段旨在激活医疗服务全生态。支付宝结合医疗改革的推进，通过互联网在线完成电子处方、就近药物配送、转诊、医保实时报销、商业保险实时申赔等所有环节，激活整个社会医疗生态。

第三阶段则是共建基于大数据的健康管理平台。支付宝结合云计算能力，与可穿戴设备厂商、医疗机构、政府卫生部门等合作，共同搭建基于大数据的健康管理平台，实现从治疗到预防的转变。

2017 年 5 月，蚂蚁金服旗下的支付宝宣布面向个人用户推出一站式的医疗服务平台。除了整合支付宝已有的挂号就诊等服务，用户通过该平台还可以获取健康咨询、健康资讯、母婴服务、健康金融等 15 项健康管理服务。

根据国家食品药品监督管理总局的数据显示，目前全国有药品连锁企业 5609 家，下辖 22 万家药店。而蚂蚁金服新的计划是希望向药品行业开放多维能力，实现更深度的融合和助力。

跟很多人印象中的“卖药”不同，我国药店的经营品种已日渐丰富。据知名咨询机构波士顿咨询的报告显示，随着我国医药分家综合改革的推进，处方药销售也将更多地分流到药店。如今，药店的经营已包括处方药、非处方药、保健品、药妆等多个品种，从模式上已越来越趋向于快消行业。

目前，中小型连锁药店占据中国药店市场约 70%的份额，相比快消行业，不少中小药店的营销体系严重老化，还停留在发传单、登报纸等 20 世纪 80 年代的营销手法上；在库存上，则凭借经验进行大致估算，时常造成某些产品滞销，也经常因为缺货而流失客户。而现在则可以通过接入支付宝会员这一途径来解决，接入后就有了用户画像和群体标签，这样就能对药店的铺货量和库存量进行科学化管理了。

另外，大公司竞争、医保账期长、租金上涨、扩张门店资金短缺等多重压力，让中小药店贷款和增加收入来源的需求十分急迫。蚂蚁金服将为中小连锁药店提供全过程无人工干预的信用贷，来缓解贷款难的问题。而在接入芝麻信用后，信用好的用户就可以免押金租用医疗器械，这样不仅减轻了消费者的经济压力，店家也能通过以租代售的灵活方式增加收入。

（资料来源：如果问谁能真正颠覆医药领域，那可能就是阿里[OL]. http://www.sohu.com/a/229710665_456063；支付宝宣布将全面接入药店，懂精准营销，可提供信用贷款 http://xinwen.eastday.com/a/180321081 554265.html，编辑整理）

思考：

1. 在“未来药店”这种新式的药店营销过程中，使用了哪些大数据营销工具？
2. 这个案例里，大数据在药店营销中起到了什么作用？
3. 这么做的好处在哪里？同时，是否有什么不妥的地方？

大数据和人工智能的飞速发展，为社会生活带来了极大的便利。数据科学起初在更大程度上来说是一个研究课题，源于科学家们为了理解人类智能、打造人工智能而做出的努力。后来，事实证明它能带来真正的商业价值。现阶段，大数据营销处于快速上升的发展期，不仅为企业和商家引进了新的运营思路、实现了价值增值，也为消费者享受到的个性化服务带来了巨大的改善。但是，当人们看到它带来巨大好处的同时，却可能忽视其中存在的伦理问题，以及企业应该担负的责任。

11.1 大数据营销中的伦理问题

11.1.1 大数据的安全与隐私保护

只要有数据，就必然存在数据泄露、数据窃取等与安全、隐私有关的问题。目前，大数据在收集、存储以及使用过程中都面临着重大的风险和威胁，大数据需要遵守更多、更合理的规定，但是传统的数据保护方法无法满足这一需求，而数据管理者的责任感也存在一定的缺失。因此，大数据的安全与隐私保护，还面临着大量的困难和挑战。

1. 数据安全

数据安全有两层含义：一是要保证用户的数据不损坏、不丢失；二是要保证数据不会被泄露或者盗用。

在过去 10 年中，由于不断传出有犯罪分子或者恶意黑客进入计算机系统偷盗数据的事件，而且确实给公司和个人带来了很大的麻烦，因此，今天大家担心更多的是数据是否会被别人偷盗，以至于让自己蒙受不可估量的损失。

过去利用各种安全防范方法，虽然防住了绝大多数黑客和数据偷盗者的入侵，但总是有一些漏网的。好在过去的数据通常不是集中存放的，因此，即使系统被黑客攻破，丢失的数据也常常有限，损失也有限。更重要的是，由于数据大多是单一维度，或者是低维度的，所以损失比较直接，可以估算。

但是在大数据时代，由于数据量巨大，数据一旦丢失，损失也是巨大的。

实例 11-1 数据丢失：塔吉特（Target）安全事件损失惨重

2013 年年底，美国零售巨头塔吉特（Target）宣布公司被黑客入侵，7000 万的用户个人信息和 4000 万的信用卡数据被盗，涉及用户名、电话号码、电子邮箱和信息卡信息等隐私数据。据估计塔吉特的损失当前已达 1.48 亿美元，并最终可能达到 10 亿美元。

1.1 亿顾客的数据失窃事件爆发之后，12%的老顾客不再去塔吉特消费，36%的零售商降低了购货频率。而那些继续在塔吉特购物的人中有79%不再使用信用卡消费了，取而代之的是使用现金。同时塔吉特还将向个人受害者支付最高 10 000 美元的损害赔偿。

此次塔吉特被黑客入侵的原因有两个：一是塔吉特（或者是他们的供应商）缺乏 IT 安全管理，二是他们的员工没有参加过有效的安全意识培训——因此，在塔吉特的案例中，才会出现只是供应商的一个员工点击钓鱼链接就能导致惨剧发生的现象。

（资料来源：安全事故启示录，回看美国零售巨头塔吉特大规模数据泄露事件[OL]. http://www.freebuf.com/news/67464.html）

思考：

塔吉特的顾客数据失窃，可能会对顾客造成什么影响呢？

当然，比数据集中存放更让业内人士不踏实的是一旦黑客得到多维的数据，从理论上讲，他们也可以像数据科学家一样对大数据进行分析，那么机密泄露的损失就难以估量了。

有经验的 IT 系统主管和架构设计师都会尽量将敏感信息放到不同的地方，以免多种敏感数据同时丢失。但是这件事情执行起来并不容易，因为如果一项安全措施导致操作麻烦，那么很多人就不会自觉遵守。例如，在很多公司里，操作人员为了方便，通常习惯把分开存放的数据又复制到同一个地方一起存放，这样原先为了信息安全所做的设计就形同虚设了。

2. 大数据的隐私保护

对于企业而言，把握目标客户的特征，在推广产品和服务的运作中是非常重要的。为了使新产品的定位和营销策略更契合市场需求，企业需要描绘出潜在目标客户的准确特征。

在第 2 章提及的塔吉特实例中，实际上那些怀孕的顾客的隐私已经被泄露。当然，塔吉特挖掘大数据并非为了刺探隐私，而是为了做生意，但是这也从另一方面说明商家掌握了大数据之后，对顾客可以说是了如指掌，顾客已毫无隐私可言。

在过去的历次技术革命中，都没有过多涉及个人隐私的问题，因为那时技术的发展和个人隐私关系不大，但在大数据时代，技术的发展和保护隐私开始产生矛盾。

由于大数据具有多维和全面的特点，它可以从很多看似零散的信息中完全复原一个人的全貌，并且了解到这个人生活的细节或者组织内部的各种信息，如图 11.1 所示。

11.1.2 数据的过度采集

在大数据技术的支撑下，企业可以更便捷地收集消费者的各种信息，而基于各种商务运作的需求，驱使企业通过越来越多的途径收集潜在用户的信息，甚至极大地超出了合理的数据采集范围。

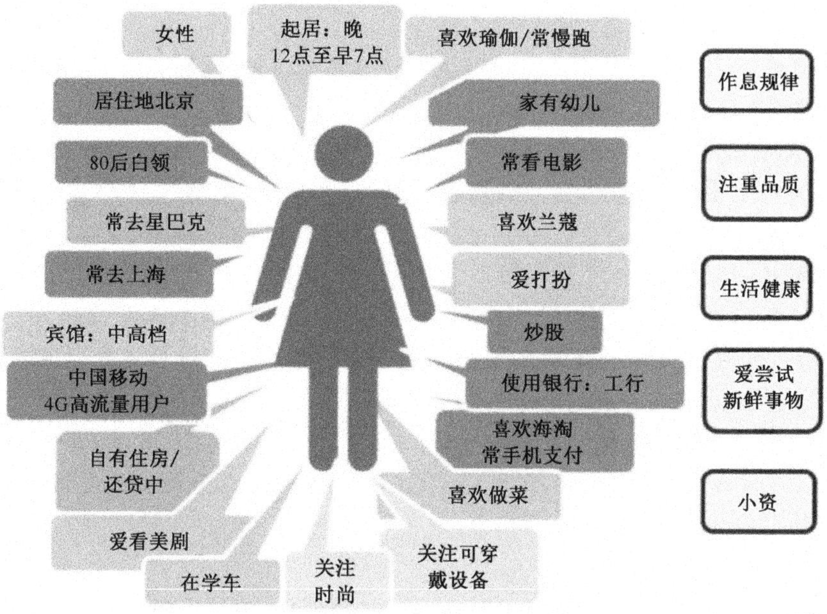

图 11.1 商家对用户所做的用户画像

（资料来源：看完后，别再说自己不懂用户画像了[OL]. http://www.sohu.com/a/161480926_468636）

实例 11-2 为了操控人心，窃取 5000 万 Facebook 用户的数据

一家名为剑桥分析的数据公司，非法窃取 5000 万 Facebook（美国社交网站——脸书）用户资料后用算法进行大数据分析，先根据每个用户的日常喜好、性格特点、行为特征，预测他们的政治倾向；然后借助 Facebook 的广告投放系统，在数据分析的基础上对每个用户进行个性化定制、有高度针对性的新闻推送，进行潜移默化的洗脑，最终达到在不知不觉中影响他们投票选择的目的。

这家公司和特朗普的竞选阵营有着千丝万缕的联系，公司的投资人是共和党保守派支持者，特朗普的资深幕僚曾经是该公司的副总裁，而他们的目的是在美国打一场“文化战争”。

剑桥分析是怎么窃取 Facebook 用户数据、又怎么使用这些数据的呢？

作为全球 22 亿活跃用户的 Facebook，海量的数据是一座取之不竭的金矿，让每个有野心的人都垂涎三尺。

Facebook 有个特别的地方是，绝大多数用户都用真名真姓注册，同时会在上面登记大量的个人信息——生活的城市、毕业学校、工作单位，等等，可以说每个人都把自己生活中的社交关系链完整地移植到了 Facebook 上。

Facebook 还有一个独创的机制，叫 like（国内的社交网站“点赞”功能来源于此）。Facebook 鼓励用户点赞，每个用户每天都会有大量的点赞行为。而这个点赞，可以透露出很多甚至连家人朋友都不知道的隐藏的信息。Facebook 内部就一直通过分析点赞行为，来实现广告的精准投放。

学术界对此也有很多的研究。剑桥大学有一个“心理测验学研究中心”，该中心的研究人员可以从用户点赞哪些帖子和新闻，分析出每个人的性别、性取向、宗教信仰、性格是外向还是内向、政治理念是自由开明还是偏保守、是不是种族主义者、会给哪个党的候选人投票，等等。

剑桥分析开发了一个让用户进行“个性人格测试”的 Facebook App（类似微信的小程序），每个用户做完这个测试，就可以得到 5 美元。

因为这个 App 是寄生在 Facebook 平台上的，用户需要授权开发者获得自己的 Facebook 资料以及自己的好友信息才能使用。通过这样滚雪球的方式，剑桥分析最终得到了 5000 万名用户的资料。

他们为最初的一批测试者建立心理画像，通过比对他们的回答和他们的个人资料建立一个强大的算法模型，再用这个模型预测和影响其他用户的行为模式和投票选择。

比如说，针对那些还在犹豫不决的中间选民，他们会推送有针对性的新闻乃至假新闻，潜移默化地改变和操控他们的心理。

（资料来源：美国再爆惊天大丑闻：窃取 5000 万 Facebook 用户数据，为了操控人心[OL]. http://www.sohu.com/a/225896373_563945）

思考：

为什么现在的商家这么迫切地收集用户的个人资料，甚至采取不法手段呢？

为了汲取更多的商业价值，许多公司开始无限制、无节制地收集用户数据。人们在享受智能时代带来的生活便利的同时，也可能把每个人的行踪都暴露在大众面前，这是非常危险的。如通过诱导用户授权手机 App 读取手机通信录、相册、电话通话、社交网站等的内容；通过带 GPS 的设备追踪用户的行为及记录其详细的行踪和生活信息，如图 11.2 所示。

图 11.2　手机 App 获取用户的授权权限

（资料来源：笔者编辑整理）

绝大多数用户在安装 App 同意授予此类权限时，并非清楚自己的私人信息会被追踪、采集并用于商业分析，他们并不知道多维度的信息联合到一起能得到一个人完整的画像。

11.1.3 数据的权属问题

在大数据及智能时代，由于数据变成了资源，成为了有价值的东西，而数据私有化和独占问题客观存在，因此数据产权的界定问题日益突出。

要实现数据保护与利用的平衡，必须清晰数据权属，即数据究竟归属于收集者与存储者，还是产生数据的个人或组织，或是其他主体，还需要对数据属性以及各方在收集数据中付出的劳动给予综合认定。

随着大数据在市场上的广泛应用，数据处理技术的升级，可以从原始数据中挖掘出更多的可能价值。数据稀缺性和价值属性的不断显现，也让数据产业链中的每个主体都有可能对数据开发与利用产生纷争。

实例 11-3　数据权属大事件：顺丰和菜鸟之争

菜鸟联盟成立于 2016 年 3 月 28 日，由阿里巴巴三大战略业务板块之一的菜鸟网络（简称“菜鸟”）牵头，联合国内外主要物流合作伙伴组建。

2017 年 6 月 1 日，菜鸟指责顺丰快递（简称“顺丰”）突然关闭对菜鸟的数据接口。随后，顺丰发表声明，称是菜鸟先发难，封杀丰巢，目的是为了让顺丰由使用腾讯云切换到使用阿里云。

顺丰方面表示：“丰巢在 2016 年跟菜鸟开始合作。内容包括菜鸟提供消费者手机号信息给丰巢；丰巢反馈快递出入柜信息、丰巢网点推送等相关快递柜物流信息给菜鸟。这个合作在 2017 年 3～4 月处于续约过程中。而菜鸟方面提出，所有快递柜信息的触发必须通过菜鸟包裹，取件码信息无条件给到菜鸟，丰巢需要返回所有包裹信息给菜鸟（包括非淘系订单）。菜鸟于 2017 年 5 月基于自身商业利益出发，要求丰巢提供与其无关的客户隐私数据，此类信息隶属于客户，丰巢本着‘客户第一’的原则，拒绝这一不合理要求。”

菜鸟方面则表示，此事发生前，为保护消费者隐私、电话信息安全，菜鸟正在根据安全团队的建议对全网物流数据进行信息安全升级，将加强对海淘、快递柜等物流数据的多重交叉验证，但顺丰及丰巢等出于各种原因并不配合。

此次事件，业内普遍认为，是双方对数据话语权的争夺之战。

“一直声称不做快递只做资源整合的菜鸟正面遭遇来自顺丰的挑战。对于快递公司来说，比单纯的快递业务更有想象力和价值的显然是大数据的积累沉淀和再运用。此前依托阿里巨大的平台资源，菜鸟可以做到物流资源的整合分配，但是深入到数据整合，强势的顺丰很难被收编。顺丰与菜鸟双方之间必有一战。”

（资料来源：菜鸟说顺丰突然关闭接口，顺丰却说明明是你们想封杀我[OL]. http://tech.qq.com/a/20170601/045975.htm）

思考：

1. 在此次事件中，顺丰与菜鸟之间的争端，本质上是对什么的争夺呢？

2. 在现在的互联网世界中，你认为所产生的数据的权属应该归属于谁呢？可以结合具体的网络平台或应用进行讨论。

大数据时代，数据资源的合理配置可以提升企业经营能力和政府治理水平，为社会经济发展创造新动力。数据产业的健康发展，亟须建立清晰的权属设定和有效的法律保护。

11.2 大数据营销中的伦理风险

大数据分析与挖掘是基于商业目的进行收集、整理、加工和分析数据，提炼有价值信息的过程，是为商业目标提供决策参考。

数据分析挖掘项目，会基于精准的业务需求，搭建相应的数据获取框架，对采集到的数据进行分析与挖掘。在现有的商业应用中，大数据营销常见的分析项目类型主要包括：目标客户特征分析、目标客户预测模型、用户路径分析、交叉销售模型、用户分层模型、动态定价、商品推荐模型等。而在这些数据分析项目中，则隐藏着一定的伦理风险。

11.2.1 用户隐私

隐私权是指社会公众所享有的能够支配自身与公共利益和集体利益不相关的私人活动、个人信息和私有领域的一种权利，是一种人格权。人们对于隐私的认知一般是一些个人不愿为大众所知的信息，如自己的私人账号和密码等。但是在互联网和物联网时代，多维的信息联合到一起可以得到一个人完整的心理和行为画像，甚至细致的生活信息及日常轨迹。

在传统的数据应用中，数据大多是单一维度，或者是低维度的，即使商家掌握了千万量的数据，但是，每一组数据，就好像一个单一的点，或者一条线，代表的是单独的信息，数据组之间的关联性并没有被充分地勾勒和挖掘出来。

随着技术的发展，现如今商家掌握了更多交叉的复杂逻辑数据。从每个数据点切入，即可在所有数据库中查找到其关联信息。

实例 11-4 强大到令人害怕的数据逻辑关联

某西式快餐店的电话铃响了，客服人员拿起电话。

客服：这里是×××。您好，请问有什么需要我为您服务？

顾客：你好，我想要一份……

客服：先生，烦请先把您的会员卡号告诉我。

顾客：×××

客服：陈先生，您好！您住在×路×号×楼×室，您家电话是×××，您公司电话是×××，您手机号是×××。请问您想用哪一个电话付费？

顾客：你为什么知道我所有的电话号码？

客服：陈先生，因为我们联机到 CRM 系统。

顾客：我想要一个海鲜比萨……

客服：陈先生，海鲜比萨不适合您。

顾客：为什么？

客服：根据您的医疗记录，您的血压和胆固醇都偏高。您可以试试我们的低脂健康比萨。

顾客：你怎么知道我会喜欢吃这种的？

客服：您上星期一在国家图书馆借了一本《低脂健康食谱》。

顾客：好。那我要一个家庭特大号比萨，要付多少钱？

客服：99 元，这个足够您一家六口吃了。但您母亲应该少吃，她上个月刚做了心脏搭桥手术，还处在恢复期。

顾客：那可以刷卡吗？

客服：陈先生，对不起。请您付现款，因为您的信用卡已经刷爆了，您现在还欠银行 4807 元，而且还不包括房贷利息。

顾客：那我先去附近的提款机提款。

客服：陈先生，根据您的记录，您已经超过今日提款限额。

顾客：算了，你们直接把比萨送到我家吧，家里有现金。你们多久送到？

客服：大约 30 分钟。如果您不想等，可以自己骑车来。

顾客：为什么？

客服：根据我们的 CRM 全球定位系统的车辆行驶自动跟踪系统显示，您登记有一辆车号为×××的车，而且您刚刚正在×路东段×商场右侧驾驶这辆车。

（资料来源：陈崖枫. 大数据营销的几道坎[J]. 企业管理，2017(1).）

思考：

在这个小故事中，在客服人员看似细心体贴的提醒背后，隐藏了哪些不妥的做法呢？

对企业而言，把握目标客户的特征，在推广产品和服务的运作中是非常重要的。而在产品的精准推广中，目标客户特征分析的作用就显得更为突显。此业务需求，驱使企业通过越来越多的途径收集潜在用户的信息。

11.2.2 信息不对称下的消费弱势群体

信息化时代，个人的隐私越来越多地融入各种大数据中，被数据拥有者所操控。这也形成了个体消费者与商家之间的信息不对称，企业掌控了越来越多消费者个人全方位的信息，如消费需求的强弱、消费者的内在心理与外显行为、议价能力等。

在以顾客为中心的价值体系下，相较于商家而言，个人用户已成为弱势群体。企业会通过评估顾客的商业价值来精准配置营销资源，在某些特殊的消费领域，对消费者而言是一种不公正的差别对待。

实例 11-5 大数据时代的保险业与投保者

大数据在保险和风险管理中的最大价值在于对数据分析之后帮助决策，其应用可分为两类，第一类是描述性决策，第二类是预测性决策。

描述性决策是指针对某一特定问题进行决策。例如，对某一特定案件的理赔，核赔部门需要收集大量相关的非结构化数据，大数据除了传统意义上的结构化数据，还包含大量不同展现形式的数据，如文字、图片等。对于大数据的分析处理对决定最终理赔的数额有着巨大的帮助。

预测性决策构建的模型可以重复应用，可以对不同的问题进行决策。通过分析大数据，构建一个模型，这个模型可以在今后反复应用。例如保险定价系统，在对以往保费和理赔状态（传统意义上的结构化数据）的数据进行分析的基础上构建模型，在模型构建后，只需输入相关信息，如年龄、身高、体重等因素，保费便可以自动计算。这个定价模型就可以应用在不同的被保险人身上。

在美国加州大学的一所医学院里，科学家们正在做这样一项研究：每个人从小到老生病的规律性。例如，我们知道丙型肝炎，即使暂时治愈，还是有很大的可能性在若干年后转成肝硬化，然后又有很大的可能性变成肝癌。其他很多疾病也有这样的关联关系。这家医学院研究的目的当然是善意的——为了提前防治疾病。但是，如果研究成果被医疗保险公司使用，那么它们就会找借口拒绝接受一位未来可能得重病的投保者。

美国各大保险公司实际上掌握着投保人过去多年的身体状况信息，不管是大病还是小病，不管是否有住院记录，只要在医疗机构就医检查过，保险公司就能通过后台数据查询到，而且医疗机构的档案保存期长达 30 年。

如果保险公司能了解到每个人今后会得什么疾病，将有可能拒绝给那些可能得致命性疾病的人提供保险，那么这些最需要医疗保险的人，却反而无法买到医疗保险，或者必须支付天价保费。

（资料来源：吴军. 智能时代[M]. 北京：中信出版集团，2016;
大数据在保险行业的风险防控方面起到了哪些作用？[OL].
https://www.zhihu.com/question/264034878/answer/318254818）

思考：

在本案例中，为什么本身用来帮助改善医疗的数据，未来反而可能会成为人们消费权益中的障碍？

11.2.3 大数据“杀熟”与价格歧视

在购买产品或服务时，消费者一般心中默认的规则是：基于客户的忠诚度，老客户相对便宜，VIP 用户相对价格低。然而事实却并非如消费者所愿：同样的商品或者服务，老客户看到的价格反而比新客户更高。这种现象在互联网行业被称为大数据精准“杀熟”。

2018 年，中国青年报社会调查中心联合问卷网，对 2008 名受访者进行的一项调查显示，51.3%的受访者遇到过互联网企业利用大数据“杀熟”的情况，59.2%的受访者指出在大数据面前信息严重不对称，消费者处于弱势。

业内对于利用大数据“杀熟”的普遍认知来自“亚马逊”。2000 年，亚马逊针对同一张 DVD 碟片施行不同的价格政策，新用户看到的价格是 22.74 美元，如果是算法认定有购买意愿的老用户，价格则显示为 26.24 美元，如果删除 Cookie，价格马上又回落。很快这种策略被用户发现并投诉，亚马逊 CEO 贝佐斯公开道歉，说这仅仅是一场实验，也承诺不再进行价格歧视。

实例 11-6 “最懂你的人伤你最深”

2018 年 2 月，某微博网友自述了被大数据“杀熟”的经历。他经常通过某旅行服务网站订某个特定酒店的房间，长年价格在 380 元到 400 元左右。偶然一次，通过前台他了解到，淡季的价格在 300 元上下。他用朋友的账号查询后发现，果然是 300 元，但用自己的账号去查，还是 380 元。

上述微博发出后，瞬间转发量破万，网友们纷纷吐槽各自“被宰”经历。

“我和同学打车，我们的路线和车型差不多，我要比他们贵五六块。”

“选好机票后取消，再选那个机票，价格立马上涨，甚至翻倍。”

“我的消费比较高，我老公消费比较低，开通不限流量服务的时候，他只要开通 88 元的套餐就可以，我必须得开通 138 元的套餐。”

诸如此类的现象，愈来愈多地被曝光。

（资料来源：大数据杀熟，最懂你的人伤你最深[OL]. http://it.people.com.cn/n1/2018/0228/c1009-29838753.html）

思考：

为什么老顾客没有得到更多的消费优惠，反而成了被“宰”的对象呢？

经济学中有一个概念叫价格歧视，通常是指商品或服务的提供者在向不同的消费者提供相同等级、相同质量的商品或服务时，给出不同的销售价格或收费标准。

大数据在大多数情况下能帮助企业平衡效率和收益，最为典型的是民航业，同样是经济舱，赶时间、对价格不敏感的商务旅客在起飞前才买票，价格昂贵；提前很久预订好票的旅行游客，却可以以低价买到同样一班飞机、同一个舱位。

但可疑之处在于，一张机票在临近起飞才购买价格高昂合情合理，这是为时间成本付出的代价。但是，同一时间、同一购票平台，不同用户看到不同的价格就令人难以接受了，这似乎不再是价格歧视，而是对购买者的“歧视”。

如航空公司通过外部的关联信息预测出某位旅客近期的行程安排（确认主动的需求），且对照过往的订票记录，该旅客对票价不是很敏感，则订票系统给出的报价会比其他旅客高。

每个用户都被打上无数个标签，你喜欢看什么、买什么、有多大的消费能力、你的好友都是谁……在掌握数据的科技公司眼中，已经存在对你的精确“偏见”了。

很多时候这样的偏见让人意识不到，但确实会影响日常决策：电商平台会根据你的购物记录判断购买能力，从而推荐你可能会买的东西；同一家酒店或机票，同一时间很多人搜索，价格可能会上涨；经常不使用的账号会一直收到优惠券，频繁使用的账号反而优惠券很少。

同理，账户级别越高代表了购买力越强，就越有可能被推荐更贵的东西。

11.3 大数据营销中的伦理困境及其成因

在大数据为消费者带来更多个性化服务和消费便利的同时，很多人会忽视其中潜藏的伦理风险和道德问题。

11.3.1 大数据营销中的伦理困境

智能时代，数据变成了资源，成了有价值的东西，因此数据产权界定问题也日益突出。在美国，谷歌、苹果、亚马逊等大型跨国互联网公司基于美国政府和欧盟的要求，在服务条款中明确列出，从用户获得的数据属于用户本人，而它们只是保存和借用，但其余的公司都没有声明这一点。

在中国，大部分用户并没有意识到数据权属的存在，互联网公司也没有就数据的所有权做出明确的声明，更有网络巨头公开表示，中国的网民愿意用个人隐私去换取网络便利和利益。

由于信息不对称，大多数用户并不能认知到，自己的一些网络行为会主动泄露个人信息，并会带来极大的影响，比如说各种交叉的信息透过关联的数据分析与挖掘，可以得出精准的个人画像及行为预测，被商家运用到各个领域。

当掌握大量用户数据的公司和用户发生利益冲突时，商家会更倾向于选择将自己的利益最大化，而牺牲用户的利益。

11.3.2 大数据营销伦理困境的成因

大数据作为技术而言，本身是中性的，商家利用大数据对用户进行精准营销，帮助用户改善消费体验、做出优化的决策，这本来是一件好事。但是在大数据及智能技术的应用过程中，却由于外部的一系列因素造成了如今的伦理困境。

1. 用户的隐私意识淡薄

大数据与人工智能为人们的生活带来了巨大的便利，也描绘出人们美好的生活蓝图，但在种种诱人的方便之下，用户可能没有意识到，自己到底要付出什么代价去换取这些福利。

实例 11-7 炫酷又好用的车载智能设备

平视显示器

平视显示器（Head Up Display，HUD），是运用在航空器上的飞行辅助仪器。平视的意思是指飞行员不需要低头就能够看到他需要的重要资讯。平视显示器最早出现在军用飞机上，以降低飞行员需要低头查看仪表的频率，避免注意力中断而丧失对状态意识的掌握。

许多人在开车的时候会想用手机，但是手机拿在手上又十分不安全，近几年，HUD 在高端汽车中越来越流行。

A 品牌推出的一款 HUD 产品深受车主喜爱，这款产品是由一块简单的玻璃、一个可活动的底座以及一个固定手机的卡套组成。用户通过 App 让手机显示所需的行车信息，如路况、导航等，然后通过这块玻璃将信息投射到车前的挡风玻璃上。这样司机就不需要分心去看车载导航或者是在行车时捣鼓手机，因为他们想要的信息，都能直接从这块玻璃上获取。这款 HUD 产品利用每个人都会用的智能手机获取当前汽车的信息，然后投射到车前的挡风玻璃上，让普通的车也能用上 HUD。

泊车小助手

在非常大的停车场停车后，经常会忘了自己的车停在哪里，于是找车也常常变成车主们很麻烦的一件事情。B 公司对此推出了一款智能产品，一款非常小的设备，可以帮助车主在停车场准确地找到车的位置，特别是车主忘了把车放在哪个停车位的时候，非常方便。

当你走进地下停车场，它会在手机上自动提醒你，你的车在哪里。通过这款产品，可以帮助用户找回泊车服务点，避免停车罚单。用户在手机上可以接收到以下信息：自己走了多远、泊车的位置、什么时候仪表计时到期等。

智能油耗监控

很多车主都会纠结自己汽车的油耗问题，车型不同油耗不同，但大家又不确定自己的汽车油耗到底是多少。

C 公司开发了一款产品，是安装在汽车仪表盘上的一款测量油耗的智能设备。在你开车过程中，它可以提醒你如何更好地控制油门和刹车，减少燃油消耗，从而更省油。设备上不同的灯光代表不同的意思，蓝色表示高效率省油，而红色则表示费油。燃油汽车的引擎有一个最佳运行点，在这个点上，汽车引擎维持在最佳的运行状态，既能发挥出动力的最大性能，又能耗油最少。

这款产品可以连接到手机，如果你的朋友也使用这个产品，它可以根据你们节省油耗的多少进行打分，并且可以给你们排名，看谁最厉害。

（资料来源：让人爱不释手的车载智能设备，你都了解吗？[OL]. http://baijiahao.baidu.com/s?id=1567608792063179&wfr=spider&for=pc）

思考：

上述三款车载智能设备，在使用的过程中，用户可能会泄露什么信息？

近几年，诸如此类的“车载智能设备”广受车主们的喜爱，通过安装在车上的智能设备及接收数据的手机 App，用户可以清楚、直观地看到车辆的运行数据，还可以在社交网站上分享这些数据，并通过排行榜了解自己的车辆运行情况和驾驶习惯是否优良。

但是车主们或许没有意识到，这些详细的数据并不只是为了改善人们的用车和驾驶习惯，还有更深层次的目的。例如，在莫名收到仿佛量身定制的保险服务推广信息时，车主可能会百思不得其解，保险公司为何能有如此精准的信息推送？那是因为智能车载设备记录了用户详细的用车和驾驶习惯，以及经常行走的路线，由此判断出可能发生的交通事故的类型及发生概率，因此就能联合保险公司，向车主推送精准的“量身定制”的保险服务和差别的保险费用。

用户在享受智能时代大数据带来的种种生活便利的同时，也在不断地向外输送和交付着个人的隐私。而更重要的是，用户希望保护私隐，却往往意识不到泄露隐私信息的正是自己本身。

2. 用户未能清晰认知数据价值

由于信息不对称，大多数用户并不知道，自己的一些网络行为会主动泄露个人信息，并会带来极大的影响，比如说各种交叉的信息透过关联的分析与挖掘，可以得出精准的个人画像及行为预测，被商家运用到各个领域。

实例 11-8　好玩的朋友圈分享：我的前世青年照

2018 年的“五四青年节”，朋友圈被一条“我的前世青年照”刷屏了。在某软件推出的这个模板里，使用者可以通过 App、微信小程序或公众号将自己的头像照片上传，就能形成一张自己穿着百年前“五四青年”典型服饰的泛黄老照片。这个模板迅速吸引了大量用户使用，并在微信朋友圈中分享。投放短短几天，该软件已经收集到超过 8000 多万张用户照片。

互联网专家认为，在用户体验“我的前世青年照”过程中，服务商会收集用户的照片以及照片中的时间、位置等信息，但是在此链接上并没有公开信息收集、使用的原则，没有明示收集、使用信息的目的、方式和范围，也未经被收集者同意，违反了信息收集应当遵守的合法、正当、必要原则，不利于用户个人信息安全，也不符合网络服务提供者在收集、使用用户信息时应遵循的规定。

（资料来源：“我的前世青年照”火了，媒体提醒勿因小游戏泄漏个人隐私！[OL]. https://weibo.com/ttarticle/p/show?id=2309404237720917513878）

思考：

为什么用户热衷于使用网络上出现的此类应用呢？

这并非危言耸听，如今许多“大数据公司”已经可以用非常低的成本拿到普通用户的大量数据，如姓名、年龄、样貌图像、籍贯、户口所在地、收入情况、消费习惯、信贷状况等。

大数据技术可以把搜集到的多维信息，联合到一起得到一个人的完整画像。

很多人不以为然：虽然某个公司收集到了很多关于自身的个人数据，但是这些数据“杂乱无章”，该公司怎么会跟一个小人物过不去呢。但是在机器智能时代，可以基于个人的行为数据持续对个人反复分析。

3. 企业利益驱使

越来越多的用户会意识到“大数据杀熟”现象的存在，即同一产品/服务、同一家公司，基于互联网公司的用户画像，不同的用户会看到截然不同的价格。大数据为企业的价格歧视提供了巨大便利。所谓“价格歧视”其实是个中性术语，它是指相同等级或质量的商品或服务，在购买者中实行不同的收费标准。

按经济学的理论进行划分，价格歧视可以分为三个类别，即一级价格歧视、二级价格歧视和三级价格歧视。其中，一级价格歧视（又称完全价格歧视），是指垄断者完全掌握消费者的消费意愿，依据消费者不同而进行不同定价。二级价格歧视和三级价格歧视又统称为不完全价格歧视，前者是指经营者提供不同的服务，由消费者自由选择，交易价格依据市场变化而改变；

后者主要是指经营者依据消费者的个人信息（年龄、性别等）对客户施行不同的价格。

在传统的市场交易中，经营者和消费者在信息获取上相对平等，这使得经营者很难实施一级价格歧视。但是，随着互联网技术和大数据的发展，基于大数据分析的个性化和精准化营销模式备受推崇，经营者可以对市场进行控制，按照每位消费者的最高支付意愿进行差异化定价，而作为消费者的个体却无丝毫反抗之力。

4. 管理机制不够完善

在道德约束失灵的情况下，法律保障也未得到应有的完善。科技产业变化日新月异，而法律则具有一定的滞后性，两者发展的不匹配，也造成了大数据营销领域的道德与伦理困境。

不同的数据主体搜集到庞大的用户信息，这么多数据在手，如何保管、使用，却一直没有明确、合理的规范。如果某项数据被滥用了，要追查“滥用”的来龙去脉往往异常复杂，甚至证实“滥用”本身也很难。

大多数情况下，数据在收集之前都会和用户签一份协议，但是绝大多数用户并不会特别留意或根本看不懂这份协议到底说了什么。在绝大多数人的潜意识里，“我授权你用我的数据”并不等于“我授权你在当前场景下、为我们约定的明确目的，利用我的数据”，他们并不知道，数据一旦被收集，就难以避免被非法复制，难以避免被用于其他目的。

根据我国《价格法》规定，经营者提供相同商品或者服务，不得对具有同等交易条件的其他经营者实行价格歧视。由于该法律未针对“同等交易条件”条款进行详细解释，网络平台根据地理位置、手机型号、浏览记录、消费记录做的差别定价并不能和价格歧视画上等号。在传统消费领域普遍采取统一阶梯定价，与现存的“会员折扣”“两杯半价”“消费者自行砍价”等差别定价类似，线上消费基于“大数据”技术采用新型的差别定价规则，虽然具有很强的隐秘性和不可预测性，但本质上都在《价格法》允许范畴里。此外，《网络安全法》和《互联网信息服务管理办法》等相关网络信息类法律法规，对大数据“杀熟”行为也没有明确定论。由于《价格法》等相关法律法规的不完善，进一步导致企业在利用大数据“杀熟”行为方面，除了可能会被消费者偶然察觉，饱受舆论谴责，还免去了触犯法律法规的担忧，因此行为更加有恃无恐。

11.4 大数据营销伦理建构的必要性

11.4.1 企业社会责任

企业伦理是一种负责任的决策过程。

企业社会责任是企业在生产经营过程中对经济、社会和环境目标进行综合考虑，在对股东负责、获取经济利益的同时，主动承担起对企业利益相关者的责任，主要涉及员工权益保护、环境保护、商业道德、社区关系和社会公益等问题。

企业存在的背景环境是社会关系网络，企业是社会的公民，企业必须承担相应的伦理责任和义务。企业生产产品或提供服务和创造财富利润时应负有商业责任，承担社会义务，遵循社会公德。

智能时代，企业存储着庞大的数据信息。大数据的数据量大、维度多、数据完备等特点，使得它从收集开始，到存储和处理，再到应用，都与过去处理数据的方法有很大的不同。大数据和机器智能的发展及应用，会面临很多新的技术挑战，需要解决很多技术上的难题，如对数据安全的考虑、对隐私保护的考量等。企业在应用数据获得巨大商业价值回报的同时，也应承担对数据、信息管理到位的责任。

大数据营销想要长期可持续地发展，承担起数据信息领域的相应伦理责任，是企业的必然选择。

11.4.2 用户与社会群体的维系

企业会通过评估顾客的商业价值来精准投放营销资源。从企业的角度看，这可以获得更大、更合理的利益回报。但从顾客的感知和体验来看，则可能会造成一定的心理落差。

人们参与市场活动的时候，会带有一些信念和期望，包括对某些产品价值的认知，以及关于某些会影响那些价值的事件的可能性。人们的行为受他们预期的影响。

企业利用大数据设置价格歧视，短期来看能赚取额外收益，但长期来看透支了消费者的信任，最终对整个行业和新技术发展都会造成不利影响。“杀熟”的套路倘若不被用户发现，商家确实能小赚一笔，但是倘若真的被用户发现，最终不仅伤了用户的心，更损害了商家与用户之间建立的企户关系。

例如，在基于顾客忠诚度而实施的价格歧视操作中，当用户意识到或模糊地感知到价格歧视的存在时，就会大幅度降低他们对于原有企业/品牌的价值认知与期待，造成客户的流失。同时，竞争企业也会利用低价或消费补贴等手段，抢夺对手忠诚度较低的顾客，造成行业内耗。企业利用大数据手段实现了一级价格歧视，暴露出大数据产业在发展过程中的非对称和不透明，反映出商家的垄断性，这种行为违背了《反垄断法》。从长期来看，企业的这种“杀熟”行为会迫使消费者“货比三家”，将消费者引流到竞争对手那里去，不但降低了顾客忠诚度，还影响了自身的声誉。

在基于企业责任的社会网络模型中，企业是社会的公民，必须承担相应的伦理责任和义务，才能维持社会系统的良性运作。智能时代的大数据营销，也应取之于民用之于民，只有在正确的道德标准引导下，才能获得持久的市场竞争力。

11.5 大数据营销伦理的建构

以上所述是信息通信技术和大数据技术创新提出的新的伦理问题，是虽然以前已提出但至今未解决或未很好解决的伦理问题，因此仍然是有待解决的“我们应该做什么”和“应该如何做”的问题。在鉴定新技术提出的伦理问题后，我们一般不能依靠现有的规则或新制定的规则，用演绎方法，自上而下地加以解决；反之，需要自下而上地分析这些伦理问题，考虑其特点，对利益相关者的价值给予权衡，以找到解决办法的选项，然后应用伦理学的理论和原则加以论证。

与科学技术要解决的“能不能”的问题不同，伦理学要解决的是“该不该”的问题。要解决“该不该”的问题，就必须首先考虑我们要选择哪些价值。

在大数据的治理中，政府是一个重要行动者，但还包括其他利益相关者。例如，在信息通信和大数据技术领域，包括科研人员，网络/平台的拥有者、提供者和使用者，政府执法部门，政府非执法部门，以及相关的学术和维权组织。因此，治理意味着一项决定不单要依靠权力或市场，更要多方面协调，必须体现开放性、参与性、问责性、有效性和连贯性五项原则。

对信息通信和大数据技术的管理应该是多层次的，有科研和从业人员的自我管理，有商业机构或公共机构的管理，也有政府的管理。

邱仁宗、黄雯、翟晓梅等大数据技术伦理研究者认为，制定行为准则或管理办法需要对上述伦理问题进行多学科研讨，这类研讨首先要在价值问题上取得共识，才有利于解决上述伦理问题，才能在解决这些问题和制定准则或管理办法上取得共识。

Bynum 等学者在 2009 年国际生物识别技术的伦理学和政策会议以及 2013 年欧洲安全技术与伦理学会议上的发言和已发表文章的基础上，从以下方面提出如下信息通信和大数据技术的伦理原则建议：伦理原则是利益相关者应尽的义务，也是我们应该信守的价值，这些伦理原则构成了评价我们行动（包括决策、立法）的伦理框架。评价的结果将是，这个行动是应该做的或有义务做的；或者这个行动是不应该做的或应该禁止做的；或者这个行动是允许做的，或是允许不做的。

（1）基本目的。大数据技术（包括更大范围的信息通信技术）创新、研发和应用的目的是促进人类的幸福和提高人类的生活质量，并仅用于合法、合乎伦理和非歧视性目的。大数据方面的任何行动应根据不伤害人和有益于人类的伦理原则给予评价，以此作为权衡预期的受益与可能的风险的基础。同时也应合适地平衡个体与公共的利益。在为了公共利益而限制个人的权利和利益时，这种限制应该是必要的、相称的和最低限度的。

（2）负责研究。大数据技术的研发及其应用应该保持高标准的负责研究，即坚持研究诚信，反对不端和有问题的行为，承诺维护和保护个人的权利和利益。为了在所有的分析和应用中防止身份被窃取，保护个人隐私和确保平等权利，必须承诺最高标准的诚信和数据库的安全。

（3）利益冲突。在大数据技术的研发及其应用中，专业人员、公司和使用者之间的利益冲突应该得到合适的处理。任何情况下人民（尤其是弱势群体）的利益不能因追求专业人员或公司的利益而受到损害。

（4）尊重。尊重原则要求尊重人的自主性和自我决定权，必须坚持知情同意或知情选择原则。收集个人信息、将个人信息再用于另一目的时，必须获得同意。根据不同的情境，可以采用“广同意”（如同意将个人信息用于一类，而不是某一情况下）的办法，同意也可采取“选择同意”或“选择拒绝”两种方式。

（5）隐私。人类的尊严要求我们保护隐私、为个人信息保密，要求我们不仅不要侵犯个人的隐私/保密权，而且要尽力防止不合适地和非法地泄露私人信息。

（6）公正。公正原则要求有限资源的公平分配，防止因不适当地泄露个人信息而产生污名和歧视；要努力缩小和消除数字裂沟。

（7）共济。共济原则要求我们维护每个人享有从大数据技术研发及其应用中受益的权利，以及特别关注社会中的弱势群体。

（8）透明。透明原则要求大数据技术的研发及其应用对公众（纳税人）是透明的，要帮助他们了解什么是大数据技术，能从其应用中得到什么益处，会有什么风险。

（9）参与。参与原则要求我们采取措施促进公众对大数据技术的了解，并引导所有利益相关者或其代表在上游就参与大数据技术的研发及其应用的决策过程。

本章小结

随着数据科学的崛起，大数据营销快速发展，为商家带来了庞大的商业价值，也给人们的生活提供了许多便利。但是，公众在享受它带来巨大好处的同时，却可能忽视其中存在的伦理问题。

1．伦理问题更大程度上来自使用者

大数据作为技术而言，本身是一种工具，但是在商家趋利性的市场运用中，衍生出许多不容忽视的伦理问题。

（1）数据的权属争端。

数据变成了重要的商业资源，但是目前还没有对应的法律条文对数据权属作出规定，因此，数据的产生者与使用者之间的矛盾日益突出。

（2）数据的安全问题。

掌握了大量用户数据的组织，由于工作的疏忽，造成数据被盗及用户信息泄露的事情频繁发生，这也显示出数据使用者在数据使用的权利及安全保护的义务上是不对称的。

（3）数据的过度采集。

为了获取更多用户的数据资料用于商业分析，有些商家可能会误导用户做出隐私授权，进行数据过分/不必要的采集。

2．技术使用中的伦理风险

在大数据营销的运作过程中，即使是数据技术的合理使用，同样会面临着部分伦理风险。

（1）用户隐私。

通过对采集到的数据进行分析与挖掘，商家掌握了用户更多的复杂逻辑数据，可以精准描绘出一个人完整的心理和行为画像，甚至暴露用户细致的私人生活信息及日常轨迹。

（2）信息不对称。

企业掌握了越来越多消费者个人全方位的信息，使个人用户在消费决策中，成了相对的弱势群体。

（3）价格歧视。

大数据技术与人工智能的协作，让经济学中的“一级价格歧视”成为现实，这带来了严重的消费公平问题。

大数据营销的伦理意识，不是可有可无的，它关系到企业的社会责任以及一种用户和社会群体的利益关系，企业要长久地运用数据科技谋发展，大数据伦理意识必须得树立。

【延伸阅读】

支付宝年度账单，你买不买账

2018 年 1 月 2 日，支付宝公布了全民版的 2017 年年度消费账单，而在 1 月 3 日，也迎来了个人版的年度账单。

只要打开手机的支付宝 App，用户们就能轻松查阅到非常直观的 2017 年年度个人消费账单。在社交圈子的影响下，用户们都纷纷晒出了自己的支付宝年度账单。一时间，朋友圈里就被用户们的支付账单刷屏了，新一轮的朋友圈花式炫富大赛又开启了。在这份榜单中，可以看到个人 2017 年网购总支出，不同商品类型（如数码、服装、食品）占比，理财收益、点外卖、水电煤缴费、线下支付、共享单车、减少碳排放量等非常详细的数据。

此外，紧跟预测潮流的支付宝，在 2017 年的个人账单里，还多了一项“消费预测”功能。账单中，支付宝为用户统计了 2017 年的全年支出以及网购、出行、手机充值、生活缴费、转账等不同类型的消费情况，进而“预测”用户在 2018 年的消费关键词，激发用户晒图欲望。

然而，就在用户们纷纷晒单的同时，2018 年 1 月 3 日下午，法律界人士对账单首页的一行小字提出质疑，认为支付宝在用户不知情的状态下获取信息，涉嫌违反相关法律。

在支付宝页面有一行小字，内容是“我同意《芝麻服务协议》”。这些字被标注在年度账单首页下方，在画面中占据的位置非常不显眼。用户打开页面时，这行字就呈勾选状态，也就意味着用户如果不取消勾选，就自动视为同意，致使用户“不知不觉被同意协议”，如图 11.4 所示。

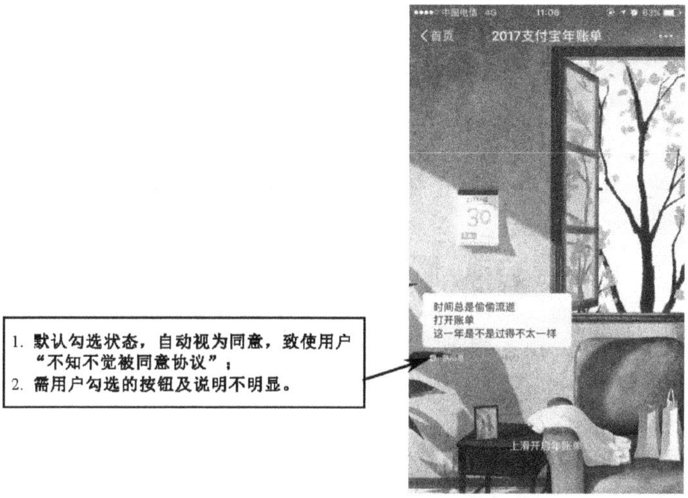

图 11.4　支付宝登录界面的协议勾选界面

(资料来源：搜狐 http://www.sohu.com/a/214468241_720014)

根据《互联网交易管理办法》的规定，经营者应当采用显著的方式，提醒消费者注意与自己有重大利害关系的条款。同时，对于信息收集，该规定要求经营者需要明示收集使用信息的目的、方式和范围，并经被收集者同意。“而‘芝麻’这个根本不给你了解条款的机会，直接让你默认同意,，稍不注意就进坑了”。有网友称，自己参与该协议后便查到，他的数据被授权给部分银行。

支付宝方面向媒体解释，如果用户不同意这个协议，年度账单仍然可以看到，就是缺少芝麻信用的数据，如免押金共享单车、酒店信用等数据。

2018 年 1 月 3 日晚 10 点左右，支付宝页面小字内容和勾选状态已做出修改。“我同意《芝麻服务协议》”变为“同意《在年账单中查询并展示你的信用信息》”，自动勾选状态也被取消，变为用户自主勾选。

2018 年 1 月 3 日晚 11 点多，芝麻信用官方微博发布“关于支付宝年度账单首页《芝麻信用协议》的情况说明”，称默认勾选“我同意协议”这件事“肯定是错了”，并就事件给大家带来的恐慌和误解表示歉意。

2018 年 1 月 6 日，国家互联网信息办公室网络安全协调局约谈了支付宝（中国）网络技术有限公司、芝麻信用管理有限公司的有关负责人。

网络安全协调局负责人指出，支付宝、芝麻信用收集使用个人信息的方式，不符合刚刚发布的《个人信息安全规范》国家标准的精神，违背了其前不久签署的《个人信息保护倡议》的承诺；应严格按照网络安全法的要求，加强对支付宝平台的全面排查，并进行专项整顿，切实采取有效措施，防止类似事件再次发生。

支付宝和芝麻信用表示，将认真落实监管部门的要求，从源头查找问题，深刻吸取教训，全面整改。

（资料来源：2017 年支付宝账单来啦！原来你们都这么有钱[OL]. http://www.sohu.com/a/214468241_720014；2017 年支付宝年度账单[OL]. https://baike.baidu.com/item/2017 年支付宝年度账单/22315752）

思考：

1. 为什么用户这么热衷于晒出自己的年度支付账单？
2. 在这个事件中，法律界人士主要争议的焦点是什么？
3. 在这个事件中，用户授权给支付宝读取的个人资料可被用作哪些方面的营销运作？

【实验与思考】

1. 实验目的

（1）明晰大数据营销的伦理意识。

（2）识别大数据营销在不同场景中可能存在的伦理风险。

（3）能在大数据营销的不同场景中平衡企业利益与伦理责任。

2. 工具/准备工作

开始讨论之前，以小组为单位，课下先收集好大数据营销的不同应用场景案例，进行梳理，并准备好课堂分享。

3. 实验内容和步骤

（1）以小组为单位，进行大数据营销应用场景的案例分享。

（2）分小组讨论，对该应用场景中可能存在的伦理风险进行识别。

（3）分小组讨论，为平衡本组案例中的企业利益与大数据营销伦理进行规划。

4. 实验总结

____

____

____。

5. 实验评价（教师）

____

____

____。

参 考 文 献

[1] Albuquerque, Paulo, PolykarposPavlidis, UdiChatow, Kay-Yut Chen and Zainab Jamal. Evaluating Promotional Activities in an Online Two-Sided Market of User-Generated Content[J]. Marketing Science, 2012, 31 (3)：406-32.

[2] Andrea C. Wojnicki, Sarah J.S. Wilner and Kristine De Valck. Networked Narratives: Understanding Word-of-Mouth Marketing in Online Communities[J]. Journal of Marketing, 2010,74 (March): 71-89.

[3] Ansari, Asim, SkanderEssegaier and RajeevKohli. Internet Recommendation Systems[J]. Journal of Marketing Research, 2000,37 (August): 363-75.

[4] Bayus and Barry L. Crowdsourcing New Product Ideas over Time: Analysis of the Dell Ideastorm Community[J].Management Science,2013,59 (1)：226-44.

[5] Bill Franks. Taming the Big Data Tidal Wave[M]. John Wuley & Sons, Inc. 2012.

[6] Bradlow, Eric T. and David C. Schmittlein. The Little Engines That Could: Modeling the Performance of World Wide Web Search Engines[J]. Marketing Science, 2000,19 (1)：43-62.

[7] Breese, John S., David Heckerman and Carl Kadie. Empirical Analysis of Predictive Algorithms for Collaborative Filtering[J]. Proceedings of the 14th Conference on Uncertainty in Artificial Intelligence. New York: Association for Computing Machinery,1998: 45-53.

[8] Bucklin, Randolph E. and Catarina Sismeiro. A Model of Web Site Browsing Behavior Estimated on Clickstream Data[J]. Journal of Marketing Research, 2003,40 (August): 249-67.

[9] Chatterjee, Patrali, Donna L. Hoffman and Thomas P. Novak. Modeling the Clickstream: Implications for Web-Based Advertising Efforts[J]. Marketing Science, 2003,22 (4)：520-41.

[10] Chen, Yongmin and Chuan He. Paid-Placement: Advertising and Search on the Internet[J]. The Economic Journal, 2011, 121 (November): 309-28.

[11] Chevalier, Judith A. and Dina Mayzlin. The Effect of Word of Mouth on Sales: Online Book Reviews[J]. Journal of Marketing Research, 2006,43 (August): 345-54.

[12] Chikandiwa S T, Contogiannis E and Jembere E., The adoption of social media marketing in South African banks[J]. European Business Review, 2013, 25(4): 365-381.

[13] Dellarocas and Chrysanthos. The Digitization of Word of Mouth: Promise and Challenges of Online Feedback Mechanisms[J]. Management Science, 2003, 49 (10): 1407-24.

[14] Dhar, Vasant and Elaine Chang. Does Chatter Matter? The Impact of User-Generated Content on Music Sales[J]. Journal of lnteractive Marketing, 2009,23 (4)：300-07.

[15] Du, Rex Yuxing, Ye Hu and SinaDamangir. Lever aging Trends in Online Searches for Product Features in Market Response Modeling[J]. Journal of Marketing, 2015, 79 (January): 29-43.

[16] Figge S. Situation-dependent services: A challenge for mobile network operators[J]. Journal of Business Research, 2004, 57(12): 1416-1422.

[17] Gao Q, Rau P P and SalvendyG., Perception of interactivity: Effects of four key variables in

mobile advertising[J]. International Journal of Human-Computer Interaction, 2009, 25(6): 479-505.

[18] GaoT, Rohm A J, Sultan F and Huang S., Antecedents of consumer attitudes toward mobile marketing: A comparative study of youth markets in the United States and China[J]. Thunderbird International Business Review, 2012, 54(2): 212-224.

[19] Glazer and Rashi. Some Observations on Case Studies in Journal of Interactive Marketing[J]. Journal of Interactive Marketing, 1999，13 (2)：2-3.

[20] Godes, David and Dina Mayzlin. Using Online Conversations to Study Word-of-Mouth Communication[J]. Marketing Science, 2004, 23 (4)：545-60.

[21] Godes, David and Dina Mayzlin. Firm-Created Word-of-Mouth Communication: Evidence from a Field Test[J]. Marketing Science, 2009,28 (4)：721-39.

[22] Grimes and Seth. The Rise and Stall of Social Media Listening[J]. InformationWeek, 2013，March 25: 5.

[23] Haubl, Gerald and Valerie Trifts. Consumer Decision Making in Online Shopping Environments: The Effects of Interactive Decision Aids[J]. Marketing Science, 2000, 19 (1)：4-21.

[24] Hui S K, Fader P S and Bradlow E T., Path data in marketing: An integrative framework and prospectus for model building[J]. Marketing Science, 2009, 28(2): 320-335.

[25] Jakobson and Leo. Booting Up Slowly: A New Study Finds Promotion Executives Have Yet to Fully Embrace Digital Marketing[J]. 2004, Incentive, 2005,179 (4): 12.

[26] Jerath, Kinshuk, Liye Ma, Young-Hoon Park, and Kannan Srinivasan. A“Position Paradox” in Sponsored Search Auctions[J]. Marketing Science, 2011, 30(4): 612 -27.

[27] Joseph Luc Ngai, John Qu, Gian luigi and Salatiello. 决胜于定价［J］麦肯锡季刊，2016 年 4 月.

[28] Katona, Zsolt and Miklos Sarvary. Network Formation and the Structure of the Commercial World Wide Web[J]. Marketing Science, 2008,27 (5): 764-78.

[29] Katona, Zsolt and Miklos Sarvary. The Race for Sponsored Links: Bidding Patterns for Search Advertising[J]. Marketing Science, 2010, 29 (2): 199-215.

[30] Kim, Youngsoo and RamayyaKrishnan. On Product-Level Uncertainty and Online Purchase Behavior: An Empirical Analysis[J]. Management Science, 2015, 61 (10): 2249-67.

[31] Kozinets and Robert V., The Field Behind the Screen: Using Netnography for Marketing Research in Online Communities[J]. Journal of Marketing Research, 2002, 39 (February): 61-72.

[32] Ashish Kumar, Ram Bezawada, Rishika Rishika, Ramkumar Janakiraman and P.K. Kannan, From Social to Sale: The Effects of Firm-Generated Content in Social Media on Customer Behavior[J]. Journal of Marketing, 2016, 80 (January): 7-25.

[33] Libai, Barak, Eitan Muller and Renana Peres. Decomposing the Value of Word-of-Mouth Seeding Programs: Acceleration Versus Expansion[J]. Journal of Marketing Research, 2013,50 (April): 161-76.

[34] Lohse, G. L., Bellman S. and Johnson E. J., Consumer Buying Behavior on the Internet:

Findings from Banel Bata[J]. Journal of Interactive Marketing, 2000, 14 (1): 15-29.
[35] Michael Minelli, Michael Chambers and Ambiga Dhiraj. Big Data Big Analytics: emerging bussiness intelligence and analytic trends for today's bussiness[M]. John Wuley & Sons, Inc. 2013.
[36] Montgomery, AlanL., ShiboLi, Kannan Srinivasan and Johnn C. Liechty. Modeling Online Browsing and Path Analysis Using Clickstream Data[J]. Marketing Science, 2004, 23 (4): 579-95.
[37] Moorman and Christine. The CMO Survey: Highlights and Insights[EB/OL], February 2011, https://cmosurvey.org/wp-content/uploads/sites/11/2011/02/The-CMO-Survey-Highlightsand-Insights-Feb-2011.pdf.
[38] Moorman and Christine. The CMO Survey: Highlights and Insights[EB/OL], February 2014, https://cmosurvey.org/wp-content/uploads/.
[39] Narayanan, Sridhar and KirthiKalyanam. Position Effects in Search Advertising and Their Moderators: A Regression Discontinuity Approach[J]. Marketing Science, 2015, 34 (3): 388-407.
[40] Okazaki S, Katsukura A and Nishiyama M., How mobile advertising works: The role of trust in improving attitudes and recall[J]. Journal of Advertising Research, 2007, 47(2):165-178.
[41] Panagiotis G. Ipeirotis and Beibei Li Designing Ranking Systems for Hotels on Travel Search Engines by Mining User-Generated and Crowdsourced Content[J]. Marketing Science, 2012, 31 (3): 493-520.
[42] Pew Research Center. Internet Use over Time[EB/OL], February 1, 2016, http://www.pewinternet.org/datatrend/internet-use/internet-use-over-time/.
[43] Pousttchi K and Wiedemann D., A contribution to theory building for mobile marketing: Categorizing mobile marketing campaigns through case study research[A] in Silvia Ceballos(Ed.). Proceedings of the International Conference on Mobile Business[C] Copenhagen, Denmark: Institute of Electrical and Electronic Engineers Computer Society, 2006:1.
[44] Randolph E. Bucklin and Koen Pauwels. Effects of Word-of-Mouth Versus Traditional Marketing: Findings from an Internet Social Networking Site[J]. Journal of Marketing, 2009, 73 (October): 90-102.
[45] Schweidel, David A. and Wendy W. Moe. Listening in on Social Media: A Joint Model of Sentiment and Venue Format Choice[J]. Journal of Marketing Research, 2014, 51(August): 387-402.
[46] Sen, Shahana and Dawn Lerman. Why Are You Telling Me This? An Examination into Negative Consumer Reviews on the Web[J]. Journal of Interactive Marketing, 2007, 21 (4): 76-94.
[47] Shankar V and Balasubramanian S., Mobile marketing: Synthesis and prognosis[J]. Journal of Interactive Marketing, 2009, 23(2): 118-29.
[48] Shankar V, Venkatesh A, Hofacker C and Naik P., Mobile marketing in the retailing enviorment: Current insights and future research avenues[J]. Journal of Interactive Marketing, 2010, 24(2): 111-120.

[49] Stephen and Jeff Galak. The Effects of Traditional and Social Earned Media on Sales: A Study of a Microlending Marketplace[J]. Journalof Marketing Research, 2012,49 (October), 624-39.
[50] Stephen and Olivier Toubia. Deriving Value from Social Commerce Networks[J]. Journal of Marketing Research, 2010, 47(April), 215-28.
[51] Stephen, Peter P. Zubcsek and Jacob Goldenberg. Lower Connectivity Is Better: The Effects of Network Structure on Customer Innovativeness in Interdependent IdeationTasks[J]. Journal of Marketing Research, 2016, 53 (April), 263-79.
[52] Strom R, Vendel M and Bredican J., Mobile marketing: A literature review on its value for consumers and retailers[J]. Journal of Retailing and Consumer Services, 2014, 21(6): 1001-1012.
[53] Tirunillai, Seshadri and Gerard J. Tellis. Does Chatter Really Matter ? Dynamics of User-Generated Content and Stock Performance[J]. Marketing Science, 2012, 31 (2): 198-215.
[54] Villanueva, Julian, ShijinYoo and Dominque M. Hanssens. The Impact of Marketing-Induced Versus Word-of-Mouth Customer Acquisition on Customer Equity Growth[J]. Journal of Marketing Research, 2008, 45 (February): 48-59.
[55] Wang Xin, Feng Mai and Roger H.L. Chiang. Database Submission-Market Dynamics and User-Generated Content About Tablet Computers[J]. Marketing Science, 2014, 33(3): 449-58.
[56] Wilbur, Kenneth C. and Yi Zhu. Click Fraud[J]. Marketing Science, 2009, 28 (2): 293-308.
[57] Xiao quan (Michael) Zhang and Neveen F. Awad. Exploring the Value of Online Product Reviews in Forecasting Sales: The Case of Motion Pictures[J]. Journal of Interactive Marketing, 2007, 21 (4): 23-45.
[58] 埃里克·西格尔. 大数据预测[M]. 周大昕译. 北京：中信出版集团，2017.
[59] 毕马威中国大数据团队. 洞见数据价值[M]. 北京：清华大学出版社，2018.
[60] 曾佳欣. 赋能：互联网+跨界运营与融合实践[M]. 北京：电子工业出版社，2017.
[61] 陈炳祥. 跨界营销 “互联网+”时代的营销创新与变革[M]. 北京：人民邮电出版社，2016.
[62] 陈工孟，须成忠. 大数据导论：关键技术与行业应用最佳实践[M]. 北京：清华大学出版社，2015.
[63] 陈俊丽，张校磊. 基于大数据的隐私保护策略研究[J]. 中国战略新兴产业，2018（1）.
[64] 陈丽芳. 基于 Apriori 算法的购物篮分析[J]. 重庆工商大学学报（自然科学版）, 2014 年 5 月，第 31 卷第 5 期: 84-89.
[65] 陈新河. 赢在大数据：营销/房地产/汽车/交通/体育/环境行业大数据应用典型案例[M]. 北京：电子工业出版社，2017.
[66] 陈崖枫. 大数据营销的几道坎[J]. 企业管理，2017(1): 54-57.
[67] 崔译文，邹剑峰，马琦，陈孟君. 市场营销学（第 3 版）[M]. 广东：暨南大学出版社，2017.
[68] 大卫·伊斯利，乔恩·克莱因伯格. 网络、群体与市场：揭示高度互联世界的行为原理与效应机制[M]. 李晓明，王卫红，杨韫利译. 北京：清华大学出版社，2011.
[69] 丁勇毅. 大数据营销[M]. 北京：电子工业出版社, 2017.
[70] 董晶，黄旭. 大数据差别定价现象解析及启示[J]. 金融时报. 2018(8).
[71] 傅钢强. 大数据时代体育场馆余裕时间的利用[J]. 上海体育学院学报，2016(4): 50-53.

[72] 郭丽，田原. 基于顾客认知价值的企业产品定价[J]. 渤海大学学报，2010(1): 32-37
[73] 韩新严，吴添祖. 影响我国企业技术创新总体绩效水平的因素和对策[J]. 科学学与科学技术管理，2003: 19-23.
[74] 霍春晓. 大数据背景下的产品开发策略[J]. 产品设计，2016: 100-102.
[75] 贾格莫汉·拉古，张忠. 让顾客自己来定价[M]. 刘媛媛译. 北京：中国人民大学出版社，2012.
[76] 乐舒，小鱼，苏晓，等. 老用户更易被坑？大数据“杀熟”了解一下！[N]. 人民邮电报，2018 年 3 月 30 日. 第 007 版.
[77] 李冰，李玉博. 基于外部动力的大数据环境下产品创新模式研究[J]. 中国科技论坛，2017 年 4 月: 48-54.
[78] 李清，高婷. 大数据背景下企业网站推广策略探析[J]. 产品设计，2014 年 10 月，第 26 卷第 5 期: 63-66.
[79] 李巍，席小涛. 大数据时代营销创新研究的价值、基础与方向[J]. 科技管理研究，2014(4).
[80] 李欣. 大数据营销中的伦理问题探析[J]. 现代营销，2018(5): 237.
[81] 刘分龙. 电力阶梯定价对居民节约用电行为影响的博弈分析[J]. 经济论坛，2012(6): 102-105.
[82] 刘峰. 大数据时代的电视媒体营销研究[D]. 上海：华东师范大学，2014.
[83] 刘逸，李骏平，陈凯琪. 基于 K 值定价法的中国世界遗产景区门票定价合理性分析[J]. 旅游研究，2016(1): 62-69.
[84] 娄岩. 大数据技术概论[M]. 北京：清华大学出版社，2017.
[85] 卢辉. 数据挖掘与数据化运营实战：思路、方法、技巧与应用[M]. 北京：机械工业出版社，2016.
[86] 陆峰. 大数据“杀熟”呼唤行业深度治理[N]. 中国经济时报，2018 年 4 月 24 日，第 004 版.
[87] 麦肯锡咨询. How retailers can drive profitable growth through dynamic pricing[J]. 麦肯锡季刊，2017 年 3 月.
[88] 潘永花，孟晔. DT 已来：为了无法计算的价值[M]. 北京：机械工业出版社，2016.
[89] 邱仁宗，黄雯，翟晓梅. 大数据技术的伦理问题[J]. 科学与社会，2014(1): 36-48.
[90] 石丹. 大数据时代数据权属及其保护路径研究[J]. 西安交通大学学报（社会科学版），2018(3).
[91] 时奇，唐丁祥. 大数据营销、价格歧视与技术创新[J]. 统计与决策，2016(14): 55-58.
[92] 王灵珠，黄明月. 浅析大数据时代小微企业的 CIS 设计[J]. 中小企业管理与科技，2017 年 5 月：92-93.
[93] 王译宵，张罗，项晓姝. “大数据、互联网+”时代下的酒店产品创新[J]. 酒店管理研究，2017 年 8 月下：68-69.
[94] 王泽蕴. 不做无效的营销[M]. 北京：中国友谊出版公司，2017.
[95] 吴军. 智能时代[M]. 北京：中信出版集团，2016.
[96] 吴明隆. 问卷统计分析实务——SPSS 的操作与应用[M]. 重庆：重庆大学出版社，2010.
[97] 薛薇. R 语言数据挖掘方法及应用[M]. 北京：电子工业出版社，2016.
[98] 杨洪涛，等. 市场营销：超越竞争，为顾客创造价值[M]. 北京：机械工业出版社，2015.

[99] 杨萍. 大数据背景下营销领域的创新与挑战[J]. 中国市场，2015(27).
[100] 杨旭，褚云茂. 大数据时代的公共关系战略[J]. 上海管理科学，2015 年 4 月，第 32 卷第 2 期: 83-86.
[101] 余晟. 在大数据时代,避免被惦记[EB/OL]. https:// www. huxiu. com/ article /244317.html, 2018-05-16.
[102] 张俊杰，杨利. 基于大数据视角的营销组合理论变革与创新[J]. 商业经济研究，2015 年，第 6 期: 54-55.
[103] 张良均，等. R 语言数据分析与挖掘实战[M]. 北京：机械工业出版社，2015.
[104] 张宁. 大数据背景下的寿险产品定价与创新[J]. 金融发展研究，2013(12): 69-73.
[105] 张睿. 大数据时代下产品创新设计[J]. 黑河学院学报，2016: 49-50.
[106] 陆瑶. 大数据背景下的小米手机营销策略研究[D]. 浙江：江苏大学，2016.
[107] 赵倩文，周亚东. 大数据时代背景下华佗五禽戏推广策略研究[J]. 锦州医科大学学报（社会科学版），2017 年 2 月，第 15 卷第 1 期: 89-91.
[108] 赵奕. 用大数据卖矿泉水[J]. 中国企业家，2013(07): 94-95.
[109] 周苏，王文. 大数据导论[M]. 北京：清华大学出版社，2016.
[110] 周涛. 为数据而生：大数据创新实践[M]. 北京：北京联合出版公司，2016.
[111] 周业安. 大数据时代的价格歧视[J]. 中国经营报，2018 年 5 月 14 日，第 D02 版.
[112] 朱杰. 网络大数据环境下价格歧视行为研究[J]. 哈尔滨师范大学社会科学学报，2018(2): 64-66.
[113] 邹开亮，刘佳明. 大数据背景下价格歧视行为的法律规制[J]. 安阳工学院学报，2018(1): 16-19.

提问的秘密

（第2版）

罗朝平 · 著

YOU CAN
ASK
GREAT
QUESTIONS

電子工業出版社
Publishing House of Electronics Industry
北京 · BEIJING

内容简介

《提问的秘密》（第 2 版）的内容重心完全回归到销售领域。简单地说，本书是专门为销售人员而写的，目的是提升他们的提问技能。无论在何种销售场景，销售人员在与客户沟通的过程中，提问永远都是十分重要的沟通技巧，提问可以帮助销售人员：

- 全面收集客户信息；
- 有效改善客户关系；
- 精准洞察客户需求；
- 引导客户下单成交；
- 控制与客户的沟通、谈判局面。

本书结合心理学知识，从提问的作用到问题的设计，从问题的组织到在各类销售场景中的应用，系统全面地阐述了销售人员应该具备的提问技能。可以说，本书是关于销售提问技巧的十分系统全面的工具书，书中有大量翔实、有趣的案例和很多经典问题，使读者能够学以致用，做到知行合一。

图书在版编目（CIP）数据

提问的秘密 / 罗朝平著．—2 版．—北京：电子工业出版社，2021.12

ISBN 978-7-121-42401-4

Ⅰ. ①提… Ⅱ. ①罗… Ⅲ. ①提问－应用－销售－方法 Ⅳ. ①F713.3

中国版本图书馆 CIP 数据核字（2021）第 240316 号

责任编辑：刘淑丽　　　　特约编辑：田学清
印　　刷：北京捷迅佳彩印刷有限公司
装　　订：北京捷迅佳彩印刷有限公司
出版发行：电子工业出版社
　　　　　北京市海淀区万寿路 173 信箱　　　邮编：100036
开　　本：720×1000　1/16　印张：12.25　字数：213 千字　插页：1
版　　次：2018 年 8 月第 1 版
　　　　　2021 年 12 月第 2 版
印　　次：2025 年 3 月第 2 次印刷
定　　价：59.90 元

凡所购买电子工业出版社图书有缺损问题，请向购买书店调换。若书店售缺，请与本社发行部联系，联系及邮购电话：（010）88254888，88258888。

质量投诉请发邮件至 zlts@phei.com.cn，盗版侵权举报请发邮件至 dbqq@phei.com.cn。

本书咨询联系方式：（010）88254199，sjb@phei.com.cn。

导　读

非常高兴《提问的秘密》迎来再版，衷心感谢各位读者的支持。《提问的秘密》的定位是一本关于提问技巧的工具书，于是在第1版中我努力地将各类提问思维与提问技巧罗列其中，但难免由于内容过多，导致焦点不明。

其实，《提问的秘密》的写作初衷是给销售人员提供参考。于是，在再版的时候，我想回归到销售领域，聚焦于此。首先，对第1版中与销售无关的内容进行删减；其次，对各类销售场景的提问技巧进行增补。当然，非销售人员也可以从本书中学到很多实用的沟通技巧与心理学知识，读者朋友们应尽量做到触类旁通、举一反三。

在销售领域，无论是电话销售、门店销售、互联网销售还是大客户销售，提问都是销售人员必须掌握甚至精通的技巧。提问可以帮助销售人员收集客户信息、了解客户需求、把控沟通场景、降低销售风险、控制谈判局面、获得客户承诺。

关于提问，虽然目前我们能读到很多空洞乏味的方法论，也能找到很多支离破碎的资料，但作为一位资深的销售培训讲师，我发现了以下三个问题。

其一，大部分关于销售的经典理论都来自国外，但由于东西方文化差异导致很多提问技巧对于国内销售并不适用。例如，在很多国外大客户销售中，西方销售人员会直接询问“你们公司今年在生产经营方面存在着什么困难呢？”，这类问题放在国内的销售场景中，大多数人会觉得有点儿冒昧，销售人员觉得话说得唐突，客户则敷衍回答。因此，很多销售人员在学习或阅读过国外的销售理论后，都觉得框架很好，但很难落地。

其二，关于销售人员的提问技巧，缺乏系统的总结与分析。如何系统地构建问题？如何精准地控制问题？如何有效地组织问题？这些似乎没有人专门做过阐述。每当学员询问有无提问的相关图书推荐，我都哑口无言，因为确实没有系统讲解提问技巧的图书。

其三，销售的提问技巧，不是毫无体系的应用技巧，而是由深层次的心理学与沟通理论支撑的方法论。唯有不停地实践与总结，“知其然知其所以然”，才能融会贯通。

于是，有了本书的诞生与再版。

因此，《提问的秘密》（第 2 版）的定位是“关于销售提问技巧的系统全面的工具书”。之所以说本书“系统全面”，是因为本书中确实有很多经典问句分享给读者。

提问作为一种销售沟通技巧，不像数学与逻辑学那样有着绝对的是非对错。提问之道往往需要根据环境、关系、目的来灵活运用，因此我希望读者在阅读的时候能够有更多的思考。善于思辨，才能真正感悟到提问的真谛。

罗朝平

2021 年 8 月于深圳

目　录

第 1 章

销售为什么要学会提问

好问则裕，自用则小。

——《尚书》

有一天，我去逛香港的某品牌珠宝店，一进门就受到销售人员的热情接待：“先生您好！请问您需要什么？也许我能够帮到您！”我回答道：“我想买个项链吊坠。”

销售人员很热情地把我引导到项链吊坠柜台，拿出一款十分流行的吊坠，并开始向我滔滔不绝地介绍：“先生，这款吊坠是今年的流行款，由我店知名设计师设计，特别适合您这样的商务人士，戴上后让人觉得您既时尚又有品位，而且这款吊坠现在正在促销，只需要 4 998 港元！您看怎么样？”

我默不作声，继续看。销售人员见我无动于衷，忍不住问：“您买吊坠是自己戴还是送人呢？”“送人。”销售人员又迫不及待地拿出另外一款吊坠：“这款吊坠特别适合女性，如果您要送给您太太，这款吊坠就是非常好的选择！”

“不是送给我太太，而是要送给朋友的孩子！”这位销售人员愣了一下，没有盲目地再拿出第三款吊坠，而是问我：“那您打算送什么价位的吊坠呢？小朋友的生肖是什么呢？”在了解了我的需求之后，这位销售人员成功地售出了吊坠。

如果你是一位销售人员，若你不会提问，就意味着你无法了解客户的需求，只能盲目地进行介绍。如果是这样，那么销售人员与自动答录机有何区别？

提问对销售人员的意义不仅在于挖掘客户的需求，还包括用提问收集客户的信息，用提问侧面了解竞争对手的情况，用提问引导客户的思维，用提问控制沟通的局面，用提问最终实现商品的销售。美国某知名咨询公司曾经跟踪几千位销售人员，通过比较优秀的销售人员与一般的销售人员在行为上的差别，得出一个重要的结论：优秀的销售人员都比较善于提问，而一般的销售人员总爱自己滔滔不绝。

越来越多的销售人员开始意识到提问的力量与魅力，但一些销售人员并未掌握提问的技巧。有时候，只需改变提问的方式，就会让原本无效的沟通顺畅起来。

在一次培训结束后，某企业人力资源部的梁总监邀请我去他的办公室喝茶，他一边喝茶一边对我说："罗老师，我们公司最近在制订培训计划，所以现在想做个调研，了解一下员工在工作中有什么问题，以便后续合理设计培训课程。"

"这是好事情啊！"我听后回应。

"但是有个问题，之前我们做了几次调研，效果都不理想。今天正好还有三个员工的调研，罗老师，您既然来了，能不能在旁边帮我们看看问题出在哪里？"面对梁总监的邀请，我欣然答应了。

员工调研开始了，三个员工依次进行，第一个进来的是一个女员工。梁总监在请她坐下后，开口问的第一个问题就着实吓了我一跳：

"小李，你说说看，你目前工作中存在什么问题？"

那个女员工小李听后一头雾水，面对这样单刀直入的提问，她犹豫片刻后，小声地回答："我觉得都挺好的，没有什么问题。"不管梁总监如何追问，小李在回答的时候明显战战兢兢，或者回答不知道，或者歌功颂德，没有指出真正的问题所在。第一个员工的调研就这样无果而终了。

"罗老师，这次和之前调研的几个员工情况差不多，大家都说没有什么问题。"梁总监终于忍不住开始抱怨了，我听后忍俊不禁。

"梁总，哪个员工愿意当着你的面承认自己有问题啊？"我笑着说，"你不妨考虑在提问的时候换个方式，可能效果会不一样呢！"

"那应该怎样提问呢？"梁总监好奇地问。

"若想让员工配合你，首先，你应该告诉他们提问的目的是什么，消除他们的戒备心理；其次，你可以考虑换个角度来提问……”于是，我和梁总监简单讲解了一下相关的提问技巧。很快，梁总监把第二个员工叫了进来。

“小胡，今天请你来主要是想了解一下大家工作中有什么需要改进的，这样我们可以更好地设计培训课程来帮助大家。之前你也参加过我们人力资源部组织的培训吧？感觉怎么样？”这次梁总监没有单刀直入，而是开始迂回地提问。

“我去年参加过培训，觉得课程非常好啊。”小胡回答道。

“那就好！不过，虽然我们从外部聘请的培训老师很专业，但毕竟他们对我们公司了解得不全面，你对以后的培训课程有什么建议呢？”梁总监没有直接询问小胡工作中存在的问题，而是问小胡对未来培训课程有何建议，更重要的是他在提问前对小胡做了心理暗示与引导。

小胡稍加思考后说：“如果培训老师能够结合我们实际工作中的问题，有针对性地展开讲解就更好了！”

“看来我今天找你做调研真是找对人了！”看着慢慢敞开心扉的小胡，梁总监赶紧给予赞扬，然后接着提问。

“小胡，你来公司已经四年了，所以请你帮忙想想，你觉得身边的同事，尤其是新员工，他们在工作中有什么技能有待提高呢？”

小胡开始以老员工自居，滔滔不绝地讲述他的同事在工作中技能的不足。最后，“主宾”相谈甚欢，梁总监顺利完成了调研工作。

梁总监一开始的调研工作之所以遇到阻力，主要是因为他从错误的角度问了错误的问题，当我们将问题优化后，困难自然迎刃而解，这就是提问的魅力。总有一些销售人员向我抱怨：“我也想提问，但是客户总是不按常理出牌，胡乱回答问题，最后我干脆不问了，但这能怪我吗？”那么，作为销售人员的你，在与客户沟通的时候，有没有如下烦恼呢?

- 不知道该问什么样的问题?
- 对方为什么对自己的提问置若罔闻或不做回答?
- 问了问题，对方为什么总是不按预想的回答?
- 客户提了尖锐的问题，我不知道如何回答，这时应怎样应对?

……

其实，很多销售沟通中的问题，往往来源于没问对问题，没控制好问题。

在本书中，我们会详细、全面地揭示提问的秘密，分析提问的技巧，但首先我们需要具备的是提问的意识。所谓“好问则裕，自用则小”，意思是说喜欢提出问题向别人请教的人，知识就会丰富；主观武断，不虚心向人求教，就难成大事。

“我没有什么特别的才能，不过喜欢刨根问底罢了。”爱因斯坦如是说。

在本章中，我们将从六个方面分析提问的价值，介绍提问到底对销售人员有什么用。

第1节 用提问进行互动，改善关系

一次在进行销售培训的时候，我问学员：“如果你们的客户带着孩子去旅游，之后在微信朋友圈发了一组照片，你们会怎么办？”大多数学员回答自己会去点赞。我告诉学员，仅仅点赞其实无法实现互动，为了与客户增强联系，应该给予评论，而且评论最好以问号结尾。例如，如果给予“真漂亮啊！”这样的评论，那么客户往往无法与自己互动。如果你的评论是“真漂亮啊！这是哪里呢？”，那么客户很容易给予回复。用提问替代陈述能改善关系、增强互动，也容易加深客户对你的印象。学员听完之后，恍然大悟。

当销售人员在做客情维系的时候，通过适当的提问能够与客户进行互动，改善关系。通过提问进行互动、改善关系，在销售人员的日常工作中有以下常见场景。

用提问改变身份，激发客户的沟通欲望

一次，我去某地出差，客户派了他们单位的司机来机场接我。上车后，司机居然向我递了一张名片，诧异之余，我认真看了一下名片，顿时我就明白了司机的意思，因为名片上显示司机的名字是“雒宾”。

面对司机递完名片后嘴角的一丝微笑，我有两个选择：其一，直接按照礼仪，称呼对方“雒（洛）师傅”；其二，假装不认识这个字，请教对方“师傅，您这个姓可不多见，这个字怎么读呢？”。第一个选择，除了能够显示我博学多才，对关系的改善没有任何帮助。因此，我当时毫不犹豫地选择假装不认识那个

姓氏，然后询问对方。果不其然，司机一听我“不认识”他的姓氏，兴奋地回应我：“罗老师，您是老师，也不认识这个字啊？”我赶忙回答：“活到老，学到老。”接着，司机很自豪地说：“其实很多人都不认识这个字，这个字读 luò。”我紧接着问了第二个问题：“您这个姓可不常见，您祖上是本地人吗？”第二个问题一抛出，司机顿时打开了话匣子，和我滔滔不绝地分享他祖上的荣光，于是一路上我们相谈甚欢。当司机把我送到酒店后，他感觉还聊得意犹未尽，坚决要求培训结束后送我去机场。

大部分人都有好为人师的心理，如果销售人员能够在客户擅长且得意的领域中，多用提问的方式进行沟通，把自己的身份放低，以请教者的姿态与客户沟通，则往往能够激发客户的沟通欲望。

有位学员曾经给我讲述过一个案例。这位学员是资深的潜水爱好者，有一次他去拜访客户，客户在聊天时提到自己假期喜欢去潜水。结果这位学员非常兴奋地告诉客户自己多么资深、专业，去过哪些著名潜点，潜水时遇到过哪些危险或有趣的事情，他说得眉飞色舞、兴趣盎然。但客户呢？原本想炫耀一下，没想遇见了一位比自己资深得多的潜水爱好者，顿时哑口无言、意兴阑珊。结果，此次拜访没有任何收获。这位学员和我聊过之后，我认真地告诉他，以后遇到这种情况，要懂得“藏拙”，可以告诉客户自己是同道中人，但应该以一种低姿态，虚心地向客户请教，让客户多说，这样才能激发客户的沟通欲望，同时推动双方关系迈上新台阶。

不懂装懂多半是愚蠢，懂装不懂有时是智慧。

当重复话题或善意提醒时，用提问替代发指令

很多时候销售人员需要提醒客户，如果使用陈述句表达，那么虽然可能想提醒对方或者表达自己的担心，但可能使客户难以接受。有责任心和过于啰唆是不同的。当我们一而再，再而三地表达自己的担心时，有没有考虑过对方的感受呢？对方心里可能在想：

- “他为什么又要说一遍？真是太啰唆了！”
- “讲这么多次，看来是不信任我啊！”
- “这么简单的事情，还要说这么多次，真是烦人！”

如果销售人员过多地要求客户，就会使客户有逼迫感，甚至怀疑销售人员在制造陷阱。在这种心理状态下，销售人员的要求可能不仅无法得到满足，甚至还会让对方产生对立情绪。销售人员可以采用非常简单的方式——“明知故问”，用提问替代发指令。这样，双方的角色就不是对立的了，而是变成提问者去请教对方，或者请求对方协助。

假设明天下午三点，你与客户有个正式且重要的会议需要召开，虽然你已经提醒了客户要准时参加，但如果你想再次提醒他，那么你会怎样做呢？如果继续采用发指令的方式，那么可能客户会觉得你很啰唆，这时不妨找个借口，以提问的方式进行善意的提醒：

“张总，明天下午三点的会议在哪个会议室召开啊？我需要发一份拜访确认函。”

此外，还有类似的场景，假设你是领导，需要提醒员工周五的时候递交一份重要的市场报告，但如果你只是重复提醒，则可能让员工觉得你不信任他，因此你可以同样明知故问，比如询问递交报告的截止时间。但为了控制问题，避免对方回答下周一递交报告，可以通过封闭式问题确认：

“小张，之前你说什么时候可以把你的市场报告给我？周四还是周五？”

总之，无论是明知故问还是善意提醒，有时候采用提问的方式效果会更好，把自己的姿态放低，把角色调整好，可以帮助销售人员有效地改善人际关系。

本节小结

本节阐述了提问的第一个作用：进行互动，改善关系。很多时候，当销售人员滔滔不绝地讲述时，客户关系可能已经疏远了；而如果销售人员愿意去提问，然后扮演好一位听众，那么可能客户更愿意与其交往。本节介绍了用提问进行互动，改善关系的两种常见情景。

1. 用提问改变身份，激发客户的沟通欲望。
2. 当重复话题或善意提醒时，用提问替代发指令。

第 2 节　用提问收集信息，挖掘需求

销售专业中最重要的字就是“问”。

——博恩·崔西

当一个销售人员善于提问时，往往能够更全面地挖掘客户需求与信息，其销售成功率势必较高。如果销售人员总是喜欢用陈述句去说服客户购买，那么其往往把焦点放在自己的产品上而不是客户身上，很容易使客户产生推销之感，其销售成功率自然相对较低。

销售人员为什么要挖掘客户需求呢?

这个问题貌似简单，但是很多销售人员并没有进行深度思考。销售的目的是产品成交，但是当我们在给客户介绍产品的时候，如何才能用产品打动客户呢?我们首先要了解推销产品时的逻辑（见图 1-1）。

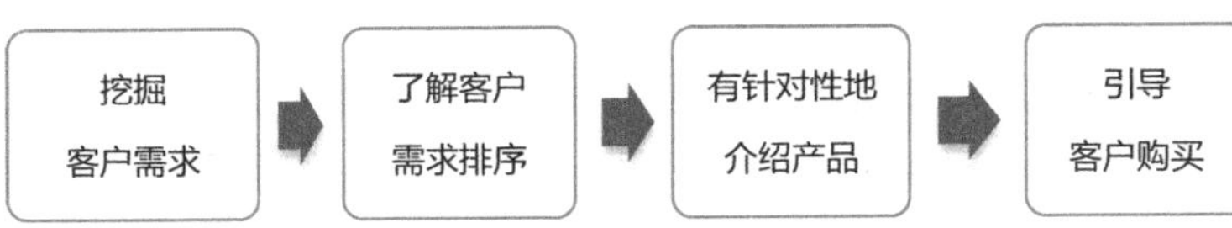

图 1-1　销售人员推销产品时的逻辑

当我们引导客户购买时，需要有针对性地介绍产品，以满足客户需求。什么是客户需求呢?客户需求（Customer Demand）指的是客户的目标、需要、愿望及期望，而这种需求是有重要与次要、必需与非必需的差别的，因此我们说客户需求是有排序的。当我们不了解客户需求排序时，自然无法准确地利用产品来打动客户。

同样是买衣服，有些客户认为款式是最重要的，有些客户认为价格是最重要的，还有些客户认为品牌是最重要的。如果你不了解客户需求排序，就无法知道对客户而言什么是重要的和什么是次要的，自然无法有针对性地为其介绍产品，更加无法打动客户。在本章开篇的故事中，当我进入某品牌珠宝店购物时，我的需求是选购“送给朋友孩子的礼物”，此时我的需求排序首先是合适的款式，其次是价格，最后是包装，至于是否时尚，对我而言不太重要。

因此，销售人员在销售中要通过提问来收集客户信息与挖掘客户需求。简单地说，销售人员需要了解两个问题：

- 对方的需求有哪些？
- 对方的需求排序是怎样的？

但由于客户需求往往是多方面的、不确定的，甚至连客户自己都不知道自己有何需求，因此需要销售人员去分析和引导。有些客户需求由于涉及隐私或者面子问题，客户未必愿意直接告诉你。例如，当你囊中羞涩地去逛商场时，看中了一件很时尚的衣服，老板问你："是不是喜欢这件衣服？可以先试穿下。"这时，即便你的预算不够，但你还是有可能试穿，毕竟你也不愿意直接告诉老板："我钱不够，算了。"

那么，客户需求是什么？客户需求中什么是最重要的？这里面涉及很多客户认知或者隐私，我们只有通过巧妙提问才能够深入地了解，而粗暴地直接询问往往效果不好。

除此之外，我们获取的客户信息越多，自然也就更加容易挖掘出客户的需求与痛点。销售人员平时应该多收集客户信息，当闲谈或喝茶时，客户往往更加放松，同时愿意回答销售人员的问题。

不单单是销售，其实在所有的人际沟通中，我们都可以通过提问来了解对方的需求或动机，从而实现高效沟通。设想一下，如果你的领导让你写一份市场报告，那么在接到任务时，你有没有向领导了解以下信息：

- 报告需要采用什么格式？Word 还是 PPT？
- 报告是做什么用的？
- 报告是给谁看的？
- 报告递交的截止时间是什么时候？
- 关于这份报告，领导有什么重点的内容需要阐述？
- 领导有无其他意见或者建议？

如果你写的报告经常被领导要求返工，那么你多半没有了解清楚领导的需求；如果你觉得产品很好，但介绍完后客户无动于衷，那么你很有可能没有了解清楚客户的需求。

当然，在收集信息和挖掘需求的过程中，对方未必会积极配合你。如果直接询问有效，那么理论上你只需要直接询问你的客户以下问题：

- "你有什么具体的需求？"

- “你的预算是多少？”
- “你选择供应商的标准与倾向是什么？”

在现实工作中，对方一般是不会配合回答上述问题的，这就对提问者提出了更高的要求：不仅要学会提问，还要问对问题。究竟应如何收集敏感信息呢？如何问对问题？如何让对方更愿意配合你？这些内容在接下来将逐一展开阐述。在这里先预留一些问题供读者思考：

- 平时在销售中，你是问的多还是说的多？
- 你的问题对方都愿意回答吗？
- 你觉得对方为什么不配合你？
- 你觉得你的问题可以如何优化？

本节小结

本节阐述了提问的第二个作用：收集信息，挖掘需求。作为销售人员，如果不懂得挖掘客户需求，那么产品介绍往往苍白无力；作为沟通者，如果不了解对方的需求，那么往往答非所问。在需求了解的过程中，我们的提问不单单是为了收集信息，还需要了解对方的需求排序。当然，在提问的过程中，我们还需要注意提问的技巧，尤其在询问一些敏感和关键信息的时候。

第 3 节　用提问控制局面，引导方向

一天，有位高僧被邀请到一个村庄讲佛法。站在讲台上，高僧问村民：“你们知道什么叫佛法吗？”村民回答：“不知道！”高僧说：“既然你们什么都不知道，那我暂时没什么好讲的了。”于是，高僧离开了。

第二次，这位高僧又被邀请到这个村庄讲佛法。高僧问了同样的问题，村民们有了第一次的经验，就回答：“我们知道。”高僧说：“既然你们知道了，那还请我干什么？”于是，高僧又离开了。

第三次，这位高僧又被邀请来讲佛法。这次村主任先做了一个安排，他猜想高僧这次又会问同样的问题，于是要求一半村民回答不知道，另一半村民回答知

道。高僧果然问了同样的问题："你们知道什么叫佛法吗？"于是，讲台下面的村民一半说知道，另一半说不知道。高僧说："知道的告诉不知道的就可以了。"于是，高僧又离开了。

到了第四次，高僧又被邀请来，同样提问："你们知道什么叫佛法吗？"终于有位年轻人尝试着反问高僧："大师，您说什么叫佛法呢？"高僧微微一笑，于是开始坐下讲佛法。

我第一次看到上述故事的时候，忍俊不禁，这是哪门子的高僧？但转念一想，高僧何尝不是在用这种方法传递一种智慧呢？在日常生活中，我们经常会遇见一些让我们哭笑不得的情景、让我们左右为难的问题，或者让我们被动、尴尬的场面，但是我们能否像上述故事中那位年轻人那样用提问的方式去控制局面呢？

在足球比赛中，有种非常有效且犀利的战术叫作"防守反击"。实力较弱的球队遇见强大的球队，如果去对攻，那么基本上是自寻死路；但如果仅仅防守，那么再好的防守碰见了犀利的进攻，终归会城门难保。于是，"防守反击"战术成为很多相对弱小球队的制胜法宝，其核心在于当对方大举进攻的时候，可以利用对方的懈怠或找到对方的弱点，通过组织一两次有效的反击，一举突破对方的防线。

在本节开头的故事中，高僧开始一直通过提问在"进攻"，不管如何回答，"防守"终究是有漏洞的。但当年轻人通过提问来"反击"的时候，"防守反击"战术则开始生效。这就是提问的作用：我们可以用问题打败问题，这也是沟通中的"防守反击"。

当你在销售中或谈判桌上面对强势的客户时，如果总感觉被对方牵着鼻子走，就可以考虑用提问控制局面。当你不知道如何回答对方的问题时，或者你不知道对方问这个问题的目的时，你同样可以利用提问来进行缓冲，为自己赢得思考的时间。

提问就是最好的"防守反击"战术，能够帮你控制局面，引导方向。

当不了解客户提问的目的或客户提出刁难问题时，用提问控制风险

中国人的情感表达一般比较含蓄，这种含蓄带来了一个关于沟通的难题：不

知道对方找你干什么。

试想一个场景，你正在办公室工作，你的同事突然跑过来问你："你现在忙不忙？"如果你盲目地回答"不忙"，那么可能对方紧接着会说："既然你不忙，那你帮我一个忙呗！"这便是作茧自缚。如果你草率地回答"现在我很忙"，那么可能对方会回答："那算了，本来打算请你出去吃海鲜的！"当我们面对别人来意不明的提问时，需要特别小心，应对方法是用提问替代直接回答，用问题打败问题。

总之，当面对对方目的不明的提问时，为了降低风险，最安全的做法往往是不正面回答问题。因此，当同事问你"今天忙不忙"的时候，不要盲目回答，而是先问对方："有什么事情吗？"也就是说，我们要伺机而动，用问题控制风险。

同样的道理，销售人员会经常面临客户提问，当你不清楚对方的目的或者当客户提出一些刁难问题时，最安全的应对方式就是用提问的方式控制局面。试想一下，如果在销售过程中客户提出以下问题，那么你会如何回答？

- "听 A 公司说，你们公司的产品质量不好，是这样吗？"
- "你们公司的供货周期是多长时间？"
- "关于价格，是不是都是你们李总进行审批啊？"

其实上述问题回答起来似乎都不难，但是随意回答存在着种种风险。例如，"听 A 公司说，你们公司的产品质量不好，是这样吗？"，面对这个问题，似乎只要直接告诉客户 A 公司所言不实，揭穿 A 公司的谎言即可。但你有没有想过客户与A公司的关系如何？A公司真的说了还是提出这个问题是客户的谈判技巧？因此，最安全的回应是采用提问的方式："A 公司当时具体怎么说的呢？""A 公司之前来拜访您的时候说的吗？"接着我们可以根据客户的回答来有效地选择进一步的回应方式。

同理，"你们公司的供货周期是多长时间？"这个问题可能无论你回答多长时间，客户都可能会故意说时间太长了，以此来打压你，因此较安全的回应可能是"其他公司的供货周期一般是多长时间呢？"。"关于价格，是不是都是你们李总进行审批啊？"这个问题，如果你如实回答"是"，客户很有可能就提出直接找李总协商价格，因此不如尝试回答"你是听谁说的呢？"。

用提问去控制风险，作用不仅体现为在不了解对方的沟通目的时机智试探，还可以调整节奏，为销售人员赢得思考时间。

当客户提要求时，用提问控制局面

有一次，在商务谈判的培训课上，一位学员问我："作为供应商，经常被采购方在谈判时追问'在合同签署后，你们七天之内能不能交货？'，我们应该怎样应对呢？"

我当时问这位学员以前是怎样应对的，这位学员说实际上七天是可以勉强交货的，但需要组织员工加班，非常辛苦。但为了能够把订单拿下，他以前一般都会回答："我们尽量在七天内交货！"

听到学员的这个答案，我继续询问："那采购方听到你的答案后，有什么反应呢？"此时，这位学员一脸苦闷："对方会说，如果七天之内没有交货，那么你们该承担什么样的责任？这些需要写入采购合同中，我们要求如果没有按时交货，那么你们需要给予一定的经济赔偿。"也就是说，在谈判时，供应商总是比较被动。

如果面对这样的谈判情景，那么你会如何应对呢？

其实在谈判桌上，对方的任何提问都可能是在为自己争取利益。面对七天之内交货的要求，如果直接回答可以，那么往往会被对手继续"穷追猛打"；如果直接回答不可以，那么又容易陷入谈判僵局。尤其在相对被动的谈判中，这类问题就愈发突出。因此，这个时候一般建议用问题打败问题。如果遇见类似情景，那么不妨考虑提出以下类型的问题：

- "张总，一般来说我们的供货时间需要十天左右。如果要七天完成，那么势必要组织员工加班，这会增加人工成本。因此想问问您，您一定要求七天之内交货吗？"
- "张总，如果您要求七天之内交货，我们的人工成本就要增加，您能不能把采购价格再提高点呢？"
- "张总，七天之内交货确实很困难，但如果我们组织员工加班，那么也是可以实现七天之内交货的。我们这个合同是不是可以马上签了？毕竟时间紧迫啊！"

当沟通对象提出各种要求时，我们可以通过提问，无形中把问题的"绣球"抛给对方，或者进行利益交换。例如，如果对方提出一定要七天之内交货，那么你可以顺势向对方提出上述第一个问题；如果对方给出否定回答，你就"控制"

了对方的期望，降低了自身成本。

因此，提问在很多时候可以帮助销售人员控制局面、引导方向。在沟通的过程中，一般有两种做法：其一是反问，其二是假设性提问。

帮助控制沟通局面的反问

假设在销售谈判中，客户问："针对你们公司的产品，你们能给予什么样的折扣？"这个时候直接回答未必是个好的选择：如果给了一定的折扣，那么对方可能会进一步采取滚雪球策略进行打压；如果不给予折扣，那么可能导致谈判双方的关系紧张。这个时候我们可以通过反问来控制局面。

反问是一种有效控制沟通局面的技巧。不过事实上，一些公司因为害怕反问可能给客户造成不愉快，因此禁止员工使用反问的技巧，尤其在服务行业中。

其实，完全禁止使用反问的技巧有点因噎废食，因为影响沟通氛围的因素还包括语音、语调、语速、表情、肢体语言等。在使用反问的技巧时，除了关注语音、语调等，还可以对提问给对方带来的利益进行强化，或者把反问的内容做一些柔性的处理。

例如，在上述情景中，客户问："针对你们公司的产品，你们能给予什么样的折扣？"最直接的反问是"你想要什么样的折扣？"。这种方式简单而粗暴，容易使沟通失控，最后可能失去客户。如果我们采用相对柔性的反问，同时注意自己的语音、语调，效果可能就不一样了。

- "我冒昧地问一下，您提折扣是因为其他公司跟您说过可以给予折扣吗？"
- "您也对比过其他公司的产品，我们的价格其实已经很优惠了，您说呢？"

你并没有直接回答能否给予折扣，而是间接地通过反问了解客户之前接触过的公司，最终根据客户的回答决定你的让步策略。帮助控制沟通局面的反问，在合适的场合中其实是可以大量使用的。

当我们遇到尴尬或隐私的问题时，可以直接通过反问控制沟通局面。

单身的人一般不喜欢被问及为什么还不结婚，这时你可以反问对方："那你为什么要结婚呢？"聚会时，当被别人问月收入是多少时，同样可以反问对方："你觉得我的月收入是多少呢？"女孩子如果遇到别人问体重是多少，那么同样可以反问对方："难道你问别的女孩子这种问题，她会回答你吗？"

除此之外，还有一种很简单的控制沟通局面的反问句：

“你为什么会问这个问题？”

这个反问句可以说是万能反问句，可以很好地把问题抛给对方，然后以静制动。如果你在参加辩论赛或者授课，那么当别人问一些尖锐或者较难的问题时，“你为什么会问这个问题？”还可以帮你赢得缓冲和思考的时间，然后从容应对。当然，如果仅为了赢得思考时间，那么你可以反问：“我不太理解你的问题，可以再说具体一点儿吗？”

如果不怕破坏沟通氛围，那么以下反问句也是很好的控制沟通局面的利器：

- “你有什么资格问这个问题？”
- “你现在在以什么身份问这个问题？”
- “你凭什么问我这个问题？”
- “你问这样的问题，有什么用意吗？”
- “你什么时候开始关心这个问题的？”

当然，上述问题虽然能帮助你控制沟通局面，但它们非常尖锐，容易破坏沟通氛围，大家要谨慎使用。

利用假设性提问来控制局面

如果客户提出“针对你们公司的产品，你们能给我什么样的折扣？”，那么面对这样的问题，除用反问控制局面之外，还可以用假设性提问来进行利益交换：

- “如果我能找领导申请到折扣，那么您是不是确定可以购买呢？”
- “如果您需要我去申请折扣，那么您能不能多购买一点儿呢？”

这类假设性提问的格式一般是“如果……，那么……”。你所提的附加条件既可以在“如果”之后，也可以在“那么”之后，根据自己的语言习惯灵活运用即可。关于假设性提问在后面章节会做详细阐述。

当客户质疑或批评时，用提问转移方向

当面对客户质疑或批评时，采用柔性的提问技巧应对也是个不错的选择。例如，当出现沟通矛盾时，对方可能会用以下提问句式来质疑或批评你：

- “你能不能……？”
- “为什么不……？”

- “凭什么……？”

“你能不能在平时应酬时少喝点酒？”“你为什么不能多陪陪孩子？”“凭什么我们排队排了这么久，你却这样敷衍我们？”当我们面对这类提问的时候，要特别小心，因为对方可能带着强烈的负面情绪在和你沟通。此时，你就需要运用“防守反击”的技巧：用问题打败问题。

当应对带有负面情绪的提问时，经常用到“向上提问”的技巧。向上提问是一种强有力的工具，主要针对对方负面情绪中的正面动机进行提问，十分有效。

例如，客户质问销售人员：“你们的价格怎么比别人的高啊？”这时候你无论怎么回答，可能都容易引发客户继续追问。如果你回答“我们公司的服务好”，那么客户可能会说“你们服务哪里好啊！”“我不要你们的服务行不行？”。因此，销售人员可以针对对方的动机来进行向上提问：“先生，我理解你的意思，你希望享受到更多的优惠，对吧？”

关于“向上提问”的技巧，可阅读本书相关章节。

本节小结

本节阐述了提问的第三个作用：当面对不好回答的问题时，可以利用反问，用问题来打败问题。在以下常见的三种情景中，用问题打败问题往往是很好的防守反击的沟通技巧。

1. 当不了解客户提问的目的或客户提出刁难问题时，用提问控制风险。
2. 当客户提要求时，用提问控制局面。
3. 当客户质疑或批评时，用提问转移方向。

第 4 节　用提问投石问路，试探反应

有一次和几个朋友一起吃饭，饭桌上有位朋友说起了他和他太太的沟通趣事。一天，朋友的太太对他说：“老公，有件事我不知道该不该跟你说？”朋友说：“说吧！什么事？”“说了你不许生气啊！”“好的，我不生气。到底什么事情？”这时他太太才不好意思地揭晓谜底：“我今天买了一个一万多元的包……”朋友只

好装作大度地回应：“买了就买了吧，没事。”

朋友当时把经过讲完后，大家都在笑。有好事者出主意说，那以后女人说“有件事情不知道该不该说”的时候，回答“那就不要说了”这样总行吧？结果当事人说试过了，完全无用，因为当时他太太回答：“你不让我说，我偏要说！”

众人皆无语。

“有句话不知道当讲不当讲？ ”这句台词在很多影视作品中频繁出现，基本上变成了提建议，甚至出馊主意、讲坏话之前的标准开场，几乎所有的当事人被问到这个问题时，都是回答“讲”。然后对方开始滔滔不绝地提意见、讲坏话。虽然当事人可能听了不高兴，但说话者振振有词：“你看，我不想讲，是你非让我讲的！”

这类问题实际上在各种场合中都可以使用，这也是提问的作用之一：投石问路，试探反应。当销售人员与客户沟通时，通过提问可以投石问路，试探对方的状态如何，还可以通过提问测试客户对于一些问题的反应，毕竟很多时候客户不会直接表达自己的想法。

为什么使用问句而不使用陈述句来投石问路呢？我们可以在开始正式沟通之前，通过提问让对方事先有说话或表态的机会，然后我们可以根据对方的回答或表态来选择后续的沟通方式，正所谓“聆音察理，鉴貌辨色”。

甚至很多投石问路或降低风险的试探性提问，可能是一些无足轻重的问题，甚至废话，但是这些试探性问题确实有其存在的特殊意义。在开始正式沟通之前，通过提问的设计，可以有效地实现预留后路、激发好奇心或测试反应等作用。

用提问预留后路，降低风险

我的孩子在一个线上平台学英语，客服经常会不停地推荐我买各种课程或者续费，有时候我都已经表达出很烦的情绪。有一次，英语平台搞促销，客服又主动联系我，向我推荐课程。但她在微信上先问了我一个问题：“罗先生，这次活动真的是今年优惠力度最大的，我想给你介绍一下，你会不会嫌我烦？ ”我哭笑不得之余，还是回复了她：“你发过来看看吧！”

销售人员在开始正式沟通之前，考虑到即将开始的沟通可能会导致对方不舒服、不高兴或反对，或者需要问些敏感问题、需要对方配合，很多销售人员会通过提问来为自己预留后路。下面是典型的预留后路或降低风险的问题：

- “有句话不知道当讲不当讲？”
- “有件事情说了怕您不高兴，不说又觉得您可能不了解，您说我要不要说？”
- “张总，介不介意问您一个问题？”
- “有件事情有点麻烦，不知道方不方便请教您一下？”

在对方没有说具体的内容之前，极少有人会回答“不要讲”“我介意”“不方便”，除非美剧《生活大爆炸》中的“谢耳朵”同学。深究其中原因：其一，每个人都有好奇心，这类问题往往利用对方的好奇心，赢得深入沟通的机会；其二，这类试探性问题在提问时，往往会用到一些特别的语言，“介不介意”“方不方便”“能不能够”等，如果对方直接拒绝，那么往往会有较大的社交压力。基于上述两个理由，这类试探性问题提出后，对方一般会回答“什么事情？”或者“你说吧！”。

在得到对方的肯定答复后，提问就由“我自己想说”变成了“你让我说的”，于是就可以义正词严地提意见或者说坏话了。就算对方听完之后不高兴，但退路已经找好了：“实在不好意思，早知道我应该忍住不说。”

用提问预留后路、降低风险，不仅可以用于沟通的开场，在沟通过程中也可以通过事先提问来降低对方的期望，最终降低沟通风险。很多销售人员经常会面临客户的各类要求，如果你直接同意，那么可能存在万一无法达到客户期望对方生气的风险；但如果直接拒绝，那么可能会得罪客户。因此，我们在平时沟通时可以设计类似降低期望和风险的问题：

- “这么低的价格就算我找领导估计也批不下来，您说我怎么办？”
- “万一我们领导最终不同意，您不会怪我吧？”
- “如果您要的价格优惠我申请不下来，那么您希望我申请其他什么优惠呢？”

用提问试探反应，判断状态

很多时候沟通效果的好坏，一方面取决于销售人员自身的沟通技巧，另一方面取决于对方的情绪与状态，但是我们不能直接询问对方“您心情好吗？”，这不符合我们的沟通习惯。这时，在进行正式沟通之前，测试对方的反应就变得非常有必要。

“您吃饭了吗？”

这个问题恐怕是我们在见面打招呼时问得最多的一个问题了，也是中国人沟通时的标准开场白。奇怪的是，我们大部分时候并没有打算请对方吃饭，为什么要问对方是否吃饭了呢？有些国外的朋友一直不理解这件事情，而且有时自己明明饿着肚子，面对这个问题时也会回答“吃了”。

其实，中国人的情感表达比较含蓄，很多时候问“您吃饭了吗？”的主要目的是测试对方的反应或者心情，进而决定后续的沟通内容与方式。后来，通过和国外的朋友交流发现，这种现象不单单中国有，欧美国家也有。

相比而言，欧美国家的人见面打招呼的问题是“How are you?”。针对这个问题，有趣的是，我们学习的标准回答是“Fine, thank you, and you?”。为什么老师不告诉我们当我们心情不好的时候，应该如何回应？我问外国朋友，如果你心情不好，那么当朋友问你“How are you?”时，你会告诉对方你心情不好吗？大部分外国朋友给予我的回答是，即使心情不好也会习惯性地回答“Fine”。由此我们可以理解，“How are you?”和“您吃饭了吗？”本质上是一样的，提问的人根本不关心你心情好不好或者吃没吃饭，回答的人往往也不会如实回答。

因此，这类问题的主要作用是测试对方的反应，有时候答案不重要，重要的是对方回答这个问题时的面部表情、肢体语言等信息，我们可以根据这些信息判断对方心情的好坏，以决定后续的沟通内容与方式。

销售人员除通过提问来测试客户的心情之外，还经常通过提问来测试客户的各种状态与反应。例如，在拜访客户之后，你想了解：

- 客户对我所说的内容感兴趣吗？
- 客户对于产品的评价如何？
- 客户是否有购买的意向？

如果直接去询问客户的想法，那么可能客户不会做正面的回应或者给出一些敷衍的“官方”答案，所以在这种情况下最简单的方式就是通过提问来测试客户。“李总，就我们今天聊的内容，我回去之后给您做个方案，下周一带过来给您，您看怎么样？”，如果客户今天基本认可你，那么当你用下个动作请求来测试客户的时候，客户多半会同意，就算拒绝也会真诚地给出具体的理由，否则客户容易用相对空泛的理由拒绝你，诸如“再说吧！”“有空再说”“回头再联系”之类的托词。下面是常见的测试型问题：

- “李总，就我们今天聊的内容，我回去之后给您做个方案，下周一给您带过来，您看怎么样？”

- “胡总，我们刚刚做过一个成功案例，要不改天带您去参观一下？”
- “杨经理，您明天请示张总的时候，我能不能一起去？”
- “我要先做个技术评估，您看安排贵公司哪位工程师和我对接呢？”
- “要不，我下周带我们公司的王总过来拜访您？”

用提问投石问路，试探反应，在门店销售中应用得也非常广泛，此种方式可以帮助销售人员判断客户是真心购买还是来“打酱油”的。

本节小结

本节阐述了提问对销售人员的第四个作用：用提问投石问路，试探反应。当后续的沟通可能会导致对方不舒服时，我们可以预先通过提问为自己预留后路，降低风险。不仅如此，我们还可以通过提问来试探对方的反应，以判断客户当前是否满意，并且思考后续沟通该如何展开。

第 5 节　用提问激发好奇心，吸引关注

在给某企业做培训的时候，开课前教室里一片嘈杂，学员都是许久没有聚在一起的同事，相互大声地寒暄着，很是欢乐。当培训主持人开始课程前的例行讲话时，还是有不少学员沉浸在刚才的气氛中，久久不能平静，忍不住交头接耳。突然，培训主持人问了大家一个问题：“各位同学，你们知道公司请罗老师来上课要花多少钱吗？大家猜猜看。”

学员一听到这个问题，不约而同地停止聊天，开始听主持人说话，并积极投入课程价格竞猜中。同时，学员开始把目光投向我，仿佛欣赏商场橱窗里的陈列品，都在寻思“罗老师到底值多少钱”。在众目睽睽之下，我唯有苦笑。

当然，好在主持人只是想通过提问抓住学员的注意力，而没有真正透露敏感的商业信息，只是继续介绍：“我们究竟花了多少钱请罗老师来上课的答案我现在不揭晓，但我可以肯定的是，罗老师一定会让大家收获满满！现在我们把时间

交给罗老师，大家掌声欢迎！”

最后，我在大家的注视下，开始了正常授课，此时学员已经把焦点转移到我身上了，这也是我经历过的最特殊的培训开班讲话。

在很多沟通场合中，我们要想吸引对方的注意力，最简单的方式就是提问。例如，在和朋友聚会的时候，如果你想成为大家关注的焦点，或者你想转移话题，则可以尝试适度地提问：

“你知道我最欣赏你什么吗？”

“你们猜猜看，我刚才在门口碰见谁了？”

“你们知道我今天有多倒霉吗？”

“你知道你身上这件新衣服，给我的感觉是什么吗？”

诸如此类简单提问，往往比你直接把答案说出来更能够抢夺话语权，吸引大家的关注。因此，很多伟大的演说家在演讲时都喜欢以提问的方式开场，其实他们也没有指望听众回答，但开场连续几个或震撼，或幽默，或自黑的问题抛出之后，往往能够迅速吸引听众的注意力，这是十分简单又实用的技巧。

不仅如此，销售人员如果善于提问还能够快速吸引客户关注。有一次，我接了一个银行工作人员打过来的推销电话，其开场白不是像其他人一样滔滔不绝地介绍产品，而是在电话中问了我一个问题：“先生，您在1月22日有一笔××元的信用卡消费，是吗？”

我当时听完后第一反应是：“怎么啦？”然后电话中对方又问了我第二个问题：“这笔消费金额比较大，需要您在下个月还款日还款，您知道吧？”

我则继续回答：“我知道啊！”结果对方开始介绍信用卡的分期还款业务，虽然最后我没有办理，但对方至少成功地把产品完整地做了介绍。如果这通电话的开场不是以上述提问方式进行的，而是单刀直入地介绍业务，我恐怕早就挂了对方的电话。因此，优秀的销售人员可以通过提问技巧抓住自己的客户，让沟通进行下去。

- “您知道我们店里上个月卖得最好的手机是哪一款吗？”
- “你知道这件衣服我昨天以多少钱卖了一件吗？”
- “你知道和别的手机相比，这款手机最大的优势是什么吗？”
- “您说我们的电视机贵，您知道仅仅这块液晶显示屏，我们就比别人高多少成本吗？”

当提出诸如此类问题时，其实销售人员并不期待客户回答问题，销售人员的目的是引发客户关注，让客户能够跟着自己的节奏进一步沟通下去。

通过提问来激发对方的好奇心，吸引对方的关注，不仅在日常沟通中可以使用，在网络沟通中同样效果不错。很多互联网文案高手深谙此道。为了吸引读者的眼球，很多互联网文案高手特别喜欢在设计文案标题时采用提问的方式，而不是平铺直叙。看看以下互联网文章标题，你是否觉得似曾相识?

- 生活中最容易致癌的食物竟然是它?
- 你知道孩子最喜欢听到父母说什么吗?
- 女人防止衰老的方法，你知道几种?
- 明星在整容前，你知道他们都长什么样子吗?
- 最伤女人心的三句话，你经常说吗?

当你看到以上文章标题时，是不是也有点击进去阅读的欲望呢？人人都有好奇心，因此我们可以通过提问激发对方的好奇心，提高对方的关注度。

本节小结

本节阐述了提问的第五个作用：激发好奇心，吸引关注。如果你希望在沟通时能够成为话题焦点，那么你可以多提问；如果你在电话销售中，希望客户愿意听你说下去，那么你可以多提问；如果你希望客户跟着你的节奏走，产品被客户关注，那么你更应该懂得如何提问。

第 6 节 用提问获得承诺，推动交易

苹果公司创始人乔布斯对于产品的设计一直以来都秉承着工匠精神，追求极致，这也是他即使去世了，仍在全球拥有很多粉丝的重要原因。据说，在苹果公司的产品研发过程中，乔布斯总在督促产品开发人员持续改进，追求更好。相传，当产品开发人员把产品拿给乔布斯汇报时，乔布斯经常会问产品开发人员几个问题：

- “你最多只能做到这样吗？”
- “你能做得更好吗？”
- “这个方案是你能做得最好的版本吗？”

当产品开发人员面对这样的提问时，往往大受激励，进而继续追求产品极致，而这样的提问往往比单纯的指令效果更好。

在沟通时，有时用提问的方式替代陈述，一方面能够激发对方的好胜心，另一方面可以让对方自己说出答案，最终提升执行力。

为什么对方自己说出答案比你强加给他答案后执行力更高呢？

因为社会心理学中有个“承诺和一致”（Promise and Consistency）法则。“承诺和一致”法则指的是当你决定一件事情之后，你以后的行为就会自觉或不自觉地按照这件事情来执行。在日常生活中，“承诺和一致”常常是和坚强、执着联系在一起的，如果不能坚持自己的观点，就会被人们看作两面三刀、表里不一。这种社会行为导致人们对于自己的承诺，一般总会付出更多的努力去执行。因此，销售人员可以通过提问来引导对方做出承诺，从而影响对方的行为。

销售人员可以通过提问来赢得客户承诺，利用“承诺和一致”法则来推动交易。销售人员经常面临的问题包括：

- 你认为的客户需求，是客户自己认可的吗？
- 客户是否自己承认有问题呢？
- 你与客户的立场是否一致呢？
- 客户口头答应的事情，最终是否能执行？
- 怎样让客户不太容易拒绝你的要求呢？

虽然销售人员没有一定能解决上述问题的“灵丹妙药”，但是通过合理地引导客户做出承诺，在一定程度上能提高解决问题的概率。在大客户销售领域中，有一套经典理论是“解决方案式营销”，其中销售人员能否促成交易，有几个关键点：

- 客户是否自己承认有问题？
- 客户是否自己想解决问题？
- 客户是否自己积极协商推动项目？
- 客户是否自己认可解决方案的价值？

这些问题是最终能否完成交易的关键点，而这些关键点都是需要客户认可并做出承诺的。一个优秀的销售人员需要懂得控制销售流程，不应该给客户压力，应让客户感觉自己在主导。销售人员的职责应该是实际上在控制，表面上在引导客户，而引导客户最好的方法就是提问，以下问题是在大客户销售中值得所有销售人员去尝试与使用的。

- “贵公司的这个问题，是因为……还是因为……导致的？”
- “我这样理解，问题产生的原因主要是……，对吗？”
- “这个问题对公司其他哪个岗位影响大？具体是什么？”
- “这个问题不仅对你，还对……有影响，是这样吗？”
- “您之前提到过……（痛苦），如果可以……，那么会不会好些呢？”
- “如果可以……，那么确实能解决您之前提出的问题，对吗？”
- “就您提出的这些问题，我想我们公司可以解决，您看我们下一步该如何推进这件事情呢？”
- “如果贵公司确实想推进这件事情，那么内部流程大概是什么？”
- “这件事情需要谁来做最终决策呢？”

上面的问题示例，无论是开放式问题还是封闭式问题，很多承诺都是在引导客户说出销售人员想要的答案，目的都是能够获得承诺，推动交易的进行。

不仅仅是大客户销售，在门店销售与电话销售中，通过提问获得承诺的作用也很明显，甚至是直接影响销售成功与否的关键。

很多时候，对孩子的管理也是如此。很多时候孩子可能存在逆反心理，有时候他们会对你的指令充耳不闻，这时不妨考虑多用提问的方式，以获得孩子的承诺。我的孩子小时候有段时间吃饭特别慢，吃饭花费的时间有时让我抓狂，最后忍不住冲他大喊“你快点吃啊！”，但往往效果一般。俗话说“遣将不如激将”，后来我改用提问的方式，利用孩子的好胜心，虽然简单但卓有成效。

- “宝宝，你能像大老虎那样大口大口地吃饭吗？”
- “儿子，听说你吃饭时嘴巴能张得很大是吗？爸爸有点不信啊！”

综上所述，销售人员学会提问的第六个作用，就是通过提问来获得客户承诺，利用“承诺和一致”法则促进销售，提高销售成功的概率，或者直接促成交易，相关技巧在后面章节会有对应的详细说明。

本节小结

本节阐述了提问的第六个作用：获得承诺，推动交易。客户一般不愿意被销售人员说服，而乐意被自己说服，而自我说服的最简单的方法，就是通过提问来获得客户承诺，之后利用“承诺和一致”法则来实现销售人员的目标。

本章内容思维导图

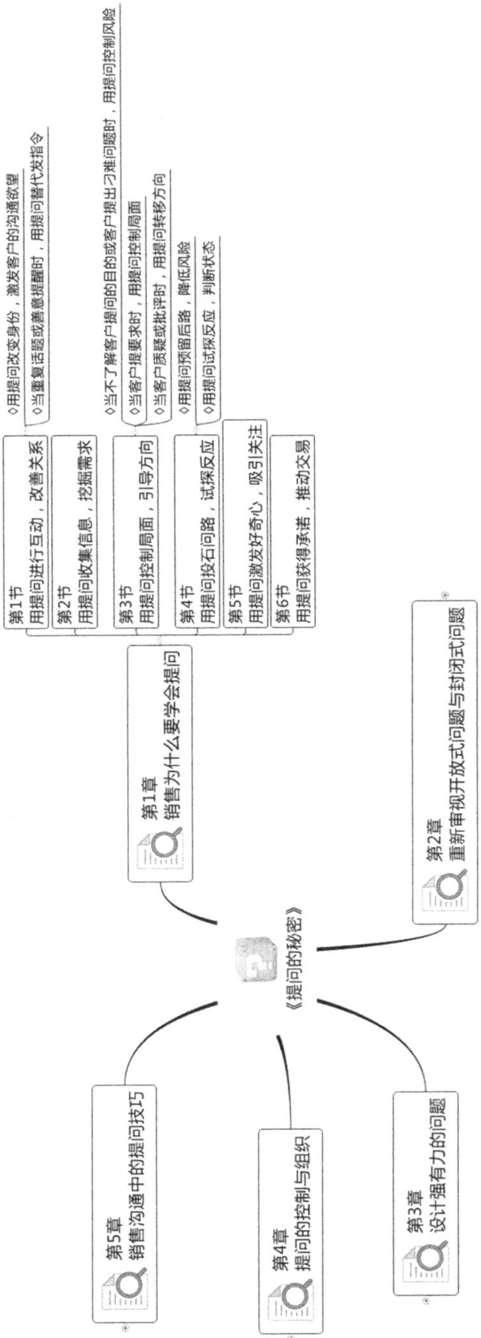
《提问的秘密》
第1章
销售为什么要学会提问
第1节
用提问进行互动，改善关系
◇用提问改变身份，激发客户的沟通欲望
◇当重复话题或善意提醒时，用提问替代发指令
第2节
用提问收集信息，挖掘需求
第3节
用提问控制局面，引导方向
◇当不了解客户提问的目的或客户提出刁难问题时，用提问控制风险
◇当客户提要求时，用提问控制局面
◇当客户质疑或批评时，用提问转移方向
第4节
用提问投石问路，试探反应
◇用提问预留后路，降低风险
◇用提问试探反应，判断状态
第5节
用提问激发好奇心，吸引关注
第6节
用提问获得承诺，推动交易
第2章
重新审视开放式问题与封闭式问题
第3章
设计强有力的问题
第4章
提问的控制与组织
第5章
销售沟通中的提问技巧

第2章

重新审视开放式问题与封闭式问题

几乎所有的销售人员在开始了解提问的时候，首先接触的问题是开放式问题（Open Question）和封闭式问题（Close Question）。开放式问题无预设选项，对方可以自由作答，在英文中一般用 Why、What、When、Where、Who、How、How much 开头；封闭式问题指的是对方只能用“是”或者“不是”来回答的问题，或者二选一（也可能有二个以上选项）的问题。

【小测试】判断以下问题是开放式问题还是封闭式问题。

1．蚂蚁到底爬得有多慢呢？（开放式问题）

2．天空为什么是蓝色的？（开放式问题）

3．今天的天气好不好？（封闭式问题）

4．昨天去商场有什么收获？（开放式问题）

5．现在你的心情怎么样？（开放式问题）

6．你昨天晚上休息得好吗？（封闭式问题）

7．他到底会不会和你一起去泰国旅行？（封闭式问题）

8．你前天在课堂上到底怎么了？（开放式问题）

9．你乘坐几点的航班？（开放式问题）

10．你今天早上吃的包子、馒头，还是油条？（封闭式问题）

在判断一个问题是开放式问题还是封闭式问题的时候，有时候因为中英文的语言习惯差异，会让有些朋友略感迷惑。其实最简单的做法就是，想象你用英文会如何回答那个问题。

其实开放式问题和封闭式问题的分类很容易厘清，这和你的提问技巧没有直接关系。世界上也没有对照表告诉你什么时候应该使用开放式问题，什么时候应该使用封闭式问题，因为这和提问的场合、双方的关系、说话的语气等因素有很大的关系。

因此，重要的是，我们能够掌握开放式问题与封闭式问题的优缺点。当我们需要封闭式问题的时候，我们能够做事更高效或者能够引导对方给出我们想要的答案；当我们需要开放式问题的时候，我们能够让问题更加可控。

第 1 节　开放式问题与封闭式问题的对比

开放式问题与封闭式问题其实没有绝对的哪种好用、哪种不好用的说法，往往销售人员要根据沟通的环境、双方的关系、时间压力、沟通的目的等因素进行综合评估。我们要先评估开放式问题与封闭式问题的优缺点，这样才能懂得在什么场合该用何种问题。我们可以从沟通效率、问题发散性、问题控制力、对方回答问题的难度和统计的便利性等方面，对开放式问题与封闭式问题进行综合比较。

沟通效率的对比

从理论上来说，开放式问题的沟通效率更高。例如，你想了解同事吃的什么早餐，用开放式问题可以直接询问："你吃的什么早餐？"如果用封闭式问题，则要不停地确认与选择，效率较低。

"你早上吃饭了吗？"

"你吃的是中餐还是西餐？"

"中餐是吧，那你吃包子了？"

“不是啊，那你吃馒头了？”

“还不是啊，那你吃油条、喝豆浆了？”

“还不是？那你喝粥了？”

……

由于开放式问题是让对方自由作答，可能更容易获得具有高价值的信息。因此，在新闻采访、招聘面谈、绩效访谈、培训辅导等领域中，开放式问题的使用频率比封闭式问题高。

虽然使用开放式问题沟通效率高，但我们是不是可以淘汰封闭式问题呢？答案当然是否定的。开放式问题带来沟通高效率的前提是对方愿意配合回答你的问题。由于开放式问题是让对方自由回答，因此当对方不愿意配合回答问题时，我们得到的答案可能是“不知道”或“我不想说”。

想象一下，在下面的销售提问中，如果你是被提问者，那么你会如何回答。

- “张总，这次贵公司在这个项目中的预算是多少呢？”
- “胡总，这个项目另外一个公司的报价是多少呢？”
- “美女，你到底想买什么样的衣服呢？”
- “李总，你们公司到底有什么需求呢？”

在上面的沟通场景中，客户面对这样的提问，很有可能回避问题或者给出无效回答，究其根源在于开放式问题有时候给对方的压力较大，一旦沟通不融洽或沟通双方关系不友好，就可能变成无效问题。很多销售人员在拜访客户的时候，总是喜欢盲目地问开放式问题，最后不仅没有收集到客户需求，还经常让销售变得冷场。

因此，销售人员不能因为开放式问题沟通效率高就盲目使用，有时候在不恰当的场合问了敏感的开放式问题，反倒不如不问。

问题发散性的对比

开放式问题不但能提高沟通效率，而且更加开放，问题的答案多种多样，问题的发散性比较好。很多场合我们需要引导对方多说话，从而引导出想要的答案，而封闭式问题可能会限制沟通的宽度，甚至限制对方的思维。

有一次我看电视，有位记者问了获胜运动员一个封闭式问题：

“获得金牌了，你激动吗？”

运动员回答：“激动。”然后，运动员和记者就相互看着，结果采访就冷场了。这段视频在互联网上播出后，引发了网友的“吐槽”，究其根源在于在这种情景中毫无疑问应该使用开放式问题。因为封闭式问题会限制沟通的宽度，让对方在“激动”和“不激动”中做选择，而运动员的思维也受到了限制，原本除了表达激动，他可能还有更多的情绪和感受想表达。相比而言，这个时候问开放式问题更加容易得到高价值和全方位的信息。

- “获得金牌了，你现在最想说的是什么？”
- “获得金牌了，你最想感谢的人是谁？”
- “在整个比赛备战期间，你最痛苦的事情是什么？”
- “你想对电视机前的家人说些什么？”

在很多日常销售沟通中，我们可以发现很多情况都用封闭式问题限制了沟通的宽度，甚至把沟通强迫性地终止了。

有一次，我带着孩子去一家国际象棋体验中心做免费课程体验，在 20 分钟的体验课程结束之后，负责销售的客户经理找到了我们。客户经理似乎清楚，家长愿不愿意付费让孩子上正式课程，关键在于孩子的态度，于是她蹲在孩子面前，问了第一个问题：“宝宝，国际象棋课好不好玩啊？”

孩子诚实地回答：“不是很好玩。”客户经理不甘心，接着问了第二个问题：“那你想不想报名上课啊？”孩子回答：“不想。”于是，客户经理满脸尴尬地看着我，接着向我阐述国际象棋的作用与价值，但可想而知最后我并没有给孩子报名。

在这样的沟通过程中，客户经理提出的第一个封闭式问题聚焦在“好玩”还是“不好玩”上，限制了孩子的思维。对孩子来说，上国际象棋课恐怕不如在楼下和小伙伴们斗陀螺好玩。客户经理提出的第二个问题是“想不想上课”，大部分孩子对于上课可能没有太大的兴趣，于是这次沟通被客户经理自己的提问彻底终结。

如果你是那位客户经理，那么你会如何提问呢？

我们可以先用开放式问题来开场：

- “宝宝，刚才和姐姐玩国际象棋，你学到了什么呢？给爸爸讲讲吧。”
- “宝宝，刚才玩国际象棋，你最喜欢哪个环节呢？”

第一个问题的作用在于满足孩子“好为人师”的欲望，让孩子来讲述国际象棋的价值比客户经理自己讲述可能效果更好。第二个问题是探寻孩子的喜好，如果孩子回答“我最喜欢吃掉对方的棋子”，那么客户经理再引导，“那我们这里有几百种吃掉对方棋子的方法，下次让老师慢慢教你，好不好？”；如果孩子回答“我最喜欢做游戏的环节”，那么客户经理可以继续引导，“我们这里还有很多更好玩的游戏，下次再过来玩，好不好？”。

如果你是一位销售团队的管理者，那么请思考，在日常管理工作中，下面这些限制员工思维的封闭式问题，自己有没有使用过。

- “小李，你还有其他销售方法吗？”
- “真的不能提高销售业绩了吗？”
- “你不觉得和客户确认下会更好吗？”
- “你就不能在采取营销行动前先听下张经理的意见吗？”
- “你有没有其他办法搞定这个客户？”

当管理者问以上类似的封闭式问题时，其动机往往是刺激员工思考，从而获得更多的选择或方法。但当员工回答“没有了”“实在不行啊”“没联系上啊”“没想到”“想不出来了”的时候，沟通往往会陷入僵局。原因在于当管理者使用封闭式问题提问时，实际上已经给了对方一个拒绝自己的机会，这就是所说的“把自己问上绝路”。

究其原因，根源在于管理者用封闭式问题限制了沟通的宽度。解决办法其实很简单：将封闭式问题改为开放式问题，即把“有没有”“是不是”“能不能”“会不会”“不能……吗”这类封闭式提问改为以“该如何”“是什么”“该怎样”开头的开放式问题。

- “小李，你能够用什么其他办法来解决这个问题呢？”
- “对于提高销售业绩你有什么建议？”
- “你觉得这类事情，以后要怎样做才能效果更好？”
- “你觉得对于这种营销行动，你们部门谁的经验比较丰富？”
- “为了搞定这个客户，你试过哪些方法？”

因此，管理者偶尔可以用一两个封闭式问题获得承诺、引导方向，但如果使用太多封闭式问题往往就无法推动沟通顺利进行了，特别是在沟通氛围不佳时。此外，有时在使用封闭式问题时，提问者将自己认可的答案放进问题中了，用预设答案的问题限制了对方的思维，同时给了对方一个直接拒绝自己的机会，这样特别容易“把自己问上绝路”。

作为销售管理者，在提问的时候应该把焦点放在引导对方思考上。为了引导当事人给出更多的答案，销售管理者应该将问题设置得更开放。

问题控制力的对比

因为开放式问题是让对方自由作答，虽然能够提高沟通效率，但沟通的风险也随之而来，即问题可能很容易过于发散、天马行空，甚至不知所云，导致问题的控制力下降。相对而言，在问封闭式问题的时候，我们对问题的控制力比较强，毕竟对方的思维往往就在两个选项之间摇摆。

这种对问题的控制力，具体体现在以下几个方面：

- 沟通的目的是否明确？
- 提问者或对方是否有时间压力？
- 双方的社会关系如何？
- 沟通的环境与氛围如何？
- 所提问题回答的难度大不大？

如果沟通双方中有一方有时间压力，可能使用开放式问题获得的效果就会大打折扣。例如，我们每天都可能接到推销电话。当接听推销电话时，在不了解对方目的的情况下，你可能并不想花太多时间和对方深入交谈，并且沟通氛围往往不太好，因此这个时候如果电话销售人员在开场时问一些开放式问题，得到的结果可能不仅是沟通失控，更可能是对方直接挂断电话。

有一次，我接到一个推销电话，对方是这样开场的：“您好！请问是罗先生吗？我是××银行的理财经理，请问您最近有什么理财规划吗？”听到这里，我不耐烦地把对方的电话挂了。

同样的道理，在很多社会关系一般甚至陌生的环境中，使用过于开放的问题，获得的效果也不是很理想。那么，究竟应该如何设计开放式问题呢？相关内容会在后面的章节中进行阐述。

对方回答问题的难度与统计的便利性的对比

封闭式问题相对开放式问题而言具有两个优势：其一，对方回答问题的难度小；其二，便于做关于有效性的数理统计。

想象一下，如果你收到一份陌生的调查问卷，同样是问你的年龄，那么下面哪种调查问卷你更愿意如实填写呢？

问卷一：请问您的年龄是多少岁？________岁。

问卷二：请问您的年龄是多少岁？请用“√”做出选择。

□ 20 岁以下　□20～29 岁　□ 30～39 岁　□39 岁以上

问卷一是典型的开放式问题设计，大多数人未必愿意透露自己准确的年龄，更何况还需要用笔把数字写下来。问卷二是封闭式问题设计，既让调研机构了解了对方的年龄层次，又让被调查者不至于有隐私泄露感，回答的压力也小很多，更何况只需要打个对号而已。

在设计调查问卷时，为了有效地控制问题，方便统计答案，我们往往会设计得以封闭式问题居多。因为开放式问题要求被调查者有较高的知识水平和语言表达能力，能够正确理解题意，思考答案并表达出来，因而适用范围有限。此外，被调查者回答开放式问题需花费较多的时间和精力，许多人不习惯或不乐意用文字表达自己的看法，导致回答率低。同时，对开放式问题的统计往往比较困难，有时甚至无法进行归类和统计，调查结果中还往往夹杂一些与调研无关的信息。

即便调查问卷中有开放式问题，也一般放在调查问卷最后。因为被调查者在配合回答了很多问题之后，基于沉没成本的考虑，其往往也希望调查问卷能有始有终地完成。即便最后需要回答开放式问题，其配合完成调研的概率也会更高一些。

其实，市场调查问卷的设计如此，销售工作中的沟通亦然。

从易到难地设计问题，从封闭到开放地进行沟通，有时候能够帮你慢慢打开沟通局面。相反，如果贸然问对方一个非常开放的问题，那么可能不仅得不到自己想要的答案，还会把沟通氛围弄得非常尴尬。

总而言之，开放式问题与封闭式问题各有其优缺点，我们很难罗列什么时候应该使用开放式问题，什么时候应该使用封闭式问题。但我们确实应该明确开放式问题和封闭式问题各自的优缺点，问题本身无好坏，提问者才是关键。开放式问题与封闭式问题的对比如表 2-1 所示。

表 2-1　开放式问题与封闭式问题的对比

对比项目	开放式问题	封闭式问题
沟通效率	高	低
问题发散性	强	弱
问题控制力	弱	强
对方回答问题的难度	高	低
统计的便利性	低	高

最后，还是想强调一下，该问什么问题，该使用什么技巧，主要取决于你想要什么样的沟通结果。换言之，如果你想让对方多说，那么应以开放式问题为主；如果你想引导出自己想要的答案，那么应以封闭式问题为主。这就是结果导向思维，在后面的章节中会详细阐述。

本节小结

开放式问题与封闭式问题究竟哪种更好？这个问题没有答案，使用哪种问题和语言环境、沟通对象等很多因素有关。我们要做的就是掌握开放式问题与封闭式问题各自的优缺点，具体包括沟通效率、问题发散性、问题控制力、对方回答问题的难度和统计的便利性等因素，知其长短，方能收放自如。

第 2 节　为封闭式问题“平反”

之所以专门写一节为封闭式问题“平反”的内容，是因为使用开放式问题貌似效率高，很多时候销售人员在提问时热衷使用开放式问题，这导致封闭式问题的作用经常被低估。封闭式问题除了能够有效地控制问题、降低对方回答问题的难度、方便统计等，还有其他优点。在第 1 章中，我们做过简单阐述，可以通过封闭式问题来投石问路，试探反应。

“王总，您吃了吗？”

这是中国人见面常用的问候语，也是典型的封闭式问题。这个问题看似平淡无奇，但里面蕴含着中国人的处世哲学，因为提问者根本不关心对方是否真的吃了，仅仅是客套话罢了。因此，问者随意，答者轻松，该谈什么谈什么，皆大欢喜。

我们如果使用开放式问题去打招呼，那么场景可能是这样的：

问："王总，中午吃什么了？"

答："怎么啦，想请我吃饭吗？"

问："王总，中午和谁吃的？"

答："问这么多干吗，干你的活去！"

基于使用开放式问题打招呼的"悲惨"结局我们思考一下：开放式问题真的那么好吗？很多培训老师都在强调开放式问题的高效率和收集的信息多，但它真的那么好用吗？如果确实如此，那么销售人员和客户沟通时只需要问一个问题，即"先生，您有什么需求？"，然后坐等答案即可。

一直以来，封闭式问题的作用总是被严重低估，一如开放式问题的作用被高估一般。开放式问题如要达到理想的高效率，需要沟通氛围融洽、双方关系友好等条件；而在实际沟通中，尤其在陌生销售中这是很难达到的。相对而言，封闭式问题有以下四个作用。

用封闭式问题试探对方状态

使用封闭式问题可以试探对方状态，因为很多时候我们关注的焦点未必是对方给出的答案，而是对方回答问题时的情绪、面部表情、语音、语调和声音大小等。我们可以通过这些因素来了解对方的状态，判断对方的心情，以决定后续沟通如何开展。

"王总，您吃了吗？"，提问者问罢后则可静观其变：如王总兴致盎然，则可开口和其谈加薪；如王总敷衍了事，则微笑转身离去。看似闲谈，背后却有自己的小心思。所谓"管中窥豹，可见一斑"，在沟通中有时可以通过简单的封闭式问题来以小见大，试探对方的反应。

在生活中，我们经常会问一些貌似无聊的问题，这些问题往往是封闭式试探性问题。当客户走进一家服装店后，店长热情地迎接上来，往往会问客户一个问题："美女，过来看衣服啊？"

如果你仔细琢磨一下，就会发现这是一个非常无聊的问题：客户进入服装店不是看衣服，难道是来买冰箱？其实这个问题就是店长用来试探客户状态、建立客户关系的。如果客户回应“是啊，过来看看，您这家店的衣服还挺多的！”，店长自然知道抓住机会，热情地拉着客户介绍各种款式的服装并引导客户试穿；如果客户一言不发，面无表情，店长就会明白该客户是一个自主意识非常强的客户，需要与其保持适度的距离，不要过度热情，避免引发客户不适。

因此，门店的销售人员在刚开始和客户接触时，可以用以下封闭式问题试探对方状态，包括试探客户是否有购买意向、是否是目标客户及其财务状况等。

- “先生，要不要给您倒杯水？”

说明：如果客户接受你的倒水请求，则往往表示其愿意逗留，购买的可能性较大；如果客户拒绝了你的倒水请求，则说明其计划逗留的时间不长，或者不打算购买，不想喝你的水以免最后产生负疚感。

- “美女，看你有些眼熟，之前来过我们这家店没？”

说明：这个问题除了可以试探对方的性格，还可以试探对方进店的动机，是老客户来回购还是路过闲逛。

- “我们这边有些新品，折扣力度不大，但款式新颖，您要不要看看？”

说明：在客户翻看价格牌后，销售人员可以问这个试探性问题。在很多客户心里，新品往往意味着价格较高。如果客户愿意接受建议去看新品，则说明价格在客户的预算之内；如果客户拒绝去看新品，那么销售人员需要把重点放在打折商品的介绍上。

如果将上述试探性问题改为开放式问题，可能就不合适了。“先生，你打算在店里待多久？”“美女，你是怎么走到我们店里的？”“你有多少预算？”而面对封闭式问题，对方只要轻松回答即可，毫无压力。

我时常带着孩子在小区里散步，邻居大妈迎面走过来，“废话”往往也迎面而来：“带着孩子出来转转啊？”这不是“废话”吗？但这种“废话”确实有必要，如果你不想和对方深入聊天，则只需要轻松点头回答“嗯”即可，毫无压力。但如果用开放式问题来打招呼，可能就让人感觉“压力山大”了。“最近孩子怎么样啊？”这时你就不得不停下脚步，认真地闲聊几句了。因此，封闭式问题很重要的一个作用就是试探对方的状态。

用封闭式问题从易到难打开局面

《礼记》有云："善问者，如攻坚木，先其易者，后其节目。"这句话的意思是善于提问的人，往往会从易到难地设计问题。对于从易到难地设计问题，其中相对容易的往往就是封闭式问题，它能打开沟通局面，拉近双方的距离。如果用开放式问题开场，则有时候容易引发对方的抗拒。客户一进门，如果销售人员直接询问"先生，您要买多少钱的手机？"，那么可能换来的是客户的白眼。

但销售人员又想了解客户的预算，于是可以通过"封闭式问题破冰—开放式问题了解"的方式进行。

销售人员："先生，您想看看高性能的手机还是性价比高点的手机？"

客户："看看性价比高点的吧！"

销售人员："那您大概可以接受的手机价格是多少呢？"

客户："2 000 元左右吧！"

因为封闭式问题比较容易回答，所以对方配合回答的可能性较高。一旦对方配合之后，我们就可以接着用开放式问题去了解对方的预算，这样往往更容易实现目标。使用封闭式问题可以从易到难地打开沟通局面，从这个角度来说，封闭式问题可以称为开放式问题的"开路斧"。

当我们使用封闭式问题破冰、打开局面时还有一类特殊问法，就是先确认对方状态，再进行深入沟通。有一类看似无聊的封闭式问题，由于其提问方式的特殊性，往往让对方难以拒绝，最终能够帮助我们实现打开沟通局面的目的。

- "先生，能不能问您几个问题？"
- "方不方便和您聊一下？"
- "张总，介不介意先问您一个问题？"
- "有句话不知道该不该和您说？"

上述封闭式问题是用"能不能""方不方便""介不介意""该不该"等词语来引导的。想象一下，当你面对这类问题时，会直接拒绝吗？大多数人在社交压力之下一般很难直接拒绝，除非对方具有极其强大的内心，能够直接回答"不能""不方便""我介意""不该"，但这类人毕竟是少数。

当对方接受你的请求后，实际上潜意识中，会更加配合回答你后续的提问，因为"承诺和一致"法则会发挥作用。因此，在得到对方的许可之后，提问者就可以相对从容地进行后续问题的开展，甚至使用开放式问题提问。

总之，封闭式问题可以帮你从易到难地打开沟通局面。通过相对容易回答的封闭式问题进行破冰，在拉近双方的关系后，开展深度沟通也自然更加顺畅。因此，在设计各类市场调查问卷的时候，前面的应该是相对简单的封闭式问题，例如：

- 你的性别：男（　　）女（　　）
- 你的年龄：20 岁以下（　　）20～30 岁（　　）30 岁以上（　　）

当被调查者看到简单的问题时，会感觉相对轻松，于是配合度会较高。当回答了简单的问题之后，再看到一些较为复杂的开放式问题时，被调查者配合填写调查问卷的概率才会更高。

用封闭式问题控制局面，引导方向

针对开放式问题，对方可以进行天马行空的回答；而在回答封闭式问题时，对方的思路更容易被引导。在很多沟通场合，我们会利用这个特性，用封闭式问题控制局面，引导方向。有些沟通场合提问者的目的性非常强，这时就不能用太多开放式问题让对方自由作答。

在很多影视作品里，律师在法庭上为了引导证人或当事人说出有利于本方的供词，经常咄咄逼人地说“你只需要回答是或者不是”，然后开始用诱导性极强的封闭式问题来提问。司法工作人员在提问时往往目的性很强，在证明对方有罪或者无罪时，往往会通过封闭式问题来进行引导。

究竟什么时候需要用强有力的封闭式问题来控制沟通局面呢？前文对于问题的控制力做过五个方面的阐述。

- 沟通的目的是否明确？
- 提问者或对方是否有时间压力？
- 双方的社会关系如何？
- 沟通的环境与氛围如何？
- 所提问题回答的难度大不大？

例如，大部分电话销售中提问的问题都是以封闭式问题为主，因为双方在电话中往往沟通氛围不佳，客户可能因为多年来被推销电话搞得不胜其烦，所以有挂断电话的冲动。这就导致大部分客户不愿意多说话，同时不愿意占用自己太长时间。在这种情况下，就往往需要用强有力的封闭式问题来引导沟通方向。

如果在电话销售中问太多开放式问题，如“你有什么需求？”，若客户回答“我们家信号不好，你能帮忙修个基站吗？”，那么电话销售人员会非常尴尬，可能就无奈地挂断电话了。

当你需要强有力地把握沟通局面的时候，最好不要问开放式问题，而应该多用封闭式问题引导。不仅如此，如果别人在滔滔不绝地讲话，而你想结束话题转换“频道”，此时如果突然“扔”个开放式问题，往往就比较唐突，此时你可以使用以下封闭式问题：

- “张总，您刚才/之前说……是吧？”
- “您的话让我想起一件事，不知道您有没有听说……？”

利用“承诺和一致”法则

关于“承诺和一致”法则，在《影响力》一书中有详细介绍。达·芬奇也说过：“如果一开始没有拒绝，后面就很难了。”在沟通中，我们可以利用封闭式问题来设计“承诺和一致”法则的应用场景。典型做法就是，我们可以问个封闭式问题，引导对方回答“是”，在得到肯定回答之后，再提出我们的要求或建议。

有一天，我带着六岁的孩子去逛超市。

孩子天真地问我：“爸爸，我今天乖不乖？”我回答：“乖！”

孩子再问：“表现乖是不是有奖励？”我小声回答：“是的。”

孩子接着问：“这个玩具我们家是不是没有？”我小心翼翼地回答：“是啊！”

孩子终于说出自己的目的：“既然如此，帮我买这个玩具作为奖励吧！”我默默地拿起玩具，带着孩子走向了收银台。封闭式问题带来的“承诺和一致”的作用便在于此。

当我们通过封闭式问题引导对方说出“是”的时候，这往往意味着对方给了你一个承诺，而这个承诺一旦给出，当我们再提出要求时，对方基于内在和外在的压力，往往更愿意配合。

总之，封闭式问题可能不像开放式问题那样大开大合，但它有时就像绵绵细雨，飘飘洒洒、温柔沾衣，让人感觉轻松惬意，最后却在不知不觉中被淋湿了。

当一个女人问一个男人“你爱我吗？”时，如果男人直接回答“我爱你”，那么这个时候就相当于给了对方一个承诺。这个承诺一旦做出，当女人后续要求男人给予爱的表达时，男人拒绝的难度就大大提高了，因为他说话要算数。

本节小结

专门写一节内容为封闭式问题“平反”，是因为确实在很多场合中封闭式问题被低估了。简单的封闭式问题能够帮你试探对方的状态，帮你从易到难地打开沟通局面，帮你控制并引导沟通的方向，甚至可以帮你利用“承诺和一致”法则给对方“挖坑”。

第 3 节　让封闭式问题更加可控

由于封闭式问题结构简单、可控性强，因此很多人觉得其很好运用，其实不尽然。虽然当使用封闭式问题时，对方只需要回答“是”或者“不是”，或者二选一，貌似回答起来很轻松。但是，封闭式问题在发挥控制作用的时候存在一个特点：一旦失控，则很难挽回。

很多提问者在使用封闭式问题时，自认为对方会按照自己的思路来回答，但一旦对方跳出自己的预设，沟通就变得很难控制。

“先生，我们公司最近有不少优惠，您有兴趣吗？”

这是一个典型的让销售人员“死”得很惨的问题，只要客户从容地回答“没兴趣”，销售人员就会很被动。销售中很少有置之死地而后生的故事，大部分背水一战都“死”得很惨。你希望对方回答“是的”，但对方偏偏回答“不是”；你希望对方回答“不是”，但对方偏偏回答“是的”；你希望对方选择 A，但是对方选择了 B。

当使用封闭式问题时沟通一旦失控，就可能比开放式问题引起的失控更加难以挽回。因为对方可能选择和你预计的相反的答案，这就意味着其选择了和你对立的立场，所以沟通的现场可能非常尴尬。

那么，如何让自己的封闭式问题不失控呢？最简单的方法就是采用结果导向思维，在提问前，需要设想好自己期待得到的答案，然后围绕自己期待的答案控制问题。

“先生，我们公司最近有不少优惠，您有兴趣吗？”

你想要的结果是“有”，那如果对方有机会回答“没有”，这个问题就失控了。对于这种封闭式问题，控制起来无外乎图2-1所示的两个优化方向。

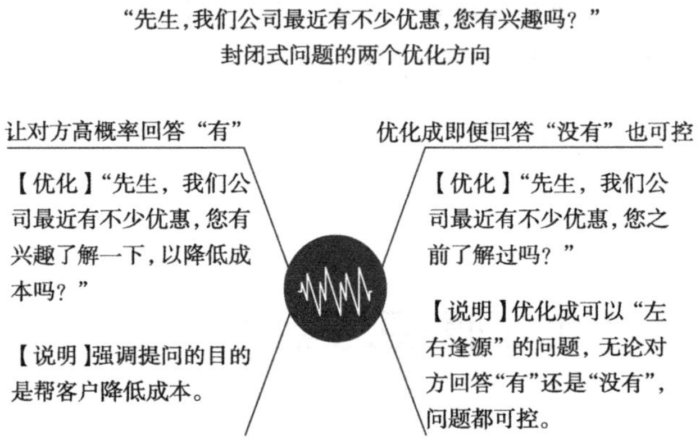

图2-1　封闭式问题的两个优化方向

对于封闭式问题的控制，根据上面的例子，我们在控制的时候，一般有两个方向。

方向一：让对方高概率地按照你设想的答案回答。

方向二：将封闭式问题设计得可以“左右逢源”。

所谓方向一，让对方高概率地按照你设想的答案回答，其核心思维在于在问题中增加引导对方的元素，从而提高对方按照你设想的答案回答的概率；而方向二，将封闭式问题设计得可以“左右逢源”，其核心思维在于将问题设计得不管对方回答“是”还是“否”，无论对方选择A还是B，你都能控制局面，继续与客户进行沟通。

让对方高概率地按照你设想的答案回答

在使用封闭式问题提问时，我们不能完全左右对方的答案，但是我们可以在一定程度上影响对方的回答，提高对方按照自己设想的答案回答的概率。我们先来看看以下问题：

- “你觉得我胖吗？”
- “你平时每个月的话费高吗？”
- “你经常出差吗？”
- “你觉得你家电脑的上网速度慢吗？”
- “刚刚到这个新岗位上工作，你的压力大吗？”
- “出来郊游一下，你是不是很开心啊？”
- “你是否想了解一下我们的新产品呢？”
- “你喜欢吃苹果吗？”
- “你讨厌应酬吗？”
- “你工作压力大吗？”

上述封闭式问题是日常生活或工作中会涉及的典型问题，同时它们也是典型的可能会失控的问题。假设上述所有问题，你都希望对方回答“是的”，那么你可能会发现很难如愿。究其原因，我们发现上述问题里面都有一类“模糊词”：“胖”“高”“经常”“慢”“大”“开心”“想”“喜欢”“讨厌”等，而这类“模糊词”往往没有标准定义，这也是封闭式问题容易失控的一个原因。

- “你平时每个月的话费高吗？”——话费为多少才算高呢？
- “你经常出差吗？”——到底一个月出差几天算经常呢？
- “你觉得你家的电脑上网速度慢吗？”——每个人对网速快慢的感知一样吗？
- “你喜欢吃苹果吗？”——怎样才能称为“喜欢吃”呢？
- “你工作压力大吗？”——每个人对“压力大”的定义一样吗？

因此，在使用封闭式问题进行提问时，如果想要精准地控制问题，就应尽量规避“模糊词”。所谓模糊词，主要指一些需要主观判断的感知类词语，这类词语以形容词或副词居多，也有带着主观感情色彩的动词。由于每个人都有自己的评价标准，因此使用这类词语最终可能导致提问有风险。此类词语包括评价类词语与情绪类词语。

评价类词语指的是根据每个人自己的主观判断来进行评价的词语，这类词语的特点是没有绝对的标准。因为每个人都有自己的评价标准，于是在沟通中提问者和被提问者的标准可能不一致，从而导致问题失控。常见的评价类词语包括高、低、多、少、大、小、胖、瘦、好、坏、快、慢、昂贵、便宜、忙碌、悠闲、辛苦、轻松、经常、偶尔、深刻、肤浅等。例如，有个女人看着镜子中微胖的自己，忍不住问自己的丈夫："老公，你觉得我胖吗？"丈夫惊讶地说："你一点儿都不胖啊！你怎么会这么问呢？"在这样的对白中，未必是丈夫有意迎合他的太太，而有可能是男人和女人对"胖"和"瘦"的定义真的不一样。

情绪类词语一般是描绘情绪或者好恶的词语。但情绪或者好恶，不仅本身没有标准，还和被提问者最近或当下的状态有很大关系。尤其当被提问者感觉有一定压力时，未必会按照提问者的设想来回答。常见的情绪类词语包括开心、高兴、兴奋、郁闷、喜欢、讨厌、愤怒、生气等。

有一次，我在电视中看到一个情景，影片中一对夫妻因为生活琐事有了小摩擦，妻子的脸色不太好看，这时候丈夫忍不住问了一个问题："你生气了？"妻子回答："我没有生气。"而影片中那位执着的丈夫坚持说："你明明生气了，为什么说没有生气？"这时，那位妻子真正开始生气了。

且不论那位妻子开始有没有生气，但不可否认的是每个人对生气状态的理解是不一样的，这就是情绪类词语用在封闭式问题中的风险。

当然，评价类词语和情绪类词语有时并没有那么严格的区别，它们的共性是依赖于对方的主观判断而非客观标准。要控制好封闭式问题的提问，并不是说这类模糊词完全不能用，而是应该先评估双方的关系等环境因素，在使用这类词语的时候降低风险。如果对方不太愿意配合回答你的问题，或者沟通双方的关系不融洽，这类词语的使用就会给对方直接且彻底拒绝你的机会。

有一次，我在某运营商的营业厅内看到营业员在为客户办理完业务之后，想给客户推荐一些话费套餐，当时营业员（销售人员）和客户进行了以下对话。

销售人员："您平时每个月的话费高吗？"

客户："一般吧，不算高。"

销售人员："那您工作需要经常出差吗？"

客户："不怎么出差。"

销售人员："您喜欢上网吗？"

客户："也谈不上喜欢，总上网也不是一件好事情！"

销售人员："那祝您生活愉快，再见！"

这样的销售结局往往源于销售人员在提问的过程中对问题的失控，最典型的表现在于使用过多的评价类词语或情绪类词语，最终导致对方没有按照销售人员设想的答案来回答。如何降低这些评价类词语或情绪类词语导致的提问风险呢？下面介绍常见的三种方法。

方法 1：用客观描述类语言替代评价类或情绪类语言

如果为了引导对方按照我们设想的答案来回答，那么我们可以用客观描述类语言来表达。客观描述类语言主要对具体的数据、对方的行为、无法反驳的事实或客观情景进行描述。

原句："您平时每个月的话费高吗？"

改进："您平时每个月话费 100 多元，是吧？"

说明：话费高不高，每个人都有自己的评价标准，但是对方每个月超过 100 元的话费是客观事实。

原句："你喜欢吃苹果吗？"

改进："你平时在家会不会买苹果吃呢？"

说明：喜不喜欢吃苹果，我们很难去界定与判断，属于主观评价；但有没有在家买过苹果吃，这是对对方的行为进行描述，是客观事实。

原句："你觉得你家电脑的上网速度慢吗？"

改进："你家上网带宽是 20 兆，对吧？"

说明：每个人对上网速度的快慢有不同的感知，对于同样的网速，可能急性子的人觉得很慢，但慢性子的人觉得还可以，而具体上网带宽是多少是客观描述。

原句："你经常出差吗？"

改进："你之前和我说过，平时需要出差是吗？"

说明：一个月出差多少天才算经常出差呢？"经常"与"不经常"这种描述是一个人的主观评价。对方之前说过需要出差，你来引用则是一个客观描述。

原句："你工作压力大吗？"

改进："工作中，你会不会遇到一些不开心的事情呢？"

说明：压力大与否是程度类描述，我们可以用具体的情景去替代。

方法 2：增加约束条件，引导对方思维

虽然方法 1 中在将评价类或情绪类语言替换成客观描述类语言之后，对方相对容易给出你想要的答案，但有时这种替换可能达不到你预期的提问效果。例如，销售人员问客户“您平时每个月的话费高吗？”，其目的是想让对方承认自己的话费高，最终顺势推荐自己的套餐业务。同样的道理，让对方承认自己家的网速慢，可能是为了更好地向对方推荐其他宽带业务。在这种情况下，我们该如何来提问呢?

因为每个人的主观评价和感知不同，如果直接询问，则可能存在失控的风险，所以提问者可以增加约束条件，或者使用各种状语来防止对方思维跳跃，最终引导对方的思维。

原句：“您平时经常出差吗？”

改进：“我看您发朋友圈说上周去北京了，平时经常需要出差吧？”

说明：提问的时候，先说“我看您发朋友圈说上周去北京了”，有了这个约束条件后，再来引导对方回答经常出差与否，对方多半就会回答“是的”。

原句：“你觉得你家电脑的上网速度慢吗？”

改进：“平时在家的时候，同时用手机和电脑上网，或者看高清电影的时候，会不会觉得网速有点慢呢？”

说明：当我们引导对方思考网速快慢的时候，可能对方的思维停留在用电脑看新闻或者浏览网页上，自然觉得网速可以。但是如果我们引导对方思考同时打开多个终端上网或者看高清电影，对方觉得网络慢的可能性就大大提高了。

原句：“你喜欢吃苹果吗？”

改进：“如果苹果特别甜，一般你也喜欢吃吧？”

说明：这里做了一个假设“如果苹果特别甜”，有了这个假设，对方多半会回答“是的”。

原句：“你工作压力大吗？”

改进：“有时到了月底指标完成不了，你的压力也挺大吧？”

说明：若直接问对方工作压力是否大，那么对方可能会回忆最近的工作情况，问题容易失控。如果将问题带入月底指标完成不了的情景，对方回答压力大的可能性就会较高。

方法3：通过对比来引导对方对评价类或感知类词语做出判断

由于每个人对评价类或感知类词语的判断标准不一样，因此最终会导致提问产生风险。但如果在一定的对比条件下使用评价类或感知类词语，那么对方的思维可能更容易被我们引导。没有对比，可能就没有胖瘦和高矮之分；有了对比，我们对很多评价类或感知类词语的判断就容易从主观变为客观。

原句："你觉得我胖吗？"

改进："你是不是发现我比生孩子之前胖了？"

说明：一个女人或许想让老公认同自己胖，并督促自己减肥，但胖瘦是一个主观感知类词语，可能有些男人就喜欢胖一点儿的女性，因此会回答"不胖"。若我们把问题优化成将现在和以前进行对比，这样主观感知就变成了客观描述，对方就更加容易回答"是的"。

原句："你工作压力大吗？"

改进："在这个新岗位上，是不是比在以前的岗位上压力大啊？"

说明：当事人的抗压能力是提问者无法判断的，因此原句是一个主观评价类问题。但是在新岗位上是不是比在以前的岗位上压力大，这个问题则相对客观一些。

原句："出来郊游一下，你是不是很开心啊？"

改进："出来郊游比在办公室待着开心吧？"

说明：没有对比，可能就无所谓开心与否。通过和在办公室待着进行对比，来引导对方更高概率地按照你预设的答案回答。

原句："你喜欢吃苹果吗？"

改进："和榴梿相比，你是不是更喜欢吃苹果啊？"

说明：如果预先知道对方不喜欢吃榴梿，则可以通过对比引导出对苹果的喜欢。

将封闭式问题设计得可以"左右逢源"

在很多销售场合中，销售人员经常会迫不及待地问客户以下问题：

- "先生，我给您介绍一下好吗？"
- "先生，我们公司最近有不少优惠，您有兴趣吗？"

销售人员总是满怀期待地等待客户给予肯定回答，但对方很有可能回答"不好"或"没有兴趣"。因此，前文提出将"先生，我们公司最近有不少优惠，您有兴趣吗？"这个问题改成"先生，我们公司最近有不少优惠，您之前了解过吗？"。后者是一个典型的可以"左右逢源"的问题。如果对方回答"不了解"，那么销售人员可以随机而上："那正好，我给您介绍一下。"如果对方回答"有了解”，销售人员则可以借机询问：“那现在考虑得怎么样了？”

将封闭式问题设计得“左右逢源”的意义在于，无论对方给予肯定回答还是否定回答，不管对方选择A还是B，你都可以从容应对。那么，如何将封闭式问题设计成可以“左右逢源”的问题呢？对此从来都没有一个万能的公式或模板，但我们在设计的时候可以遵循一个基本法则：将不可控的提问焦点变成可控的提问焦点。

什么是不可控的提问焦点？对方的主观评价或对方的行为往往是不可控的提问焦点，如“你有兴趣吗？”这个提问就将焦点放在了对方的主观喜好这个不可控的焦点上。针对这些不可控的焦点，对方是否会给出你想要的答案，取决于沟通环境、双方关系和对方的态度等因素。

什么是可控的提问焦点呢？例如，对方的行为确认或者喜好等。我们说的可控不是指对方的喜好我们可控，而是说提问的可控，也就是说即便对方不喜欢这个选项，还有其他的选项供对方选择。

当然，并不是所有的封闭式问题都可以设计成可以“左右逢源”的问题，这种设计一般用在请求对方评价或行为支持时。在具体优化时，我们可以参考以下技巧。

技巧1：从请求对方评价到确认对方的行为

“先生，关于这项优惠，你有兴趣吗？”这个问题的焦点在于请求对方评价或给出态度。这个问题问出来风险较高，是典型的不可控提问焦点。如果将此问题变成“先生，关于这项优惠，你了解吗？”，提问的焦点就变成了确认对方是否有“了解”的行为。无论对方如何回答，这个问题都可控。

技巧2：从请求对方评价到有多种选择的细节描述

很多封闭式问题都是请求对方对事物给予正面、积极的评价，这种封闭式的请求存在对方给予负面评价的风险。在提问的过程中，我们可以将提问的焦点变成对客观细节的描述，而这种细节描述往往有多种选择。即便对方给予了否定的答案，还有其他细节可以满足继续沟通的需要。

- “先生，您喜欢这款手机吗？”
- “您觉得这款液晶电视还可以吧？”

上述问题很多销售人员在销售过程中经常使用，但客户未必会给出肯定的评价，我们可以将上述问题调整为对多种选择的客观细节描述：

- “先生，您喜欢这款手机的颜色吗？”
- “您觉得这款液晶电视的尺寸还可以吧？”

上述问题将对产品的评价变为对颜色和尺寸的喜好评价。如果对方给予肯定回答，销售人员则可以继续进行成交引导；如果对方给予否定回答，销售人员则可以顺理成章地为其介绍其他颜色或其他尺寸的产品，最终实现对问题乃至销售沟通的控制。

技巧 3：从请求行为支持到过去是否发生过对应行为

“先生，关于这项优惠，我给您介绍一下好吗？”

这个问题是很多销售人员会问的问题，其提问焦点在于“请求对方的同意”，而对方是否同意完全不在提问者的控制范围之内，因此存在很大风险。因此，我们可以将此问题的焦点变成“过去是否发生过对应行为”。

“先生，关于这项优惠，之前有没有人给您介绍过呢？”

改进后问题的焦点在于了解一个事实：之前有没有人给对方介绍过。如果对方回答“介绍过”，那么你可以继续引导：“现在考虑得怎么样了？”如果对方回答“没有介绍过”，那么你可以顺理成章地说：“我给您介绍一下吧！”

技巧 4：焦点从请求对方行动到行动时间的确认

如果你打算找同事借 500 元钱，你可以直接提问，请求借钱：

“小李，能不能借给我 500 元钱？”

小李可能会直接拒绝你的请求，并且一旦拒绝你，后续沟通也就失控了。但如果我们将焦点从“能不能借钱”变成“能不能现在借钱”，那我们对问题的控制力则提高很多。

“小李，现在能不能借我 500 元钱？”

如果小李拒绝你的借钱请求，你就可以继续提问：“那现在不行，什么时候方便呢？”不管小李最终是否将 500 元钱借给你了，但你至少没有把自己“问死”，而且有进一步沟通的机会，这就是一个可控的问题。

本节小结

封闭式问题虽然更容易控制，但对方一旦拒绝可能就彻底关闭了沟通的大门，那么如何让对方按照你的想法来回答封闭式问题呢？一方面，我们要减少对情绪类和评价类词语的使用，让对方高概率地按照你设想的答案回答；另一方面，我们可以通过调整提问焦点，将问题设计成可以“左右逢源”的问题。

第4节 更加巧妙的封闭式问题

封闭式问题最简单的应用就是引导对方回答“是”或者“不是”，很多时候提问者在进行这类提问时，都会有一个预期答案。如何让对方按照你预期的答案来回答呢？在提问封闭式问题时，如果你希望得到自己想要的答案，则可以使用一些技巧，以取得良好的效果。

强有力的二选一问题

这是一个比较久远的故事。在某条小吃街上，有两家面馆，第一家面馆的销售额总是比第二家面馆的销售额高很多。第二家面馆的老板百思不得其解：同样的面条，差不多的味道，差别到底在哪里？

直到有一天，第二家面馆的老板忍不住去问第一家面馆的老板到底有何秘诀。第一家面馆的老板解释道：“客人到了你们家的面馆，你们总是问客人要不要加一个鸡蛋，而我们都是问客人加一个鸡蛋还是两个鸡蛋！”

可能这个故事很多读者都耳熟能详，但从中获得的技巧在自己的工作中如何有效地应用呢？

封闭式问题基本上可以分为两类：一类是引导对方回答“是”或“不是”的疑问句；另一类是二选一的问题。第二家面馆问客人的问题是：“要不要加一个鸡蛋？”那客人可能选择加鸡蛋，也可能选择不加。从本质上来说，第二家面馆的服务人员是希望客人加鸡蛋的，但是其所问的问题让客人在很大程度上会选择不加鸡蛋。相比而言，第一家面馆的服务人员所问的问题则“狡猾”多了，因为客人大多至少加一个鸡蛋。

同样是封闭式问题，如果你选择询问“是”或者“不是”的问题，对方有很高的概率拒绝你，那么你不妨考虑问一个二选一的问题。二选一的封闭式问题作用很大，在很多时候我们可以人为地设计两个选项，这样可以提高问题的控制力。

想象一下，以下沟通场景中的封闭式问题应如何优化呢？

- “宝宝，现在去睡觉好不好？”
- “宝宝，今天没时间了，我们下星期六再去动物园吧？”
- “领导，我能不能请一天假？”
- “张总，您明天有空吗？我想去拜访一下您。”

上述问题都是典型的对方可以给予肯定或否定回答的封闭式问题，提问者当然希望对方痛快地给予肯定回答，但可能往往事与愿违。如果对方给予否定回答，整个问题就失控甚至无法挽回了。

当你希望对方按照你的设想来回答问题的时候，就可以优化此类封闭式问题，优化的方法很简单：改成二选一的封闭式问题即可。

- “宝宝，要去睡觉了哦，你想让爸爸给你讲故事，还是妈妈讲？”
- “宝宝，你是想下星期六还是下星期日去动物园呢？”
- “领导，我想请一天假，您看这周方便还是下周方便？”
- “张总，我想去拜访一下您，您看您是今天下午方便还是明天上午方便？”

这种优化不是简单地把封闭式问题的形式由“是”或者“不是”改成二选一的问句，更重要的是在二选一的问句中，如何设计 A 和 B 两个选项。

“好还是更好”的选择设计

“您加一个鸡蛋还是两个鸡蛋？”这里面给出的两个选项，对客人来说，加两个鸡蛋的成本明显高于一个鸡蛋，于是当然容易给出加一个鸡蛋的选择。因此，我们在设计二选一封闭式问题时，一种经典的应用就是采用“好还是更好”的提问模式。

基于此设计，第一家面馆的老板还可以进一步优化其问题：“先生，您是加一个鸡蛋还是加一个猪蹄？”因为猪蹄的价格比两个鸡蛋的价格更高。

那么，前文的问题练习，如何做进一步的优化呢？

- “宝宝，你是想下星期六去动物园，还是干脆下个月再去？”
- “领导，我有点重要的事情要办，根据公司最近的情况，我能不能请两天假？要是公司忙的话，实在不行，一天也行啊！”

“好还是更好”模式的封闭式问题设计，同样可以设计成“坏还是更坏”的选择模式，其目的都是给对方提供两个选择，其中一个选择比另外一个选择明显更好或更坏，最终影响甚至引导对方的选择。因此，真正高明的二选一看起来可以选，实际上没法选。

这种“好还是更好”和“坏还是更坏”的二选一设计，在语言组织中，我们可以更加灵活地使用，不必拘泥于形式。我们可以先用封闭式问题给出一个选择，然后给出另一个选择。“领导，我有点重要的事情要办，根据公司最近的情况，我能不能请两天假？要是公司忙的话，实在不行，一天也行啊！”这个问题看起来不是二选一的封闭式问题，但它带来的效果是一致的，只是语言的组织形式不同。

“好还是更好”的二选一模式，销售人员也可以经常应用于销售报价或者供客户做选择的情景中。试想一下，很多健身房、美容院是不是用类似的方法进行销售报价呢？我家楼下健身房的价格清单设计就是如此：

A 报价：单独健身一次 258 元

B 报价：不限次年卡 2 500 元

在上述二选一的报价中，大多数消费者都认为 B 报价明显更加划算，甚至心里暗自盘算一年只要健身 10 次，就可以把年卡的“本钱”捞回来。这其实是商家刻意设计的套路，通过故意拉高单次健身的价格，让年卡的价格显得更为划算，这种二选一的策略，在门店销售与大客户销售中经常被使用。

隐藏假设、针对细节的选择设计

二选一封闭式问题的设计，除了用“好还是更好”的方法，还可以用“明修栈道，暗度陈仓”的方法，将你要引导的承诺设计成隐藏假设，然后转移焦点，针对细节的选择进行二选一的设计。

“宝宝，去睡觉好不好？”这个问题的提问焦点在于是否睡觉，当我们优化之后变成了：“宝宝，要去睡觉了哦，你想让爸爸给你讲故事，还是妈妈讲？”这时提问焦点变成谁来讲故事，但其隐藏的假设前提是现在要睡觉了。

隐藏假设主要是提问者将自己的意图作为默认成立的假设，通过针对细节的选择提问，转移回答者的注意力。“张总，我想去拜访一下您，您看您是今天下午方便还是明天上午方便？”这个问题同样隐藏了假设前提——“我要去拜访您”。关于隐藏假设的提问，在后面章节中还会进一步阐述。

转换角度的封闭式提问

如何让封闭式问题更巧妙，除了使用二选一问题，我们还可以将封闭式问题进行转换角度的设计。

封闭式问题一般是让对方回答“是”或“不是”，但其实很多人在面对“是”或“不是”的选择时，会犹豫不决或含糊其词。因为他们既不完全赞成“是”，也不完全赞成“不是”。在这种情况下，我们应如何设计封闭式问题呢？

据说，美国赞成器官捐赠的人占总人口的 85%（实际捐赠率远低于此数据），但法国、波兰、匈牙利等国家的民众响应器官捐赠率在 99%以上，难道法国、波兰、匈牙利等国家的民众比美国人更有慈悲心肠吗？据说这一数据取决于封闭式问题的设计。

美国调查问卷设计的问题是：“你愿意捐赠器官吗？”只有回答“愿意”才纳入赞成捐赠的人群。在其他高捐赠意愿的国家，该问题设计成了：“你无论如何都拒绝捐赠器官吗？”只要没有明确回答“我不愿意捐赠器官”，即视为“有意愿捐赠器官”。

这就是封闭式问题提问角度的不同。

除了“是”和“不是”，其实很多人的意见是“无所谓”，如图 2-2 所示。

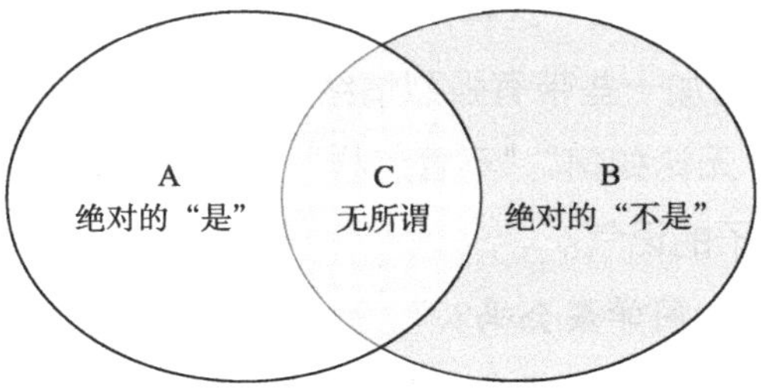

图 2-2

当我们希望对方回答“是”的时候，有两个提问角度。

角度一：直接引导对方回答“是”，你只能得到 A 部分。

角度二：只要对方没有回答“不是”，就认为对方回答“是”，那么你可以得到A和C两个部分。

显然，角度二相较角度一更加容易，或者得到的认可范围更大，这也就是封闭式问题在设计的时候可以转换的角度。在某次会议中，如果你直接问“各位都赞成这项提案吗？”，那么可能获得的肯定回答比较少，这不是你希望看到的。但如果你改问“有人反对这项提案吗？”，那么反对你的人可能比较少，这样你的提案就大概率会通过，因为你把不反对的人都纳入了赞成的范畴。

在市场竞争激烈的时代，很多公司在争取客户认同的时候，经常采用的就是这种“不反对就是赞成”的封闭式问题引导法。市场上十分常见的营销手段就是先让你免费试用一个月，一个月后如果你没有明确表示取消这项业务，企业方就会认为你要继续使用该业务，最终实现盈利的目的。

“不反对就是赞成”的提问设计往往可以帮你赢得更多的机会与对方的认同。假设一对经朋友介绍的青年男女在接触三个月后，男生决定在一个月圆之夜向女生告白。在设计告白问题的时候，如何利用转换角度的封闭式问题来实现低风险的告白呢？如果男生直接向女生告白：

“我喜欢你，我想问一下，你喜欢我吗？”

该问题的风险相对较高，若女生处于既不是很喜欢，但也不讨厌男生的状态，而女生又不愿意承诺喜欢这个男生，那么女生最终可能选择拒绝。但如果用“不反对就是赞成”的逻辑来设计问题，可能就安全多了。“我们接触三个月了，我喜欢你，你不会对我一点儿感觉都没有吧？”面对这样的问题，女生很有可能不会彻底拒绝对方，既然不彻底拒绝那就代表有机会。

在使用“不反对就是赞成”这样的框架来设计问题的时候，为了获得更好的提问效果，我们可以增加一些带有强烈情绪或极端态度的词语，如“绝对”“完全”“肯定”“一定”“无论如何”“不管怎样”等。我们来看看以下例句，注意对比原句和改变之后句子的语气。

原句：“你会去参加同学聚会吗？”

改变：“你肯定不会去参加同学聚会吗？”

原句：“你喜欢我吗？”

改变：“你对我完全没有感觉吗？”

原句：“你会原谅她吗？”

改变："你是不是永远都绝对不会原谅她？"

原句："先生，您现在能下定决心购买这台电视吗？"

改变："先生，不管我能申请到什么样的优惠，您今天都不会购买这台电视吗？"

原句："张总，这个合同本周可以签吗？"

改变："张总，这个合同本周你肯定没有办法签吗？"

总而言之，当我们转换封闭式问题的角度时，借助"不反对就是赞成"的逻辑，可以更高概率地引导对方的思维，毕竟面对上述具有强烈情绪或极端态度的表达，大多数人是不好意思完全拒绝的。

本节小结

本节重点介绍了在提问二选一的封闭式问题时如何设计两个选项，以及如何利用"不反对就是赞成"的逻辑，设计出强有力的封闭式问题，以实现自己的目的。封闭式问题的优势之一在于其控制力较强，既然如此，我们需要将封闭式问题设计得更巧妙。

"先生，您要买这款手机吗？"这样的问题太直接了，容易被对方拒绝。本节内容告诉我们可以将这个问题做两个维度的优化：

"先生，今天买这款手机还有礼品赠送，您看您要电饭锅还是玻璃杯？"

"先生，一会儿我要是能申请到比较大的优惠，您今天还是没办法买这款手机吗？"

第 5 节　让你的开放式问题更聚焦

在 2016 年里约热内卢奥运会上，观众们一方面被运动员的拼搏精神所感动，另一方面经常被记者们采访时问的一些问题"雷"到。其实，在历届大型运动会上，记者们也经常问出一些令人费解的问题，这些问题让运动员听到十分无奈，引得观众满屏"吐槽"，在此罗列其中几个提问场景。

【场景一】采访短跑选手谢震业（晋级百米半决赛）

记者："小组预赛对你来说就像一场决赛，对吗？"

谢震业："对。"（不然我说啥呢？）

记者："这个赛季你一直想证明自己，里约热内卢是证明你的机会吗？"

谢震业："是。"（不然我又说啥呢？）

【场景二】采访女子铅球选手巩立姣（决赛第四名）

记者："有没有觉得这届奥运会有点儿遗憾（拿到第四名）？"

巩立姣："肯定有。"（知道我是第四名，你故意的吧？）

记者："今天到底怎么了？是没睡醒吗？"

巩立姣："我……我回去找下原因吧！"（你才没睡醒！）

【场景三】采访射击选手张彬彬和杜丽

记者："今天进入决赛后，是不是就完全放开了？"

张彬彬："对。"（我哪儿敢回答没放开啊……）

记者："我看你最后一枪打得特别快，是不是战术安排？"

张彬彬："没有。"（你是间谍吧，问我战术干吗？）

记者："你拿到铜牌后，三种颜色的奥运奖牌都凑齐了吧？"

杜丽："是啊。"（你这是讽刺我吗？）

综合上述"奇葩"的采访提问，总体来说，这些记者使用的是封闭式问题，而且是已经预设好答案的封闭式问题。面对这样的问题，运动员们别无选择，只能机械地回答"正确答案"，但这绝对不是采访的本质，更不是观众希望看到的。

虽然前文为封闭式问题进行了"平反"，但不代表开放式问题不好。其实很多时候，开放式问题的高效率是封闭式问题无法企及的。

所谓开放式问题，就是对方不能简单地回答"是"或者"不是"的问题，同时不是二选一的问题，在英文中是用 Why、What、When、Where、Who、How、How much 等开头提问的问题，而翻译成中文就是用以下方式来提问的问题：

- "为什么……？"
- "是什么……？"
- "什么时候……？"

- “在哪里……？”
- “是谁……？”
- “如何才能……？”
- “多少……？”

开放式问题看起来高效且直接，可以帮助提问者广泛地收集信息，直达问题的核心。但正所谓“成也萧何，败也萧何”，开放式问题的直接性与开放性容易给对方造成比较大的心理压力，最终可能导致对方抗拒回答问题或者敷衍了事。不仅如此，由于东西方文化的差异，有些读者在阅读一些讲解提问技巧的外国图书时，发现有些问题的设计并不适合中国人使用。这种东西方文化的差异主要体现在西方人在人际沟通时更加直接，容易问更多开放式问题，而中国人相对而言就含蓄和委婉多了。

在西方国家，很多朋友经常用以下问题寒暄和打招呼：

- “How is it going ?”
- “How are you?”
- “How are you doing?”
- “What is up ?”

这几个问题翻译过来大体是“今天怎么样啊？”“你好吗？”“你过得好吗？”“近来可好？”从问题的分类角度来看，这些都是开放式问题。而中国人可能由于本身表达比较含蓄，打招呼的问题往往以封闭式居多：

- “最近忙不忙？”
- “张总，吃了吗？”
- “来的时候堵车吗？”
- “我们两个好久不见了吧？”

我们使用这种封闭式问题打招呼的好处在于，对方回答的压力比较小。想象一下，如果你在一个聚会场合，一个与你关系一般的人用开放式问题和你打招呼：“最近怎么样啊？”你会不会掏心掏肺地向对方讲述你最近的种种遭遇呢？估计你很有可能只是敷衍地回答“还行吧”“还不就是那样”，然后匆忙结束话题。

开放式问题的优势在于能够更加全面地收集信息，但考虑到中国人表达情感往往比较含蓄，如果直接询问开放式问题，则可能效果不好，所以我们需要把一些开放式问题设计得更加委婉，从而达到提问的目的。

开放式问题能否达到预期的效果，很多时候除了问题本身，还要考虑环境因素，影响提问效果的环境因素具体包括以下几点：

- 提问者与对方的社会关系如何？
- 提问者的身份是什么？
- 对方配合回答问题的意愿是否强烈？

在本节开始的体育比赛采访对话中，鉴于一些体育记者和运动员相互认识，而且运动员有配合记者采访的责任，记者在提问时就更加应该多问开放式问题，而不是封闭式问题。此外，观众更希望听到运动员的心声，而不是记者预设的答案，甚至从媒体的"眼球"经济来说，开放式问题可能会有更多"劲爆"的答案。

虽然在这种场合中，开放式问题比封闭式问题更加有效，但并不代表可以随意问开放式问题。在这方面的经典案例莫过于某选秀节目中，某评委"亘古不变"地提问：你的梦想是什么？

我们在使用开放式问题的时候，需要避免直接提空洞的问题。如果都采用上述提问方式，那么所有记者在采访时只需要问类似的问题，如"你现在想说点什么？"或者"你现在什么心情？"即可。

在设计开放式问题时，应该尽量避免进行空洞的开放式提问。过于空洞或宽泛的开放式问题，容易让对方感觉无从谈起，所以应该将开放式问题设计得更具体和聚焦，这样对方容易回答。面对以下问题，试想你会正面、积极地回答吗？

- "对于这个项目，张总，贵公司有什么需求？"
- "美女，你想买什么样的衣服？"
- "老李，这段时间工作情况怎么样？"
- "小刘，你对下个月的绩效指标有什么想法？"

同样的道理，在日常生活与工作中，当你问了一个开放式问题，对方开始陷入沉思的时候，往往意味着你的问题很有可能过于空泛。如何将开放式问题设计得更具体和聚焦呢？我们可以采用以下方法。

引导具体细节的提问

记者："小组预赛对你来说就像一场决赛，对吗？"

这个封闭式问题其实焦点在于让运动员说出对这场奥运会小组赛的重视程

度，但如果直接询问对方对这场比赛的态度，比较容易流于形式，所以在提问的时候可以直接针对一些细节（如准备工作）进行提问。

问题优化：“对于这场重要的小组预赛，你之前做了什么样的准备？”

问题优化：“在比赛之前，你和教练对于这场比赛有什么安排？”

在同一届奥运会中，当中国女排以 3∶2 战胜巴西女排之后，记者采访郎平时就用了这种方法：“之前中国队的状态并不好，但最终战胜了东道主巴西队，郎指导，你是怎么做到的？”郎平指导于是激动地表扬了队员的英勇与拼搏，说着说着就开始眼眶泛红了，这种提问方式比那种毫无悬念的封闭式提问效果好很多。

之所以要针对一些细节来提问，是因为细节往往是具体的，相对而言比那些空泛的开放式问题更加容易聚焦，也更加容易回答，同时提问者可以从某个细节再扩展到其他领域进行提问。

“对于这个项目，张总，贵公司有什么需求？”

上述空泛的问题，张总听完之后感觉回答起来比较困难，于是一开始就容易产生敷衍心态，所以我们可以针对项目某个细节来进行开放式的提问。

- “对于这个项目，贵公司的杨董事长好像做了一些指示，杨董事长对于这个项目有什么期望呢？”
- “张总，这个项目一开始是谁先提出来的呢？”
- “通过这个项目，张总，您最期望解决贵公司的什么问题呢？”

其实上面的问法也都是在询问客户的需求，但其十分具体，是针对领导的指示、需求的发起、公司的问题等细节进行提问的，更加容易让对方畅所欲言。同样的道理，如果你和久违的朋友聚会，开场寒暄未必要问“老李，这段时间工作怎么样？”，而是可以针对细节来进行提问：“老李，这段时间，又去哪里出差啦？”“老李，这段时间又在忙什么项目呢？”

引导对比的提问

记者：“今天进入决赛后，是不是就完全放开了？”

记者问上面的问题，难道对方会直接回答“放不开”？也许记者是想引导运动员说出决赛和预赛的感觉与差别，此时我们可以直接进行引导对比的开放式提问。

问题优化：“你觉得今天的决赛和预赛相比，比赛的感觉有什么不同？”

引导对比的提问既可以是现在和以前的对比、现实和预期的对比，也可以是自己和他人的对比。因为这种对比更加容易让对方说出差异和有针对性的内容，这才是记者想要的。类似的问题包括：

- “你觉得今天的决赛和预赛相比感觉有什么不同？”
- “你觉得奥运会和平时比赛的状态有什么不同？”
- “今天这场比赛和你之前预计的状态有什么不同吗？”
- “今天你拿到了铜牌，这和你之前奥运会拿到金牌相比，你的心情有什么不同吗？”

记得有一次我去一家服装店买衬衣，销售人员迎上来之后就问我：“先生，您要买什么样子的衬衣？”其实这个问题，我也不知道答案，又怎么能告诉销售人员呢？这是个失败的开放式问题，于是我敷衍地回答：“随便看看。”过了一会儿，这个销售人员拿着两款不同风格的衬衣走过来，再次问我：“先生，这两款衬衣您觉得怎么样？”我考虑片刻，指着其中一款回答道：“这款还不错，一会儿我试一下。另外一款太花哨了，我不喜欢。”

于是，这个销售人员很快就捕捉到了我的需求，继续拿了几件和我刚才看中的那款差不多的衬衣给我试穿，最后我买了好几件，我和销售人员都很高兴。这就是典型的利用引导对比的提问来了解对方的喜好。下面罗列一些销售人员可能用得上的引导对比的开放式问题：

- “这套房子您觉得和之前那套相比怎么样？”
- “这款手机与刚才那款手机相比，您觉得哪款更适合您？”
- “这个方案是在之前的基础上修改过的，您还有什么意见？”
- “这是我们给X公司制订的方案，就这个方案而言，您觉得贵公司还有什么需求需要我们特别关注的呢？”

引导对比的提问比直接询问客户更加容易让客户聚焦，也更加容易引导客户进行回答。

假设性提问

记者：“今天到底怎么了？是没睡醒吗？”

记者问上述问题其实是想引导运动员说明一下今天状态不好的原因，但实际提问的效果很不好。在心理学中有个归因偏差理论：当面对不利的结果时，我们习惯性地降低内部或个人因素的影响，而强化外部因素的影响。在这种情况下，直接通过开放式问题去寻找答案，对方往往会归因于外部因素。通常在这种时候，我们可以使用情景假设的开放式提问。

问题优化："如果今天的比赛可以重来，那么你会做出什么样的调整？"

情景假设的提问经常用于引导对方反思或者激发对方的情绪，许多人物访谈类的节目特别偏爱这类问题。常见的问题包括：

- "如果时光可以重来，那么你会对十年前的自己说点什么呢？"
- "如果你的家人在你面前，那么你会对他们说点什么？"
- "如果你当初没有去创业，那么你觉得自己的人生会怎么样？"

假设性提问对销售人员而言也是一种非常好的提问技巧，在本书后面的章节中将做进一步的详细阐述。

事先排除干扰答案的提问

记者："有没有觉得这届奥运会有点儿遗憾（拿到第四名）？"

我不知道这位记者提问的初衷是想让运动员回答"遗憾"还是"不遗憾"，如果是前者，那么几乎是明目张胆地在伤口上撒盐；如果是后者，那么其提问的技巧实在不敢恭维。

在朋友聊天、客户拜访、人物采访等场合中，我们可能需要用开放式问题打开沟通局面，进而从对方的回答中找到话题继续沟通。但由于开放式问题对方可以自由作答，这就可能导致很多开放式问题对方会给出无效答案，这个时候我们就需要将那些可能存在的干扰答案事先排除。

问题优化："其实我知道这次能拿到第四名已经很不容易了，你现在是什么心情？"

一位销售人员去拜访客户，希望了解客户最近的工作状态，以寻找销售机会，在寒暄时，销售人员可能会问一个问题：

"张总，最近在忙什么呢？"

很多人回答这个问题的答案是："瞎忙。"

这个答案并非销售人员希望听到的答案，因此我们可以将这个问题优化成：

"张总，好久没看到您打球了，也不出来喝酒了，您最近忙什么呢？"

销售人员提问前担心客户回答“瞎忙”或者“忙着打球”，于是故意在“忙什么”前加入一些排他性的答案，这样可以更好地引导对方的回答方向。这个问题有一定的暗示作用，对方很容易会回答“最近在忙着工作”，于是正中销售人员的下怀，销售人员可以由工作的事情进行销售切入。

针对开放式问题对方可以自由作答，但提问者也要小心，因为对方可能回答得天马行空。要想让开放式问题既能够全面地收集信息，又能引导出你想要的答案，需要将开放式问题设计得更具有针对性。这类事先排除干扰答案的典型句式是：“除……之外”+问句。

总而言之，我们不能因为开放式问题是发散的，就不去收敛与聚焦，而是要通过运用对细节、对比的引导等各种技巧让问题更容易回答。

很多爸爸、妈妈都会发现一个有趣的现象。当孩子在上幼儿园的时候，放学回家后，你问他（她）：

- “宝宝，今天在幼儿园怎么样啊？”
- “宝宝，今天幼儿园有什么好玩的事情啊？”
- “今天在幼儿园学了什么呀？”
- “今天幼儿园里发生了什么有趣的事情吗？”

如果你的孩子愿意回答，那么当然好；但很多时候孩子是不愿意回答这类问题的，他们往往“懒得搭理你”。如果你想了解孩子在幼儿园中的表现，则应该把问题再聚焦一些。我就遇见过类似的情景，于是我就换了一个问题：

“宝宝，这段时间你们幼儿园学的歌叫什么名字啊？我忘记了。”

其实我根本不知道幼儿园教了什么歌，但儿子听到这个问题后，抬起头来问我：“你是说《小红帽》吗？”于是我赶紧附和：“就是《小红帽》！”当然如果你想让孩子继续唱《小红帽》，未必需要问孩子：“唱给爸爸、妈妈听一听好不好？”这个封闭式问题也容易被孩子拒绝，你可以继续问一个开放式问题：“《小红帽》怎么唱来着？我独自走在郊外的小路上，后面是什么？”再配合你苦苦思索的表情，孩子往往是愿意给你唱几句的。

总而言之，销售人员在使用开放式问题的时候，不应该只是简单地询问“你们公司什么情况？”“你们公司有什么需求与想法？”等空泛问题，而是要懂得让自己的开放式问题更加聚焦，这样才能够通过开放式问题更好地收集到客户的信息，挖掘到客户的需求。

本节小结

有时候开放式问题如果太空泛，则往往会提高对方回答的难度，因此我们需要将开放式问题适度地聚焦。聚焦的方法没有标准，我们可以从以下四个方面进行提问：

1. 引导具体细节的提问。
2. 引导对比的提问。
3. 假设性提问。
4. 事先排除干扰答案的提问。

第 6 节　如何用提问收集敏感信息

开放式问题的一个重要优势是在收集信息的时候效率较高，但在收集一些敏感信息时可能会遇到各种阻力，因为对方可能会做无效回答，甚至不回答。

如果你在互联网上和一位女生聊天，在看不到她的样子时，想知道她的大概年龄，你会怎样提问呢？直接提问当然是最简单的："美女，你今年多大了？"但面对这种问题就算对方不生气，也可能只是甩给你一个敷衍的答案："我今年 18 岁。"因此，不妨试试以下问题：

- "你小时候最喜欢看的动画片是什么呢？"
- "我看你事业很成功啊！你工作多少年了？"
- "北京申奥成功的时候，我真的很激动，你当时在干什么？"
- "我从小就喜欢高仓健，你呢？"
- "你是什么生肖啊？"
- "你平时喜欢听谁的歌呢？"

如果对方回答小时候最喜欢看的动画片是《花仙子》或《聪明的一休》，那么估计对方可能是"70 后"或"80 后"。根据上述问题的答案，你可以大致推断出对方的年龄层。当然，我们很难通过一个问题就猜测出对方的年龄层，需要多个问题的组合，但至少比直接询问对方多大年纪靠谱，这就是典型的通过间接性提问来收集敏感信息的方法。

有时候因为涉及社交礼仪、隐私、商业机密，或者因为对方有防备心理，直接提问收集信息可能效果不好。这时我们可以通过间接性提问，根据对方给出的答案推测出自己想要的信息。

在上面的示例中，当你想了解对方的年龄时，你可以选择问对方小时候的兴趣爱好，或者某个著名事件发生时对方的行为，以及对方所喜欢的影视明星，来大概判断对方的年龄层。因此，间接性提问一般可以通过参照物或者过往行为来进行设计。

利用参照物进行间接性提问

“你小时候最喜欢看的动画片是什么？”不同时代流行不同的动画片，我们可以将对方所喜欢的动画片作为一个参照物，大致推算出对方的年龄。参照物的选择可以很灵活，具体包括：

- 与时间有关的参照物。
- 指代物或替代物。
- 类似事件或案例。

与时间有关的参照物很好理解，而指代物指的是替代当前事物的其他事物。例如，一位客户来买电视，你想知道客户购买电视的预算，但若直接询问对方未必愿意回答，那么怎样进行间接性提问呢？

- “先生，您是想看看国产品牌还是进口品牌呢？”
- “先生，您是新家需要电视吧？您住哪个小区呢？我看看能不能送货？”
- “先生，您家客厅大约多大，我看看什么尺寸的电视合适？”

我们通过上述问题对应的答案，就可以大概推测出客户的预算。例如，客户住的是本地高档小区，客厅有 40 多平方米，又打算买进口品牌的电视，那么这种类型的客户可能对价格不那么敏感，更加看重的是品牌和面子。

有种说法是，在你决定和一个人结婚前，一定要和他（她）一起进行一次长途旅行，这样才知道彼此适不适合相伴终生。因为一般平时情侣们总会展现出最好的一面给另一半，但是在旅行的过程中，对突发事件的处理及每个人对事物的价值观会显现出来，这样才能间接地真正了解对方。

同样的道理，当你想了解你的男（女）朋友的品性时，如果直接去提问，那么对方多半会给你一些“外交”口径，或者投你所好。这时你不妨向其描绘一些社会事件或周围其他人的故事，然后不经意地询问其意见。这个时候的间接性提问往往能帮你更加真实、全面地了解对方。这类技巧在后面章节的投射提问法中还会详细介绍。

之所以通过参照物来进行间接性提问，往往是因为答案涉及敏感信息，直接提问的效果不好。例如，当你想了解客户大致的预算时，可能对方不会正面回答。这个时候，你完全可以杜撰一个你给其他公司做的报价文件，以介绍案例的方式和其闲聊。在闲聊的过程中，你要认真观察客户对案例中报价的反应，据此大致能够判断出对方的心理预算。

针对过往行为进行间接性提问

有一次，我和某公司的人力资源主管一起主持一个针对销售岗位的面试，销售主管希望招聘一些性格相对外向的销售人员。人力资源主管在面试过程中，总会问面试者一个问题：“你觉得你的性格是什么样的？”面对这个问题，应聘者通常有两种答案：其一是猜测该公司可能需要偏外向性格的销售人员，于是投其所好地回答“偏外向”；其二是很多人谨慎地回答“有时外向，有时内向”。

我后来建议这位人力资源主管把之前的问题做一下修改，不要直接询问“你觉得你的性格是什么样的？”，而是改问“你上次和朋友聚会是什么时候？在什么地方呢？聚会的主题是什么？”。那些真正性格外向的人往往和朋友聚会比较多，很容易回答这个问题；而那些性格内向的人，可能需要陷入几秒钟的思考状态。

上述间接性提问，就是针对过往行为设计的。

还有一次，我给一家银行的理财经理做销售技巧培训。作为理财经理，他们十分关心客户的投资偏好是偏稳健还是偏激进，据此他们可以有针对性地为客户推荐理财产品。但有位学员对我说，当直接询问客户“先生，你在投资的时候，是希望风险低点儿呢，还是希望高风险、高收益呢？”时，客户总是回答“最好低风险、高收益”。每当听到这个答案，这位学员总是无言以对。

我笑着说，换作我被这么问，我也会这么回答啊！

很多时候当对方发现如果说真话，可能会有风险甚至损失时，往往会给出模棱两可的答案，这时候我们不妨考虑通过针对过往行为进行间接性提问。因此，我们可以把理财经理原来的直接提问进行优化，从而变成间接性提问：

- “先生，您之前买过什么样的理财产品呢？”
- “小姐，您之前买过国债类的产品吗？”
- “先生，前段时间股市震荡得厉害，您炒股吗？”
- “先生，前段时间有个很火的稳健型投资产品，您关注过吗？”

以此类推，当你想了解一个女孩子的择偶标准时，如果你直接询问可能会得到很多模糊的答案，这个时候你不妨间接性地提问：“你之前的男朋友不错啊，怎么突然分手了呢？”当招聘者想了解对方的求职意向时，往往也会间接性地提问：“之前的工作还不错，你离职的原因是什么？”当你想了解客户对于某类项目的决策流程时，你同样可以和对方闲聊之前项目的情况。

上述都是针对对方过往类似或关联行为的间接性提问。

间接性提问很多时候不仅用于收集敏感信息，还可以在很多日常沟通、人物采访，包括招聘面试中频繁使用。如果你去一家企业面试，该企业的人力资源总监问你以下问题，你知道对方真正想了解什么吗？

- “你最崇拜的人是谁？”
- “你的座右铭是什么？”
- “你最近看过的一本书是什么？”
- “如果请你对今天的面试官打分，那么你会打多少分？原因是什么？”
- “请说一下你前任领导的优点与缺点是什么？”
- “之前工作最成功和最失败的案例或经历分别是什么？”

很多时候面试官如果直接询问面试者的价值观、性格、工作方法等，面试者往往容易出现应试回答，面试官则无法进行客观判断。上述间接性提问可以帮助面试官更全面、客观地收集面试者的价值观、性格、工作方法、情商等方面的信息。

本节小结

通过开放式问题来收集信息，其实很难有标准答案告诉你应该怎样做，而是首先需要提问者多思考，然后通过寻找参照物或者针对过往行为进行间接性提问。

第 7 节　如何问“为什么”的问题

追本溯源的问题往往最有力，“为什么”这样的问题能够让我们看到事物的本质。

但“为什么”的问题是把双刃剑，一方面可以帮我们探索与思考，另一方面可能影响我们的情绪。如果员工上个月的绩效不好，那么领导当然希望了解其绩效不好的原因是什么；当客户来到某店铺，销售人员自然希望了解客户的真实需求；若孩子数学考试成绩不理想，爸爸、妈妈肯定希望知道缘由。因此，我们可能经常会问“为什么”的问题。

当我们问“为什么”这类问题时，要特别小心归因偏差对被提问者的影响。也就是说，如果你问“为什么”会让当事人有负面情绪和压力，对方往往会归因于外部因素，甚至不给予回答。想象一下，如果你直接询问对方以下问题，那么对方可能给予什么样的回答呢？

- “小李，为什么上个月的工作完成得不好？”
- “先生，您为什么要买部新手机呢？”
- “儿子，你为什么这次数学没考好？”

对方给予你的回答可能是：“因为客户不配合！”“没有为什么，就是想买部新手机。”“老师出的题目太奇怪了！”这些是你想要的答案吗？恐怕未必。

因此，“为什么”是个非常好的思维方式，能够帮我们了解事情背后的原因、行为背后的动机，探索世界的奥秘，但如果我们把它作为沟通方式，作为开放式问题去提问，可能就需要注意一下技巧，至少直接询问“为什么”未必是聪明的做法。

调整“为什么”问题的提问焦点

- “你上个月的营销指标为什么没完成？”
- “为什么你昨天又被一个客户投诉了？”
- “儿子，你为什么这次数学没考好？”

如果在生活或工作中，你问了上面这些问题，那么基于归因偏差，这些问题问出之后，往往对方不会认真反省，甚至会进行辩解或反向指责。因为在对方看来，这个时候的“为什么”充满批判的“味道”，甚至可能感觉提问者要找自己麻烦。因此，当可能产生负面情绪和冲突时，不适合直接询问“为什么”，因为它可能不仅不会引发对方反省，还容易激发对方自我保护的应激反应。

但如果你确实想通过“为什么”的提问来让对方意识到问题的严重性，那么这个时候在提问时你需要有意识地消除关于“为什么”问题的尖锐感。

“你上个月的营销指标为什么没完成？”问这个问题的目的是让对方反省自身营销工作方面的问题，期待对方改进，在未来工作中有更好的表现。但如果直接问可能存在对方推卸责任的风险，于是我们可以做以下优化：

- “你觉得你上个月的营销工作有什么需要改进的地方？”
- “下个月你打算如何改进工作来提高销售业绩？”

上述两个问题实际上是把提问的焦点放在“你想要的”，而不是“你不想要的”话题上来。具体的做法是将提问的方向由“为什么”变为“如何改进”或“未来该如何做”。我们用这种方法，可以对下面的问题进行优化：

- “为什么你昨天又被一个客户投诉了？”

优化：“如果昨天的客户让你重新接待一次，那么你会怎样做来避免被他投诉呢？”

- “儿子，你为什么这次数学没考好？”

优化：“儿子，下次考数学，你觉得要怎样做才能考得理想呢？”

如果直接询问“为什么”，那么容易让对方归因于外部因素，找各种客观原因来应对你。但如果按照上述方法进行调整，直接引导“如何改进”，那么就更容易把焦点引导到对方自身行为的改进上来，这也是提问者希望看到的。

用“为什么”来了解对方的动机

任何行为背后都有其动机，当我们能够洞察对方的动机时，我们往往能够更好地理解对方，从而更顺畅地与其进行沟通。“为什么”这样的问题，可以帮助我们更好地了解对方行为背后的动机、事情背后的原因。

在开展大客户销售时，有时销售人员通过“为什么”的提问，能够更好地挖掘客户的深层次需求，帮自己创造更多的营销机会。

当然你不能直接问客户“你为什么要买”或“为什么有这个需求”，否则恐怕不仅不会得到答案，还会得到白眼。在通过问“为什么”来了解对方动机的时候，我们可以将“为什么”这类问题灵活转化为不同的表达方式，以实现同样的目的。

- “您为什么需要购买自动办公软件呢？”
- “是什么原因让您想购买自动办公软件呢？”
- “您购买自动办公软件，希望达到什么样的效果呢？”

假如你是一个培训公司的销售人员，如果客户直接对你说“我想请培训老师来给我们的销售人员上两天课”，那么你会如何和客户沟通呢？我们先来看看下面的沟通场景。

销售人员：“张总，其实我听说贵公司销售人员的能力很强，那您还要组织这次培训，您期望达到什么样的效果呢？”

客户：“我们的销售人员的确不错，但最近客户流失太严重，我想让他们再多去拓展些新客户，所以想提升一下他们对新客户的拓展能力。”

销售人员：“我明白了，这方面的能力的确可以通过培训来提升。之前听您说贵公司的客户比较稳定，这段时间客户流失严重是什么原因造成的呢？”

客户：“主要是竞争对手把物流周转效率提高了，使得部分客户跑到竞争对手那里去了。毕竟对我们的客户来说，时间是非常重要的。”

销售人员：“我理解了，您主要是希望在客户流失之后，让销售人员拓展一些新客户，是吧？”

客户：“是的。”

销售人员：“我们公司确实在销售培训方面有非常丰富的经验，也能通过培训帮到贵公司。同时，我们有很好的课程来帮助贵公司优化现有物流周转和调度的流程，这样双管齐下，应该能帮贵公司更好地解决问题。”

客户：“真的吗？太好了。那把两个课程都做个方案给我吧！”

在上述对白中，销售人员通过了解客户需求背后的原因，最后挖掘到客户表面需求背后的核心需求，最终让原本计划购买一门课程的客户购买了两门课程，这就是问“为什么”的意义。

但在这种情况下，直接询问“为什么”往往有一定的风险，因为这容易让客户觉得唐突和过于直接，大家感受一下以下两个问题的效果。

问题1：“张总，你们公司为什么要组织这个培训呢？”

问题2：“张总，其实我听说贵公司销售人员的能力很强，那您还要组织这次培训，您期望达到什么样的效果呢？”

很显然问题 1 的表述过于直接，问题 2 相对柔和一些。我们在提问的时候，可以采用两种做法：其一，在问“为什么”之前加上一些赞美和肯定的语言，既让客户感觉到关怀和尊敬，又间接地询问了客户购买的动机是什么；其二，换种表达方式，如用以下方式去替代直接询问“为什么”。

- “是什么时候有这样的想法的？”
- “您希望达到什么样的目标？”
- “您这么做有什么原因吗？”

假如一个客户走进你的门店想购买一部手机，你应该思考：这个客户为什么要购买手机？是合约到期了吗？如果是，那么我可以将融合宽带和固话卖给他。是原来的手机不好用吗？如果是，那么我可以卖部高档的手机给他，还可以顺便卖手机壳和提供贴膜服务。

接着，你可以用上面提到的技巧提问：

“您现在用的这部手机我看着挺新的啊，是什么原因让您考虑换部手机呢？”

当一位销售人员有了“为什么”的思维习惯，并掌握了一定的提问技巧之后，往往能通过提问直达客户行为背后的核心需求，从而获得更多交叉销售的机会。

本节小结

勤于问自己“为什么”是一个良好的习惯，但如果直接询问“为什么”，则未必是一种聪明的做法，可能会让对方感到尴尬。

本章思维导图

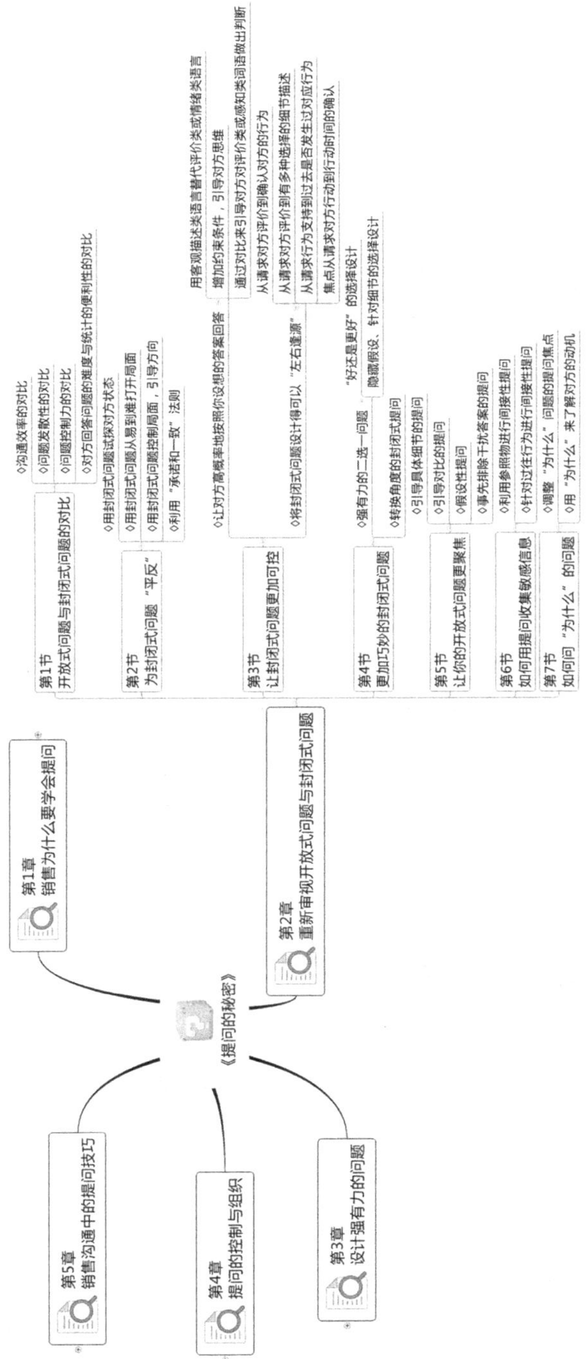
《提问的秘密》
第1章 销售为什么要学会提问
第2章 重新审视开放式问题与封闭式问题
第3章 设计强有力的问题
第4章 提问的控制与组织
第5章 销售沟通中的提问技巧
第1节 开放式问题与封闭式问题的对比
◇沟通效率的对比
◇问题发散性的对比
◇问题控制力的对比
◇对方回答问题的难度与统计的便利性的对比
第2节 为封闭式问题“平反”
◇用封闭式问题试探对方状态
◇用封闭式问题从易到难打开局面
◇用封闭式问题控制局面，引导方向
◇利用“承诺和一致”法则
第3节 让封闭式问题更加可控
◇让对方高概率地按照你设想的答案回答
用客观描述类语言替代评价类或情绪类语言
增加约束条件，引导对方思维
通过对比来引导对方对评价类或感知类词语做出判断
从请求对方评价到确认对方的行为
从请求对方评价到有多种选择的细节描述
从请求行为支持到过去是否发生过对应行为
焦点从请求对方行动到行动时间的确认
◇将封闭式问题设计得可以“左右逢源”
第4节 更加巧妙的封闭式问题
◇强有力的二选一问题
“好还是更好”的选择设计
隐藏假设、针对细节的选择设计
◇转换角度的封闭式提问
第5节 让你的开放式问题更聚焦
◇引导具体细节的提问
◇引导对比的提问
◇假设性提问
◇事先排除干扰答案的提问
第6节 如何用提问收集敏感信息
◇利用参照物进行间接性提问
◇针对过往行为进行间接性提问
第7节 如何问“为什么”的问题
◇调整“为什么”问题的提问焦点
◇用“为什么”来了解对方的动机

第3章

设计强有力的问题

销售人员几乎每天都在提问，也在不断回答客户的问题。在设计问题的时候，不仅有开放式问题与封闭式问题的设计，还包括其他各种巧妙又有力的提问技巧。在本章中，将分享投射提问法、上堆下切提问、在问题中预设“陷阱”等提问技巧，希望读者能够将各种提问技巧和自己生活与工作中对应的情景进行对照，去优化自己的问题。

第1节 投射提问法的妙用

在社会交往中，我们说话要注意委婉、得当。但如果销售人员与客户关系一般，这种相对含蓄的表述，可能会导致在沟通的时候碰见答非所问的情况。

很多时候，简单而直接的提问可能会遇到困难与阻力，导致达不到预期效果。当所提问题涉及对方的隐私或敏感信息时，直接提问往往容易让对方有防备心理，甚至让对方感觉不舒服。

当直接提问对方不愿意给出真实的答案时，我们不妨考虑换个角度来进行提问，将当事人从提问与被提问者的关系中抽离出来，让当事人以第三者的角度来回答问题，可能会获得意想不到的效果。试想一下，当你在公开场合被问到以下问题的时候，你会如何回答呢？

- “你觉得你们部门新来的主管怎么样？”
- “你上个月发了多少奖金？”
- “你结婚后会对妻子说谎吗？”
- “在你的家庭里，你和你太太谁说了算？”

上述问题或多或少涉及一些隐私或敏感信息，被提问者往往出于自我保护或者压力，会给出一些无效或者模棱两可的答案，从而影响提问效果。为了获得更好的提问效果，我们可以将当事人从敏感的问题中抽离出来，利用投射提问法进行提问。

投射指的是个人把自己的思想、态度、愿望、情绪或特征等，不自觉地反映于外界的事物或他人的过程。在心理学中，投射法主要是通过投射测试，来对当事人进行人格、动机等方面的测量。

在提问中，我们将当事人抽离出来后，让其对其他类似事件或者人物进行评价，往往容易获得很好的提问效果，因为对方在回答的时候，很容易把自己内心的想法投射其中。简单来说，就是将对方从直接的敏感问题中抽离出来，让对方以第三者的角度来回答问题。

投射提问法最大的优点在于让提问者的意图藏而不露，从而创造一个比较客观的外界条件，更容易引导对方给出真实答案。投射提问法一般有以下两种技巧。

更换评价主体，让回答更轻松

评价主体的更换就是将“你认为”这类语言更换为“其他人认为”。

当我们需要当事人对一个事件或者个体进行评价时，有可能因为涉及隐私或者负面评价，对方不会给出客观的答案，这时不妨考虑将评价主体进行更换。

“你觉得你们部门新来的主管怎么样？”这个问题如果直接询问对方，对方出于自我保护的意识，可能会给你一个模棱两可的答案：“还行吧！”

更换评价主体的意思是将此问题改为：“你的同事是如何评价你们部门新来

的主管的呢？”对方在回答这个问题时相对放松。虽然同事对新来的主管的评价可能各不相同，但当事人往往会选择一种和自己的想法比较接近的答案，这样提问者就间接知晓了答案。当你问对方“你的同事是如何评价你们部门新来的主管的呢？”时，如果对方心里对于新来的主管评价很一般，那么其一般在回答时不太可能给予非常积极的评价，而是容易将其他同事对新来的主管的负面评价说出来；同理，如果对方心里非常欣赏新来的主管，即便有些同事觉得新来的主管不好，对方也可能为新来的主管打抱不平，在回答的时候倾向给出一些积极的评价。这实际上就是投射提问法行之有效的原因。

更换评价主体就是将“你认为”中的评价主体“你”改为“别人”“同事”“朋友”“其他人”“大家”等，从而让当事人觉得和自己的关联不大，最终实现隐藏自己的意图的目的。

虽然更换了评价主体，但实际上对方回答问题的时候，潜意识里还是容易将自己的想法说出来，毕竟对方未必了解其他人的想法。即便对方了解其他人的想法，但在回答问题的时候，也会筛选一些与自己的想法差不多的答案。

对于上述部分敏感问题，我们就可以通过更换评价主体来进行优化：

原句：“你觉得你们部门新来的主管怎么样？”

优化：“你的同事是如何评价你们部门新来的主管的呢？”

当然，如果你更换了评价主体后，担心对方给出的答案不能完全投射其想法，那么你也可以在问完这个问题后再追问一个问题：“那你自己的想法呢？”在这种情况下，对方说出自己想法的可能性比直接询问要高。

更换评价主体还有一种极其广泛的用途，那就是当“问题”信息引入时使用，销售人员尤其应该掌握。

有一次，在给某品牌打印机销售公司做培训的时候，我在现场做了一个销售情景模拟：假设我是某公司的行政采购专员，让学员现场将代理品牌的高端打印复印一体机销售给我。有位学员兴致勃勃地接受了挑战，她在销售开场完成后问了我一个问题：

“我刚才使用了贵公司的打印复印一体机，我觉得复印效果不太理想，是这样吗？”

这位学员在销售之前精心设计了先使用对方公司原有打印复印一体机的环节，并为此针对性地设计了一个问题。当时我针对这个问题，提出了两个问题让销售人员思考：

- 是不是每次都能够有这种机会，先去体验客户的原有设备？
- 一位打印机的销售人员，当着客户的面说客户的原有设备不好，你觉得客户会如何回答呢？

当销售人员自己直接说客户的原有设备不好时，难免使沟通陷入窘境，即使销售人员所说的为真实情况，但客户出于对销售人员本能的抵触，也不太容易相信他们所说的话。改变这种窘境最简单的方法就是更换评价主体：

“刚才我和几个员工在闲聊的时候，他们有人抱怨现在的设备复印效果不太理想，他们有跟您说过这件事情吗？”

之前是销售人员说设备复印效果不好，但更换评价主体之后，变成客户内部员工认为设备复印效果不好，这种情况既容易引发客户重视，又避免了销售人员贬低他人的嫌疑。

很多销售人员经过专业的销售技巧培训，都已经意识到客户需求就是客户目前存在的痛苦或问题。但如果销售人员直接说出对方存在的“问题”，那么可能会让对方闻到一股“陷阱”的气息，同时让对方觉得销售人员在抬高自己、贬低他人，因此销售人员在引入“问题”信息时需要更换评价主体。

- *“贵公司的网络传输速度是不是有点慢啊？”*

优化：“我刚才在楼道里听到有员工说最近贵公司的网络传输速度有点慢，是这样吗？”

- *“您现在用的这款手机待机时间很短吧？”*

优化：“我看网上评论说您现在用的这款手机待机时间不长，是吗？”

- *“您原来的那辆车用了这么久，是不是比较耗油？”*

优化：“很多客户反映车用久之后比较耗油，您的车是不是也这样呢？”

更换事件主体，消除尖锐感

更换评价主体一般用于提问中有“你觉得”这样的内容时，但当提问不是询问对方的观点时，这时更换评价主体并不适用。除了更换评价主体，我们还可以更换事件主体，将对方更换为其他人，同样可以实现隐藏自己的意图的目的。

“在你的家庭里，你和你太太谁说了算？”面对这个问题，很多男人可能为了面子会回答：“都是商量着来。”更换事件主体的意思是将“你的家庭”变成“其他家庭”，比如将问题改为：“你觉得现在的社会中，家庭里一般是丈夫说了算还是太太说了算啊？”面对修改后的问题，对方会相对轻松地给出答案，实际上对方未必知道社会上在其他家庭中谁说了算，因此容易将自己家庭的情况投射其中。

更换事件主体一般而言是将原来的事件主体由“你”转化为“朋友”“社会”“大家”“其他人”等大众角色。

原句：“你上个月发了多少奖金？”

优化：“你同事上个月的奖金大概有多少啊？”

原句：“你结婚后会对妻子说谎吗？”

优化：“你觉得社会上一般男人结婚后，会对妻子说谎吗？”

有一次我在成都培训，晚上在酒店中看了本地电视台的一个社会调查类节目。该节目的出发点其实很好，鉴于成都市民相对比较喜欢打麻将的社会现象，节目编导想做一个社会调查，调查主题是：成都市民到底平均每个月打多少次麻将？

这种社会调查类节目原本我比较感兴趣，加上节目的主题也很有娱乐性，所以我饶有兴趣地看下去了。但节目编导在执行社会调查的时候，明显犯了一个低级错误。他让主持人带着摄像机去街头随机拦访，只见主持人问被访者：

“你一个月大约打多少次麻将呢？”

想象一下，如果你在成都街头走着，被主持人拦下询问上述问题，那么你会给出真实答案吗？被访者面对摄像机，难道会有勇气告诉全国观众自己每个月打二十次麻将？于是，我在电视机前看到那些被访者，面对摄像机回答这个问题的时候明显闪烁其词，犹豫片刻后给出了以下答案：

“其实吧，我平时麻将打得也不是很多，也就一个月一两次吧。”

“一个月？也就三五次吧！”

“我工作忙，都没时间打麻将啊！”

最后，节目主持人在电视中公然播出：“我们在街头随机拦访了二十名成都市民，统计发现成都市民平均每个月打两三次麻将。”节目看到这里，电视机前的我哭笑不得。根据前文所讲的投射提问法，我们可以利用更换评价主体和更换事件主体的方法对主持人所提的问题进行优化。

原问题：“你一个月大约打多少次麻将呢？”

优化：“你身边的朋友或同事大约一个月打多少次麻将呢？”

“你觉得大多数成都人大约一个月打多少次麻将呢？”

销售人员在使用更换事件主体的提问技巧时，十分常见的场景是当直接询问客户的需求或敏感信息时，对方可能出于自我保护的原因，最终给出无效回答。销售人员可以把事件主体改成“其他客户”“同行”“整个行业”等，这样容易消除尖锐感。销售人员可以尝试将以下问题使用投射提问法中更换事件主体的技巧进行优化：

- “最近你们酒店的生意是不是不太理想？”
- “你们公司因为自动化水平低，是不是生产效率也不高？”
- “听说最近你们公司有不少员工离职，是吗？”

上述问题是销售人员在客户需求挖掘过程中提出的问题，但这种需求寻找问题如果太尖锐，则容易让客户感到不舒服。根据更换事件主体的提问技巧，我们可以对上述问题进行优化：

- “最近整个酒店行业的生意不太理想吗？”
- “你们整个行业的自动化水平都不高，是不是会影响生产效率呢？”
- “听说最近你们行业员工的流动性很大，是吗？”

总之，更换评价主体和更换事件主体都是为了避免直接询问对方导致效果不佳，而根据投射作用设计间接性问题。将投射提问法推广，不仅在提问中，在很多可能存在冲突的情景中，也可以得到非常广泛的应用。如果你打算给你的领导提点意见，未必要直接告诉领导“领导，我们公司存在几个严重的问题”，这样非常容易让领导难堪。使用本节讲述的提问技巧，你完全可以告诉领导“中午在食堂吃饭的时候，我听到有同事说我们公司有几个问题”，然后察言观色，见机行事。

本节小结

在很多场合中，当我们询问一些敏感问题时，可能让对方感到尴尬或不安，因为问题本身可能涉及一些负面信息。如果我们直接去询问，则对方可能会做无效回答或者不回答。所谓投射提问法，就是在这种场合下消除问题尖锐感的提问方法。我们可以在设计问题时更换评价主体或者事件主体，这是一种简单又实用的提问技巧！

第 2 节 上堆下切的提问魔力

在神经语言程序学（Neuro-Linguistic Programming，NLP）技术中，有种被称为上堆下切平推的语言模式。

所谓上堆（Chunk-up），或叫“向上”，指的是为了营造与对方一致的气氛，用意义更广泛的词语去暗示双方有共同点，从而让对方产生信任感。简单来说，上堆的语言一般是把对方带入更广泛的意义，或者找出对方做事情的动机。因为“意义”存于一个人的潜意识中，是很主观和不能尽言的，所以在语言层次取得意义上的一致感觉时，对方会被带到新的思考方向上，并且不太容易拒绝。

所谓下切（Chunk-down），或叫“向下”，指的是弄清楚对方话语的意思，或者将谈话焦点调小，把其中的一部分放大，和对方就具体的细节、行为、分解进行沟通。

所谓平推（Parallel），指的是引导对方注意到有相同意义的其他方面，找出在同一层次的其他选择，简单来说就是帮助对方寻找其他选择或者替代方案。

我们用“德国汽车”这个词语来解释上堆、下切和平推的意义，如图 3-1 所示。

“德国汽车”这个词语如果上堆到更广泛的意义，可以是汽车，再上堆可以是陆地交通工具；“德国汽车”这个词语如果下切到细节与分解，可以是大众牌汽车，再下切可以是帕萨特；“德国汽车”这个词语如果平推，可以是中国汽车、日本汽车等。

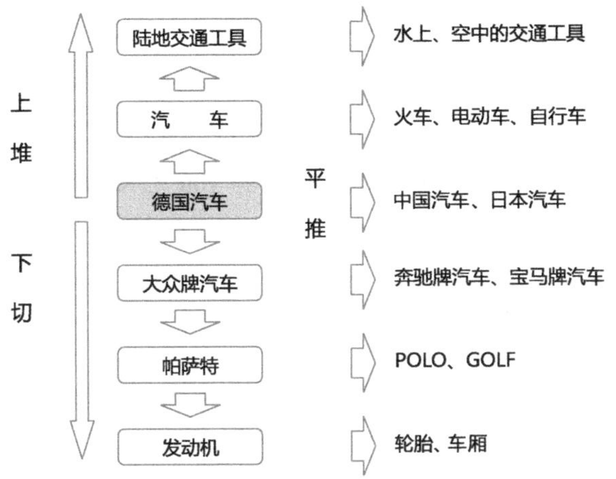

图 3-1　上堆、下切、平推的意义

上堆、下切和平推看起来似乎学术味很浓，但其实我们每天都在使用这类技巧。例如，如果你的朋友说下星期他将带着孩子去巴厘岛旅行，你告诉对方“那确实可以好好放松一下，和家人度过一段快乐时光，真不错”，这种回应的方式就是上堆；如果你和对方说“巴厘岛有各种美食，能买到具有本地特色的各类纪念品，并且风景宜人”，这种回应的方式就是下切；如果你和对方说“去年我去韩国旅行了”，这种回应的方式就是平推。

同样的道理，当你的同学说“我找到了一份新的热爱的工作”时，如果你使用上堆技巧沟通，则可以回应“那确实值得高兴，工作就是要让自己开心，实现自己的职业梦想和人生价值”；如果你回应对方“新工作的收入是多少呢？福利好不好？离家近不近？”，则是下切的沟通方向；如果你回应对方“面试的其他单位怎么样？”，则是平推的沟通方向。

总体来说，上堆就是寻找更广泛的意义或动机，下切就是寻找细节与分解，平推就是寻找其他类似品或者替代方案。下面我们看看如何将上堆、下切、平推的技巧运用到提问中来。

假设你的孩子提出请求，想在家里养只狗，你又不想答应孩子的请求，则可以用上堆、下切、平推的方式进行亲子沟通。

孩子：“妈妈，我想在家里养只狗。”

妈妈：“那你能不能保证每天少看电视，然后带狗出去散步 30 分钟呢？”（下切）

孩子："可以。"

妈妈："那你能不能做到每天少玩玩具，坚持给狗洗澡呢？"（下切）

孩子："可以。"

妈妈："那妈妈每个月要从你的零花钱中扣100元买狗粮，可以吗？"（下切）

孩子：（郁闷中……）

妈妈："其实妈妈知道你很喜欢小动物，是吧？"（上堆）

孩子："是啊！我很喜欢小动物。"

妈妈："那妈妈想想，什么动物不用花费太多的时间和金钱呢？不如我们养只乌龟吧？"（平推）

孩子："好啊！"

从上述对白中，我们能够大致感受到上堆、下切和平推在提问中运用的魅力。下切提问一般针对细节、分解及具体行为进行提问，其目的是让对方看到更多细节与行为；上堆提问一般针对更广泛的意义或动机进行提问，往往对方不容易抗拒；平推提问则往往引导对方进行其他选择或者替代方案的思考，最终帮助其解决问题。

上堆提问的技巧

上堆的沟通技巧在生活与工作中有非常广泛的应用。当你听领导做了一个特别有激情的演讲后，如果回头发现他实际上什么具体的内容都没有说，那往往说明领导应用了上堆技巧。当你看财经频道，听到股评家给出"这段时间股市震荡，建议股民采取波段操作的方式，逢低买入、逢高卖出"的建议时，是不是当时觉得很有道理，但后来又发现对方并没有给出具体建议。这就是上堆的语言魅力，上堆的语言往往给对方提供了更广泛的意义或动机，对方一般比较容易认同。

很多混"江湖"的"算命先生"将上堆的沟通技巧运用得炉火纯青、出神入化。试想，如果你满怀心事地找到一位"大师"，他对你说了以下一番话，你是否感觉他说到你心坎儿去了？你会不会觉得"大师"名不虚传？

"根据你的面相，我知道你这段时间在生活中发生了一些事情，而这些事情对你来说非常重要，它对于你的人生产生了很大的影响。你想解决它，但它让你感到困惑，你想要它变得更明朗些，你想要我给你指个方向，对吗？"

其实，不仅“算命先生”深谙此道，星座分析也应用了大量上堆的沟通技巧。心理学家弗拉于 1948 年做了一个实验，他首先对学生进行了一项单独的性格测试，测试后将性格检测的结果给了每位学生，然后请学生对测试结果与本身特质的契合度评分，最低 0 分，最高 5 分。结果大部分学生都觉得测试结果与本身特质的契合度很高，平均评分为 4.26 分。事实上，所有学生得到的“个人分析”都是相同的，就是以下内容：

“你希望受到他人喜爱，却对自己吹毛求疵。虽然人格有些缺陷，但大体而言有办法弥补。你拥有可观的未开发潜能，你的长处尚未得到充分发挥。你看似强硬、严格自律的外在掩盖着不安与忧虑的内心。许多时候，你严重怀疑自己是否做了对的事情或正确的决定。你喜欢一定的变动并在受限时感到不满。你为自己是独立思想者而自豪，并且不会相信没有充分证据的言论。你认为对他人过度坦率是不明智的。有时候你外向、具有亲和力，有时候你内向、谨慎而沉默。你的一些抱负是不切实际的。”

实际上，上述内容是弗拉从星座与人格关系的描述中收集来的，虽然是一样的内容，但大多数人都觉得测试结果和自己的性格很像。后来心理学家把这种现象叫作巴纳姆效应（Barnum Effect）。你是否也觉得上述性格描述的语言似曾相识?

巴纳姆效应指的是人们很容易相信一个笼统的、一般性的人格描述，并认为它特别符合自己并准确地揭示了自己的人格特点，即使这种描述十分空洞，哪怕自己根本不是这种人。

当理解了上堆的沟通技巧后，我们发现上堆是在更大范畴的基础上进行沟通的，对方不容易拒绝，因此我们可以将上堆技巧应用在提问引导中。

“妈妈知道你很喜欢小动物，是吧？”这个问句将孩子喜欢的狗，上堆到动物这个更广泛的分类中，其实上堆提问不仅可以针对更广泛的分类进行提问，还可以针对意义或动机等进行提问。

妈妈：“妈妈想知道你为什么想养狗呢？”（上堆）

孩子：“我觉得养狗很威风啊！隔壁的朵朵家也养了一只。”

妈妈：“除了养狗，你觉得还有什么看起来很威风呢？”（平推）

孩子：“我觉得魏魏穿蜘蛛侠的衣服也很威风。”

妈妈：“那我们不养狗，买个蜘蛛侠的衣服吧？”

孩子："好呀！"

孩子的要求是养狗，那么孩子可能喜欢动物或者想要自己看起来也很威风，于是可以进行上堆提问，把"狗"的范畴放大到"动物"或者了解孩子养狗的动机。在获得了孩子的肯定回答后，通过平推来引导孩子养乌龟之类好打理的动物，或者寻找其他威风的方式。不论针对更大范畴还是动机，上堆提问一般都不太容易被对方拒绝，然后使用平推技巧，转移对方的焦点或负面情绪。

针对更大范畴的上堆提问

一般来说，当对方语言的焦点在具体的名词上时，我们可以将此名词放到一个更大的范畴中进行上堆提问。例如，孩子说"爸爸，我想吃巧克力"，可是你不想让孩子吃太多巧克力，于是可以用上堆提问转移到"宝宝，你现在想吃点零食，是吗？"，然后使用平推技巧，将孩子的焦点转移到其他零食中。

当然不只名词能进行更大范畴的分类，很多行为同样可以。例如，你太太和你说"老公，我国庆节想去黄山"，但你不想去黄山而想去海边度假，这个时候你可以采用上堆提问和平推的方式进行引导。"你也想国庆节出去旅游啊？我也想去"，再通过分析国庆节去黄山的缺点，然后使用平推技巧转移到其他你想去的景点。同样的道理，当孩子问"爸爸，我明天能不能去动物园？"时，而你在拒绝孩子之后，可以马上通过上堆提问来安抚孩子："宝宝，你想明天出去转转，是吗？"

销售人员尤其需要掌握上堆提问的技巧，当客户提出的产品不属于你所经营的范畴时，就可以通过上堆提问再平推到其他产品中去。例如，客户询问"有没有咖啡？"，你在回答完没有后，应该马上进行上堆提问，如"您是想来点提神的饮料，对吧？"，进而平推到其他你有的提神饮料的销售中。

有一次，我去商场买洗衣机，走到第一个专柜，指着一台我觉得还不错的洗衣机对销售人员说："这台洗衣机能不能便宜一些？"当时销售人员回应我说："先生，不好意思，我们这个品牌从来都是明码标价，不打折的。"虽然我原本并没有指望这位销售人员给我多少优惠，但当他这么直接回应我之后，我心里还是有些不舒服，于是我默默地走向另一个专柜。当我看中一款洗衣机后，我问了销售人员同样的问题："这台洗衣机能不能便宜一些？"那位销售人员明显经验丰富，马上回应我："先生，我理解。您是想要一些优惠吧？"我说："对啊！"。他马上引导我："先生，那我帮您看看有什么值钱的赠品吧！"我欣然接受了，最后愉快地买下了第二个专柜的洗衣机。

"价格便宜"向上的更大范畴是"优惠"。"优惠"有很多种方式，包括"便宜一些""给予赠品""赠送优惠券"等。在上面的案例中，第二位销售人员通过进行更大范畴的向上提问，将客户"便宜一些"的需求变成"给予赠品"，进而满足了客户的需求。

当我们面对客户的一些需求时，如果无法直接满足，则可以通过针对更大范畴的向上提问来引导客户转移关注点，最后以其他方式满足客户的需求，如表3-1所示。

表3-1 上堆示例

客户需求	更大范畴	其他满足方式
咖啡	提神的饮料	红牛、冰红茶、冰可乐
索尼手机	国际大品牌手机	华为手机、苹果手机
便宜	优惠	给予赠品、赠送优惠券、延保

针对动机的上堆提问

上堆提问除了针对更大范畴，如果对方的焦点是一个具体行为，那么我们还可以针对其动机进行上堆提问。动机指的是为实现一定目的而行动的原因。动机是个体的内在过程，行为是这种内在过程的表现。

例如，你的下属问你"您明天能不能和我一起去拜访客户？"，其动机是希望你帮助他搞定这个客户，而随同拜访客户只是外在行为。你若没有时间或者不想去，则可以针对其动机进行上堆提问，如"你是希望我帮你搞定客户，对吧？"，然后可以转移到其他可以帮助员工的行为上，如帮他分析客户或者给客户打电话。

针对动机的上堆提问经常被应用在对方有些负面情绪或者负面请求时，通过上堆提问让对方认同动机或意义后，再平推到其他正面行为上去。

为什么进行转移，而不是直接解释呢？在此类沟通中，沟通对象的情绪往往不佳，我们要先通情再达理。如果直接解释，那么往往会被对方认为是在进行辩解，效果也会大打折扣。上堆提问往往针对更大范畴或深层动机，对方一般不容易拒绝。这样在获得对方的初步认同后，再寻求解决方案就容易多了。

假如有个客户对你说"你帮我把××员工开除掉"，面对这种无法满足的负面请求，我们可以问个针对动机的上堆问题："先生，我理解您，您是希望给这位员工提点建议，对吧？"这类针对动机的提问，一般对方不好拒绝，在获得对方的承诺之后，我们再平推到其他行为上去。

以此类推，如果客户抱怨"你们的产品价格太高"，那么这时候我们没有必要去解释为什么我们的产品价格高，因为这样容易产生争议。客户真的是嫌产品价格高吗？如果确实产品价格太高，那么客户为什么不走呢？这类客户抱怨背后的动机多半是寻求产品优惠。因此，我们不需要纠结我们的产品是不是真的贵，而是通过上堆提问，把焦点转移到产品的优惠或者价值上："我理解，您现在是想了解一下我们公司的优惠，是吧？"

同样的道理，如果妻子对丈夫说"老公，我不想和你妈住在一起"，那么这个男人可以用针对动机的上堆提问进行回应，如"我理解你，你想要一些私人空间，对吧？"，于是转移到如何寻找私人空间上去。若孩子说"爸爸，我不想吃这么多饭"，你则可以回应"宝宝，你想尽快吃完饭去玩积木，对吗？"，于是引导到如何快速吃完饭的方向。

需要说明的是，当我们针对对方的动机进行上堆提问的时候，我们应该尽量将其动机做正面描述而不是负面描述，否则在后续转移的时候容易失控。

对于"老公，我不想和你妈住在一起"，我们应该正面描述对方的动机，"我理解你，你想要一些私人空间，对吧？"，那么私人空间是你可以转移的方向。但如果我们进行负面描述，如"你不太喜欢我妈，对吧？"，那后续就无法转移方向或者容易失控。

在销售过程中，很多时候客户提出一些要求或者异议其实都有其背后的动机，销售人员可以通过上堆提问来引导客户的动机。当客户说"你们公司的产品价格为什么比其他的公司高？"时，从字面意思来看，客户在询问我们公司产品价格高的原因，但其动机真的如此吗？客户真的关心我们产品价格高的原因吗？关心我们的运营成本？如果销售人员给了客户一个产品价格高的理由，那么客户很容易找出其他理由来反驳，销售沟通可能就会陷入辩论的僵局。其实，大多数客户的动机并不是了解"你们公司的产品为什么价格高？"，而是"我能不能享受到优惠"。因此，销售人员可以通过上堆提问来引导客户动机："先生，我理解，你是希望享受到更多的优惠，是吧？"，于是把销售的焦点变成可以给客户什么样的优惠。

同样的道理，客户说“能不能把这个安装费免了？”，很多销售人员会和客户解释“按照公司的规定，这个安装费免不了”，于是又容易和客户陷入“能不能免安装费”的对抗式沟通中。客户的动机一定是“免除安装费”吗？客户的动机可能只是希望能够“占点便宜”或者再争取一些优惠。

当销售人员与客户有一些分歧的时候，销售人员有时候需要暂停辩论，而是改用上堆提问来引导“分歧点”背后的客户动机。

下切提问的技巧

几年前，有位老师给校长写了一封离职信，上面只有一句话：“世界那么大，我想去看看。”结果这封信在网络上曝光后，被网友追捧成史上最具情怀的离职信。这个故事后来还衍生出很多版本，其中一个和下切提问的技巧有关的版本如下。

顾老师：“校长，我想辞职！”

罗校长：“你辞职的原因是什么呢？”

顾老师：“世界那么大，我想去看看。”

罗校长：“挺好，我支持你！在辞职后，社保你要自己交，你知道一个月该交多少钱吗？”

顾老师：“560 元。”

罗校长：“你现在的房贷是多少？”

顾老师：“每个月 5 000 多元。”

罗校长：“那燃气费、水电费、物业费、交通费大概多少钱？”

顾老师：“每个月差不多 2 000 元。”

罗校长：“你孩子上幼儿园一个月多少钱？”

顾老师：“2 000 元。”

（情怀与现实的碰撞中……）

顾老师：“校长，我还是先去忙吧，明天还有公开课要准备，我一定好好干！”

罗校长面对顾老师充满情怀的离职信，没有直接挽留顾老师，而是采用下切提问的技巧，把离职后的种种现实摆在顾老师面前。所谓下切提问，主要是根据当事人所说的话，询问具体的细节或进行更具体的分类。

下切提问可以通过对现实问题的具体分解，让对方了解更多细节。我有一个侄子，刚刚大学毕业，不想找工作，想自己创业。他的父母觉得他有点好高骛远、眼高手低，希望我能够帮忙劝说他先安心工作，多学点技能，然后若有能力再创业。于是，我和他展开了以下对话。

老罗：“我听说你想自己创业？好事情啊。”

侄子：“是啊，但我爸妈都不太支持我。”

老罗：“你现在想好创业的具体项目了吗？”

侄子：“我想开个网店卖童装，听说挺赚钱的。”

老罗：“很好啊。我认识很多做互联网的朋友，他们告诉我，开网店要了解一些关于互联网营销的知识，包括如何优化信息检索、如何进行口碑宣传等，你之前了解过吗？”

侄子：“这样啊？我还没有了解过。”

老罗：“那网店运营的各方面情况你都了解了没有呢？例如，远程客服的支持、激励和管理，各种促销方法的运用等。”

侄子：“这个也暂时没有了解呢。”

老罗：“那你的进货渠道确定没？是打算自己贴牌还是代理？”

侄子：“这个还没有确定。”

老罗：“那一些基本的财务知识你总学习过了吧？”

侄子：“这个正在看书。”

老罗：……（继续下切）

侄子：“叔叔，你别说了，看来我应该先学习一下。”

老罗：“确实如此，其实大家不是不支持你创业，只是觉得你可以先在本行业积累一些经验，再去创业，这样成功的概率会更高。”

侄子：“那你有什么建议呢？”

老罗：“我建议你先去互联网公司上班，当全面了解这个行业后，再来评估自己的创业项目。”

侄子：“有道理。”

下切提问不仅可以帮助销售人员全面了解各种细节，还可以使其在沟通的时候，有意识地去了解客户的空泛需求或有异议的真实原因。

何谓空泛的需求或异议?

- “我觉得这套房子不太合适。”
- “我还想再考虑考虑。”
- “我要回去和家人商量一下。”
- “这部手机，我还是不太满意。”
- “这件事情，我还要请示下领导。”

对于上述客户需求或异议，如果销售人员不去了解细节，那么后续是无从下手的，而下切提问是了解细节很好的方式。

- “先生，您是觉得这套房子户型不好还是总价太高？”
- “先生，您主要顾虑什么呢？”
- “您是要和您太太商量一下吗？您太太现在什么想法呢？”
- “您对具体哪方面不满意呢？”
- “您要请示哪位领导？是张总吗？”

通过上述下切提问，销售人员可以准确地了解客户的需求或真实的想法，进而帮助其更好地分析与应对问题。在具体下切的过程中，我们可以从以下几个方面入手：

- 针对虚泛词进行下切，如满意、沟通、管理、关系、服务、情绪等。
- 针对人物或者人物关系进行下切，如家人、领导、大家、同事、他们等。
- 针对行为进行下切，询问行为的具体表现，如考虑一下。

本节小结

上堆是非常有魔力的提问技巧，通过针对更广泛的意义或动机的上堆提问，对方往往不太容易拒绝，然后平推到其他选择或替代方案上。下切则帮助我们更好地还原客观信息，还可以避免对方因为对信息的扭曲而产生错误判断。

第3节 提问中“陷阱”的预设

有一次我和一对夫妻吃饭，那位太太在餐桌上问了先生一个问题：“老公，小丽快过生日了，我打算买支口红送给她，你觉得送她的口红要偏橙色还是偏粉色呢？”

那位先生回答：“应该偏粉色吧。”结果，“灾难”来了！太太追问：“你怎么知道的？你平时对于她观察得还挺仔细啊……”整个晚上，那位太太不断问一些有“陷阱”的问题。

太太：“老公，刚才我买的两件衣服中，我穿哪件会显得瘦一些？”

先生：“应该是那件红色的吧！”

太太：“啊？！老公，你真的觉得我胖啊！我不高兴了……”

……

太太：“老公，我们一会儿看电影时，你打算把我们的购物袋放在哪里啊？”

先生：“放到车上去吧！”

太太：“那说好了啊！你去放啊，你刚才答应了。”

我一边听着这些问题，一边默默地祝那位先生好运。同时，当那位太太问我问题的时候，我总是战战兢兢、如履薄冰。

其实，上述那位太太的提问是典型的预设“陷阱”的提问，不管先生怎样回答，都免不了掉入她预设的“陷阱”中。这种预设“陷阱”的提问一般有隐藏假设，这些假设往往不被对方重视，但对方在回答问题的时候，是以认同假设为条件的。

预设“陷阱”或预设前提的提问技巧，是一种典型的催眠性语言技巧的应用，也经常被用在“套话”的过程中。在一档著名的综艺节目中，主持人C先生和S小姐就非常喜欢用类似的提问技巧。

“前几天你和那个模特去过的那家餐厅，饭菜的味道如何？我们也想去尝一下。”

如果该明星直接回答“还可以”或“不好吃”，基本上就会被追问：“哇，原来你们两个真的出去吃过饭啊？现在交往到什么地步了？”

在这类提问中，一般都有个预设前提，这个预设前提往往不是语言的焦点，从而很容易被对方忽略。但当对方回答问题之后，往往在潜意识中就接纳了这个预设前提。

一些小朋友不太喜欢喝水，有些家长常用的方法是问："宝贝，你是先吃根香蕉还是先喝水呢？"这往往很有效。仔细思考就会发现，这句话预设了孩子既会吃香蕉也会喝水，唯一的问题是先后顺序。对于一个问先后的问题，回答"不"根本不合逻辑，因而对方很难直接拒绝，所以会有效果。

这也是催眠师常用的技巧，我们沟通的时候常常有大量的预设前提，也就是语言里没有明确表达，但是潜台词里涵盖的内容，或者在提问语言中表达了，但是不太容易被关注到。因为没有明确表达或重点强调，所以听者无从反驳，也不太容易心生抗拒，进而可以达到影响对方的目的，这也是预设前提的提问魅力所在。

比如"小周又嫁人了"，这句话的预设前提是小周至少结过一次婚。再如"等你一会儿做完作业后，我给你拿冰激凌吃，你要什么口味的？"，这句话的预设前提是你一会儿就要做作业。"A 比 B 长得还美"，这句话的预设前提是 B 长得很美。

这种预设前提的语言同样可以大量应用在提问技巧中，并且由于提问本身就容易转移对方关注的焦点，于是更加容易隐藏预设前提。懂得利用预设，也就掌握了消解抗拒的技巧，销售人员可以在收集信息、应对异议、消除抱怨、号召行动等各种场合中运用。在本节中，我们重点讨论如何在提问中设计各类预设前提。

信息存在预设：套话的技巧

现在在互联网上，一些人有炫富情结，而且是隐形炫富。例如，在朋友圈中你可能会看到以下三条信息：

- "巴黎别的都好，就是中餐厅的味道不合我意。"
- "幸好宝马车是防爆轮胎，否则今天我在高速上就惨了。"
- "有时候巷子深处这种颜值不高的小吃店，比五星级餐厅更让人愿意经常来。"

上面三句话的"信息存在预设"分别是："我经常去巴黎""我开的是宝马车""五星级餐厅我都不愿意经常去了"。

这类信息存在的预设对销售人员而言，主要目的不在于炫耀，而在于在提问过程中收集对方的信息。简单的应用技巧是不把语言的焦点放在信息存在本身上，而是放在预设成立后的细节上。在提问中，这类“信息存在预设”应用起来尤其方便，因为对方很容易被你的问题焦点吸引，于是你可以不经意地流露信息或者套取对方的信息。

在提问中，“信息存在预设”经常用于以下两个方面：

1．不经意地透露一些信息给对方。

2．套取或确认对方的关键信息。

有些信息如果直接表达，那么可能会担心对方太过反感或敏感，或者自己的意图太过明显，我们可以利用“信息存在预设”的技巧进行提问。让我们一起看看以下例句存在哪些预设信息。

- “我下次和你们公司李总吃饭的时候，要不要我旁敲侧击一下？”

预设信息：我和你们公司李总很熟。

- “我昨天和你们公司张总的太太逛街的时候，你猜我们在商场里碰见谁了？”

预设信息：我和你们公司张总的太太很熟。

- “我前几天去A公司签合同，你猜我碰见谁了？”

预设信息：我和A公司有生意往来。

- “换作别人提这样的价格我肯定就生气了，这应该不是你自己的意思吧？”

预设信息：其实你已经惹我生气了。

“信息存在预设”不仅可以用于信息的隐含传递，还可以用于间接地了解信息或套话。简单地说，就是把你想了解的信息作为预设前提放入问句中，然后将问题的焦点放到其他信息中。

例如，你如果想试探一下你的竞争对手B公司是否给客户做了报价，你就可以问客户：“您是否觉得B公司的报价太高了？”同样的道理，你想了解对面那位女士是不是有男朋友，如果直接问会感觉有些冒昧，那么你可以问：“我看你很眼熟，你的男朋友是不是张浩啊？”

时间预设：引导对方行为

时间预设往往是以下列词为标志的：

- 在……之前（Before）

- 在……之后（After）
- 在……期间（During）
- 自从……（Since）
- 当……时候（When）
- 正值……时候（While）

这类预设的使用经常是在引导对方的动作或发出指令，但如果直接进行动作引导或发出指令，则容易引发对方的抗拒和防备。我们可以用动作前后的其他事情作为语言的焦点，让对方在潜意识中产生你要的动作或接纳你的指令。我们先来看看以下两个场景。

【场景一】你的同事来到你的办公室喋喋不休，而你又偏偏是一个老好人，如果直接把你的同事赶出去，则既不礼貌也不符合你的作风。于是，这时你可以问一个时间预设的问题：

“你一会儿出去后，能不能把这个报告给张总？他非常着急要。”

面对这个问题，你的同事一般不会拒绝，尤其是听说张总非常着急，当他回答“好的”之后，他实际上已经接受了一个重要指令——一会儿出去。

【场景二】客户到你的店面来投诉，为了降低负面影响，你的首要任务是尽快把客户带到你的办公室去，而不是任由客户在店面闹事，这时你可以问：

“到我的办公室后，为了更好地解决您的问题，能不能把您的问题细节再和我说一下？”

这个时候，客户出于解决问题的需要，很容易会回答“好的”，当对方这样回答后，同样在潜意识中接受了一个指令——去你的办公室。

从上述两个场景中，我们可以看到时间预设的提问在引导对方行为过程中的作用与魅力。销售人员在引导客户的成交动作时都可以使用类似的提问技巧。

“在您购买前，我要先和您确认一下，您的手机要黑色还是白色的？我怕没货。”

这个问题同样把语言焦点放在了黑色还是白色的提问上，是典型的时间预设类问题，让客户接受指令——“要购买”。甚至很多时候，我们为了避免对方出现抵触情绪，甚至会直接把隐藏指令去掉，直接对客户说“我要和您确认一下，您的手机要黑色还是白色的？我怕没货”，这同样是时间预设的提问技巧。

在采用时间预设的提问技巧时，往往将预设前提放在“在……之后”“当……

的时候”省略的位置，然后设计一个无关痛痒的问题来转移焦点，让对方潜意识中接受预设前提。

让我们来看看以下时间预设问题，分析一下其中的预设前提是什么。

- “你周五交报告给我之前，能把我刚才讲的内容加进去吗？”

预设前提：周五要交报告给我，不要忘了。

- “一会儿你送我到家后，回家的路上开车慢点儿，到家给我发信息，好吗？”

预设前提：你一会儿要送我回家。

- “在您购买之前，我先帮您做个风险测试吧？”

预设前提：你一会儿要购买啊，不要耍赖。

- “我下周来拜访您的时候，您能不能带我参观一下贵公司的车间？”

预设前提：我下周还要来拜访您。

- “下次我把合同带给您的时候，给您带些茶叶，您喜欢红茶还是绿茶？”

预设前提：我们已经进入合同签署的阶段。

选择预设：用选择掩饰你的目的

如果孩子晚上总是不肯上床睡觉，那么你可以尝试问一个这样的问题：“宝宝，一会儿上床睡觉的时候，你是想让爸爸陪你还是妈妈陪你？”这句话实际上已经给了孩子一个隐藏指令——“一会儿就要睡觉了”，这就是选择预设的提问。

选择预设一般会使用“或”“还是”这类词，表明在很多的选项里，至少有一个会发生，最终实现传递隐藏信息的目的。“老婆，晚上看电影的时候，你打算穿裙子还是牛仔裤？”，这是典型的预设“陷阱”，即你的太太已经同意和你一块儿去看电影。在前文“更加巧妙的封闭式问题”部分，我们阐述过强有力的二选一问题的作用和意义，而在使用选择预设的提问技巧时，同样可以通过这种二选一来隐藏你预设的“陷阱”。

选择预设一般有两种设计方法，第一种设计原理如下：

<u>晚上看电影的时候</u>，<u>你打算穿裙子还是牛仔裤 ？</u>

（A：隐藏指令部分），（B：针对性的选择部分）

因为 B 部分是二选一的选择，容易转移对方的思维方向，从而让对方潜意识中接受 A 部分的隐藏指令，或者让对方很难拒绝你。

选择预设的第二种设计原理是“是 A，还是 B？”。我们可以将问题设计成究竟是先选择 A，还是先选择 B；或者直接在 A、B 之间二选一。无论对方做出什么选择，其实都已经同意在两个方案中选择一个。

- “你是先写作业，还是先画画？”
- “您明天有空还是后天有空？我来拜访您”。
- “您要买一台还是两台电视机？”

选择预设在销售中有广泛的应用。销售人员在引导客户成交的时候，如果直接问“先生，这部手机您现在可以购买了吗？”，那么往往引来的是客户的抗拒。最简单的做法就是把“客户已经决定购买”作为预设前提，然后引导客户进行产品细节或其他方面的选择。

- “先生，这部手机您喜欢黑色的还是白色的？我拿给您看看。”
- “现在买基金还有礼物送，您要 iPad 还是 2 000 元的购物卡？”
- “您是刷卡还是付现金呢？”
- “您是自己提货还是由我们来送货？”

对比预设：暗度陈仓的表达

在一次同学聚会上，一位男同学在酒桌上指着一位女同学，问大家：“十年不见徐丽丽，大家有没有觉得她比以前漂亮多了？”众人皆笑，徐丽丽微怒后反问：“你的意思是我以前很丑？”

上述就是对比预设的作用，通过对比来预设“陷阱”。对比的方向一般包括时间对比（过去、现在、将来）和横向对比（其他人或事物）等。对比预设不仅可以说明现状如何，还可以隐晦地表达对对比对象的看法。

- “小张长得和小戈一样帅吗？”
- “大家有没有发现小李不像以前那样爱讽刺领导了？”
- “你遇见过比罗老师讲课还实用的老师吗？”
- “有没有人和你说过，你比以前随和多了？”

上述问题表面上是在针对某个信息进行提问，实际上都在暗示其他信息：“小戈很帅”“小李以前爱讽刺领导”“罗老师的课程很实用”“你以前不随和”。

销售人员平时可以通过时间对比和横向对比，在提问中表达间接的赞美或者隐晦的不满，有时候这种赞美或者不满若直接表达可能过于直白，达不到预期的效果。

- “我们公司什么时候能找到一位能力和您一样强的总经理呢？”（间接的赞美）
- “不知道我们公司新来的领导是不是像您一样关注员工的感受？”（间接的赞美）
- “您的太太也像您一样脾气好吗？”（间接的赞美）
- “为什么其他客户不像您这样通情达理呢？”（间接的赞美）
- “我有没有和您说过，贵公司的财务人员最近的服务态度比以前好多了？”（对客户财务人员隐晦的不满）

评价预设：引导对方给予认可

预设含义的提问还有一种更为巧妙的衍生应用：评价预设。这种问句的标准模式是：“A，B，是吗？”其中 A 部分是你希望对方认可的部分，而 B 部分是对方无法抗拒的部分，用于转移提问焦点。

例如，客户说“你们这款手机，有没有优惠啊？”，销售人员就可以用此技巧提问：

“先生，<u>您觉得这款手机不错</u>，<u>现在主要看能不能便宜一些</u>，是吧？”

A 部分　　　　B 部分

这个问题因为焦点的转移，对方一般会回答“是”。当对方回答“是”的时候，其实已经在潜意识中接受了 A 部分——“这款手机不错。”这种技巧实际上是一种催眠语法，既简单又实用。

这种技巧就是评价预设，如果直接询问关于评价的问题，那么对方有可能拒绝或者给予无效回答，而通过进行焦点转移的 B 部分，对方很容易做出肯定回答。评价预设的提问技巧关键在于 B 部分的设计，它一般包括：

- 引用对方的语言。
- 引用数据等事实。
- 阐述一般人无法抗拒的观点。

上述示例“先生，您觉得这款手机不错，现在主要看能不能便宜一些，是吧？”

中的 B 部分就是引用对方的语言，然后引导对方做出手机不错的评价。

“王总，您好像经常出差，昨天刚从北京回来，是吗？”如果你希望对方承认自己经常出差，就可以使用上述评价预设的提问技巧，而 B 部分就是引用事实。

“老公，这个款式的项链很漂亮，就是六万元的价格有点高，你说呢？”面对这种问题，一般人都容易认同六万元的价格有点高，但是当老公毫不犹豫地回答“是”的时候，就已经承认这个款式的项链很漂亮，于是女人可以顺理成章地提出买类似款式的便宜一些的项链。

利用评价预设的提问可以引导和影响别人，其主要目的是让对方对某些观点给予肯定评价，在得到肯定评价后，再提出其他要求就更加容易得到满足。与此同时，当面对他人使用评价预设的提问技巧时，要谨慎、小心地回答。

本节小结

提问中“陷阱”的预设是一种常见又实用的技巧，我们可以通过信息存在预设、时间预设、选择预设、对比预设、评价预设等，来传达暗示信息、引导对方行为、转移焦点。当然，很多预设技巧未必需要通过提问这种形式来完成，例如“如果其他客户也像您这样通情达理，我们的工作就轻松多了”，这是典型的对比预设，暗示对方是一个通情达理的人。因此，很多预设技巧未必需要通过提问来完成，但由于提问往往能转移焦点，在提问环节预设“陷阱”，一般更加容易事半功倍。

第 4 节　假设性提问的设计

“如果我和你妈同时掉进水里了，那么你会先救谁？”

这个流传了多年的问题，一直是男人的噩梦。很多男人应对的方法是“不要问我这种假设性问题，没有意义”，他们多半想借机混过去。

假设性问题的好处在于，并没有直接问“我和你妈谁更重要？”，因为很多男人会一本正经地回答“都很重要”。当假设“我和你妈同时掉进水里了”时，男人就必须做出先救谁的选择，在假设的情境下让对方做出选择，往往可以了解对方更深层的想法。

使用假设性问题提问，目的在于迫使对方换位思考。面对一个观点与自己相左又比较固执己见的对象，可能正面提问和旁敲侧击都不能起到任何作用，那么试着使用假设性问题，可能会帮你打开缺口，获得意想不到的答案。

假设性提问一般用于当直接提问无法获得信息时，通过各类假设来进行旁敲侧击。在涉及对方的信念与价值观时，作用尤其明显。很多时候对方可能并不清楚自己潜意识中的想法，如信念与价值观是什么，假设性提问能很好地引导对方思考。另外，假设性提问还能帮助提问者通过假设来控制风险，它在销售与谈判中也得到了极其广泛的应用。

针对时间的假设

针对时间的假设指的是提问者把时间拉到过去或者未来做一些假设。为什么需要在时间上进行假设性提问呢？想象一个场景，你是一位服务主管，你的员工小李昨天在处理一个客户投诉的时候，表现得有些急躁和服务态度欠佳，最后导致客户投诉升级。如果你直接询问“小李，你觉得昨天在处理那个客户投诉时自己的表现如何？”，那么小李出于本能的自我维护，可能会去辩解一番，甚至开始抱怨昨天客户的投诉不合理。这个时候，你同样可以问一个关于时间假设的问题：

“如果时间回到昨天，那个客户投诉让你重新处理一次，那么你会如何应对呢？”

从小李自身的正面动机来看，他并不希望客户投诉升级，所以这样的假设性提问容易让他有更多的理性思考。当我们询问如果回到昨天你会如何应对时，当事人出于对结果更好的追求，可能会提出一些更有效的应对方法，而这种方法往往就是对昨天处理工作的一种理性反思。

针对时间的假设性提问，其中一种方式是将时间拉回过去，然后请当事人将情景再现，相当于让对方吃个“后悔药”，引导对方进行理性思考，这往往比正面询问对方效果更好。当然，针对事件的假设性提问既可以回到过去，也可以来到未来世界。让我们想象一下以下假设性问题的应用场景：

- “如果以后设备出了问题，那么你们一般希望多久能够解决？”

- “如果您之前选择了我们的产品，那么现在这些问题可能都不存在，您说呢？”
- “二十年后，你希望自己过着怎样的生活？”
- “如果让你回到过去，重新做一次这个项目，那么你会做些什么工作来避免失败呢？”
- “假设三年以后，你实现了自己的目标，你觉得那时候你是什么感觉？”
- “假如现在是五年后，你希望自己是什么样的状态？”
- “前年你们做的投标，如果重新投标，那么你们会更看重哪一块？”

针对时间的假设性提问往往是直接沟通可能存在困难，这时我们可以拉对方坐上“时光穿梭机”，穿越到过去或未来。穿越到过去，可以帮助对方进行情景再现，让对方总结过往的功过得失，让客户说出自己的需求；穿越到未来，可以让对方想象自己想要什么，并在今天付出行动。

针对情景的假设

除了针对时间的假设性提问，很多时候提问者会假设一个情景给对方，在这个假设情景的背景下进行提问。前文那个疑难问题就是针对情景的假设：“如果我和你妈同时掉进水里了，那么你会先救谁？”

这类提问经常用于主持采访、招聘面试，并且往往能够帮助我们更深层次地了解对方的想法。

- “如果你看到卡车冲向那个孩子，那么你敢不敢冲上去救人？”
- “假如你的妻子现在在你面前，你会对她说什么呢？”
- “如果今天是世界末日，那么你最希望和谁一起度过？”
- “如果你的领导要求你加班，那么你会怎样回复你的领导？”

销售人员可以通过情景假设的提问，来了解客户的意向、需求排序、想法等信息。

- “如果我们公司的价格和A公司的价格一样，那么您更倾向于哪家公司？”
- “如果我能向领导申请到您要求的优惠，那么您能马上签合同吗？”
- “如果您能够再买两件衣服，我申请到优惠的可能性就会大一些，您说呢？”
- “如果您要的这个价格我们申请不下来，那么您后面有什么建议？”

- “如果张总出差，那么你们内部审批会受多大影响？”

在销售谈判中，我们也可以利用针对情景的假设性提问来控制谈判局面，而不是被动地满足对方的要求。当销售人员被采购人员要求降价时，如果直接降价往往是被动的让步，那么最终的命运可能是不停被对方打压，而一种简单的应对技巧就是用情景假设把问题扔回给对方，以控制谈判局面。

采购人员：“你们的价格必须再降低 5%！”

销售人员：“这个确实很困难。但如果我能够申请到您要的优惠，那么贵公司在付款条件上是不是可以做到一次性付款呢？”

采购人员：“付款条件我们一会儿再说吧。”

销售人员：“问题是现在的价格已经是我们领导给贵公司的最优惠价格，如果您在付款条件或者其他方面能给我们一些支持，那么我才有可能向领导申请到您要的优惠，否则肯定批不下来，您说呢？”

有人说“谈判中，不加附加条件的让步，都是愚蠢的让步”，而加附加条件最简单的做法就是使用情景假设的提问，即“如果我能做到……，那么您能够……吗？”。

与现实相反的假设

“人一生不可能同时踏进两条河”，当一个人选择了一条道路时，我们进行与现有选择相反的假设性提问，往往能够引导对方思考：现有的方式存在着什么样的问题？如果没有踏进这条河，那么另一条河会有什么风景？

如果对方的现实状况不好，那么通过与现实相反的假设性提问，往往能引导其进行正面思考与反省，让对方想象出对应的美好，进而指引其发生改变或采取行动，我们可以参考以下例句：

- “假如你当初不是用犯罪的方式解决问题，你觉得现在的生活会如何？”
- “你想过没有，过去两年如果你没有生病，那么你家现在会是什么样子呢？”
- “假如你当初听了你前妻的话，把赌戒了，你觉得你的前妻会和你离婚吗？”
- “如果你当初不敢创业，那么你觉得你的职业发展会是怎样的呢？”
- “假如你当时沉迷于传销，最后可能会是什么结局呢？”

与现实相反的假设性提问在教育中也应用得非常广泛。通过假设性提问可以刺激学生有更多的逆向思考与充分发挥想象力，很多优秀的教师在引导学生进行思考的过程中，经常用与现实相反的假设性提问来刺激学生思考，以加深他们对事物的认知。

- “如果地球上没有重力，那么你觉得世界会变成什么样子？”
- “假如你在月球上用力向上一跳，你觉得能跳多高？”
- “如果地球上没有摩擦力，那么会发生什么事情？”
- “假如太阳和地球的距离缩短一半，你觉得地球上的生物会灭亡吗？”
- “如果自然界中没有麻雀，那么会有什么生态变化？”

如果你是父母，为了激发孩子的思考能力，则可以多问孩子一些与现实相反的假设性问题，孩子在思考这类问题的时候，更容易对当下的世界和事物的运行规律进行思考。

销售人员在进行与现实相反的假设性提问时，往往目的是刺激客户需求、固化客户思维等。有时候这种基于现实的假设与情景假设有点类似，销售人员一般假设一种现实中客户不希望遇到的场景，以此来达到自己的目的。

- “如果这批货不能按时交付给你们，那么对你们会有多大影响？”
- “如果公司的服务器坏了，那么公司的员工还能正常工作吗？”
- “如果贵公司今年的生产成本降不下来，那么对贵公司的发展会有什么影响？”

在上述第一个问题中，销售人员知道自己的优势是交货速度比较快，因此通过上述问题故意让客户说出“货不能按时交付”所带来的严重影响，让客户自己意识到问题的严重性，进而影响客户采购需求的排序。很多时候，销售人员可以通过假设性提问，让客户自己说出需求或者负面影响，这往往比直接告诉客户更加有效。

针对角色的假设

【小测试】假如你被困在一个迷宫里，在即将走出迷宫时，面对着两扇由不同的人守护的门：一道是生门，一道是死门。生门门口的守护者永远说真话；死门门口的守护者则永远说假话。你并不知道哪个是生门，哪个是死门，但是守护的人都知道。现在你只能问其中一个人一个问题来判断哪个是生门，哪个是死门。你会问什么问题呢？给自己 5 分钟时间思考答案。

上面是一个经典的逻辑推理题目，如果你之前没有看过就能在5分钟内说出答案，说明你确实善于进行换位思考与逻辑推理。当然，如果你想不出来也很正常，因为我们每个人在提问与思考的时候，总是习惯从自己的角度出发。

这道题目的答案是，你可以选择其中一扇门，问守护者："如果你是另一扇门的守护者，你会说这扇门是生门还是死门？"

现在我们来看看可能的结果。当你提出这个问题后，如果你面对的是生门，那么永远说真话的守护者会如何回答这个问题呢？站在说假话的人的立场，他会说这扇门是死门。如果被问的是死门的守护者，即说谎话的人，他要站在说真话的人的立场回答是死门，但是同时他自己又是说谎话的人，所以他最终的回答是这扇门是生门。

那么，结果出来了，问其中一个人这个问题，如果对方回答是生门，则你面对的是死门；如果对方回答是死门，则你面对的是生门。

这道著名的逻辑测试题告诉我们问题可以从不同角度来设计。当我们直接提问得不到理想的结果时，不妨考虑从对方的角度或者从其他角度进行间接性提问，可能会有意想不到的收获。

针对角色的假设，常见的问题包括：

- "如果你是我，那么你会怎么做？"
- "如果你是他，那么你怎样看待这个问题？"
- "如果这个问题不解决，那么对贵公司有什么影响？"

"如果你是我"和"如果你是他"，这样的假设可以让我们在沟通中引导对方进行换位思考，尤其当我们面临两难境界时，可以让对方更好地理解自己的处境或难处。

我有一位朋友自己拥有一家公司，在一次聚会上，他向我"吐槽"现在的员工有多么不好管理。他公司的一位员工因为自己的过失，导致公司产生了上万元的直接经济损失，同时给客户造成了比较负面的影响。朋友打算按照公司的相关规定，对这位员工给予处罚，同时要求这位员工承担公司50%的损失。当把处罚结果告知这位员工后，对方抵触心理很强，认为自己不是故意犯错的。当时我的朋友就"吐槽"，现在的员工缺乏担当意识和责任感，同时问我这种事情应该怎样处理。

我当时建议朋友以后遇见类似的情况，可以考虑多用角色假设类的提问进行沟通：

“你也知道你这次的行为给公司造成了不小的物质和非物质损失，同时你也知道公司的相关规定，所以如果你是我，那么你会怎么办？”

虽然不排除这位员工听到上述问题，还是继续我行我素、拒绝承担责任，但“如果你是我”这样的问题的意义在于强制要求对方进行换位思考，这往往比直接要求或直接提问效果更好。

“如果你是我，那么你会怎么做？”的角色假设类问题，还可以引导对方说出真实的想法。当你有些做法想听取对方的意见时，如果你直接询问“你觉得我这样做对不对？”“你觉得我应不应该这样做？”这类问题，则往往让对方有一定的社交心理压力。在这样的环境中，对方往往会礼貌地认同你：“你做得对。”如果你真心想了解对方的态度，那么不妨问个角色假设类问题，如“这件事情，如果你是我，那么你会怎样处理呢？”，最后得到的答案可能比直接询问要真实。

本节小结

假设性提问指的是设置一个特定的假设条件进行提问，它可以让对方有更多的思考。我们可以通过针对时间的假设，让对方体会现在的得与失；我们可以通过对情景进行假设，更加全面地了解对方的想法，或者在谈判中利用情景假设来引导对方让步；我们可以通过与现实相反的假设，来启发对方的想象；我们还可以通过针对角色的假设，让对方进行换位思考，换个角度看待问题与事物。

总而言之，假设性提问是种既特殊又有趣的提问技巧，甚至大多数人从小开始就被老师用假设性提问来引导思考，看看下面的假设性问题，是不是似曾相识呢？

“假设有一个游泳池，一根管子进水，另一根管子出水，游泳池的容积、进水的速度和出水的速度分别是……请问要多久，游泳池才能放满水？”

第 5 节 标尺型问题

有一类问题我们经常被别人问到，但我们自己似乎很少拿来对别人进行提问。当我们给某个电话呼叫中心拨打咨询电话后，在挂机前电话呼叫中心是不是经常问以下问题：

- “如果 0 分是非常不满意，10 分是非常满意，那么您会给我们的服务打几分？”
- “您在多大程度上愿意向您的同事、朋友推荐我们公司的产品或服务？10 分是非常愿意，0 分是完全不愿意。”

以上是典型的标尺型问题，这类问题经常用在一些测评、调查和访谈中。之所以需要设计标尺型问题，往往是因为需要针对一些无法量化的状态（如客户满意度）进行定量的评估，最后进行对比，寻找差距或进行数据分析。

- “如果你期望的完美生活状态是 10 分，那么你给自己现在的生活打几分？”
- “如果 10 分是最高分，那么你给你现在的领导的任职表现打几分？”
- “你会给自己今天的表现打几分？假如满分是 100 分。”
- “如果 0 分是非常不满意，10 分是非常满意，那么你会给我们的服务打几分？”
- “你觉得今晚菜肴的味道能打几分？假设 10 分是完美的味道。”
- “入职三个月以来，如果 10 分是满分，那么你给自己的工作态度和能力打多少分？”
- “假设你的同事张三的综合工作能力是 10 分，你会给李四打多少分？”

诸如此类都是标尺型问题，因为生活状态、表现、服务、菜肴的味道、工作态度、工作能力等都是主观感知类因素，所以通过标尺型问题将这些因素数字化，便于我们了解差距或进行横向比较，以开展后续的工作。

调查与测评中的应用

标尺型问题应用得最广泛的领域是市场调查与测评，包括品牌忠诚度调查、服务满意度调查、产品中不可量化的感性指标的测量等。

- “您对刚才 4321 号客服的服务满意吗？请回复：1 为满意，2 为不满意。”
- “您在多大程度上愿意向别人推荐我们的服务？1 分是非常不愿意，10 分是非常愿意，请打分。”

这类调查与测评很多时候是通过调查问卷、手机短信、App 或者人工访谈完成的。当然，有些调查与测评可能直接让对方进行选择或打分，未必是以提问的形式呈现的，但究其本质还是一致的。标尺型问题看起来很普通，其在设计时有什么技巧呢？

我们先看看以下两个关于标尺型问题的设计：

- “您对刚才 1234 号客服的服务满意吗？请回复评价：1 为非常满意，2 为满意，3 为一般，4 为不满意，5 为非常不满意。”
- “您对刚才 1234 号客服的服务满意吗？请回复评价：1 为非常不满意，2 为不满意，3 为一般，4 为满意，5 为非常满意。”

上述两个问题的差别在于前者是从“非常满意”到“非常不满意”的评价介绍，而后者是从“非常不满意”到“非常满意”的评价介绍。如果我们希望对方给予我们更高的评价，那么上述两个问题哪个更容易获得高评价呢？其实，只要我们留意一下各家银行、运营商或者证券公司发的满意度调查短信就会发现，大部分公司都是采取前者的设计，即从“非常满意”到“非常不满意”，为什么要这样设计呢？

试想一下，如果你是客户，你在阅读满意度调查短信时，或者在电话中听到满意度调查的互动式语音应答（Interactive Voice Response，IVR）时，你会不会特别有耐心地慢慢看完或者听完？我想答案应该是否定的，你多半会根据对方提供的答案来匹配自己的服务体验感知。想象一下客户可能的内心独白：

“非常满意？这个选项还没有达到，还是有点儿不满意。满意？这个还差不多。好了，随便选一个吧，就选满意吧。”

但如果这种满意度调查的问题设计是从“非常不满意”到“非常满意”，同样想象一下客户的内心独白，可能就是另一种答案了：

“非常不满意？这倒还不至于，总体来说还可以。不满意？也还谈不上吧。一般？嗯，这个服务过程就是一般，好了，我还有其他事情，就选一般吧。”

因为问题设计的不同，可能前者得到的评价就是“满意”，而后者得到的评价就是“一般”。当然，很多公司在进行满意度测评时，其动机并不是简单地得个高分，并且希望了解客户的体验感知，所以只是简单、直接地询问“如果 0 分是非常不满意，10 分是非常满意，你会给我们的服务打几分？”这类问题是没有太大意义的。在满意度测评中的提问中，同样对方的评价得分不是重点，对方评价之后的询问、跟进、分析等才是对调查公司真正有益的内容。在满意度测评中，要想设计有效的标尺型问题，需要先明确测评的目的是什么。

如果满意度测评的目的是关注企业服务缺口和短板改进，那么测评应该重点放在测评后的不满意意见收集；如果测评的目的是做对比分析，包括跨公司的行业对比，那么在提问设计中应该适度将提问的焦点细化，而不是简单询问是否对“服务满意”，因为对服务满意与否是一个非常主观的评价维度。

辅导与引导评价

同样是标尺型问题，有些问题提问的目的并不是了解具体的分值，甚至分值可能毫无意义。这类标尺型问题主要通过针对分值的提问，来引导对方进行定量化评估，便于后续开展深层次沟通。这种提问经常用于企业中的管理沟通或者教练引导中。

教练：“如果你期望的完美生活状态是 10 分，你会给你现在的生活状态打几分？”

当事人：“应该在 7 分左右吧。”

教练：“7 分是一个不错的分数，那你觉得离 10 分的理想状态，差距在哪里呢？”

当事人：“我觉得目前收入方面还没有达到财务自由的状态！”

教练：“如果你实现了财务自由，那么你觉得你的生活会有什么变化？”

当事人：“可能生活状态会更加平和吧。”

教练：“你觉得让生活状态更加平和，除了多赚钱，还有什么途径可以帮到你吗？”

当事人：“让我想想……”

之所以用标尺型问题进行状态的确认，往往是因为我们很难评价“幸福”“开心”“满意”等的程度。如果你直接询问对方“你觉得你目前的生活状态怎么样？”，那么对方很有可能给出“还行吧”“还不错”等模棱两可的答案，但如果设计成上述标尺型问题，则更加容易知道对方对“生活状态”的评价。

在很多场合中，标尺型问题的意义并不在于具体的分数，因为这个分数不仅取决于满分的标准是什么，还取决于对方的性格。因此，标尺型问题在应用过程中，更多的意义在于可以围绕分数本身进行深入的沟通。在标尺型提问结束后，我们一般可以根据对方的答案继续问以下问题：

- “离满分还有……的差距，你觉得其中的差距在哪里呢？”
- “你为什么打这个分数呢？”
- “你对这个分数满意吗？”
- “你觉得要做些什么才能够得到满分呢？”
- “你觉得满分的状态是什么样的呢？”
- “你觉得要做些什么才能够让这个分数变高呢？”

当然，标尺型问题在日常生活中也是可以应用的，当我们和别人聊天聊到一些主观感知类话题时，一旦我们想具体化，就可以应用标尺型问题。

本节小结

相对来说，标尺型问题是我们平时应用较少的一类问题，其主要应用于两个领域：一是市场调查和测评，包括很多人经常接触的满意度调查；二是教练引导。其实，不仅是教练，管理人员和员工在沟通时，面对一些无法量化的问题，也可以应用标尺型问题来提问：“小李，你来公司两个月了，你觉得团队的工作氛围如何？若满分为 10 分，你打多少分啊？”

第 6 节　用好反问与设问

反问与设问有什么区别？这似乎是个语文课才会问到的问题。

“销售工作难道很难吗？”这是反问。

“销售工作很难吗？其实不难。”这是设问。

我们很容易从语法的角度区分反问与设问的差别：一个是明知故问，另一个是自问自答。反问与设问看起来是两种提问方式，但二者本质上都不需要对方回答，或者说对方回答与否并不重要。

反问句是疑问句，却是一种“无疑而问”，实际上说话者在强调某个确定的答案，也就是其在明知故问。这类句式常和“难道”“怎么”等反问词连接，用疑问句的形式表示确定的意思，其目的是加强语气，增强表达效果。反问句往往在表达强烈情绪或者意见时使用，它比陈述句更有力量。

- “难道你不认为我们应该开车去吗？”
- “连老人都在不停学习，我们有什么理由松懈呢？”
- “难道你不觉得西藏是个很好的旅游胜地吗？”
- “冬天来了，春天还会远吗？”
- “我们怎么能言而无信呢？”
- “你自己都不愿意改变，还有谁能够帮你呢？”

反问问之所以比陈述句更能表达情绪，是因为这类问题虽然看起来是在提问，但对方一般很难反驳，再加上配合语言的情绪表达，更是提升了一种毋庸置疑的气势。如果直接提问“不努力付出，从哪儿来回报呢？”，对方可以用回答否定你的提问：“隔壁老王买彩票发财了，他不就是没有努力吗？”但如果采用反问句，尤其当面对提问者强烈的情绪与丰富的肢体语言时，对方往往很难反驳。

因为反问句能够更加鲜明地表达情感，其往往被应用于强有力的写作、慷慨激昂的演讲、推心置腹的说服、针锋相对的辩论及义愤填膺的情绪表达中。很多激励人心或引人思考的名言都是采用反问这种表达方式：“王侯将相宁有种乎？”“有朋自远方来，不亦乐乎？”想象一下，陈胜和吴广揭竿起义的时候，如果只是大喊一句“大家都可以做王侯将相”，那么气势顿时比原来的反问句弱了很多。

但也因为反问句具有表达强烈情绪的作用，很多服务类公司要求员工和客户沟通时禁止运用反问句，这可能有些因噎废食。运用反问句在很多时候能够帮助我们更好地控制沟通局面，只是我们在提问的时候，尽量不要进行负面表达，应面带微笑，这样自然也就能发挥反问句应有的作用。

有一次我乘坐航班从深圳飞往天津，登机之后，由于天气不好外加机场流量控制，飞机一直未起飞。当乘客在飞机上待了两个多小时后，终于有几位脾气不好的乘客开始抱怨，指责乘务人员，事情甚至有点开始失控。关键时刻，一位年长的机长从驾驶舱走出来了，拿起麦克风开始安抚乘客的情绪：

“各位乘客，我是本次航班的机长，我自己就是天津人，老婆和孩子都在家里等着呢，其实我和大家一样想赶紧回家，大家觉得我能飞会不飞吗？我也在飞机上，我也怕死，对不对？刚才有乘客说，这天气能飞，我飞了20年了，大家觉得应该听乘客的还是我的？之前欧洲某国家总统觉得天气不错，非让机长飞，相信不少人看到过这则新闻，也知道结局吧？我向大家保证，一接到起飞指令我马上就起飞，现在大家吃好喝好，大家觉得怎么样？”

坦白说，这是我听过“最不专业”的解释，但也是效果最好的解释。机长用了大量的反问句来强化自己的观点，加上强烈的情绪表达，讲完后当时整个机舱鸦雀无声，谁都不想去“得罪”掌握自己命运的机长。

相对而言，设问句往往是自己提出问题，然后自己回答，这种表达方式更加柔和，在生活中往往应用得更加广泛。设问句往往通过一开始的提问，能够引起对方注意，启发对方思考，突出关键内容。因此，在沟通时，在设问句提出之后可以给出一点时间，来激发对方思考，然后由提问者给出答案，最终更加强有力地表达出提问者想表达的思想。

“什么是路？就是从没有路的地方踏出来的，从有荆棘的地方开辟出来的。”这样的设问句往往比平铺直叙的陈述句表达效果要好。当使用设问句提问的时候，可以设计成一问一答，也可以为了增强效果设计成多问一答，甚至可以连续提问。

“啊，是谁，这么早就把那亲爱的令人心醉的乡音送到我的耳畔？是谁，这么早就用他那吱吱哇哇的悦耳动听的音乐唤来了玫瑰色的黎明？是一个青年人。”（峻青《乡音》）

“我们到底从哪里来？最终要到哪里去？活着的意义又是什么？这是我们每个人都会思考的问题。”

设问句不仅可以在写作和演讲中频繁使用，在销售与日常沟通中，也是引发对方思考的强有力问题。假设你在销售一部手机，你的优势在于售后服务好、公司品牌佳，当你用陈述句去表达你的优势时，其效果往往不如用反问加设问的表达方式。

“小姐，您想想看，不管您买什么手机，您肯定要每天使用吧？如果手机质量出了问题怎么办？修手机是不是也会影响您的工作？其实，现在手机性能都差不多，建议您买大品牌有保障的。价格虽然高一些，但买得放心，用得舒心，拿出来也有面子，您说是不是这个道理呢？”

不仅在销售沟通中，如果你需要参加一些招投标活动，那么在做竞标展示的时候，也可以利用设问句。我参加过不少应标，并且邀标方基本上是强势的甲方，这种情况往往意味着邀标方在讲标现场不会积极配合回答你的提问，这就可能导致很多时候简单的提问带来的效果不明显，甚至会冷场。在这种状态下，如果销售人员希望既抓住听众的注意力，又避免提问失控，那么应该使用的技巧就是设问和反问。

“各位评委，之前已经有四家公司展示过它们的产品，它们打动各位的是什么？可能是技术实力，可能是产品质量，也可能是售后服务。我们公司的团队之前一直在思考两个重要的问题：第一，贵公司的核心需求到底是什么？第二，我们公司最大的优势是什么？如果二者能够匹配上，那么我相信这将是我们双方合作的基础。为此，我们的团队专门采访了这个项目中可能涉及的贵公司的客户，采访样本超 20 个人。各位，你们知道贵公司的客户最希望贵公司给他们提供什么样的服务吗？今天我将揭晓答案，同时将给各位呈现我们公司的解决方案。”

像上述以反问和设问开场的投标现场的展示，我相信比平铺直叙更加能够抓住对方的注意力。其实，不仅在销售场合，在管理沟通中也一样，首先连续性地发问，然后自问自答，这在冲击对方深层次的思维方面往往效果更好。

“小李，你当初明明有其他给予更高工资的企业可以去，为什么来我们公司？不就是看中了我们能给你提供发展空间和学习平台吗？你想要学习与提升，为什么不抓住这次外派可以独当一面的机会呢？就算做得不好，你又有什么损失呢？公司都不担心，你害怕什么呢？我希望你能承担起组建四川分公司的重任！”

本节小结

反问与设问虽然没有其他类型的提问应用得那么广泛，但如果你需要从事销售展示、公开演讲、投标呈现、员工激励等工作，就不要忽略反问与设问的力量。这两种几乎不需要对方回答的提问方式，既有普通问句抓人眼球的作用，又能有效地控制局面，尤其适用于你的听众未必愿意积极配合的时候。

本章思维导图

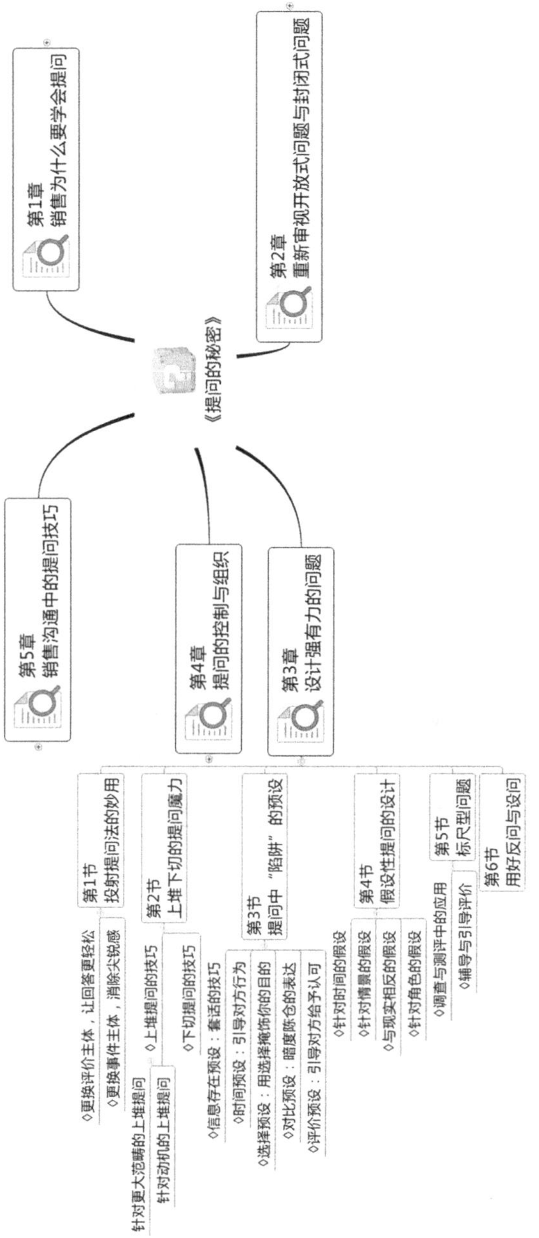

《提问的秘密》
第1章 销售为什么要学会提问
第2章 重新审视开放式问题与封闭式问题
第3章 设计强有力的问题
第4章 提问的控制与组织
第5章 销售沟通中的提问技巧
第1节 投射提问法的妙用
◇更换评价主体，让回答更轻松
◇更换事件主体，消除尖锐感
第2节 上堆下切的提问魔力
◇上堆提问的技巧
针对更大范畴的上堆提问
针对动机的上堆提问
◇下切提问的技巧
第3节 提问中“陷阱”的预设
◇信息存在预设：套话的技巧
◇时间预设：引导对方行为
◇选择预设：用选择掩饰你的目的
◇对比预设：暗度陈仓的表达
◇评价预设：引导对方给予认可
第4节 假设性提问的设计
◇针对时间的假设
◇针对情景的假设
◇与现实相反的假设
◇针对角色的假设
第5节 标尺型问题
◇调查与测评中的应用
◇辅导与引导评价
第6节 用好反问与设问

第4章

提问的控制与组织

当我们了解了开放式问题与封闭式问题的优劣势，也能够成功构建出强有力的问题之后，是不是就意味着可以通过提问获得良好的效果呢？答案是否定的。各种提问的技巧，包括强有力的问题构建技术，能够让你设计出一个又一个有效的问题，这些问题犹如一颗颗璀璨的珍珠，但想要这些珍珠串在一起变成一串光彩夺目的项链，还需要巧妙的设计。

当你尝试将一颗颗珍珠串在一起时，你必须有一根能够串起珍珠的主线。当我们构建出强有力的问题后，就需要用这根主线将这些问题有效地组织在一起，帮助我们将问题的效用最大化，同时我们需要用这根主线对问题进行有效的控制，最终实现我们的沟通目的，而这根主线就是结果导向思维。

提问是一种沟通方式，其目的是帮助提问者实现沟通目的。所有问题的设计和组织都应该以实现沟通目的为最终目标，这就是结果导向思维。而很多提问者之所以提的问题会失控，往往是因为其缺乏结果导向思维。

有一次，一位保险公司的销售人员来到我的办公室向我推销保险产品，在简单寒暄之后，销售人员随口问了我一个问题："罗老师，您最近忙不忙？"

我回答："最近非常忙，你长话短说吧！"

当销售人员听到我的答案时，满脸愕然，之后就开始非常急促而紧张地介绍产品，其效果可以想象是非常糟糕的。虽然我不是有意刁难这位销售人员，但他所犯的错误就是典型的没有根据结果导向思维来组织问题。

例如，一般警察在审讯某盗窃案件的犯罪嫌疑人时，开场问的问题往往是："你自己说，你觉得今天为什么请你来？"想象一下，警察为什么不直接问："你 10 月 9 日晚上 11 点半去哪里了？"对警察来说，审讯犯罪嫌疑人的目的除调查犯罪嫌疑人和 10 月 9 日盗窃案件的关系之外，一般来说还希望看看有没有其他收获。因此，"你自己说，你觉得今天为什么请你来？"这个问题一问，犯罪嫌疑人可能会把 10 月 8 日的抢劫案也交代了。总而言之，在提问的时候，我们要始终明确自己想要的结果到底是什么，这便于用结果导向思维来组织与控制问题。

本章的主要内容是以结果导向思维为主线，引导读者在提问的时候进行思考，并从环境因素、问题控制和问题布局等多个维度进行阐述，最终帮助读者提升对问题的组织与控制能力。

第 1 节　提问时的结果导向思维

结果导向的提问要求我们根据期望的结果来设计、组织和控制问题。所谓"君子三思而后行，思危、思退和思变"，这放在提问中也是非常恰当的。

思危，是让我们正确评估风险与危机，如果不能控制风险，则要懂得规避。在结果导向的提问设计中，思危要求我们评估提问可能存在什么风险，对方是否愿意配合回答，如何通过控制问题来降低风险发生的概率等。

思退，是让我们在无法改变风险的时候，思考后备方案与退路。在提问前，你需要思考对方会如何回答你的问题，以及如果对方没有按照你的设想回答，那么你的后备方案是什么。"夫未战而庙算胜者，得算多也；未战而庙算不胜者，得算少也。多算胜，少算不胜，而况于无算乎！"当我们能够事先分析清楚更多可能性的时候，才能够有更大的胜算。

思变，是让我们在无法达成目标时，主动寻求改变。当我们提问时，如果一个问题没有达到预期效果，那么你的下一个问题是什么？可以有哪些方面的优化与改变？当我们这次提问失败后，下次在准备和设计问题时，又能有什么变化？

用结果导向思维优化问题

结果导向思维不是让我们在提问时进行更多的思考，因为能够随机应变的人毕竟是少数。结果导向思维往往需要我们在提问之前做更多的思考和准备，提问之后进行总结与反省，通过不停地思考、训练和优化来提升我们对问题的控制能力。在用结果导向思维训练的时候，我们可以用下面 10 个问题来辅助：

1. “你要的结果是什么？”
2. “你要的沟通结果是不是预先设定好的？”
3. “对方是否明确本次的沟通目的？”
4. “对方是否感觉提问的目的对其有利？”
5. “影响提问结果的环境因素有哪些？”
6. “你希望对方如何回答你的问题？”
7. “当你问完这个问题后，下一个问题是什么？”
8. “如何让对方跟着你的提问思路继续说下去？”
9. “如何让对方按照你想要的答案进行回答？”
10. “如果对方没有按照你预想的回答，那么其他可能的答案是什么？”

回到本章开头的那个保险公司销售人员推销保险产品的故事，该销售人员开场问的问题是“罗老师，您最近忙不忙？”。试想一下如果你是销售人员，那么你希望对方怎样回答呢？恐怕很多销售人员希望对方回答“不忙”，于是可以顺理成章、从容不迫地介绍产品。但问题是对方回答忙不忙是不是可以控制的呢？答案是否定的，所以这个问题就是典型的失控问题。现在我们用结果导向思维来重新优化这个问题。

1．问这个问题的目的是什么？

分析：其实对方究竟忙不忙不是很重要，重要的是对方能够谈论一些和保险有关的话题，便于后续销售话题的继续。

2．可以保证对方回答“不忙”吗？

分析：对方的工作行为不在销售人员的可控范围之内，除非你专门等对方空闲的时候来拜访。

3．如果对方回答“忙”，那么你后续会问什么问题呢？

分析：可能会继续问“您忙些什么呢？”，并且借此机会寻找一些和保险有关的内容，如出差、孩子、保障、安全等。

因此，销售人员可以根据我的职业特点，从结果导向思维来提问。

销售人员：“罗老师，您最近忙什么呢？”

客户（罗老师）：“还不是到处上课嘛！”（可预计的答案）

销售人员：“您上课需要全国各地跑，是吗？”

客户：“是啊。”（同样可预计的答案）

（接着可以聊出差的辛苦和安全问题，进而自然地聊到保险）

如何才能具备结果导向的提问技能呢？我们可以先从以下 5 个核心问题入手：

1．“你要的结果是什么？”

2．“对方为什么要配合回答你的提问？”

3．“有何外在因素会影响提问效果？”

4．“当这个问题问完后，下一个问题是什么？”

5．“为了实现目的，问题应该如何组织与控制？”

本章接下来的内容将围绕结果导向思维从上述5个方面展开说明，希望通过学习本章的内容，能够让读者在对问题的组织和控制上有所改善。这样我们不仅能够构建出强有力的问题，还能够把这些问题有效地组织起来，设计成一套“组合拳”，最终感受到提问的力量。

结果导向思维看起来很复杂，其实我们每个人可以结合自己的工作与生活，从一些经常问的问题入手进行结果导向问题的设计或优化。

有一次我去商场买衬衣，当我试穿一件浅色的衬衣从试衣间走出来时，导购人员可能因为没有太多客户光顾，居然在试衣间门口等我。当看到我穿着新衬衣时，导购人员问了一个问题：“先生，您觉得这件衬衣怎么样？”而我当时觉得那件衬衣的板型一般，于是不经意地回答：“我觉得一般。”然后呢？然后销售人员就冷场了，我自然没有购买那件衬衣。

我们从结果导向思维来看，导购人员提问的目的是让客户对商品给予肯定评价，但如果直接询问，则客户有可能基于谈判议价的目的给予负面评价，而我当时确实是觉得那件衬衣一般而给了一个客观的评价。那么，如何让客户对商品给予相对积极的评价呢？我们可以利用前文提到的对比预设的提问技巧（第 3 章提问中“陷阱”的预设）来进行引导。

导购人员：“先生，我觉得您穿这件浅色的比刚才试穿的深色的好看，您说呢？”

客户：“是的。”

导购人员：“这个色系的比较适合您，您认为呢？”

客户：“是啊，但我感觉有点不收腰。有没有其他板型的呢？”

导购人员：“您稍等，我现在帮您拿几件过来！”

同样的道理，如果你希望让你的同事帮忙写份材料，你不要盲目地问：“小李，现在忙不忙？”因为如果小李回答“非常忙，连喝水的时间都没有了”，那么你觉得你好意思开口让他帮忙写材料吗？从结果导向思维来看，你不妨问：“小李，现在在忙什么呢？”接着从他的回答中寻找机会，要么为他分担手头的工作，要么引导他将正在忙的事情推后，再说出你需要他帮忙的事情。

其实，不单单是工作中的提问，日常生活中的提问也可以通过结果导向思维来优化，以达到自己的目的。

我有时带着孩子在小区里玩耍，当孩子们玩得正高兴的时候，有些家长突然对孩子说：“宝宝，我们回家好不好？现在已经很晚了。”这个时候提问的结局其实我们可以预想到，孩子是不会同意的。从结果导向思维来看，家长问这样的问题，当然是希望孩子痛快地回答“好的”，可是玩兴正浓的孩子有几个会这样回答呢？这个时候作为家长，其实可以在约定的回家时间之前，问一个更加聪明的二选一问题（详细内容参见第 2 章“更加巧妙的封闭式问题”）：“宝宝，你是现在回家还是玩 10 分钟再回家？”这时孩子一般会回答“玩 10 分钟再回家”，然后家长还可以提第二个问题进行引导：“我可以答应你再玩 10 分钟，但 10 分钟之后你能不能保证一定回家？”各位家长可以尝试一下，效果一般还不错。

因此，我们在提问的时候，首先需要具备结果导向思维，明确自己要的结果是什么，然后根据结果来优化问题设计和问题组合。

你要的结果到底是什么

结果导向思维是帮助我们更好地控制和组织问题的主线，但是你要的结果到底是什么呢？这个问题虽然看起来简单，但实际上并非如此。很多人在开始的时候清楚自己想要的结果，但在沟通过程中将结果忽略或遗忘了，于是陷入其他对结果没有帮助的沟通中。

假设你今天下午两点要带着 4 岁的孩子出门参加一个活动，你预计下午一点半出门。但中午孩子吃饭的时候磨磨蹭蹭，眼看就到一点了，孩子主动提出："喂我吃吧。"这个时候你有两个选择。

选择一：给孩子喂饭，虽然这是对孩子的一种妥协，但这样能确保不迟到。

选择二：坚决不给孩子喂饭，你觉得不能惯着孩子，虽然可能迟到。

那么，你的选择是什么呢？

上面的问题并没有标准答案，因为这需要开放式思考。如果你认为今天不迟到很重要，可能就会喂饭；如果你认为孩子的规则教育很重要，可能就会坚持不喂饭。当我们在评估所要的结果时，其实会受到自己的信念与价值观的影响，同时会被短期结果与长期结果所左右，甚至你提问时的身份也会影响你所要的结果。其实，比较糟糕的选择是，这一次答应了孩子喂饭的请求，但下一次又拒绝。孩子觉得为什么上次可以喂饭，这次却不行？是不是你的心情好就喂饭了，心情不好就以教育为由拒绝孩子。如果标准不统一，那么反倒容易让孩子感到困惑，进而不能达到自己的目的，所以结果导向思维需要前后一致、标准统一。

在前文中我们介绍过提问的作用，这些作用是偏理论化的描述，在实际的沟通过程中，你提问的目的到底是什么呢？提问的目的可能是收集信息、挖掘需求、测试反应、进行亲子教育等。不同的沟通目的决定了你要的最终结果，甚至提问者当下的身份对于结果的判断也很重要。

如果你是一位销售人员，那么你要的结果可能更多的是把产品卖出去。而很多客户觉得销售人员总是想把自己口袋里的钱拿走，于是在回答问题的时候，往往配合程度并不高，甚至可能唱反调。因此，作为销售人员，千万不要去和客户争论谁对谁错，更不要在设计问题的时候一厢情愿地认为客户会多么配合。

如果你是一位家长，那么你要的结果可能不单单是眼下孩子听你的话，还需要长期的教育与培养。家长们在提问的时候需要了解孩子行为背后的动机，或者可以通过多问几个为什么来激发孩子的好奇心，刺激孩子思考，甚至需要明知故问，利用孩子的好胜心来实现自己的目的。

如果你是一名新闻记者，那么你要的结果可能是引导对方多说话，而不是表达你的观点，一般不同记者的提问目的也是不一样的。如果你是娱乐新闻记者，那么你可能需要问得轻松，让对方答得惬意；如果你是时事新闻记者，那么你可能需要问得尖锐，直达问题的核心；如果你是体育新闻记者，那么你可能需要问得细致，抓住微小的细节，以小见大，吸引观众。

如果你是一位管理者，那么你要的结果可能不仅是解决当下的问题，还需要在未来防止类似事情的发生。劈头盖脸的一顿臭骂可能换来的是员工默不作声，但以后依旧我行我素、明知故犯。你的提问需要更多地引导员工进行反省与思考，让其明理，甚至帮助员工拨开迷雾、看清方向。

如果你是一位老师，那么你要的结果可能是让学生知其然并知其所以然。因此，“为什么+为什么不”的问题组合，以及假设性问题可能是你经常需要使用的。同时，老师和学生关系一般都比较融洽，在提问时可能不太需要关注提问技巧，建议多通过开放式问题来引导学生思考。即使学生的答案是错误的，你也可以继续提问，因为你要的结果就是让他们从错误的答案中反思、学习与成长。

如果你是一位主持人，那么你要的结果可能是事先设想好的答案，你并不希望对方天马行空地回答，要避免场面失控。当你主持一个大型会议或者晚会时，提问时最重要的是控制好你的问题，避免问些模棱两可的问题。由于你要的结果可能已经设定好了，你甚至需要问一些诱导性很强的问题。

如果你是一位演讲者，那么你要的结果可能仅仅是引导听众思考，吸引听众关注，问题本身的答案可能并不重要。你的问题可能是没有答案的，还可能需要进行连续性排比式发问，因为你要的可能是迅速让听众的关注点落到自己身上。为了和听众有互动，你可能还需要问一些众所周知的简单问题，而不一定问体现优越感的问题，因为你的目的是让听众自己说出你想要的答案。

如果你是一位辩论者，那么你要的结果可能是混淆视听、转移焦点，所以你可能要故意问一些晦涩难懂的问题。甚至很多诡辩者，会问一些自己都不知道答案，甚至没有答案的问题。这时的提问不过是让对方糊涂，甚至拖延时间，给自己缓冲和思考的机会。

如果你是一位市场调研人员，那么你要的结果可能是调研对象能够说出自己真实的需求和想法。因此，你在设计和组织问题的时候，往往需要从易到难，从简单到复杂，目的是在开始的时候让对方觉得调研很容易，并且愿意继续配合你的工作。由于客户需求存在不确定性，可能在你提问的时候，需要做很多假设性提问，但所有提问的目的都是最终帮助自己更好地收集信息及了解客户。

你要的结果到底是什么？这个问题貌似简单，但是很多提问者未必清楚，甚至目的混乱，毕竟当局者迷。要想明确你所要的结果，在分析和评估时，或者在提问前准备时，你可以进行以下思考：

1．你是以什么身份在提问？

2．沟通目的到底是什么？

3．在所有的结果中，如果只能选择一个，那么你最想要的是什么？

4．你只是要眼前的结果吗？

5．你是要事情的结果还是要和对方讲道理？

6．你是要对方多表达自己的观点还是接纳你的观点？

这里需要特别强调的是，销售人员要清楚自己的沟通目的是什么。

销售人员的最终目的当然是把产品卖出去，但在此过程中对客户进行提问的目的可能是挖掘需求、了解信息、巩固认知、转移沟通话题及打开沟通局面等。其实，销售人员的提问基本上都是为了让客户多说话。很多销售人员在销售过程中，本意是说明自己的产品不错，结果却去努力证明客户的观点是错误的，这对自己要的结果有帮助吗？还有很多销售人员不去控制问题，争取实现提问目的，而是指望客户配合，客户又凭什么配合你呢？

结果导向思维的核心是希望提问者在提问的时候，不忘自我角色，不要轻易陷入无谓的争辩中，管住自己的嘴巴，最终取得良好的效果。

本节小结

要想对问题有效地进行控制和组织，结果导向思维是主线。我们必须清楚自己要的结果到底是什么。我们可以通过事先对结果进行预判，对问题进行有效的优化。每当我们在提问后没有达到预想的结果时，都可以运用结果导向思维来重新构建和设计问题。我们想要的沟通结果和身份认知、沟通目的、价值排序等诸多因素有关，尤其不要忘了提问时我们的身份到底是什么。

第2节 对方为什么要回答你的问题

一般情况下，我们提问时都希望对方能够配合回答，但往往事与愿违，这时我们需要进行换位思考：对方为什么要配合回答呢？

想象一下，在什么场合中，当事人一般会全力配合回答对方的提问呢？

答案：患者在医院看病时。

在什么场合中，当事人一般不愿意配合回答对方的提问呢？

答案：犯罪嫌疑人在被警察审讯时。

上述两个问题看起来像脑筋急转弯，但确实能够引发我们思考。当患者在医院面对医生时，医生可能问患者以下问题。

- “身体哪里不舒服？”
- “这种情况持续多久了？”
- “还有其他症状吗？”
- “有没有吃过什么药？”
- “是否对什么药物过敏？”

面对医生的提问，患者不但会认真回答，而且会知无不言，言无不尽。原因很简单，因为患者知道回答得越详细、全面，越有利于帮助医生做出诊断，身体才能更快地恢复健康。因此，在医生问诊时，几乎不需要使用任何提问技巧，患者都会认真回答问题。

当犯罪嫌疑人被公安机关抓捕后，在审讯室中，工作人员可能问以下问题。

- “你自己交代今天为什么带你到这里来？”
- “你这段时间在哪里？”
- “你说你在家里，有谁可以证明？”
- “还有什么事情要向我们交代？”

面对公安人员的这一系列问题，犯罪嫌疑人会像患者一样详细地回答吗？答案当然是否定的。犯罪嫌疑人多半会进行模糊的回答，如“我不知道”“我记不清楚了”，因为犯罪嫌疑人自认为回答这些问题对自己没有任何好处，只会帮助对方找到证据从而给自己定罪。

从中我们很容易得出一个结论：当对方发现你的提问对自己有利时，往往其配合回答问题的概率就越高。

有一次在培训的过程中，我的助教课间突然跑到讲台上问了一个问题："哪个小组的学员没有到齐？赶紧告诉我，我要登记一下！"

各个小组的培训学员面面相觑，全部默不作声，现场陷入尴尬局面。我忍不住问学员："为什么你们不把小组缺席的人员报给助教呢？"学员说："感觉助教老师要点名，如果报上去，那么岂不是"出卖"了同伴？"

于是，我又忍不住问了一下助教："你是要点名吗？"

助教一脸茫然地回答道："不是啊！我只是想统计一下中午有多少人在这里吃饭！"

全场学员听后一阵哗然，然后一脸轻松。

当对方感觉到你的提问对自己有利的时候，对方配合你的概率一般会较高，因此为了获得良好的提问效果，我们往往需要将提问的目的明确告知对方。因此，提问者为了让对方更好地配合回答自己的提问，应该认真思考两个核心问题。

1. 对方是否知道提问的目的？

2. 对方是否知道提问的目的对自己有利？

对方是否知道提问的目的

很多时候对方未必知道我们提问的目的，因此在提问的过程中我们需要把对对方有利的目的优先表达出来，这样对方才会配合回答我们的问题。这种提问目的的表达，可以根据沟通环境和表达习惯随意设计，既可以设计在问句的前面，也可以设计在问句的后面。常见的句式包括：

- "为了……"+问题部分。
- "就……关心/提到/想了解的……"+问题部分。
- 简单陈述原因 + 问题部分。
- 问题部分 + 简单陈述原因。

例如：

- "为了有很好的培训效果，我想问一下您希望提高孩子哪方面的能力？"
- "就您关心的投资收益问题，我还想了解一下您平时有进行其他投资吗？"

- “就王总说想降低成本的事，我可以再问您几个细节问题吗？”
- “公司最近在做有奖的合理化建议征集，想问一下你有什么建议呢？”
- “小李，你觉得大家工作中有什么不足呢？我们想组织一次培训帮助大家解决问题。”
- “胡经理，您觉得销售内部流程哪里可以做得更好？李总专门让我来找您调研一下，他说您经验丰富。”

有时如果不将提问目的明确地告知对方，对方可能容易陷入猜疑甚至防备的心理状态，这就容易让提问效果大打折扣。试想一下，如果你直接问对方“你希望提高孩子哪方面的能力？”，那么对方会有何感想？你直接问员工“你工作中有什么不足的地方？”，对方情何以堪？

因此，在提问中，尤其在收集意见、了解信息、征集负面评价的过程中，需要告知对方提问的目的是什么。在描述提问目的的过程中，我们既可以将提问目的的描述放在问题之前，也可以将提问目的的描述放在问题之后。但在某些特定场合，一般建议将提问的目的放在问题之前，如在电话外呼中，如果我们将提问的目的放在后面，则存在客户因为没有听到提问目的就提前挂机的风险。

当然，如果仅仅是日常生活中的无压力沟通，我们也不必总是把“为了……”这样的提问目的引导语放在嘴边，这样难免过于正式，少了几分日常生活沟通的轻松。但工作中的提问，尤其与客户的沟通，对方是否知晓提问的目的会直接影响提问效果。

对方是否知道提问的目的对自己有利

有时候对方知晓了你的提问目的，但没有感觉到这个目的对自己有利，同样容易对问题敷衍或推诿。

有一次我接到一个呼叫中心的调研电话，对方的开场白是：“为了优化我们的工作，先生，我们可以对您做个市场调研吗？”我当时听完后就反问对方：“优化你们的工作，对我有什么好处呢？没时间。”接着，我直接挂断了电话。

其实，如果对方把“为了优化我们的工作”改成“为了以后给您提供更好的服务”，我配合对方调研的概率就会高很多，因为后者是从对客户有利的角度来表述的，而前者是从呼叫中心的角度来表述的。

当我们给对方呈现提问目的的时候，一般会用到以下语言：

- “为了给您提供更好的服务，我可以问您几个问题吗？”
- “为了帮您申请更优惠的价格，想问一下您今天能够决定购买吗？”
- “就您刚才关心的手机性能问题，我想问一下您平时用手机玩游戏多吗？”
- “您大概需要什么款式的衣服？我来帮您找，可以帮您节约不少时间。”
- “下个月公司计划给大家做个培训，所以想问一下你在工作中有什么困惑呢？”
- “宝宝，你能不能快点吃饭？我们一会儿要去公园玩。”
- “我们正在做员工合理化建议的有奖征集，你对公司管理方面有什么建议吗？”

当你的问题抛出去之后，如果对方感觉不到这些问题对自己有所帮助，那么其往往回答问题的配合度会较低，这时提问者应该思考一下：所问的问题到底对谁有利？

这种利益的表达既可以描述对方能从中获得的具体好处或者价值，我们称为正面引导，也可以描述对方可能面临的损失或压力，我们称为负面威胁。正面引导相对好理解，而负面威胁经常在强势一方提问时使用，或者在希望给对方压力时使用。这种负面威胁可以是最后的机会引导、自我情绪的表达或者严重后果的说明。

- “我最后问你一次，你昨晚 10 点钟到底在哪里？”
- “还有十分钟这个优惠活动就结束了，您现在还在考虑什么呢？”
- “现在妈妈有点生气，你自己说你错在哪里了？”
- “有个问题我想很认真地问一下你，你到底把我当作你的什么人？”
- “这个方案你能不能加班做好？不能的话，我只好换人来做了。”

总而言之，对销售人员来说，客户是否会积极主动地回答自己的问题，其实首先取决于客户关系的好坏，其次取决于销售人员提问时的状态与技巧。当然，如何做客情维系，本书不做赘述。但特别需要提醒销售人员的是，切忌在关键销售场合问客户关键信息与需求。在这种场合中，客户一般情况下是知道销售人员营销产品的目的的，但是客户未必会积极主动地回答你的问题。因此，很多关键信息销售人员应该在平时没有太强功利目的时了解，当客户放松时才愿意配合回答你的问题。

本节小结

一般情况下，当对方意识到提问的目的对自己有利时，配合回答问题的可能性自然较高。在提问中，当描述提问对对方的影响时，既可以进行正面引导，也可以负面威胁。

第3节 影响提问效果的环境因素

沟通环境对沟通的影响毋庸置疑。沟通环境指的是沟通时周围的环境和条件，既包括与个体有关的社会整体环境，又包括与个体有关的区域环境，以及对个体直接施加影响的社会情境及小型的人际群落。

在设计与组织问题时，我们除了需要关注提问的目的是否清晰，还需要充分评估环境因素对提问效果的影响。同样的问题在不同环境中问，对方回答问题的配合度也不尽相同。

沟通环境可以是可见的物理环境。“瓜田不纳履，李下不整冠”，即指在这种物理环境下很多沟通语言都苍白无力。除了物理环境，社交环境同样对提问效果影响巨大，如单独回答问题与周围有人时回答问题的效果往往不同。在公开场合，尤其是人多的时候，对方往往回答问题比较严谨。例如，新闻发言人在面对诸多媒体的时候，在回答记者提问时往往比较空泛与“官方”，而私下回答问题可能比较直接与尖锐。

事实上，沟通环境包括可见的物理环境，以及不可见的社交环境、关系、氛围、提问时机等。在我的孩子刚刚开始上幼儿园时，我和很多父母一样，当孩子放学后总爱对着孩子问这问那：

- “宝宝，今天在幼儿园怎么样啊？”
- “幼儿园里有什么有趣的事情吗？”
- “今天在幼儿园里学了什么呢？”
- “今天中午在幼儿园吃的什么啊？”

当我问了诸如上述问题之后，孩子一般回答“差不多”“没有什么有趣的事情”“我忘了”等。很多家长都有类似的体会，孩子似乎总是不太愿意回答被问的问题，这是为什么呢？一开始我认为是由于自己问的问题太空泛了，于是我将问题聚焦和细化，但得到的结果还是一样的。直到有一天，我结束了一天的工作后，我的妈妈突然给我打了个电话，毫无征兆地问了我一个问题：“今天上班怎么样啊？”我当时确实不太想描述各种细节给她听，于是敷衍地说了句：“还不就那样。”那一瞬间，我突然意识到，孩子们为什么不愿意回答父母提出的关于幼儿园的问题了，未必是提问的技巧出了问题，而是孩子刚刚放学，可能着急回家玩玩具、看电视等，未必有心情来回答，除非孩子正好愿意主动分享。后来，我尝试着在睡觉前，父子躺在床上闲聊或者讲故事的时候，很随意地问孩子关于幼儿园的事情，效果果然好了很多。

因此，影响提问效果的，除了纯粹的提问技巧，还包括很多环境因素，甚至包括提问的时机。本节重点剖析影响提问的社交环境因素，具体包括：

- 提问者与对方的社会关系如何？
- 提问者的身份是什么？
- 提问的时机是否合适？

提问者与对方的社会关系如何

想象一下，当你逛街时随意走进一家服装店，老板娘很热情地迎接上来，问了你一个问题：“美女，你想买多少钱的衣服？”你会如何回答？当你饭后在马路上散步时，突然从树后面跳出一个人对你说：“能不能问你几个问题？”在此情景下，你又会做何反应？我猜测，你要么沉默不语，要么敷衍了事。

但是，如果你在逛街前，你老公问你“亲爱的，你打算买多少钱的衣服呀？”，或者你的同事问你“能不能问你几件事情？”，你配合回答问题的程度一定比较高。

也就是说，当沟通双方的社会关系融洽时，往往对方配合回答问题的程度更高，因此在问题的设计上往往可以简单、直接，甚至多用开放式问题。但如果提问者和对方的社会关系比较普通甚至不好，那么当询问对方关键信息时，可能事倍功半。

在实际生活与工作中，我们经常需要和陌生的客户、商家、路人等进行沟通。因为沟通双方不熟悉，在这类场景的提问中，如果没有太大时间压力，则一般采用从易到难的方式设计问题，可以先进行一些简单的封闭式问题探寻，或者先通过其他手段暖场再进行提问。在社会关系不好的情况下，尤其在收集一些敏感信息的时候，提问者一定要注意提问的方式与技巧。此处可以使用前文介绍的技巧，如进行间接性提问、采用投射提问法等。问题中的敏感信息包括：

- 敏感的采购信息，如预算、采购数量、关键决策人、对方喜好、真实评价、其他竞争对手的情况等。
- 对方的隐私信息，如年龄、收入、体重、婚姻状况等。
- 背后的信息，如背后的评价等。

在某些特定的场合，双方的社会关系如果不太好，甚至还有时间压力，则往往建议简单明了地进行提问。

一天下午，我和助教下课后听说酒店附近有家比较有名的火锅店，但不知道具体位置。于是我的助教自告奋勇地去路边问路人，但是他忽略了自己魁梧的身材带来的负面影响，加上他的提问不够直接，结果屡次被拒，他是怎么问路的呢？

- “能不能打扰你一下？”（第一次，路人躲开，估计以为是骗子）
- “您好，请问能不能问一下？”（第二次，路人又已走远）
- “能不能问您一个问题？”（第三次，我都走远了）

后来，我忍不住开口了，问路这种事情为什么问得如此曲折，直接单刀直入就好啊！“请问一下去这附近的××火锅店怎么走？”，我相信大部分人是愿意帮助我们的，而我的那位助教硬是问出了江湖骗子的感觉。

对很多销售人员而言，经常会有一些需要拜访陌生人的情况。在拜访陌生人时，销售人员与客户的社会关系当然说不上好，在这种背景下，对于拜访提问有以下建议：

- 一定要提前做好功课，社会关系破冰最简单的方法就是寻找共同点。因为“物以类聚，人以群分”。
- 如果有引荐人，拜访陌生人的效果则会好很多。
- 现场销售人员要有敏锐的观察力，善于寻找与陌生人的聊天话题。这种敏锐的观察力，从走进客户单位就已开始体现，宣传栏、企业文化墙、员工状态、企业状态、客户办公室陈列、客户的肢体语言与表情等都是观察对象。

- 在对陌生人进行提问时，有个十分简单的方法，就是从客户流露出的信息中，继续顺藤摸瓜式进行沟通。

提问者的身份是什么

在提问中，很多时候我们无法改变双方的社会关系，毕竟社会关系是复杂的，但有时我们可以改变提问时的身份。不同的提问者得到的效果往往是千差万别的。那究竟什么样的提问者更容易得到有效的答案呢？是不是提问者的身份地位越高，对方回答问题的配合度越高呢？

其实未必。

如果提问者是一位德高望重的权贵人物，其问你生活是否如意，你会掏心掏肺地向其倾诉你的艰辛与不易吗？我想答案一般是否定的。例如，很多在外打拼的白领，当家里的长辈在电话中问最近如何时，他可能会一边吃着方便面，一边微笑地告诉对方自己的生活多么美好。

同样，如果你的下属询问你生活得怎么样，你为了维护自己“高大上”的形象，可能也会给对方一个“官方”回答。

但如果你的闺密问你同样的问题，那么你可能会声泪俱下地抱怨生活不易。因此，有的时候并不是具有“高大上”的身份的提问者进行提问就会有良好的效果，很可能适得其反。其实，当提问者的身份让对方感觉到有亲和力的时候，提问的效果才会理想。

因此，在提问的时候，以下人要特别注意：

- 高高在上的领导或者长辈。
- 好为人师的说教者。
- 唯唯诺诺的低三下四者。
- 存在利益冲突的沟通者，如销售人员与客户。
- 尖锐的批评者。
- 信念、价值观与自己不一致的人。
- 即将到来的惩罚者，如父母（面对犯错的孩子）。

一般而言，当提问者的身份比较具有亲和力时，往往更容易获得良好的提问效果。如果提问者的身份影响了提问的效果，那么提问者可以在提问之前主动将身份换成一个对方可以信任或有亲和力的身份，如朋友、同事、共同利益者等。相反，如果对方感觉到提问者可能会损害自己的利益，或者后续还有一堆“繁文缛节”，再或者感觉到提问者和自己的身份不对等，那么提问效果往往会大打折扣。

我们身边有些人为什么每次接到电话销售人员的电话，总是习惯性地直接挂断呢？因为很多电话销售人员在电话中给我们的第一感觉就是：我是来推销的，我是来赚你钱的！这种利益冲突的身份，自然会影响提问效果。消费者这种感觉是怎么来的呢？很多电话销售人员在电话中特别喜欢问以下类似问题：

- “先生，能不能打扰你一下？”
- “你好，能不能耽误你两分钟？”

经过多年来各类电话销售团队的“狂轰乱炸”，很多消费者一听到上面的问题，第一反应就是对方要推销，一定没啥好事儿。于是，消费者脑海中自然而然地就浮现出推销者的形象，因此他们往往会毫不犹豫地拒绝接听。电话销售人员如果在电话中以服务者的角度对对方进行关怀，那么往往更容易获得对方的认同，从而使电话沟通顺利进行下去。

春节期间，身边很多单身朋友回到老家，经常会被问到婚姻状况。那些提问者要么是喋喋不休的老人，要么是已经结婚的亲戚，再或者是说三道四的八卦者，这些身份之下的提问，往往很难让人耐心地回答。如果提问者先转变身份，变成和当事人同类型身份的人或者朋友，对方则更可能和提问者说说心里话。

有一次，我在给一个企业上教练式管理的课程时，现场邀请了两位学员来进行情景模拟，一位扮演领导，另一位扮演员工。其中，领导计划下个月将员工的营销指标提高80%，所以需要和下属聊聊这个问题，并和员工一起商量对应的工作方法或举措。在情景模拟的现场，“领导”和“员工”发生了以下对话。

领导：“小李，下个月我会将你的营销指标提高80%，你觉得怎么样？”

员工：“领导，我觉得提高80%是不可能的啊！”

领导：“为什么这么说呢？”

员工：“我这个月累死累活，想尽了一切办法才完成原来的营销指标，下个月不可能一下子提高 80%。”

领导：“那你能想想其他办法吗？”

员工：“没办法了啊，能想的办法我上个月都想了。”

领导：“哦，这样啊……”

在这个沟通情景中，领导在提问的过程中，完全是以高高在上的领导身份在提问，这样未必会有良好的效果。这时候，如果以具有亲和力的身份沟通，那么可能员工更愿意配合。

领导：“小李，你上个月工作完成得非常不错啊！今天找你是有件事情想请你帮忙。”

员工：“什么事情，领导？”

领导：“我听说上级会在下个月将我们团队的营销指标提高 80%，我很担心。我想起你上个月工作完成得很好，所以想听一下你的意见，你觉得我们这个团队怎样才能完成这样的任务？”

员工：“让我想想……我有几个建议。”

上述情景实际上领导改变了提问的身份，由一个高高在上的领导变成一个请求帮助的同事，这种转变也让沟通更加有效。

提问的时机是否合适

有一天上午十点钟左右，我正忙着工作，突然电话响了。接通电话后，传来一个温柔甜美的声音：“先生，冒昧地打扰一下，为了改善我们公司的服务，现在我们针对部分贵宾客户开展客户意见征集，方便问您几个问题吗？”我直截了当地回答“不方便”，并且毫不犹豫地挂断了电话。

在客户如此忙碌的时候，无论你的提问技巧多么高明，可能都无法获得你想要的答案。当我们提问的时候，不得不思考一下：提问的时机是否合适？

我在给一个电话外呼团队做培训时，针对一个外呼项目进行了一个有趣的统计：以一小时为单位，统计不同时间段同一产品的拒访率（客户直接挂断电话不进行有效通话的百分比率），结果发现上午 11:00—12:00 的拒访率最低。在电话销售中，开场基本上都是问同样的问题，即“您现在听电话方便吗？”，但为什么上午 11:00—12:00 客户听到这个问题之后会继续沟通呢？其实原因很简单，很多客户在 11:00—12:00 都处于一种相对放松的状态，甚至在思考中午吃点什么，在这个时间段进行电话销售，往往对方更加愿意配合。

提问的时机不单单指具体的时间（如几点到几点），还包括以下几个方面。

- 对方是否忙碌：如果对方处于比较忙碌的状态，那么提问的效果一般会大打折扣。但我们如果必须在对方忙碌的时候进行提问，则应该将问题设计得更加简洁明了，甚至可以单刀直入。
- 对方是否有时间压力：这里的时间压力主要指是否必须在限定的时间内回答。如今，越来越多的人通过互联网进行沟通，互联网沟通除了便利，还有一个好处是时间压力不大，尤其相较当面沟通，不需要马上回答问题，有思考和缓冲的时间。当然，很多时候我们在提问中需要故意给对方时间压力来引导出我们想要的答案，如在销售中引导成交时故意使用“最后一件商品”策略给对方施加压力。
- 对方的情绪状态是否良好：如果对方情绪激动或者建立了心理防御机制，那么这时候往往会毫无收获。

因此，销售人员应该清晰地知道自己的客户什么时间是比较放松的，什么时间是比较忙碌的，根据自己的拜访目的安排不同的拜访议程。如果客户是在比较悠闲的状态下，那么通过提问了解客户需求和想法的成功率就会高很多。当然，有时候我们无法选择提问的时间，那么我们可以在好的时间段安排高价值的工作，而把低价值的工作安排在不好的时间段。例如，在前文的呼叫中心案例中，我当时建议外呼团队在拒访率很高的时间段做一些“名单质量”不好的客户外呼，而把那些“名单质量”优秀的外呼工作安排在拒访率低的时间段，这样就能够提高整体的工作效率。

本节小结

我们必须了解影响提问效果的环境因素，虽然我们无法完全改变环境，但是可以改变自身的行为，改进问题的设计。“有勇气改变你能改变的，有度量接受你不能改变的，有智慧分辨二者的不同。”

第 4 节　组合问题的设计

善问者，如攻坚木，先其易者，后其节目。

——《礼记·学记》

有时候，当单独提出一个问题后，可能达不到预期效果，而解决之道除了优化问题，可能还需要将一个问题拆分成两个，或者设计成多个问题的组合。因为通过问题的组合，我们可以利用问题之间的逻辑关系与层次，或者循序渐进地吸引对方，或者欲扬先抑地引导对方，最终发挥“组合拳”的优势，从而获得“1 + 1 > 2”的提问效果。

在将多个问题进行组合的过程中，我们始终要围绕结果导向思维来设计，针对想要的结果的提问一般放在最后，而前面的一个或几个问题可以用来铺垫，也可以用来测试反应。

有一次，我从外地出差回来后，和孩子一起玩耍、闲聊。这时，孩子突然问我：“爸爸，你这次是不是出差了很长时间啊？”我回答道：“是啊，差不多两个星期了。”

“那你都好久没有带我出去玩了？”孩子继续问。而我继续回答：“是啊！”最后，孩子提出了终极问题：“那你明天带我去反斗乐园吧！”我最终也答应了。

这就是“组合拳”的威力。既然是问题的“组合拳”，那一定就有不同的组合方式，就像真正的拳击比赛，如“左刺拳+右直拳+左勾拳”就是一套组合拳。使用组合拳的目的是通过各种单一拳法的组合进行连续攻击，使对手顾此失彼，或者利用假动作迷惑对手，最终达到击中对手的目的。本节重点聊聊多个问题的常见组合方式。

“理想状态-现实状态”的问题组合

美国威斯康星大学有位心理学家设计过一个有趣的实验。他通过实际调查发现，目标人群每周的实际运动次数为 3.33 次。但如果直接询问目标人群“一周大约运动几次？”，那么得到的统计答案为 4.72 次，高于实际运动次数的数值。那么，如何让对方更加客观地回答这个问题呢？

这位心理学家设计了一个分段式问题组合：首先问目标人群“理想状态下，你希望一周能够运动几次？”，然后问“实际上，你一周大约运动几次呢？”。通过这种分段式组合提问的方式，最终得到目标人群一周实际运动的次数为3.73次，相比直接询问，这个数值更接近实际调查的结果。这种“理想状态-现实状态”的提问，有效地纠正了目标人群在回答“一周实际运动几次？”这个问题时过于乐观的偏差，这正是问题组合的魅力所在。

很多人都有过度自信的自我认知偏差，而且心理学家发现，在很多情况下，越是不聪明或者能力低下者，越容易过高评价自己。美国的一项全国调查显示，63%的美国人认为自己的智商高于平均水平，其中71%的男性受访者认为自己的智商高于平均水平，而女性也不示弱，57%的女性受访者认为自己的智商高于平均水平。实际上，在数理统计中，科学家基本认定人群的智商水平的分布属于正态分布，即理论上只有50%的人的智商高于平均水平，即很多人都存在过度自信的自我认知偏差。

“理想状态-现实状态”的问题组合尤其适用于缩小由于对方过度自信带来的信息偏差，所以这类问题组合适用于市场调查、客户信息收集等领域。

在很多市场调查中，需要了解消费者的生活状态，进而剖析其需求，如调查消费者一个月去几次健身房，一年出去旅游几次，一个月打几次高尔夫球等。但有时消费者在面对调查人员的提问时，往往会提高自我评价，于是我们可以在调查时利用“理想状态-现实状态”的问题组合进行提问。

- “你理想中一个月打几次高尔夫球？”
- “你实际上一个月打几次高尔夫球呢？”

这种问题组合比直接询问对方所得到的信息准确率更高，同时两个数据之间的差距可以帮助市场调查人员更加清晰地评估客户需求。

“理想状态-现实状态”的问题组合不但可以用于信息收集，而且在管理沟通中（包括员工的绩效访谈、状态评估、招聘面试等）被广泛使用。

在做绩效目标评估时，如果管理者问“小李，你觉得你下个月的销售额能完成多少？”，那么销售人员这个时候往往未必会客观地给出对应的数据，一是可能怕领导提高指标，所以故意说得比较低，二是可能盲目自信，给出超出实际能力的答案。这时候，我们可以利用“理想状态–现实状态”的问题组合进行提问。

- “你觉得下个月在最佳情况下，你的销售额能够达到多少？”
- “根据现实情况预计，你下个月的销售额会是多少？”

上述问题组合能够帮助管理者更加客观地了解员工工作的实际状态。同时，通过对理想和现实之间差距的分析，可以帮助管理者更好地了解对应工作的相关风险。销售人员在收集客户信息的时候，完全可以利用“理想状态–现实状态”的问题组合：

“张总，最理想的情况下，我们这个项目希望多久能够上线？”

“考虑到施工难度，你们能接受的最晚上线时间是什么时候呢？”

“获得承诺–提出请求”的问题组合

前文我们提到过封闭式问题的一个好处是可以利用“承诺和一致”法则进行沟通。“承诺和一致”法则指的是人们一般都对自己做出的承诺有认同感，只要人们做出了承诺，尽管有时明知承诺是错的，也会在一定程度上保持行为的一致性，因为做出的承诺潜移默化地影响着人们的行为。

当我们直接提出请求时，对方有可能会拒绝。但如果我们在提出请求之前，先赢得对方的承诺，那么对方拒绝的难度就大大提高了。“获得承诺–提出请求”的问题组合设计，往往就是先问一个封闭式问题，在获得客户承诺后再提出请求。这类问题组合在应用的时候，在提出请求前，甚至可以多问几个封闭式问题。

女人：“老公，过两天就是我的生日了，你没有忘记吧？”

男人：“当然没忘！”

女人：“你是不是打算送我个生日礼物啊？”

男人：“那当然。”

女人：“我今天看中了一条项链，就将它作为你送给我的礼物吧！”

男人：“没问题。”

“获得承诺–提出请求”的问题组合在生活中我们可以经常应用。有段时间，我经常在某个地方上课，课后难免会有客户请我去喝酒。我发现在那里的酒桌上，客户特别喜欢应用“获得承诺–提出请求”的问题组合进行劝酒。

客户：“罗老师，你是不是第一次来这边？”

老罗："是啊！"

客户："那还说啥呢？第一次来必须走一个！"

老罗："好的。"

客户："罗老师，你是不是看不起我？"

老罗："不是啊，我特别欣赏你。"

客户："那你和别人都喝了，不和我喝，不是看不起我？"

老罗："怎么会看不起你啊。"

客户："既然看得起我，那我们两个走一个！"

老罗："好。"

通过上述对白大家会发现，在很多场合中"获得承诺–提出请求"的问题组合是非常具有"杀伤力"的。需要说明的是，在"获得承诺–提出请求"的问题组合中，所谓"获得承诺"，其实未必一定要让对方回答"是"，只要是你想要的承诺就可以。敬酒的人在酒桌上问"你是不是看不起我？"，对方往往会回答"不是啊"，而这个答案就是敬酒的人想要的，这就是获得承诺。另外，在应用"获得承诺–提出请求"的问题组合时一定要注意对第一个封闭式问题的控制，否则对方一旦拒绝了你的第一个请求，一般你就没有提出请求的机会了。对于封闭式问题的控制，详细技巧参考前文"让封闭式问题更加可控"的内容。

"获得承诺–提出请求"的问题组合在各种销售场合中都有所应用，尤其在电话销售和门店销售中，具体应用案例请阅读下一章相关内容。

"抬高赞美–提出请求"的问题组合

为了让你所提出的请求能够顺利地获得对方的同意，除了事先"获得承诺"，还可以先抬高和赞美对方。面对赞美，一般人都不抗拒，面对赞美后的请求，如果拒绝则可能意味着自我否定，所以"抬高赞美–提出请求"的问题组合和"获得承诺–提出请求"的问题组合有异曲同工之妙。

小张："小李，听说昨天公司大会上胡总的报告是你帮忙起草的？"

小李："是啊，怎么了？"

小张："写得很好啊！花了不少时间吧？"

小李："也还好吧。"

小张：“你真厉害，那能不能帮我看一下我这份报告怎么改改啊？”

小李：“没问题。”

“抬高赞美-提出请求”的问题组合可以广泛地应用在管理沟通、销售沟通和亲子教育中。对方一旦认同了对他的赞美，往往不好拒绝后面的请求，一方面是基于社交压力和脸面，另一方面赞美带来的往往是一种身份的认同，这是更高层面的承诺，因此拒绝的难度自然更大。

妈妈：“宝宝，妈妈听说你今天中午在幼儿园吃饭很快，是吗？”

宝宝：“是的，我是第一名！”

妈妈：“原来你吃饭这么快啊！那宝宝晚上在家吃饭能不能也像中午一样快呢？”

宝宝：“好的！”

在上述对白中，妈妈首先通过表扬孩子中午在幼儿园吃饭很快，然后上升到“你是一个吃饭很快的宝宝”这个认同上，最后提出行动请求，这样对方一般不会拒绝。很多销售人员都深谙此道，先把客户抬高到一个对自己有利的身份上，然后进行对应的沟通，一般效果都不错。

销售人员：“张先生，我其实非常理解您，您其实不是针对我，而是想要个说法，对吧？”

客户：“是啊！你们公司的产品质量有问题，我要讨个说法。”

销售人员：“好的，我一定会尽量帮您向公司反映这个问题，并继续跟进这个问题，您看怎么样？”

客户：“好的。”

销售人员：“杨总，我发现贵公司一直非常注重品质，这和您严谨的工作态度分不开啊，您平时对大家工作要求很高吧？”

客户：“那是必须的啊！产品质量是我们公司的核心竞争力。”

销售人员：“我特别赞同您的说法，其实我这次就是了解到贵公司的这种需求，把我们公司品控最好的零件样品提供给贵公司，我给您介绍一下吧？”

客户：“好的。”

其实上面的沟通场景是通过提问把客户抬高到一个有利于销售人员的身份上，无论是“对事不对人”还是“注重品质”，都很好地为后面的沟通做了铺垫，从而可以更好地实现沟通目的。

“小要求-大要求”的问题组合

“承诺和一致”法则中还有一个应用技巧，就是先提出小要求，当对方答应后，再提出大要求，因为“如果一开始没有拒绝，后面就很难了”（达·芬奇）。当对方答应了你的小要求之后，往往意味着对方选择了一种立场，在接下来的沟通中就有保持一致性的压力，因为没有人愿意别人说自己是一个前后不一致的人，所以最终面对大要求的时候，对方答应的可能性就要大得多。

心理学家乔纳森和斯科特做了一项研究，在这项研究中，一组研究人员假扮成义工，在加利福尼亚州的一个居民区内挨家挨户地向居民们提出一个要求：希望居民们允许义工们将一个公共广告牌放在他们家门口的草地上。为了让这些居民更好地了解广告牌竖起来后的样子，研究人员先给居民们看了一张未来广告牌的效果图：居民们漂亮的房子几乎被巨大的广告牌遮得严严实实。面对这种情况，83%的居民拒绝了这个看起来十分无理的要求。

但是另一组研究人员并没有直接向居民提出这个“大要求”，而是先向居民们提了一个“小要求”：在居民门口的草地上放一块小牌子。面对这个小要求，大多数居民都同意了。在两个星期后，当研究人员提出将原来的小牌子换成大牌子的时候，居然只有 24%的居民拒绝了这个“大要求”，其结果让研究人员大吃一惊。

这就是“小要求-大要求”问题组合的魅力，简单地说，就是我们可以“得寸进尺”地提出自己的要求。

假设你打算找朋友借 500 元钱，如果你直接借，那么对方可能会拒绝，这个时候你不妨从一个对方不容易拒绝的小要求开始。

小李：“小张，能不能帮我一个小忙？”

小张：“没问题，说吧，什么事情？”

小李：“我有点急事要做出租车去趟火车站，我钱包忘记带了，能不能借我 50 元钱？”

小张：“没问题。”

小李：“等一下，我忘记了，我打车去还要打车回呢，干脆借我 100 元吧？”

小张："哦，好吧。"

（小张正在打开钱包……）

小李："我看你今天带的钱挺多的，要不你干脆借我 500 元吧？我怕万一有什么事情。"

小张："嗯……好吧。"

"小要求–大要求"的问题组合主要适用于向对方提出请求时。在日常生活中，很多人在请求别人协助前，经常会问"能不能帮我一个小忙？"，这种小要求一般大多数人都会同意，当之后再提出大要求时，对方可能就不容易拒绝了。

"小要求–大要求"的问题组合要想发挥作用，你需要先设计一个合理的小要求，这个要求既要是对方比较容易同意的，同时要和后面的大要求有一定的关联性。这种问题组合经常应用在提出一些协助请求中，包括销售人员向客户提出协助请求、员工向领导或同事提出协助请求等。

小张："老李，能不能过来帮我个小忙？"

老李："什么事情？"

小张："我这个报告，你觉得这个结论对不对？"

老李："有点小问题。"

小张："那你帮忙提点意见呗？"

老李："我建议你……"

小张："太好了！你的建议太专业了，干脆你再帮我看看别的地方还有什么要修改的吧？"

老李："好的，我再仔细看看。"

上面的应用场景，其实销售人员可以举一反三地应用到与客户的沟通中去，请客户帮忙，可以先从小要求开始；向客户了解相关信息与需求，可以从简单的信息聊起；对客户提出一些要求，可以从小要求提起。

"大承诺–小承诺"的问题组合

我们不仅可以利用"承诺和一致"法则，设计"小要求–大要求"的问题组合，还可以利用互惠心理中的补偿法则来设计"大承诺–小承诺"的问题组合。互惠心理中的补偿法则指的是一个人一旦有内疚感，就容易通过补偿性行为来平衡自己的内疚感。民间俗语所说的“无事献殷勤，非奸即盗”，就是补偿法则的折射。

想象一下，如果你出差一周之后，那么刚刚回到家里是不是会对你的孩子特别好呢？因为你很久没有照顾孩子，想平衡自身的内疚感。如果你的同事请你帮忙写份材料，但你没有时间，那么你在拒绝的时候是不是会有点儿不好意思呢？这些都是互惠心理中的补偿法则在起作用。

“大承诺-小承诺”的问题组合就是利用互惠心理进行设计的。当我们开始沟通时，可以先设计一个“大承诺”，其实主要目的不是赢得对方的承诺，当然如果对方答应了则是意外惊喜；但如果对方拒绝了你，就会产生一定的内疚感，于是在面对后面的“小承诺”时，更加容易答应你的请求。

员工：“领导，我想请个年休假去旅行，大约需要 10 天，行不行呢？”

领导：“10 天啊？这会影响工作吧？”

员工：“不行啊？那您看 6 天总可以吧？”

领导：“好吧。”

在“大承诺-小承诺”的提问引导中，“大承诺”的问题提出是关键。首先，这个“大承诺”的问题设计需要对方既有很大可能拒绝你，同时对方并不是完全无能力答应你。例如，你打算通过“大承诺-小承诺”的问题组合找朋友借钱，你可以设计如下：

小胡：“哥们儿，有件事情需要你帮忙，能不能借我 2 000 元钱？”

小张：“不好意思啊，我没有这么多钱啊！”

小胡：“这样啊，那你借我 500 元总行吧？剩下的我再找别人借。”

小张：“好的。”

但如果你的“大承诺”问题是找朋友借 100 万元钱，虽然朋友一般会拒绝你，但这个时候的拒绝朋友心中未必有内疚感，因为 100 万元实在太多，同时朋友会好奇你为什么借这么多钱。你如果在朋友拒绝借给你 100 万元之后，再提出“100 万元没有，那好歹借 500 元”的请求，那么你的朋友可能不仅不会借给你，还会觉得你很奇怪。

此外，“大承诺”还需要和“小承诺”有一定的关联，你不能先找朋友说“借你的车用一下”，在朋友拒绝你之后，再提出“帮忙照顾下我的孩子”，这二者没有关联，不太容易让对方因为互惠心理产生协助行为。

“大承诺-小承诺”的问题组合还经常用在销售人员提出请求中，既包括成交请求，也包括请客户协助的请求。当和客户沟通时，可以先为客户提供价格较高的解决方案，当客户犹豫之后，以价格太高为理由拒绝了你，此时你再提供一个价格较低的解决方案。你甚至可以在客户拒绝你的“大承诺”时，设计一个预设“陷阱”的提问模式，在引导客户给出认可之后，再提出“小承诺”。

销售人员：“先生，您看中的这款 65 英寸电视机，我刚才向领导申请过了，可以给您 600 元的优惠，您看怎么样？”（“大承诺”的提出）

客户：“有优惠啊！但优惠之后，这款 65 英寸的电视机价格还是高了点儿啊！”

销售人员：“我理解，但我们平时真的没有这么大的优惠活动呢！”

客户：“我知道。”

销售人员：“那这样吧，看得出来您其实也是觉得这个优惠活动挺好的，现在主要是觉得 65 英寸的电视机太贵了，是吗？”（预设“陷阱”的提问）

客户：“是啊！”

销售人员：“那我去问问领导，您要是购买 60 英寸的电视机，这个优惠还能不能给，您看呢？”（“小承诺”的提出）

客户：“太好了，你去帮我问问吧！”

本节小结

通过对问题的组合设计，往往能够提升提问的效果。本节重点给大家介绍了 5 种问题组合。

- “理想状态-现实状态”的问题组合：帮助我们更加准确地收集信息，消除因为对方过度自信带来的信息偏差。
- “获得承诺-提出请求”的问题组合：利用“承诺和一致”法则，在获得承诺之后，提高对方答应请求的可能性。
- “抬高赞美-提出请求”的问题组合：在将对方抬高赞美后，再提出请求，对方不太容易拒绝。
- “小要求-大要求”的问题组合：让对方先同意小要求，之后提出大要求时对方拒绝的难度自然会提高。

- “大承诺–小承诺”的问题组合：当对方拒绝“大承诺”之后，利用互惠心理使其产生的内疚感，之后提出“小承诺”时会事半功倍。

第5节 提问时的布局

当我们掌握了问题的控制与组合的技巧后，我们还需要知道如何根据结果导向思维来对问题进行布局。思路决定出路，好的沟通者往往在沟通开始就规划好了整个沟通的布局，而不是走一步看一步，除非纯粹打算和对方闲聊。诚如高手下棋，一般走一步看三步，甚至走一步看七步，而庸手下棋往往见招拆招，庸手岂有不输之理？

如何进行提问的布局呢？我们要先了解影响提问布局的因素有哪些。

影响提问布局的因素

一般而言，我们每次的沟通都是有目的的，沟通失败也就是目的没有实现。在提问时，我们需要进行统筹、规划与布局，目的是更好地实现我们的沟通目的。要想提升提问时的布局能力，基于结果导向思维，我们在布局的时候可以从提问的切入点、提问的过程和预计的结果三个维度进行评估。

提问的切入点是具体的还是开放的

我们可以通过评估沟通双方是否相互了解或熟悉、提问者对信息的了解程度等，来最终判断提问的切入点是具体的还是开放的。提问的切入点是具体的指我们在提问时可以根据已知信息，通过精心准备，从一个具体的话题切入；提问的切入点是开放的指我们掌握的信息有限，更多的时候只能宽泛地展开沟通。

假如你是一个服装店的老板，你的门店进来了一位女客户，她对你来说是陌生的，提问前你获得信息的渠道也仅限于察言观色，你没有办法做更多的准备，因此提问的切入点是开放的。

开放的切入点可以帮助我们打开沟通局面，引导对方说话，再从中寻找对方的信息、需求或关注点。例如，服装店老板在面对陌生客户时，一般会问“有什么可以帮到您？”“美女，您想看点什么？”这类问题。

假如你是一个电话销售人员，今天要给张先生推荐一个理财产品，在打电话之前你其实已经获取了客户的相关信息，在精心准备之后，你在电话中开始根据已获信息进行提问，这种情况称为提问的切入点是具体的。当有具体的切入点时，提问者往往已经有明确的提问目标或预期结果，提问往往也非常具有针对性。

我们了解提问的切入点是具体的还是开放的，对提问的布局有何影响呢？

如果提问的切入点是具体的，提问者则希望整个沟通过程按照自己的思路进行，提问者的引导性比较强，对问题也需要有较强的控制力。这种背景下的切入提问建议以封闭式问题为主，如果问题过于开放，则提问者容易被对方的答案带偏。

相反，如果提问的切入点是开放的，提问者则往往希望对方多说话，这样才能从对方的话语中寻找切入点，这时的提问应该更加轻松，可以多问一些对方能够充分发挥的开放式问题，而不是用封闭式问题去限制对方的思路。切入点具体与开放的提问引导对比如表 4-1 所示。

表 4-1　切入点具体与开放的提问引导对比

切入点具体	切入点开放
切入时以封闭式问题为主	切入时以开放式问题为主
引导对方跟随自己的思路	引导对方多说话
务必避免问题失控	提问尽量轻松

提问的过程是以自我为中心还是以对方为中心

提问的过程究竟是以自我为中心还是以对方为中心，并不是根据沟通双方的地位来评估的，而是主要根据提问者是否需要高度控制谈话局面来判断的。

假如你是一位正在审讯犯罪嫌疑人的警察，你要做的是通过层层递进的严密逻辑、强大有力的证据链条来让对方认罪，所以在此过程中你需要高度控制谈话局面和节奏，不能任由犯罪嫌疑人胡搅蛮缠，这种情况我们称为以自我为中心。

假如你是一位正在拜访客户的销售人员，如果拜访的目的是详细了解客户信息与需求，那么你的提问过程一定要根据对方的回答来有针对性地展开，而不能根据自己的猜测与想法进行，这种情况我们称为以对方为中心。

在以自我为中心的提问过程中，提问者应该具有非常强的控制问题的能力，按照自己的预设和准备循序渐进地展开沟通，同时一旦发现偏离，应快速纠正。

在以对方为中心的提问过程中，提问者往往准备了一个开场问题，而且这个开场问题往往是相对开放的，接着根据对方的回答，后续有针对性地调整与应变。

预计的结果是具体的还是开放的

在沟通之前，我们可以通过评估明确我们要的沟通结果是具体的还是开放的。结果是具体的还是开放的往往指结果是否是可预见的。如果我们在沟通前就知道可能的沟通结果，这个结果不管是一个还是多个，都称为具体的；如果沟通的结果并非是沟通之前可预见的，则称为开放的。

例如，电话销售的结果是具体的，因为我们可以预见对方将会选择买或者不买；市场调查的结果也是具体的，因为对方最终会选择愿意配合完成相关信息的收集工作或不愿意配合；警察审讯犯罪嫌疑人的结果也是具体的，因为警察最终就是要判断对方是否有犯罪。

相对而言，很多客户信息与需求挖掘的结果是开放的，除非销售人员事先想好了要推荐什么产品给客户；管理者和员工的沟通也往往是开放的，因为员工有什么想法，最终有何改进措施，也往往不是开始就可以确定的。

我们之所以要明确沟通结果是具体的还是开放的，主要因为沟通结果决定了我们在提问的过程中，是否需要进行强有力的引导与控制。越具体的沟通结果，提问者越需要强有力地控制沟通节奏，这种“强有力”不是指提问语言的强势，而是指提问的目的性强及对问题的控制力强。

综上所述，提问的切入点是具体的还是开放的，提问的过程是以自我为中心还是以对方为中心，预计的结果是具体的还是开放的，这三个维度决定了提问中的整体布局。

常见的提问布局

提问的切入点、提问的过程、预计的结果决定了提问的整体布局，同时我们可以根据这三个维度将常见的提问布局方式进行分类，我们用对应的几何图形来说明不同类型的提问布局，如图 4-1 所示。

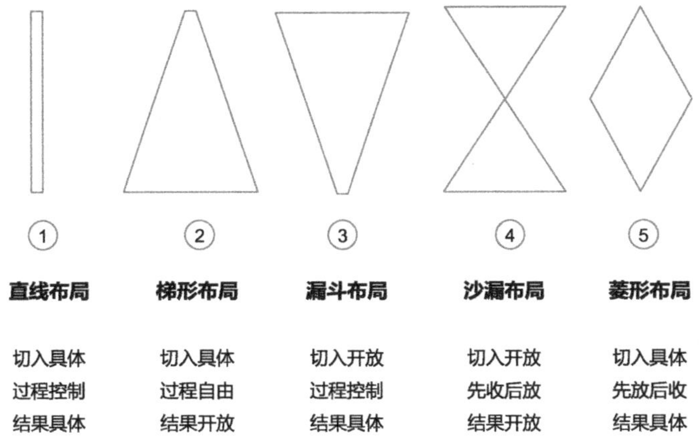

图 4-1　不同类型的提问布局

直线布局：切入具体，过程控制，结果具体

直线布局一般指提问者有具体的问题可以进行切入，而且这种具体的切入问题往往是事先准备好的。下面是一位"狡猾"的太太和丈夫之间的对白。

太太："老公，我们结婚快 5 年了，是吧？"

先生："我们的结婚纪念日快到了，你没有忘记吧？"

太太："老公，结婚这么多年了，你还爱着我吗？"

先生："那当然。"

太太："既然如此，那你给我买个戒指，作为我们结婚 5 年的纪念吧！"

先生："好的！"

上面这位太太找老公要戒指的提问布局是典型的直线布局：由事先准备好的具体话题切入，过程中始终强有力地控制着谈话局面，最终引导出具体的结果。因此，一些目的性很强的沟通特别适合直线布局。例如，在电话销售中，首先销售人员的准备是比较充分的，切入话题也是事先设计好的，销售人员要卖什么产品是明确的，然后通过强有力的问题引导客户购买某产品，这种提问过程也是直线布局。

在很多律政剧中，律师在法庭上证明犯罪嫌疑人犯罪的过程就是典型的直线布局。首先从具体的话题切入，然后一步一步地引导对方"只需要回答是或者不是"，最后证明犯罪嫌疑人有罪，所以如果有些沟通场合需要用到直线布局，就想想律师的提问技巧。

在直线布局过程中，因为需要对过程进行强有力的控制，所以往往需要用封闭式问题来进行引导和控制，同时应减少容易跑题的开放式问题。此外，我们可以利用前文介绍的强有力的封闭式问题设计、预设“陷阱”的提问技巧和组合问题的设计，来最终实现自己的提问目的。

梯形布局：切入具体，过程自由，结果开放

梯形布局一般以具体的话题切入，同时并没有具体设想的结果，提问的过程相对自由与发散。例如，一群老友聚会，可能会从一个热点新闻或者某个朋友的八卦聊起，然后天马行空，畅所欲言，如同大学寝室的卧谈会。

梯形布局经常用在人物访谈、背景信息了解、热点新闻评论等场合中。

在进行人物访谈的时候，主持人一般由一个话题切入，再逐渐把话题打开，引导当事人说出更多的想法，最终寻找能够引爆收视率的点，而这个点并不是一开始就能够设计好的。

梯形布局也经常用在背景信息了解中，很多时候进行大客户销售的销售人员在拜访客户的时候，不一定有十分具体的拜访目标，其往往只是到客户那里“聊天”，以收集各种有用的信息，而很多初级销售人员存在的问题就是不会“聊天”。在这种梯形布局的“聊天”式背景信息了解过程中，需要让对方把话题打开，所以应尽量投其所好地问开放式问题，而此时的封闭式问题一般仅仅用于附和。

我们来看看某信息技术公司的客户经理小李在拜访某交通局的顾局长时的沟通场景，小李的目的是通过拜访更全面地了解交通局明年的各项工作规划，便于事先筹划明年的工作，这种拜访沟通就特别适合用梯形布局。

小李：“顾局长，听说您前天刚从省厅开会回来啊？”（切入具体）

顾局长：“是啊，你消息还挺灵通的。”

小李：“我也是听别人说的，也是昨天才知道各地局长都在省厅开会。据说省厅罗厅长就交通部门明年信息化方面的工作做了一个重要发言，是吧？”（切入具体）

顾局长：“是的。”

小李：“那有什么需要马上开始着手准备的吗？”（开放式引导）

顾局长：“很多啊！关于明年的工作，罗厅长重点提到大数据和物联网的应用……"

小李："在大数据和物联网应用领域，您之前一直有规划，在听完罗厅长的发言后，您计划从哪些方面入手呢？"（开放式引导）

顾局长："在大数据和物联网领域确实有很多应用空间，明年我们局将响应省厅号召，计划优先在城市道路优化、公交系统优化和公共资源服务三个方面开展……"

小李："嗯，这些都是关系到民生的领域啊？"（用封闭式问题进行附和）

顾局长："是啊，重点就是民生领域啊，提升老百姓的出行便利度，建设智慧型城市交通，不仅如此，我们局还计划……"

小李："您说的这些确实都非常必要，而且都是大工程，那从现在开始要进行哪些前期的预算研发和可行性分析呢？"（开放式引导）

顾局长："我们现阶段计划先进行……的可行性分析。"

小李："那这些可行性工作的开展，需要在什么时间完成呢？肯定不能太晚吧，否则明年的很多财政预算和申报工作可能会来不及。"

顾局长："是啊，所以我们计划……"

在上述沟通过程中，客户经理从封闭式问题切入谈话主题，过程中通过大量开放式问题的引导，全面地了解对方的明年规划、工作布置、时间安排等，这是非常典型的梯形布局，梯形布局最重要的是让开放式问题更加有效。

漏斗布局：切入开放，过程控制，结果具体

漏斗布局往往有多种开放的切入话题，过程中通过对问题的控制，慢慢收拢问题，最后引导出一个具体的结果。让我们先来看一个发生在某手机销售门店中的对白。

在门店销售中，销售人员切入销售的问题很多，但最终引导的方向肯定是让客户购买自己的产品。因为开始并不清楚客户的需求是什么，所以虽然有多种切入方式，但过程中需要逐渐了解和确认客户需求，再慢慢收敛到最终满足客户需求的产品上来。

销售人员："先生，您好！有什么能够帮到您的吗？"

客户："我过来看看手机。"

销售人员："那您觉得哪款手机不错？我拿过来给您看看。"（切入提问）

客户："我自己先看看。"（提问失败）

销售人员："我看您现在手里拿的这款手机是两年前三星出的手机，打算给自己换一部？"（换个切入问题）

客户："是啊，用了两年，觉得有点慢了。"

销售人员："现在大部分客户的手机基本上两年左右就会换，您说手机有点慢，您平时玩游戏吗？"

客户："是啊！偶尔会玩一下。"

销售人员："那确实需要关注一下手机的运行速度。除此之外，原来这款手机，您还有其他不满意的地方吗？"（引导其他需求）

客户："我觉得拍照的像素稍微低了点。"

销售人员："现在手机除了通信，拍照恐怕是大家最常用的功能了。您平时用手机拍孩子比较多？"

客户："是啊。"

销售人员："那建议您考虑一下像素高些的手机，给孩子拍照特别合适，不用担心因为孩子稍微晃动，拍出来的照片模糊了。"

客户："是的，拍照功能挺重要的。"

（销售人员继续引导其他需求）

客户："说了半天，那你们有什么优惠吗？有什么机型推荐吗？"

销售人员："优惠有很多。我想问一下，您现在换手机，是还想继续用三星这个品牌吗？"

客户："那倒也不一定，关键是好用，最好优惠力度大一些，华为或其他品牌都可以。"

销售人员："您有运行速度快、拍照功能强大、优惠力度大等需求，我建议您考虑一下国产品牌，质量好，也能满足您的需求。"

客户："比如说呢？"

销售人员："比如华为的一款手机，还有OPPO的一款手机都比较适合您，我拿过来给您体验一下，您看如何？"

客户："好啊！"

在上述对白中，销售人员可以选择多种方式切入销售话题，包括：

- “先生，您好！请问有什么可以帮到您的吗？”
- “您有什么中意的机型吗？”
- “您现在用的这部手机还挺新的，为什么要换部手机呢？”
- “您之前用的是哪一款手机呢？”

不管采用什么样的切入方式，都需要慢慢引导客户，看看哪个问题能发挥作用，同时多问一些引导问题，最终收敛到一个或少数几个产品上来，这就是典型的漏斗布局。需要特别说明的是，漏斗布局虽然采用的是比较开放的切入，但未必一定要用开放式问题，也可以用封闭式问题。

沙漏布局：切入开放，先收后放，结果开放

沙漏布局与漏斗布局有些类似，二者的差别是沙漏布局在引导出一个结果之后，会继续进行开放式提问，最后引导出开放的结果。例如，服装店的销售人员经常采用沙漏布局，首先引导客户购买某件产品，然后扩展到其他产品的交叉销售。

- “美女，你买的这件衣服，再搭配条七分裤效果就更好了，对吧？”
- “这条裤子最好配一双亮黑色的高跟鞋，我帮你拿一双试试吧？”
- “建议你再搭个亮色的皮包，这样就完美了，你试试吧？”

菱形布局：切入具体，先放后收，结果具体

有一次我在电视中，看到中国女排在半决赛中赢了对手，挺进决赛。赛后，记者对中国女排队员进行了采访。

记者：“恭喜！你们终于以三比二战胜了对手，挺进了决赛，现在的心情怎么样？”

队员：“非常激动！这是我们全队努力的结果。”

记者：“开场你们连输两局，当时教练有什么安排？”

队员：“开场两局我们打得确实不好，有点慢热。两局之后教练让我们不要着急，重点拦防对方四号位进攻，接好一传。”

记者：“在落后的时候，对你们的心态有什么影响吗？”

队员：“大家都在相互鼓励，逆风球我们也打过，一分一分打，不想那么多。”

记者："在比分扳平后，决胜局之前，教练有说什么吗？"

队员："就是告诉我们保持平常心，放开打。"

记者："对于明晚决赛的对手，你怎么看？"

队员："能打进决赛的队伍都是强队，就看明天谁临场发挥得更好了。"

记者："对于明天的决赛有信心吗？"

队员："当然有！我们希望能有个好结果。"

记者："祝你们好运！"

在上述采访中，记者从今天的比赛切入，开放地询问了本场比赛的具体细节，最后聚焦到对决赛的展望中，这种布局是非常典型的菱形布局。

在门店销售的提问中，我们一般采用漏斗布局或者沙漏布局，原因在于当客户走进门店之后，我们并不了解客户的信息与需求，于是往往会以非常开放地提问切入，接着逐渐收敛并引导到具体的需求上。但如果是大客户销售，当销售人员上门去拜访客户进行针对性产品的销售时，销售人员可以通过事先准备，精心设计一个切入点，然后由这个切入点展开，全面了解客户的需求，最后收敛到具体产品的销售，这同样是典型的菱形布局。

本节小结

当单个问题设计好之后，我们需要将多个问题组织起来，与此同时要对问题进行有效的控制，因为影响提问效果的因素包括问题的设计、对方的状态和环境因素等。当你的问题能够根据提问的需要，通过合理布局，进而有效地组织在一起的时候，提问技巧才真正能够融会贯通地得到应用。

关于提问的布局，重点不在于判断你平时的沟通情景用的是何种布局，了解各种布局只是为了让我们更好地弄清楚自己的沟通情景，知道在提问过程中应该重点应用什么技巧，以实现自己的沟通目的。

本章思维导图

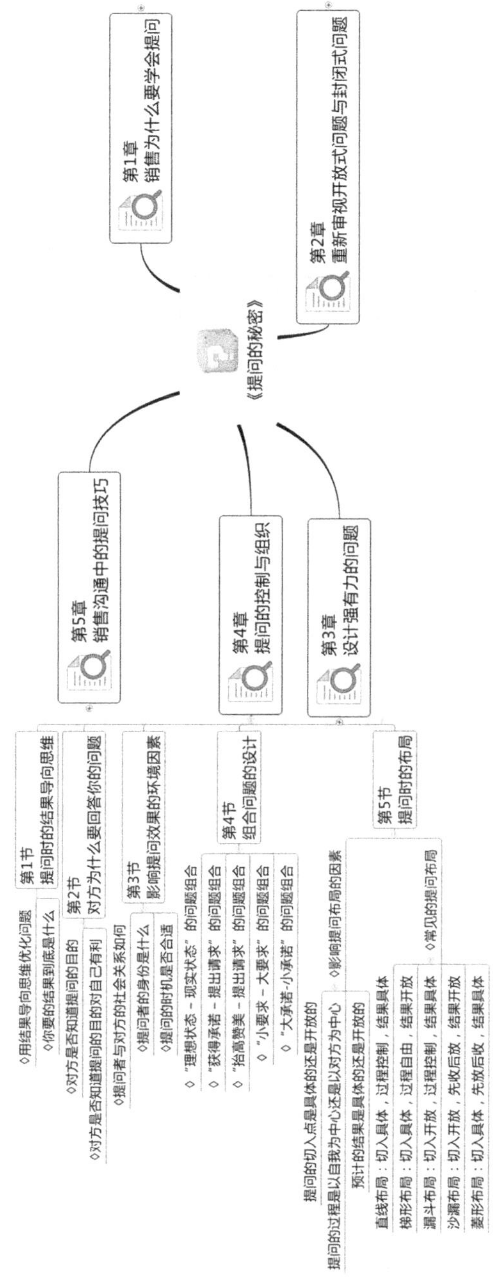
《提问的秘密》
第1章 销售为什么要学会提问
第2章 重新审视开放式问题与封闭式问题
第3章 设计强有力的问题
第4章 提问的控制与组织
第5章 销售沟通中的提问技巧
第1节 提问时的结果导向思维
◇用结果导向思维优化问题
◇你要的结果到底是什么
第2节 对方为什么要回答你的问题
◇对方是否知道提问的目的
◇对方是否知道提问的目的对自己有利
◇提问者与对方的社会关系如何
第3节 影响提问效果的环境因素
◇提问者的身份是什么
◇提问的时机是否合适
第4节 组合问题的设计
◇"理想状态－现实状态"的问题组合
◇"获得承诺－提出请求"的问题组合
◇"抬高赞美－提出请求"的问题组合
◇"小要求－大要求"的问题组合
◇"大承诺-小承诺"的问题组合
第5节 提问时的布局
◇影响提问布局的因素
提问的切入点是具体的还是开放的
提问的过程是以自我为中心还是以对方为中心
预计的结果是具体的还是开放的
◇常见的提问布局
直线布局：切入具体，过程控制，结果具体
梯形布局：切入具体，过程自由，结果开放
漏斗布局：切入开放，过程控制，结果具体
沙漏布局：切入开放，先收后放，结果开放
菱形布局：切入具体，先放后收，结果具体

第 5 章

销售沟通中的提问技巧

美国 Huthwaite 公司的销售咨询专家尼尔·雷克汉姆与其研究小组分析了 35 000 多个销售实例，与 10 000 多名销售人员一起到各地工作，观察他们在销售沟通中的实际行为，研究了 116 个可以对销售行为产生影响的因素和 27 个销售效率很高的国家，历时 12 年提出了著名的顾问式销售理论体系。

在分析优秀的销售人员和一般的销售人员的销售行为有何差异时，研究团队发现优秀的销售人员在和客户沟通时往往喜欢提问，而一般的销售人员喜欢用陈述句来说服客户购买。在销售中，通过提问可以更全面地了解客户的需求，进而有针对性地引导客户购买；而陈述式的产品介绍往往在试图说服客户，这样往往适得其反。

不会提问的销售人员，往往不是一个优秀的销售人员。

销售人员会提问包括两个方面的含义。

第一，拥有积极提问的意识：销售人员应该懂得在信息收集、需求挖掘和异议了解这三个环节中，通过提问实现自己的沟通目的。

第二，掌握正确提问的技巧：销售人员应该根据所销售的产品、销售环境、客户关系等因素设计精确的问题。尽管销售人员精心设计问题，但是客户还是可能给出各种意料之外的答案，因此提问技巧还包括在提问之前就能够有效地降低提问风险，防患于未然。

当然提问技巧不单单是通过学习理论知识就能够掌握的，还需要做到知行合一，在实践中合理运用。“吾日三省吾身”，销售人员还应该每天反思一下：

- 今天在销售中我问了什么问题？
- 这些问题问得好不好？
- 这些问题应该如何改进和优化？

在本章中，我们将重点围绕不同销售形式的特点，分析不同销售形式中提问的技巧与方法，并将前文介绍的提问技巧加以复习、巩固与应用。

第 1 节　销售人员提问时的常见错误

很多销售人员都想提高自己的提问技能，但被问及为什么不能坚持提问时，有不少销售人员告诉我，在提问的时候，客户经常不配合，久而久之就不愿意提问了。确实如此，很多销售人员已经知晓提问的重要价值，但在实践过程中常常存在提问效果不好、客户答非所问，甚至客户直接拒绝回答问题的情况。

当销售人员问了一个不好的问题时，客户往往会不配合，或者给出一些无关痛痒的答案，甚至导致销售冷场，于是有些销售人员干脆减少提问，转而进入滔滔不绝地介绍产品中。这样带来的结果往往是成交率下降，提问技能弱化，而销售人员也变得很急躁，进而产生恶性循环。

因此，销售人员要提升自己的销售能力，找到提问的乐趣，建议先从改正自己提问中的错误开始。通过多年的培训工作和日常的仔细观察，我发现很多销售人员在提问过程中存在一些共性的问题，本节对销售人员提问时的常见错误做一下总结。知人者智，自知者明；有则改之，无则加勉。

作茧自缚，自己把自己问“死”

一些销售人员有时候会作茧自缚，自己把自己问“死”。所谓自己把自己问“死”，指的是销售人员因为缺乏对问题进行控制的意识与技巧，导致在提问之后客户的回答让销售人员彻底无语或者关闭了销售沟通的大门。

- “先生，请问您有兴趣了解一下吗？”
- “我给您介绍一下好吗？”
- “这款手机还不错吧？”

上述问题是自己把自己问“死”的典型示例，其实前文已做过相关阐述。这类问题基本上是作茧自缚的问题，因为销售人员给了客户拒绝自己的机会。“没兴趣”“不需要”“不怎么样”，这是大多数客户的回应，而这些答案一旦给出，销售人员往往就彻底没有后续沟通的机会了。

销售人员要懂得给自己留条退路，不要寄希望于客户热情、积极地配合。因此，销售人员不仅要会问，还要善于控制自己的问题。销售人员容易失控的主要是以封闭式问题为主的提问，其在提问的时候总是自认为客户会给予正面或积极的回答，但客户又凭什么配合销售人员呢？具体来说，容易失控的提问包括以下两种情况。

直接询问客户对产品的评价或态度

- “这款手机还不错吧？”
- “这件衣服的面料摸起来比较柔软吧？”
- “小姐，我们公司正好有优惠，您有兴趣吗？”

希望对方给予行为的支持

- “我给您介绍一下好吗？”
- “您要不要试穿一下这件衣服？”

那么，如何来优化这类问题呢？请读者阅读本书前文有关如何控制和优化封闭式问题的详细内容。问题是销售中的利器，但往往也是一把双刃剑，千万不要因为对问题的失控让自己陷入绝境。

单刀直入，直接询问敏感信息

有一次，我陪一位朋友去买二手房，接待我们的小伙子第一次见面就天真烂漫地问道：“先生，您准备花多少钱买房呢？”听得我当时一身汗。面对小伙子的天真笑容，我有点无语，我们白了他一眼回答：“先看看房子再说！”

虽然中介公司的小伙子问的是一个开放式问题，但因为问题太敏感导致提问无效。相对而言，虽然大部分开放式问题不至于让提问者陷入窘境，但开放式问题同样会失控，主要体现在对方没有充分配合提问者的提问，做了无效回答。我们无法改变客户，只能让自己的问题更加精确，让对方回答起来更加轻松。

在客户关系一般的情况下，直接询问客户敏感信息也是很多销售人员会犯的错误。这种敏感信息的直接提问，客户往往会直接跳过或给予虚假回答，而有些销售人员还经常一错再错。想象一下，当你被劈头盖脸地问到以下信息的时候，你会如何回应呢？

- “先生，您打算买部多少钱的手机？”
- “小姐，您大概要买什么价位的衣服？”
- “我的竞争对手给您的报价是多少？”

在销售过程中，对于对方的预算、计划采购的数量、最迟交货时间、竞争对手的报价等敏感信息，销售人员当然希望了解，但是直接询问不恰当。销售人员应该懂得让开放式问题更聚焦，或者通过间接性提问来收集敏感信息。

“先生，您准备花多少钱买房呢？”销售人员问这个问题的目的是了解客户的预算，如果懂得间接性提问，其实只要问“您打算重点看多大面积的房子呢？”，就可以结合本地房价了解客户的预算了。

如果你想了解客户买手机的预算，那么最简单的做法是先观察他目前用的手机的档次，然后提问：“先生，您现在的这款手机其实也是前年的主流机型啊！您想换部更好点的，是吗？”这样基本就可以得到你想要的答案了。

有时候，在间接性提问后，即便客户没有在语言上给予你信息，但只要认真观察客户的肢体语言和面部表情，往往也会收获颇丰。因此，在客户关系不够好的情况下，不要轻易问客户敏感信息，当然如果客户主动找你询问产品，我们自然可以借势了解，这个另当别论。

自作多情，直接询问产品评价

我们经常在服装卖场听到这样的对白。

老板（殷勤地笑）：“美女，你觉得这件衣服怎么样啊？”

美女（虚假地装）：“我觉得一般啦！”

这类问题也是销售人员把自己逼上绝路的问题，在前文已有所强调，在这里再次说明是因为很多销售人员总容易犯同样的错误。销售人员之所以会问这样的问题，往往是因为其想了解客户的评价，从而判断客户的购买欲望，最终引导成交。但客户不傻，他们知道如果给出正面或积极的评价之后，在讨价还价或者谈判中地位会有所损伤，所以客户即便内心非常喜欢该产品，也往往会表现得云淡风轻。

因此，直接询问客户对产品的评价几乎没有太好的结果，除非你的产品不能讨价还价或者客户不反感推销。这种问法往往会让销售人员比较被动。

其实，销售人员同样可以通过间接性提问来获取对方的购买意愿，而不一定要问这类“自杀性”问题。相对简单的提问方法就是直接询问客户是否同意下个行为请求，例如：“美女，你看中的这件衣服仓库里不一定有了哦，要不要帮你去看一下？”如果客户是认可这件衣服的，那么多半会让你去看看，反之则直接拒绝。

以此类推，假设一位男士和一位女士在咖啡厅里进行第一次相亲，整个过程双方貌似相谈甚欢。在相亲结束的时候，男士想了解对方对自己的看法，未必要直接问：“你觉得我这个人怎么样？”因为这种评价类问题对方经常会出于社交礼仪给出一个答案：“我觉得你是一个挺不错的男人。”但这种答案可能是女士对每个相亲对象的“官方”回答。男士想了解女士对他的态度，不如问另一个问题：“明天要不要一起去看电影呢？”

请君入瓮，问诱导性很强的问题

有一次在辅导一个电话外呼团队的时候，我发现有些电话销售人员很喜欢问这样一类问题：

“张总，如果有种方法能够让您公司的销售业绩提高 100%，那么您愿意了解一下吗？”

我当时忍不住问道，这么文绉绉的话术是谁设计的？大家告诉我，这是一本关于电话销售的书中写的。其实在销售提问中，这类“如果……，那么……”的假设型问题最早来自国外的一些销售理论图书，但这里存在着比较明显的中西方表达方式的差别，中国人在口语中很少使用“如果……，那么……”这类句式。

“张总，如果有种方法能够让您公司的销售业绩提高 100%，那么您愿意了解一下吗？”我直接在另外一个培训课堂上问当时的 30 位学员听完这句话的感受是什么？大家普遍反映：无事献殷勤，非奸即盗。上述问题给人的感觉其实充满明显的诱导性，这类问题往往会让对方更加警惕。

大多数客户不会相信“天上掉馅饼”，问此类问题就相当于你在路上很嚣张地摆了一个瓮，然后双手召唤客户：赶紧进来吧！

其实问这类问题的动机无错，就是想引导客户给出承诺，进而让自己有进一步沟通的机会，建议换种表达方式。

“张总，其实有不少您的同行最近在我们的帮助下销售业绩提高了不少，之前您听说过吗？”

漫无目的，没有关联客户的利益来提问

有一次我在银行大堂排队等候的时候，旁边的一位大爷正在向年轻的大堂经理咨询存钱的事情，而大堂经理想引导大爷去自助设备办理，于是发生了以下对白。

大堂经理：“大爷，我带您去自助柜员机存钱吧？”

大爷：“我年纪大了，不会用啊！”

大堂经理：“没关系，我可以教您，关键去那里存钱可以帮您节约时间，您说呢？”

大爷：“算了，我有的是时间，正好上午没事，我就在这里坐着等吧。”

大堂经理：“好吧。”

很多银行都希望引导办理低价值业务的客户去自助设备办理，所以上述对白在很多银行网点每天都在上演着。为什么引导老人去自助设备办理业务这么困难呢？除了老人自身年龄大不喜欢尝试新鲜事物的原因，很多服务人员在引导的时候，往往只是告知老人用自助设备可以节约时间，但老人有的是时间！这是销售提问中的一种典型错误：没有关联对方的利益来提问。

我们在前文提到过，客户为什么会配合回答你的问题？一般而言是由于对方感觉对自己有利。节约时间是年轻人比较在意的，而非老人在意的，所以服务人员可以用与老人相关的利益进行引导，比如：

- “早上银行没开门也可以取钱，不会耽误买菜。”
- “你自己会用自助设备，可以给儿女一个惊喜。”
- “很多老人都会用了，你也可以学会，显示自己心态很年轻。”

销售人员在工作中经常需要了解客户信息或者引导客户行为，在这种时候对方是否愿意配合回答你的问题，主要取决于对方是否能够感受到对自己有利。需要特别说明的是，这里所说的有利，不单指物质方面的，还指社交或情感方面的。

其实，很多客户都有“好为人师”的心态，销售人员可以在抬高或赞美客户之后再进行提问。例如：“先生，看得出来您非常专业。既然您这么专业，您肯定知道这款手机配置的镜头非常高档，对吧？”

自我视角，问对客户无价值的问题

有一次在大客户销售培训过程中，学员扮演移动公司的客户经理，我扮演某集团的老总。在情景模拟中，客户经理想了解我公司的需求，于是问了以下几个问题：

- “罗总，你们公司大概有多少位员工？”
- “去年你们公司的销售额大约是多少？”
- “在公司中，移动、电信和联通的手机使用率分别是多少？”
- “公司员工的话费报销制度如何？”
- “公司每个月的移动话费、座机话费大约是多少？”
- “你们公司的宽带用的是哪家公司的产品？”

听到销售人员连续问了上述问题后，我顿时有“查户口”般的盘问感，于是我不得不暂停情景模拟，问了所有学员一个问题：“大家觉得这位学员问的问题对谁有帮助？是销售人员还是客户？”

此时，学员们恍然大悟，刚才所有的问题都是对销售人员有帮助和价值的问题，而对客户而言，都是毫无价值的问题。如果客户关系一般，那么这时候客户一般没有耐心逐一回答销售人员的问题。

作为销售人员，不管你用何种技巧或方法去提问，最终都要朝着客户感兴趣或对客户有价值的方向提问，否则再高超的技巧也无法吸引与打动客户。我们都知道要换位思考，但又有多少人能够做到呢？那么，客户对什么类型的问题或话题感兴趣呢？一般包括以下几种：

- 和自己的兴趣相关的。
- 和自己的利益、发展相关的。
- 其他类似客户的案例或关注点。

如果是企业客户，还包括以下几种：

- 本行业发生的新鲜事。
- 竞争对手在做什么。
- 自己公司内部的员工说什么、想什么。

需要提醒销售人员的是，之前情景模拟中学员问我的那些问题，其实大部分应该是销售人员平时通过各种渠道去事先了解的，而不应在拜访客户时，尤其是有高层领导时在现场发问。这类对自身有价值、对客户无价值的提问如果过多，则会极大程度地削弱你的专业度，影响客户对你的信任。

本节小结

在本节中，我们重点帮助销售人员总结了提问时的常见错误，包括：

1. 作茧自缚，自己把自己问“死”。
2. 单刀直入，直接询问敏感信息。
3. 自作多情，直接询问产品评价。
4. 请君入瓮，问诱导性很强的问题。
5. 漫无目的，没有关联客户的利益来提问。
6. 自我视角，问对客户无价值的问题。

销售人员如果想提升提问技能，那么首先需要规避提问错误，否则因为错误的提问导致客户不配合，容易让销售人员丧失提问信心，最终选择放弃。

第 2 节 电话销售中的问题设计

随着手机的普及，电话销售成为很多公司重要的营销模式，加上电话销售本身的营销成本很低，而其销售覆盖面却很广，优秀的电话销售人员甚至可以一天外呼超过 200 通电话，这让越来越多的公司开始重视电话销售。随着电话销售的发展，市场上出现了很多大规模的第三方电话销售公司，这类公司专门承接各大企业的电话外呼工作，部分外呼公司的员工甚至超过了 3 000 人。

随着电话销售的普及，越来越多的客户开始频繁地接到各类外呼电话，这也让电话营销模式越来越被人们反感，甚至陷入了进退维谷的窘境。很多高价值的客户，每天可能接到 10 通以上外呼电话，营销的产品也五花八门，包括房子、车、基金、保险、早教课程等。

俗话说："水满则溢，月满则亏。"在林林总总的外呼电话的轰炸下，很多客户选择直接挂断陌生电话，这让电话销售面临很多困难，而这些困难也困扰着很多电话销售人员，我们先来剖析一下这些问题。

客户拒访率非常高，甚至超过 60%

很多外呼团队会统计通话时长超过 30 秒或 20 秒的有效电话数量，相对来说，那些不到 30 秒或 20 秒的超短通话会被界定为无效的拒访电话，而这种拒访电话数量占整体外呼量的比例称为拒访率。我辅导过很多外呼团队，他们的管理者这些年基本上都在"吐槽"现在电话销售的拒访率居高不下，甚至超过 60%，其中不少客户要么直接挂断电话，要么听了开场白之后不做任何回应。更有甚者，很多专业且官方的电话销售团队经常被客户怀疑是否是电话诈骗。

客户的拒访率为什么这么高？电话销售人员又能做些什么呢？

一般而言，大部分电话销售都是陌生客户的销售，电话销售被大量地用于房地产、金融、摄影、教育培训等领域，而且电话销售人员本身素质参差不齐，导致很多客户对待电话销售的态度非常冷淡甚至恶劣，超过 60%的拒访率也就不足为奇了。

在这种背景下，很多电话外呼人员甚至得出了一个奇怪的理论：既然客户很有可能挂断我的电话，那么我应该在客户挂断我的电话之前，尽快把我想介绍的产品介绍完，这样可能还有机会。而客户呢？听到外呼人员的开场总是迫不及待地介绍产品，于是就更加坚定而快速地挂断电话，进而促使外呼人员在客户接通电话后用更快的速度介绍产品。

上面的情景想象起来是不是很滑稽？外呼人员和客户似乎在进行着一场没有硝烟的战争：看你挂电话快还是我说得快？

其实，面对这个问题，很多电话销售人员都走入了歧途。降低客户的拒访率，让客户愿意接听你的电话，是有方法和技巧的，而最简单的方法就是提问。在电话销售中有个说法叫“黄金 30 秒”，意思是如果客户在开场 30 秒没有拒绝你，电话销售成功的概率就会大幅度提高。

如何让客户开场不挂断你的电话呢？这就要求我们精心设计电话销售的开场问题，提升客户的信任度，消除客户的被推销感知。

客户对问题，尤其是需求挖掘类问题配合度不高

客户对电话销售人员的不信任甚至反感，不只体现在外呼电话的拒访率居高不下。即便客户没有挂断销售人员的电话，当销售人员在电话中进行提问、了解客户需求时，很多客户的配合度也非常低。

曾经有位电话销售人员向我抱怨：“我在打电话的时候，对面一点儿声音都没有，我都怀疑对面是不是一个‘活人’？！”这种抱怨一方面让人啼笑皆非，另一方面折射出客户对电话销售的配合意愿。即便很多客户不是一言不发，也往往只是爱理不理地在电话中应承几句。

其实，电话销售有自己的特点，销售人员不能指望客户多么热情和积极。毕竟你并不知道客户接电话时是什么状态，可能在开会，可能在开车，也可能在小心翼翼地哄着女朋友。此外，现代人工作压力普遍较大，对电话销售又不信任，客户在接电话的时候配合度不高也很正常。

面对这种情况，要求我们在电话销售的提问过程中，尽量不要问很多复杂又晦涩的问题，而是应问一些“傻瓜式”的简单问题，而最简单的问题莫过于封闭式问题。因此，在电话销售中，一般应设计一些简单的封闭式问题来了解和确认客户需求，而少问开放式问题。如果需要问开放式问题，那么一般也应在用封闭式问题做开场和铺垫之后，或者客户主动想了解信息时问。

电话销售中封闭式问题的设计说起来简单，其实不然。鉴于电话销售的特殊性，一旦问得不好，客户就可能直接挂断电话，销售人员连挽回和补救的机会都没有，这样的特殊性要求我们在电话中提问要尽量精准，而且需要对问题具有非常强的控制力。

销售成功率低，导致很多销售人员靠外呼量的提升来完成业绩

在电话销售中，销售人员每天的业绩和什么有关？大多数电话销售人员都知道一个简单的公式：

电话销售的成功数量 = 电话外呼量 × 接通率 × 销售成功率

很多电话销售人员为了完成业绩，往往想着提升电话外呼量，甚至选择加班外呼。其实，有这么强烈的成功动机，不如把加班的时间用来分析与学习如何提高接通率及销售成功率。

通过提升电话外呼量来提升业绩的方法并不可取，因为这种方法对自身销售能力的提升并没有实质性帮助。每天多打电话，以此来提升业绩，无异于把成功寄托于运气，听天由命。例如，你去池塘钓鱼，有的位置你多年来一直坚守，但一直钓不到鱼，你是选择换个位置或者换种方法呢，还是选择继续坚持多花费时间钓鱼呢？

毫无疑问，努力是成功的基础，但其前提是方法正确。错误的方法重复一百次还是会导致错误的结果。

影响电话销售成功率的关键因素很多，包括名单质量、电话布局等，其中和提问有关的一个关键因素就是电话销售的脚本质量。一套电话销售脚本要想行之有效，其核心在于如何有效地设计问题。

由于电话销售中存在客户不信任、客户对通话时长敏感等问题，不太可能让销售人员有充分的时间与空间去挖掘客户需求，其沟通效率和互动性比面对面销售要差得多，所以需要我们以封闭式问题为主。封闭式问题要想问得精准，切中客户要害，就必须进行精心的准备。

在进行电话销售之前，应尽可能收集客户的相关信息，并进行有效的客户细分，这既能获得客户的信任，也能实现精确化营销。有些电话销售团队在外呼的时候，如果销售人员手上的客户资料非常有限（如只有客户电话和客户姓氏），即便销售方法再高明，那么销售效果和成功率也很难得到保证。

通过对电话销售中困难与问题的梳理与分析，我们很容易得到电话销售提问时的一些规律与方向。电话销售提问分析表如表 5-1 所示。

表 5-1　电话销售提问分析表

序号	提问的应用项	项目说明
1	提问目的清晰	因为电话销售大部分是陌生销售，所以客户往往不太容易明确电话销售的目标，需要在提问时快速让客户感觉到对其有利，以降低电话拒访率，并设计不太容易让客户挂断电话的开场问题
2	环境因素评估	关系：双方关系相对一般 身份：容易质疑为推销电话 时间：要选择合适的时机打电话 压力：客户往往有一定的压力
3	提问类型分析	因为有时间压力及客户配合度低，大部分电话销售中的提问应该以封闭式问题为主，引导客户确认
4	问题布局分析	以“获得承诺-提出请求”的问题组合为主要方式，甚至在多次获得客户的承诺与认可之后，再提出产品销售的要求 切入点一般都比较具体 提问过程以销售人员为中心 引导明确的成交结果
5	问题控制要点	以封闭式问题为主的提问过程，使用“获得承诺-提出请求”的问题组合模式，需要对封闭式问题进行强有力的设计与控制，避免过程中客户给出意料之外的答案

电话销售脚本中问题的设计，应充分考虑表 5-1 中所阐述的电话销售中存在的一般规律，并在问题的设计中进行有针对性的设计，本节就其中的三个核心角度进行详细阐述。

设计有悬念感的开场问题

我们在生活中经常遇见这样的场景：你正和一位朋友在咖啡厅聊天，突然你的朋友的电话响了，只见你的朋友仅仅听了3秒钟，然后就愤然挂断了电话，还嘟囔一句“又是推销电话，真讨厌”。

这种场景随着电话销售的发展与普及，几乎每天都在我们的身边上演。我辅导和培训过国内很多大型的外呼团队，他们都积极努力又充满热情地拨打每通电话，但结局往往是一半以上的客户以推销电话为由，在3秒钟内直接挂断电话。

于是，我们不得不思考：为什么客户能在3秒钟内判断出这是推销电话呢？

我相信没有哪位电话销售人员会定义自己的电话为推销电话，但想象一下，如果你听到以下开场白，那么你一般会做什么选择？

- “我是银行小额信贷中心的，您最近有资金需要吗？”
- “我是您的银行理财经理，最近我行发行了一款理财产品，您需要了解一下吗？”
- “我是房屋中介，您天汇小区C栋704的房子要卖吗？”
- “您想让孩子在一个月之内学会英语吗？”
- “我是保险公司的，您需要购买家庭财产险吗？”
- “最近我们在福田区开发了一个新楼盘，您有兴趣去看看吗？”
- “能不能打扰您一下？”

我相信大部分情况下，在听到上述电话销售人员的开场问题后，你会选择直接挂断电话。为什么呢？因为这种电话让消费者有强烈的推销感知，这种感知的形成原因总体来说有以下几种：

- 开门见山，直接进行产品介绍，如“我是保险公司的，您需要购买家庭财产险吗？”。
- 直接询问客户是否有需要，如“您需要给孩子拍照吗？”。
- 询问诱导性过强的问题，如“您想让孩子在一个月之内学会英语吗？”。
- 给客户推销的心理暗示，如“能不能打扰您一下？”。

针对以上几种情况，客户在经历数次电话销售“轰炸”后，形成的基本条件反射是“这是一个推销电话”。当然，我也询问过很多外呼团队的销售人员为什么会问以上问题，得知其中一个重要原因是销售人员对于客户的信息知晓有限，不得不开门见山地推销产品。

但鉴于电话销售中客户与销售人员是陌生的，尽管我们知晓的客户信息有限，但是也应该尽量在电话销售开场的时候设计一个有悬念感的问题，以避免客户直接挂断电话，从而赢得和客户进一步沟通的机会。

下面以“我是房屋中介，您天汇小区C栋704的房子要卖吗？”这个销售场景为例，来进行悬念感问题的设计说明。作为房屋中介，一般是根据系统提示知道客户在天汇小区C栋有套房子的。而该客户多半是之前有出租或者出售的意愿，所以曾经来登记过。销售人员在开场的时候，可以考虑把“我是房屋中介，您天汇小区C栋704的房子要卖吗？”这个问题简单改成：

“您是天汇小区C栋704的业主吗？”

想象一下，当你接到一个电话，开场问你是否是这套房子的业主时，你会直接挂断电话吗？多半是不会的，因为你并不知道出了什么事情，所以你多半会回答：“是啊，怎么啦？”电话进行到这里，销售人员就有了销售机会，后续可以继续问客户：

“您之前在我们这里登记了信息，您的房子现在市场价格很好，您有没有了解过您的房子可以卖多少钱呢？”

大部分业主自然关心自己房屋的市场价格，所以第二个问题同样制造了悬念感，能够吸引客户继续在电话中和你进行深入沟通。至于后续销售能否顺利完成，本章不再讨论，但至少我们可以设计一个有悬念感的电话开场问题，使客户挂断电话的概率降低。如何在电话销售中设计有悬念感的开场问题呢？我们一般可以从以下几个方面进行设计。

进行针对身份确认的提问

针对身份确认的提问一般指销售人员结合自己所获取的客户资料，对客户的身份先进行一个明知故问的封闭式提问。在客户一开始并不清楚这通电话的目的时，其对身份确认后的事情往往具有一定的好奇心，从而销售人员制造了电话销售开场的悬念感，最终能降低客户挂断电话的概率。例如：

- “请问您是张先生吗？”
- “请问您是尾号2345的机主吗？”

- “请问您是C栋405的业主吗？”
- “您是豆豆小朋友的妈妈吗？”
- “您是华达公司的总经理李先生吗？”

进行信息确认的提问

进行信息确认的提问同样是针对客户在电话销售系统中存留的关键信息进行封闭式提问。因为所进行的信息确认往往是客户比较关注的，所以我们在确认后，对方同样会产生好奇心或者有一定的优越感，例如：

- “先生，您之前在华昌4S店购买过一辆宝马汽车，是吗？”
- “小姐，您在我们银行是不是办过一张信用卡？”
- “小姐，您之前是不是在我们银行买过3万元国债？”

上述信息确认的提问可以用于电话销售中简单自我介绍后的开场，客户往往不会直接挂断电话。

在设计有悬念感的开场问题时一定要小心，不要问一些有明显诱导性的问题，客户一般听到此类问题后，基于“无事献殷勤，非奸即盗”的逻辑推理，特别容易把电话销售人员和“骗子”相结合。有明显诱导性的问题包括：

- “您想让孩子在一个月之内学会英语吗？”
- “您想让您的资产一年内增加50%吗？”
- “您想仅花费999元就拥有一颗一克拉的钻戒吗？”

其实，上述充满诱导性的开场问题，完全可以用具有悬疑感的问题替代。例如，“您想让孩子一个月之内学会英语吗？”完全可以改成“请问，您是嘟嘟小朋友的妈妈吗？”。

以封闭式问题为主进行需求确认

虽然设计有悬念感的开场问题可以使客户直接挂断电话的概率降低，从而赢得和客户继续沟通的机会，但是电话销售成功与否最终取决于能否真正满足客户的需求。因为销售人员可以事先对客户信息进行分析，从而准备能够满足客户需求的产品，所以电话销售中的客户需求挖掘，准确地说更像客户需求确认，这点和现场销售具有很大区别。

既然电话销售中的客户需求挖掘更像客户需求确认，加上电话销售由于环境因素的影响，尤其是销售时间不宜过长，所以在客户需求的确认上基本以封闭式问题为主，引导客户回答“是的”或者其他提问者想要的答案，最终利用“承诺和一致”法则来提高销售成功率。

前文中提到过封闭式问题的一个重大作用就是能够利用“承诺和一致”法则，这是电话销售的核心法则。简单来说，电话销售的需求挖掘部分主要以封闭式问题为主，引导对方多次给予承诺，最终完成产品介绍与交易。下面是我帮助某运营商外呼团队梳理完电话销售脚本之后，电话销售人员和客户的对白示例。

销售人员：（自我介绍完毕后）“请问您是尾号 6789 的机主王先生吗？”

客户：“是的，有什么事情？”

销售人员：“今天专门给您来电是因为我们留意到您最近几个月话费都挺高的，比如上个月的话费差不多有 300 元，是吧？”【备注 1】

客户：“是啊。”

销售人员：“同时我留意到，您话费高主要是因为上网流量费比较高，占了一半左右，是吧？”【备注 2】

客户：“是啊，你们上网收费太高了。”

销售人员：“今天专门给您来电，是想给您介绍一些降低流量费用的方法，您之前了解过吗？”【备注 3】

客户：“我没有了解过，你说说看。”

销售人员：“其实大部分像您这样的客户为了降低流量费用，都会选择开通一个流量优惠包，像您上个月的流量使用情况，如果使用 X 元包 Y 兆流量包，我估计您大约可以节约 80 元的流量费用，您觉得一个月 Y 兆流量够用吗？”【备注 4】

客户：“应该够了。”

销售人员：“好的，那我为您申请这个流量包，这样您这个月应该就能节约不少话费，您看可以吗？”

客户：“好的。”

备注 1：为了让对方承认话费高，使用了用事实替代主观评价的技巧，同时使用了评价预设的技巧。

备注 2：和备注 1 使用的技巧一样。

备注3：通过改变提问焦点控制封闭式问题，无论对方回答是否了解，问题都可控。

备注4：使用的是柔性的引导成交语言。

电话销售就是通过销售过程中大量使用封闭式问题，引导对方给予承诺，再介绍产品和引导成交，当然其中的关键在于对方是否按照你的设计来回答。我们在前文中介绍过封闭式问题的控制和预设“陷阱”的方法，这里只是具体的应用，如需了解请读者仔细阅读相关章节。

用柔性引导成交的问题促成交易

在门店销售中，我们可以通过现场富有亲和力的沟通、对对方肢体语言和表情的观察，以及各种销售氛围的引导，来促成最后的交易。而上述方法在电话销售中很难实施，这就要求电话销售中引导成交的语言更加柔性，从而减轻给客户的压迫感。

很多销售人员目前采用的是粗暴的引导成交的提问语言，典型代表包括：

- “先生，我现在就帮您开通这项服务吧？”
- “小姐，您需要贷款吗？”
- “小姐，那我现在就帮您办理这项业务吧？”
- “先生，您觉得这款产品怎么样？”
- “先生，这个基金您想买5万元还是10万元的？”

相对粗暴的引导成交的语言容易让客户产生一定的压力，最终客户大概率会选择拒绝，而电话销售人员又没办法面对面地缓解客户的压力，所以采用相对柔性的引导成交的语言是很有必要的。有时候，我们不一定要直接询问客户“要不要”“买不买”“办不办”“好不好”等，而是可以通过试探客户下个销售动作的配合度，或者针对产品细节来提问，间接地进行销售成交的引导。

- “您喜欢白色的还是黑色的呢？”
- “您看的白色的最近卖得非常好，不知道是否还有货，我帮您在系统中查一下吧？”
- “您要免费通话时间长点的套餐还是流量多点的套餐？”
- “今天购买还有礼物送呢，不知道送完没有，要不要帮您在系统中查一下？”

- “这个优惠活动必须本人参加，请问您是机主本人吗？”

不得不说明的是，部分电话销售团队有比较严格的质检体系，要求员工必须引导客户确认购买，所以有人会怀疑上述柔性引导成交的提问会不会不符合质检标准？如果存在这方面的顾虑，那么建议在第一次引导成交的时候多使用柔性引导成交的语言，这样容易赢得客户的认可，再用符合质检要求的成交语言进行二次确认即可。

当然，如果在使用柔性引导成交的问题之后客户还是犹豫，那么销售人员还是可以继续用强有力的促成交易的语言进行引导的。

本节小结

影响电话销售成功率的核心因素很多，其中包括名单质量和脚本质量等。电话销售可以做充分的准备，进而在设计销售脚本时，可以更加精确地设计相关问题。因为电话销售具有其固有的特点，所以我们在设计问题时应该遵循以下三个原则。

原则一：设计有悬念感的开场问题。因为电话销售的拒访率高，所以在设计开场问题时需要给对方制造一定的悬念感，以降低对方直接挂断电话的概率。

原则二：以封闭式问题为主进行需求确认。因为大部分电话销售在开始前，销售人员能做有针对性的准备，所以在电话销售中主要以封闭式问题为主，利用“承诺和一致”法则进行需求确认即可。

原则三：用柔性引导成交的问题促成交易。在电话销售中，我们可以使用柔性引导成交的语言，减轻给客户的压迫感。

第 3 节　门店销售中的问题设计

即便是电子商务盛行的今天，门店销售凭借其愉悦的客户体验和良好的客户现场沟通优势，依旧是市场上主要的销售方式，甚至很多原本专注线上销售的互联网公司也开始进行线下营销，如小米公司的小米之家。

门店销售和电话销售相比，其实各有各自的优缺点，很难说孰好孰坏。

门店销售的优点在于能够和客户建立更密切的联系，能够给客户提供全方位的产品介绍与体验，这些优点都是电话销售所不具备的。不仅如此，门店销售还能够通过现场察言观色，有效地了解客户的反应和状态。同时，在门店销售中，客户一般没有太大的时间压力，让销售人员能够根据客户的反应进行针对性的异议处理。相对而言，在电话销售过程中时间压力大，产品介绍手段单一，所以更适合进行简单产品或者少数标准化复杂产品的销售。

当然，门店销售也有其明显的缺点，主要在于对于目标客户的不可预知，简单来说就是你永远无法判断下一位走进门店的是谁。目标客户的不可预知带来的销售难点在于销售准备较为困难，同时可能聊了半天之后发现客户不是真正的目标客户，只是来“打酱油”的。

因此，最开始进行门店销售提问的目的并不是介绍产品，而是判断对方是不是目标客户，毕竟很多走进门店的客户可能只是来闲逛的；在确认对方是目标客户后，销售人员还需要通过提问来了解客户的需求，并进行有效的交叉销售；在销售的最后环节还需要通过提问来引导成交。

用提问来试探客户的购买意向

因为门店销售中的客户具有不可预知性，所以很多时候客户走进一家服装店未必想买衣服，可能只是想看看最近流行什么。有些客户走进手机专卖店，也未必想换手机，可能只是想看看新款手机长什么样。同样，有些客户走进家具店，未必想买家具，可能只是想坐在沙发上休息一下。于是，门店销售在客户进门后首先需要做的是通过提问来判断进来的是不是目标客户。

在日常生活中，当我们走进一家路边的服装店时，服装店老板在迎候完毕后，一般在销售开场会开口问什么问题呢？

- “先生，有什么可以帮到您的？”
- “先生，您过来买衣服啊？”
- “小姐，您要看什么样的衣服？”
- “小姐，有没有看到合适的衣服？”

上述问题是大多数服装店老板在客户进门后问的开场问题，其实仔细一琢磨，这些问题似乎都是废话：大多数客户来到服装店里就是来买衣服的，销售人员问对方“过来买衣服啊？”，这不是废话吗？服装店销售人员的工作就是帮客户挑选衣服，引导客户试穿，“有什么可以帮到您的？”这样的问题岂不是无聊透顶？“小姐，您要看什么样的衣服？”，这个问题似乎也毫无意义，因为很多客户未必知道自己要买什么样的衣服，而且刚刚进店，客户往往不知道这家服装店卖什么类型的衣服。

但上述貌似无聊的问题背后却有服装店老板的提问目的。

“先生，请问有什么可以帮到您的？”“先生，您过来买衣服啊？”“小姐，您要看什么样的衣服？”，其实服装店老板问这三个貌似无聊的问题的主要目的是判断客户进店的目的是闲逛还是有明确的购买目标。

有一次我给一个珠宝销售公司做培训，有位学员告诉我，他喜欢在客户进入门店之后，先观察客户几分钟。如果客户没有马上离开门店，他就会上前问个问题：“您慢慢看，我先给您倒杯水吧？”学员怕我不理解，赶紧继续解释道：

“其实为什么我倒水之前还要问一下客户呢？我发现如果客户有购买意愿，那么一般会很淡定地同意我倒水的请求；但如果客户只是进来打发时间或者闲逛，那么一般情况下会略微不好意思地拒绝我的好意。我不是不愿意给客户倒水，我只是想知道哪些是真正的目标客户，这样我一会儿才能更有针对性地进行销售。”

这家公司的销售主管后来告诉我这位学员每个月的销售业绩都名列前茅。虽然这位学员未必知道什么叫作“互惠心理”，但不妨碍他根据自己的经验总结出优秀的开场问题，以此来判断客户的购买意向。

在很多门店销售中，尤其是开放式门店中，经常会出现“打酱油”的客户和有购买意向的客户混合在一起的情况。在商场中的电视机销售区域，你会发现一群客户在看着电视墙；在手机卖场的中岛柜台前，你会发现不少客户都在体验着手机。当这些情况出现后，你如何通过提问来识别对方是来购买商品的还是来打发时间的呢？

在门店销售中，我们经常利用互惠心理来设计问题，以判断客户的购买意向。一般设计问题的方法是：

提出一个服务请求的问题，根据客户行为或对问题的回答，进行客户购买意愿的初步判断。

如果客户有购买意愿，那么往往会比较从容地接受你的服务请求；如果客户没有购买意愿，则往往可能拒绝你的服务请求或者沉默地走开。常见的服务请求问题包括：

- “先生，请问有什么可以帮到您的？”
- “女士，我帮您倒杯水吧？”
- “女士，我帮您拿把椅子吧？”
- “女士，我帮您把这件衣服拿来试穿一下吧？”
- “先生，我去帮您把这款电视机的产品说明拿来给您详细看看吧？”
- “先生，您看的这款手机还有白色的，需要拿过来给您看看吗？”

需要特别说明的是，客户进店除闲逛和购买之外，有些门店还会存在第三类客户，即买前评估类客户，这类客户尤其容易出现在一些大金额商品的销售门店中。

从客户购买商品的决策流程看，很多客户在购买之前需要收集信息，做购买前的评估分析，正所谓“货比三家”。而越是大金额采购，客户在购买前进行信息收集的概率也就越高。例如珠宝、大型电器的购买，往往客户进店未必是进行商品购买，而只是做信息收集与评估。即便我们去超市买米，很多人也会把几个品牌的米都看一看，了解一下是否有优惠等，只是因为这是小金额采购，信息收集往往是和购买动作一起发生的。

因此，当我们用服务请求的问题来测试对方的购买意愿时，对方不接受未必代表着对方绝对不购买，还有不少客户面对服务请求时会礼貌地回答“不用了，我随便看看”。这类客户可能就处于买前评估阶段，他们可能还没有产生明确的需求，也有可能需要更多独立的购买决策空间。这个时候销售人员需要进一步察言观色，一般来说，如果客户特别关注商品细节，则往往处于这个阶段，这个时候销售人员可以引导客户做些比较，或者直接拿出优惠方案来吸引客户，加速客户的评估流程。

综上所述，在客户进门后，一般有三种状态：闲逛状态、买前评估状态和计划购买状态。门店销售人员需要通过有效的提问去识别客户状态，寻找优质的目标客户，提高销售效率。

善于用上堆提问创造更多商机

在门店销售中，销售人员应该努力创造更高的客单价，最终实现更高的坪效。

客单价指客户一次进店产生的总的销售价值，而客单价的提高需要销售人员有更多的交叉销售动作。

交叉销售指的是发现客户的多种需求，并通过满足其需求实现销售多种相关服务或商品的营销方式。简单地说就是，客户原本只想买一种商品，通过引导和需求挖掘，在满足其需求的基础上实现多种相关商品的销售。

在门店销售中，通过交叉销售实现更多商品的销售，对于提高客单价至关重要，而其中就需要通过上堆提问的技巧来实现。关于上堆提问的技巧，在第 3 章中给大家详细介绍过。上堆提问一般是针对更广泛的意义或动机来发问，这种提问技巧经常广泛地应用在门店销售中。上堆提问在门店销售中一般有两种应用情景。

当客户需求无法满足时，通过上堆提问来寻找其他商品的销售机会

在门店销售中，当客户提出相关需求你却无法满足时，我们经常用上堆提问来寻求更广泛的意义或动机的认同，然后转移到其他商品的销售中。很多销售人员面对客户需求无法直接满足的情况，往往快速地结束销售沟通，却忽略了客户需求背后的购买动机。客户询问“有没有咖啡？”，很多时候客户未必一定要喝咖啡，只是需要“提神的饮料”，我们可以卖“红牛”给客户。客户询问“有没有电钻？”，很多时候只是需要“在墙上打个洞”，销售人员可以卖其他打洞的商品。

客户：“小姐，你们这里有没有索尼的手机啊？”

销售人员：“不好意思，我们这里不卖索尼的手机。”

客户：“那算了。”（准备离开）

销售人员：“先生，您是想找一款拍照功能强大的手机吗？”

客户：“是啊，我听说索尼手机的拍照功能很强大。”

销售人员：“其实我们这里很多手机拍照功能都很强大，像这款机型用的是和索尼手机一样的镜头，您可以先体验一下。”

（开始引导客户体验）

从上述对白中我们可以体会到现场销售中上堆提问的魅力与作用，我们可以针对客户购买的动机来提问，或者针对商品更大的范畴来提问，然后寻找其他商品来进行销售。

通过上堆提问寻找交叉销售的机会，提高客单价

上堆提问不仅可以应用于当无法满足客户需求时其他商品的销售，在可以满足客户需求的情况下，当我们了解了对方的购买动机时，也可以利用上堆提问为后续的交叉销售创造更多的机会。我们可以将上述对白改动一下，让大家体会上堆提问如何助力后续的交叉销售。

客户："小姐，你们这里有没有索尼的手机啊？"

销售人员："有的，这就是我们最新款的索尼手机，您可以体验一下。"

（假设引导客户体验后，客户决定购买）

销售人员："您买索尼手机主要是看中了它的拍照功能吧？"

客户："对啊！"

销售人员："现在越来越多的人喜欢用手机拍照，您若想用手机拍点有意思的照片，其实还可以考虑再买几个手机上的镜头，您可以先体验一下……"

（进行手机镜头的交叉销售）

销售人员："先生，您平时会拿手机给孩子拍照吗？"

客户："那肯定会啊！"

销售人员："现在很多家长都会拿手机给孩子拍照，甚至有些幼儿园还需要经常让家长把拍的照片打印出来，有些家长也会自己把孩子平时的照片打印出来，放在家里挺温馨的，您说呢？"

客户："是的。"

销售人员："您看的这款手机的相机为 2 000 万像素，照片打印出来后清晰度非常高，所以建议您买个可以用蓝牙传输的微型照片打印机，特别适合家庭使用，我帮您打印一张，您可以感受一下。"

（进行微型照片打印机的交叉销售）

上述对白通过上堆提问，了解客户购买手机背后的动机，不仅满足了客户的直接需求，还非常自然地进行了其他商品的交叉销售。需要注意的是，一般在交叉销售的上堆提问中，很少针对更广泛的意义进行提问，而是针对购买动机进行提问。

多用引导成交的问题

相比电话销售，门店销售因为和客户有面对面沟通的机会，所以更加容易通过引导成交的问题来促成交易，甚至在一次销售过程中，会使用很多次引导成交的问题。

在本章中，我们介绍过柔性的引导成交的问题，在门店销售中我们不仅要懂得柔性的引导成交技巧，还需要使用一些适度给客户压力的引导成交的问题，这是门店销售中极其重要的技巧。

我们根据给客户的压力大小，总结出一般在门店销售中可以用到的引导成交的几类问题。

假设型引导成交的问题

假设型引导成交的问题是基于假设客户要购买，然后询问后续购买动作，而且这种后续购买动作往往不仅是直接付钱或刷卡，还包括一些购买之后的细节问题的确认。

- “您有××银行的信用卡吗？一会儿可以打折的。”
- “您看中的白色款未必有货，我帮您去看看吧？”
- “您有我们公司的会员卡吗？如果有可以享受额外的 95 折优惠。”
- “如果您买了这款商品，那么我可以帮您申请送个礼品，您过来挑选一下吧？”
- “不过这个优惠必须本人参加，您带身份证了吗？”

选择型引导成交的问题

有时候选择型引导成交的问题和假设型引导成交的问题具有一定的相似之处，但选择型引导成交的问题一般针对商品细节或购买行为进行二选一的选择设计。

- “您看一会儿您自己提货还是我安排免费给您配送？”
- “您更喜欢红色的还是黑色的？”
- “您是刷卡支付还是现金支付？”
- “您想要流量多的套餐还是免费通话时间长的套餐呢？”
- “您看是周二给您发货还是周五发货？”

压力型引导成交的问题

如果说假设型引导成交的问题和选择型引导成交的问题是柔性的引导成交

问题，那么压力型引导成交的问题，顾名思义容易给客户带来更大的压力。在门店销售中，销售人员可以先用柔性引导成交问题进行第一次引导成交，如果客户犹豫，那么销售人员应该积极总结商品给客户带来的利益和好处，再次引导成交。在再次引导成交的时候，可以适当用一些压力型引导成交的问题。

压力型引导成交的问题既可以给客户时间上的压力，也可以给其价格、商品上的压力，常见的压力型引导成交的问题包括：

- “如果您现在不决定，这部手机我就先给刚才的那位先生预留了，他也想要。其实我建议您还是马上购买，真的很划算，您说呢？”
- “这个优惠今天是最后一天了，如果您明天再来，那么价格将上调 10%，要不您还是今天购买吧？”
- “现在离我们下班还有十分钟，您要再不决定的话，只能以后再来了。您也不希望今天白来一趟吧？要不我去帮您下单吧？”
- “您看我也给您介绍一小时多了，要不你就先交定金吧？”

需要补充说明的是，压力型引导成交的问题可能有时候会让客户觉得不舒服，甚至觉得有压迫甚至威胁的感觉，这时候需要销售人员配合以更强的亲和力和温柔的语调。

空白订单型引导成交的问题

有时候，很多客户没有流露出决定购买的意思，但销售人员就直接在订单或系统中开始填写客户的资料，或者引导客户直接进行交易，在过程中询问交易或填单的相关问题。

- “先生，您看送货地址怎么填？”
- “您需要单独购买售后服务吗？”

本节小结

门店销售的提问技巧有很多，而本节主要帮销售人员总结了较为重要的提问领域。

首先，我们要善于通过提问来试探客户的购买意向，毕竟在门店销售中很多客户是纯粹的闲逛型客户。如果销售人员寻找到了错误的目标客户，不仅浪费了时间，还容易让销售人员错过真正的目标客户。

其次，我们要善于通过上堆提问来创造更多的商机。通过上堆提问不仅能够了解到客户的购买动机，进行针对性的商品销售，还能够从动机中寻找到其他商品交叉销售的机会，目的是提高客单价。

最后，优秀的门店销售人员大多善于通过提问来进行成交的引导，甚至在一次销售中会使用这种引导成交的问题达 3～4 次，只不过在引导成交的过程中，我们需要张弛有度，不要把客户吓跑。

第 4 节　大订单销售中的 SPIN 问题设计

除了门店销售与电话销售，很多销售人员从事的可能是大客户销售或者大订单销售，这类销售往往销售周期较长，需要和客户进行多次沟通才能完成最终的销售工作。

在一般的门店销售和电话销售中，售卖的产品金额不大，称为小订单销售；相比而言，在很多复杂产品、集团销售中，销售金额巨大，称为大订单销售。在大订单销售过程中，存在着很多和小订单销售不同的地方。很多在小订单销售中行之有效的提问方法，如果直接搬到大订单销售中，那么可能收效甚微，甚至会适得其反。要想弄清大订单销售和小订单销售的提问差别，首先我们要理解二者在销售方法和流程上的差别。

我有一位朋友一直在给银行进行综合业务系统的整体解决方案的销售，其销售范围包括电脑设备、核心的业务交易系统、后台数据库系统等。他告诉我，他从业 8 年，真正成交的销售单数不到 20 单，平均一个销售项目的销售周期将近半年，但平均每单订单的销售额在 500 万元以上。在如此巨大的采购金额下，在如此漫长的销售周期中，客户的消费心理会发生变化，客户的需求会发生变化，甚至客户的最高决策人会发生变化。他向我抱怨，经常在拜访客户时，很多次重要会谈都是在最高决策者缺席的情况下进行的。

因为大订单销售的销售周期较长、销售金额大，所以我的朋友告诉我，很多次他在客户面前做了极其精彩的业务呈现和汇报，客户也表现得十分感兴趣甚至兴奋不已。但下次和客户见面的时候，客户又恢复到原来的理性和冷静状态了，这和小订单销售差别巨大。很多时候，在小订单销售中，客户容易被销售人员“忽悠”，产生消费冲动，最终发生购买行为，而这种情况在大订单销售中非常罕见。

另外，在这么漫长的销售周期中，最终是否购买的决策者可能不是一个客户，而是一群客户，即客户决策链上的所有人。而当一群人做决定的时候，感性冲动因素的影响力又会大幅度下降，相反，理性评估因素的影响力会大幅度提升。同时，销售人员需要打动一群决策者，这就需要销售人员懂得满足决策链上不同人的需求，包括公司主管，以及采购部、财务部、行政部、市场部、技术部等人员。

总而言之，大订单销售相较小订单销售，具有金额大、周期长、决策链多元化和客户需求复杂等特点。

需要补充说明的是，什么样算大订单，什么样算小订单呢？

其实大订单和小订单之间很难有定量化的界定标准，一般会按照采购金额的大小来判断，但又没有明确的金额界限来准确区分二者，所以在分辨是大订单还是小订单时还需要根据周期长短、决策链和客户需求等进行综合判断。

大订单销售提问的特点

因为在大订单销售中存在着一些特性，销售人员在提问时不能完全照搬小订单销售的提问方法，甚至在有些场合中，小订单销售的提问方法在大订单销售中会起到负面作用。总体而言，在进行大订单销售时我们应该注意以下几个方面。

引导成交的提问技巧作用不大

在小订单销售中，销售人员经常通过引导成交的收场技巧来压缩交易时间，甚至迫使对方做决定，但这种方法在大订单销售中要谨慎采用，因为此方法可能不仅没有作用，还会适得其反。

因为在大订单销售中，最终往往是多人做决策，而且专业度往往偏高，大量使用引导成交的收场技巧，很容易引发客户的反感甚至使其产生抵触心理。这种引导成交的技巧若使用过多，容易损伤客户关系，这在大订单销售中是十分严重的负面影响。

美国著名的销售咨询、培训和研究机构 Huthwaite 公司在这个领域做过一项有趣的研究：它跟踪了 190 笔大订单销售，据此来比较高频率使用引导成交话术的销售（每次交易平均使用 5.8 次）和低频率使用引导成交话术的销售（每次交易平均使用 1.4 次）的成功率，结果发现高频率使用引导成交话术的销售的成功率为 36.6%，而低频率使用引导成交话术的销售的成功率高达 70%，具体如图 5-1 所示。

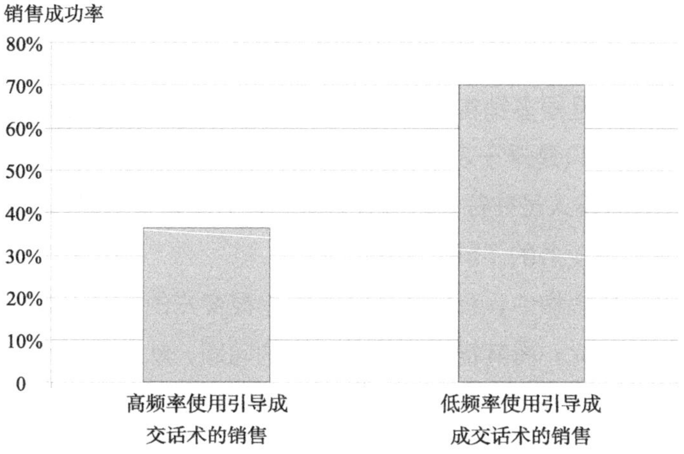

图 5-1　高频率和低频率使用引导成交话术的销售成功率对比

对于上图数据的分析，我们并不是意在强调在大订单销售中应该减少使用引导成交的话术，只是想说明高频率使用引导成交话术在大订单销售中的作用不大，甚至有负面作用。

采用开放式问题还是封闭式问题没有必然影响因素

在电话销售中，我们建议销售人员在打电话之前先对客户资料进行分析，在提问的过程中，销售人员应该以封闭式问题为主，以更多地获得客户承诺。在门店销售中，同样需要在开场时多使用封闭式问题，从而让客户比较轻松地回答问题。

但是在大订单销售中，销售人员会因为不同的销售风格，选择不同风格的销售问题，但并没有统计表明在大订单销售中，开放式问题和封闭式问题哪种更对最终的销售结果有利。因为在大订单销售中，一般而言客户关系比较融洽，所以无论使用开放式问题还是封闭式问题，只要能够有正确的提问方向，客户一般还是比较愿意配合回答的，提问的内容比提问的形式更加重要，这和电话销售及门店销售有比较明显的差别。

在用提问挖掘需求时，深度比广度更重要

在小订单销售中，我们经常会收集到客户各种各样的需求，这类需求往往对最后的成交有很大的影响，哪怕很多需求只是隐藏需求。但在大订单销售中，销售人员在收集到需求之后，可能下次拜访已经是几周之后，客户对于之前的潜在需求可能已经没有太强烈的感知，因此收集这些需求对于最终促成交易帮助不大。

作为销售培训讲师，我接触过各行各业的销售人员，在大订单销售中，我发现一个普遍现象，就是很多销售人员对客户的行业发展、业务及需求缺乏深入的了解，很多销售人员只是浮于表面地探寻需求，这往往比较“致命”。与此相反的是，一些优秀的销售人员往往比较专业，其专业不仅体现在对自身业务的了解，更多地体现在对客户业务的了解和洞察。

总之，在大订单销售中，我们需要深度地挖掘客户的需求，有时候甚至需要将客户的需求问题放大，将其描述成十分严重的问题，从而让客户印象深刻。因此，在大订单销售中，需求挖掘的深度往往比广度更加重要，更能够引导和刺激客户购买。

SPIN 提问模式、隐藏需求和明确需求

在大订单销售领域，美国 Huthwaite 公司的创始人尼尔·雷克汉姆于 20 世纪 80 年代带领一个研究小组研发出关于大订单销售的一套提问理论：SPIN 提问模式。

SPIN 提问模式由四类问题构成：

- 背景问题（Situation Question）。
- 难点问题（Problem Question）。
- 暗示问题（Implication Question）。
- 示益问题（Need-Payoff Question）。

SPIN 提问模式是大多数大订单销售人员都学习过的，但一些人依然对 SPIN 提问模式理解得不够透彻。SPIN 提问模式的基本思路是：通过了解客户的基本背景信息（背景问题），销售人员应该挖掘出客户的需求（难点问题），这些需求一般而言就是客户存在的问题，但这些需求一般是隐藏需求；销售人员此时应该把客户的隐藏需求放大（暗示问题），让客户意识到问题的严重性，再提出交易

承诺（示益问题），最终完成交易。

在详细说明 SPIN 提问模式之前，我们应该先了解隐藏需求和明确需求的关系。所谓隐藏需求，一般是客户对困难、问题、不满的一种陈述，如“我的手机拍照功能不太好”；而明确需求是客户对愿望和需求的具体陈述，如“我正在考虑换一部新手机”。

小订单销售中成功销售与未成功销售隐藏需求的数量对比如图 5-2 所示。

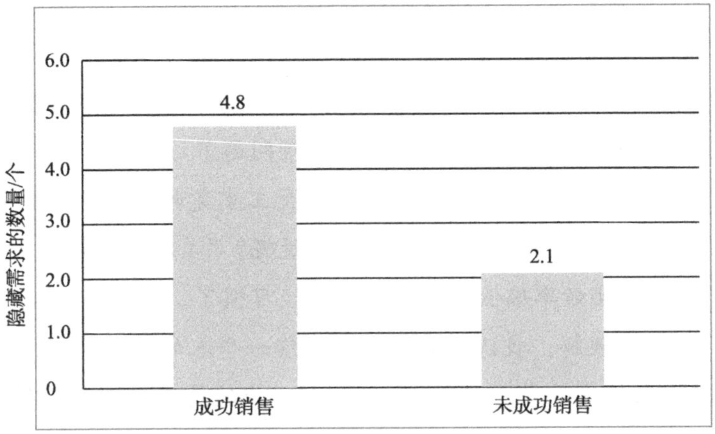

图 5-2　小订单销售中成功销售与未成功销售隐藏需求的数量对比

通过图 5-2 我们很容易得出一个结论：在小订单销售中，销售人员应该多挖掘客户的隐藏需求，也就是应该多了解客户的各种抱怨与不满，这对最终交易的促成有直接帮助。

但上述结论在大订单销售中并不适用。统计发现，在大订单销售中，挖掘到隐藏需求的数量和最终成功销售与否没有太多关联。在大订单销售中，如果销售人员能够挖掘到更多的明确需求，对最终交易的促成有直接帮助。

从这个角度来说，SPIN 提问模式首先是通过难点问题挖掘出客户的隐藏需求，然后通过暗示问题将隐藏需求转变为明确需求，最终提高销售成功率。我们通过以下销售情景来简要说明一下 SPIN 提问模式，该销售情景假设的是一位专门进行办公自动化软件销售的人员，向客户销售自己公司的办公自动化软件。

销售人员：“李总，我留意到贵公司好像一直在通过邮件进行公文的流转和审批，是这样的吗？”（背景问题）

李总：“是啊。”

销售人员：“那这种方式贵公司用了多久了呢？”（背景问题）

李总：“从公司成立到现在，五年多了，我们一直用这种方式进行内部沟通。”

销售人员：“贵公司平时和外部沟通也是用邮件吗？”（背景问题）

李总：“是啊，我们每天收发的邮件非常多。”

销售人员：“怪不得您总是比较忙，那每天这么多邮件需要处理，您感觉处理起来会不会有点混乱呢？”（难点问题）

李总：“是有一点儿，不过习惯了就好。”

销售人员：“那贵公司的一些重要公文邮件，为了避免遗漏，您平时是自己特别留意还是会让员工提醒您一下呢？”（背景问题）

李总：“对于一些重要请示，我一般会让员工发完邮件后再打电话提醒我。”

销售人员：“这样做确实效率不高啊，您说呢？”（难点问题）

李总：“这样确实效率偏低，好在大家已经习惯了。”

销售人员：“我理解，我认为如果仅仅是您一个人的邮件还好，但若整个公司的公文流转都采用这种方式，确实很不方便，您的员工平时也会有这方面的抱怨吧？”（暗示问题）

李总：“嗯，是的。”（沉思中……）

销售人员：“前几天，我拜访了××公司，××公司的情况和贵公司很像，都是通过邮件进行公文流转，××公司的领导告诉我，当涉及多部门的公文审批时，采用这种方式非常麻烦，甚至一个简单的事情需要发起部门来回发很多封邮件给不同的部门，贵公司也存在这样的问题吗？”（难点问题）

李总：“这个问题我们也存在。”

销售人员：“有时候这样的问题会使工作效率降低，影响还挺大的。之前我听市场部说，两周前有个紧急的市场营销计划，就是因为审批太慢，导致错过了一些营销机会，他们向您反映过这个问题吗？”（暗示问题）

李总：“是的，这件事情我也知道，确实挺头疼的。”

销售人员：“所以贵公司也希望能够提高办公效率，尤其一些多部门审批流程的效率，是这样吗？”（示益问题）

李总：“嗯，可以这么说。你有什么建议呢？”

销售人员：“其实我昨天拜访了××公司后，了解到其情况和贵公司类似，我建议××公司使用专业的办公自动化软件来解决这样的问题，××公司的领导觉得非常有必要，贵公司也可以考虑一下。”

李总：“好的，那你再了解一下我们公司的具体情况，做个方案吧。”

销售人员：“好的，那我这周在贵公司先进行进一步的调研，了解一下大家的想法，然后做好方案，下周二来拜访您，您看如何？”

李总：“好的。”

通过上述对白，我们可以大致了解 SPIN 提问模式的提问思路，就是在了解客户的各种问题（潜在需求）后，进行适度的引导，让客户意识到问题的严重性，将客户的潜在需求引导成明确需求，再做进一步的产品价值呈现。需要说明的是，SPIN 提问模式是美国咨询团队研发的，我们在应用的时候不要邯郸学步，毕竟东西方存在着不小的文化和表达习惯差异。本节将为读者阐述 SPIN 提问模式在应用过程中需要注意的关键问题。

背景问题（Situation Question）的组织

所谓背景问题，顾名思义就是和销售背景有关的问题，这些问题主要是关于客户现状的数据和事实，以及客户所在行业、客户竞争对手或其他相关背景信息的问题。

作为销售人员，我们自然希望通过背景信息的收集更加全面、系统地了解客户，因为只有通过这种深度的了解，我们才能从中发现客户可能存在的需求，所以背景问题往往是了解潜在需求的起点。

- “贵公司一年的销售额大约是多少？”
- “贵公司有多少名员工？”
- “贵公司每年需要招聘多少名新员工？”
- “贵公司的组织框架大概是什么样的？”
- “贵公司在本行业中主要的竞争对手是谁？”
- “贵公司的利润率大约是多少？”
- “之前贵公司这类产品的采购流程是怎样的？”
- “在这方面，贵公司目前的处理流程是什么？”
- “贵公司之前采购了多少台这种设备？”

- “这种机器贵公司已经使用了多少年？”
- “这次的项目，贵公司的预算大约是多少？”
- “在这方面，贵公司一年大概需要投入多少资金？”

上述问题都是背景问题，可谓林林总总，包罗万象。销售人员之所以会问背景问题，自然是希望更全面地了解客户和与销售项目相关的背景信息，但也正因为如此，大订单销售中的销售人员一定要谨慎使用背景问题，因为背景问题对客户没有太大帮助！

大多数背景问题都是销售人员提出来帮助自己了解客户信息的，这些问题往往对销售人员有巨大作用，但对客户而言毫无价值。在太多的背景问题提出之后，客户甚至会有强烈的被盘问的感觉。在很多失败的销售提问中，背景问题往往使用较多，甚至被滥用。在问背景问题时，销售人员应该注意以下几个方面。

大部分背景问题应该在平时收集

在大订单销售中，销售人员往往需要全方位、高频率地接触客户，所以大部分背景问题应该在平时和客户的闲谈中收集或者通过其他渠道收集。例如，销售人员在拜访客户中的底层员工时，应该多和客户聊天，虽然这些人对于销售的产品没有最终决策权，但他们能够帮助销售人员收集到有用的信息。

而销售人员在拜访关键客户时，则要适度减少背景问题的提问，因为询问过多的背景问题只会让客户觉得你对他们公司了解不够，影响你在客户心目中的专业度。

背景问题应该设计得容易让对方回答

当销售人员提出背景问题后，自然希望客户能够有效地回答，最终帮助自己收集信息、了解需求。但在很多销售情景中，当销售人员提出背景问题后，客户可能做无效回答。为了让背景问题更加有效，销售人员应该注意以下几个方面。

首先，背景问题应该在良好的沟通氛围中逐渐展开。贸然针对对方的背景进行提问，尤其当涉及一些敏感信息时，往往会让对方有防备心理，使得提问效果大打折扣。销售人员可以通过合理的寒暄、必要的赞美，让沟通氛围变得比较轻松、融洽；也可以以“请教”的姿态，在满足对方好为人师的心理诉求下，再进行背景问题的提问；还可以在提问之初，告知对客户有利的提问目的，让客户更加愿意配合。

其次，背景问题可以从易到难地展开和设计，如果销售人员和客户关系一般，那么可以采用从封闭式问题到开放式问题、从小要求到大要求的问题设计思路。

最后，间接性提问是背景问题提问的一种有效方法。有些背景问题可能涉及客户的隐私甚至商业机密，直接提问可能会引发客户的反感。通过间接性提问，迂回地了解客户信息十分有必要。

上述技巧在前面的章节中有所阐述，读者朋友可以仔细阅读一下。

销售人员应该有目标、有选择地提出少量背景问题

在拜访客户时，背景问题应该少问，但不能不问。成功的销售人员会问针对性的背景问题，而不是宽泛的背景问题，那么到底应该问什么类型的背景问题呢?

在大订单销售提问实践中按照 SPIN 的逻辑来提问，会依次问到客户背景问题、难点问题、暗示问题和示益问题，虽然可以灵活地调整四类问题的顺序，但毫无疑问整体提问的逻辑还是应该按照 SPIN 的顺序展开。但在销售前进行准备时，并不能按照 SPIN 的提问顺序来准备，而是应该根据结果导向思维来进行设计，如图 5-3 所示。

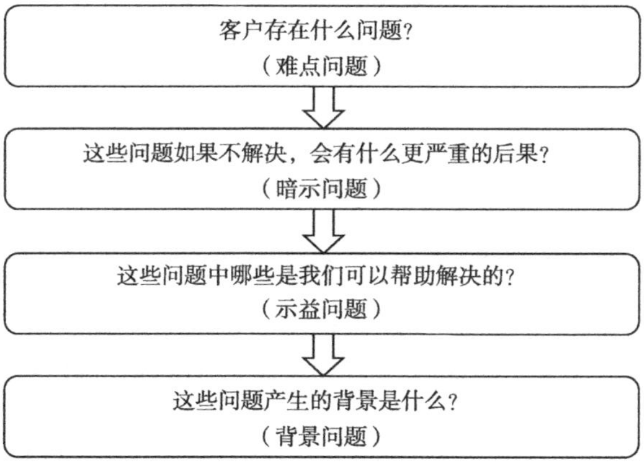

图 5-3　大订单销售提问准备逻辑图

从图 5-3 中我们可以发现，所谓针对性地询问背景问题，往往是根据事先的提问布局来进行的。销售人员需要事先想好准备挖掘客户哪方面的需求，也就是准备好难点问题，这些难点问题不能盲目提，而是应该根据自己能提供的产品的优劣势来设计。

销售人员的产品和竞争对手的优势领域或功能相比有哪些优劣势，我们应该事先评估，而这些功能所能帮助客户解决的问题，自然就是我们提问难点问题的重点方向。这个方向一旦确定，针对客户需求所设计的问题自然就是针对性的背景问题。

难点问题（Problem Question）的设计

背景问题是针对客户背景信息来提问的，对客户的价值不大，更无法帮客户解决问题，很多时候背景问题只能帮助销售人员做铺垫。客户真正需要的是销售人员帮其解决问题，所以我们需要进行难点问题的提问。

所谓难点问题，主要指针对客户存在的问题、不满、抱怨和困难设计的问题，从而引导客户说出隐藏需求，常见的难点问题如下：

- “您对现在的产品/方法是否满意？”
- “您觉得您现在的产品/方法有什么缺陷？”
- “您有没有考虑过现有的产品/方法在……方面的问题呢？”
- “在业务高峰期，现在的产品/方法是不是存在……方面的问题？”
- “我听说之前我们的产品/方法出过……问题，是吧？”

总体来说，有经验的成功销售人员会先问少量的背景问题，然后开始询问更多的难点问题。研究发现，相对背景问题而言，难点问题和成功销售的联系更加紧密，也就是说难点问题问得越多，销售成功的概率越大，在小订单销售中尤其如此。

需要说明的是，难点问题对大订单销售的帮助不如对小订单销售的帮助大，因为难点问题只是挖掘到了客户的隐藏需求。在前文中我们提到过，在大订单销售中，隐藏需求的挖掘对销售成功的帮助不大，因为大订单销售往往金额大、做决策的人多，而隐藏需求往往只是描绘客户的抱怨与不满，这对客户来说是小问题。

在大订单销售中，既然难点问题对客户的帮助不大，那我们为什么还要问呢？

难点问题其实是帮助我们寻找客户的不满和抱怨的。虽然隐藏需求对于大订单销售的帮助不是很大，但是了解隐藏需求是了解明确需求的基础。因此，难点问题是帮助销售人员引导出客户明确需求的基础，是需求挖掘的开始，是帮助销售人员和客户深入沟通的“罗盘”。

特别需要提醒销售人员的是，在提问难点问题时，要注意东西方文化的差异。SPIN 提问模式是由美国 Huthwaite 公司提出的，西方人在沟通时比东方人直接，所以销售人员在进行难点问题提问时，要思考客户能否接受。在东方，直接询问对方的问题或困难往往会遭遇尴尬甚至困境，想象一下，你的客户会正面回答以下难点问题吗?

- “李总，您觉得贵公司在人员招聘方面有什么困难？”
- “您觉得您的员工的工作效率怎么样？”
- “您对现在的办公系统满意吗？”
- “胡总，您觉得贵公司的计算机系统运行速度慢吗？”

面对难点问题，按照东方人的语言习惯，对方很可能回答“没问题”“挺好的”等，很多人不太愿意承认自己有问题。销售人员如果希望难点问题的提问效果更好，希望客户更高概率地说出自己的问题，那么在提问设计时可以运用以下方法：

- 难点问题提问时尽量建立在双方信任的基础上。
- 难点问题提问时可以考虑使用投射提问法，或者改变提问的角度。
- 尽量将问题情景化和具体化。

暗示问题（Implication Question）的使用

很多销售人员在面对大订单销售中的客户时，都能充分地使用背景问题了解客户信息，使用难点问题寻找客户的痛点。但令人遗憾的是，很多销售人员的提问也仅仅停留于此。在小订单销售中，如果销售人员能够了解到客户的需求，通过难点问题基本上就能够更高效地引导客户成交，但在大订单销售中，难点问题的作用比较有限。我们来看看下面停留在难点问题上的大订单销售沟通场景。

销售人员：“李总，你们银行目前还是使用传统喷墨打印机，对吗？”（背景问题）

李总：“是啊，已经用了四五年了。”

销售人员："那打印速度怎么样？尤其是需要打印大量单据与凭证的时候。"（难点问题）

李总："确实速度不怎么样。"（隐藏需求）

销售人员："其实我建议您使用我们公司最新的高速打印机来解决这个问题。"

李总："这台打印机什么价格呢？"

销售人员："一台高速打印机的售价大约是12 000元，你们大概需要4台。"

李总："我为了让打印速度快点，就要花费将近5万元！算了吧。"

从上述对白中我们会发现，因为大订单销售需要客户支付较高的费用，我们如果只是根据难点问题来帮助客户总结产品价值，那么价值和价格的天平势必不平衡，如图5-4所示。

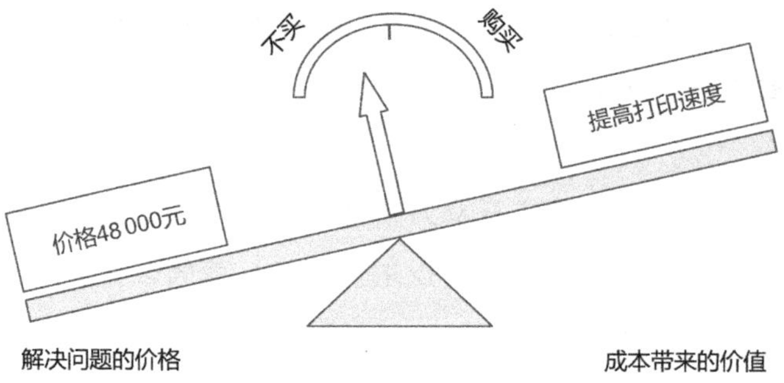

图5-4 失衡的价值和价格天平

在大订单销售中，因为客户付出的成本远远高于小订单销售，如果带来的价值仅仅是隐藏需求暴露出的小问题，那么客户会觉得价格太高，不值得购买。在大订单销售中，因为你需要客户付出更高的成本，所以势必需要带来更高的价值，而这种价值的体现，就在于帮助客户解决更多、更严重的问题。

暗示问题实际上就是将难点问题所挖掘到的客户隐藏需求（小问题）放大，放大到客户愿意马上付诸行动去改善或者购买。下面我们来看看暗示问题是如何提问和引导客户的。

销售人员："李总，你们银行目前还是使用传统喷墨打印机，对吗？"（背景问题）

李总："是啊，已经用了四五年了。"

销售人员："那打印速度怎么样？尤其是需要打印大量单据与凭证的时候。"（难点问题）

李总："确实速度不怎么样。"（隐藏需求）

销售人员："这确实挺麻烦的，你们一般在什么时候需要打印大量单据或凭证呢？"（背景问题）

李总："一般是月底结账或者出报表的时候打印量大。"

销售人员："那你们的员工月底经常需要加班来完成这些工作，是吗？"（暗示问题）

李总："是的，员工月底总是特别忙，挺不容易的。"

销售人员："是啊，员工月底总是加班，一方面增加了公司的人工成本，另一方面容易让员工产生负面情绪，您说呢？"（暗示问题）

李总："这个确实是。"

销售人员："你们现在的打印机好像用了很久了，在连续工作时，故障率怎么样呢？"（暗示问题）

李总："基本上每隔一两个月就会坏一次。"

销售人员："如果月底打印机突然坏了，对你们的工作影响大吗？"（示益问题）

李总："影响非常大啊，花钱修是小事，关键是影响工作进度。像上个月月底就坏了一次，维修花了将近 1 000 元，然后耽误了半天时间，最后让员工额外加班才把工作做完。"

销售人员："李总，确实如此，一台质量有保障的高速打印机对你们来说还是很重要的吧？"（示益问题）

李总："是的！确实有必要考虑更换新的打印机了。"

销售人员："是的。如果花点儿钱购买一批新的高速打印机，既能节约维修成本，同时能提升工作效率，也不会影响工作进度，员工加班时间也能减少，确实还是不错的，您说呢？"（示益问题）

李总："是啊，我也这么想。那你们新的高速打印机什么价格呢？"

销售人员："据我所知，你们之前购买的 4 台打印机，每台 13 500 元，而现在一台高速打印机的售价大约是 12 000 元，比你们之前买的价格还低，但性能要强很多。"

李总："真的吗？那确实不贵。"

上述是一个典型的利用暗示问题放大客户问题的沟通过程，在引导客户付出购买成本之前，让整个价值和价格天平更加倾斜于购买的方向，成功的价值和价格天平如图 5-5 所示。

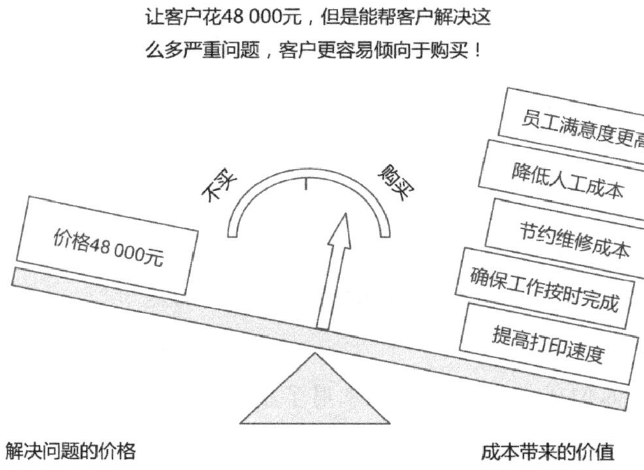

图 5-5　成功的价值和价格天平

在大订单销售中，暗示问题通过将客户的问题放大，从而将隐藏需求转变为明确需求，最后提升销售成功的概率。不过暗示问题在使用的时候，要注意以下方面。

暗示问题虽然是将对方的小问题通过多个维度进行放大，但是销售人员必须明确一个核心问题：对方是不是负责解决这些问题的人？

拿上面的向李总推销高速打印机的案例来说，如果李总只是一位技术主管，而销售人员告诉他"购买新机器可以降低人工成本"，那么李总会感兴趣吗？答案多半是否定的，因为李总很可能不关心人工成本，而更关心机器的稳定性。

那暗示问题对谁更有效呢？

一般来说，暗示问题对高层决策者的作用更大，因为这类决策者看问题的视角更加全面和深刻，更加能够理解这些问题带来的全面、深刻的影响，甚至很多问题最终无法解决的时候，还需要高层决策者去协调。但如果销售人员面对的客户不是高层决策者，那么在放大客户问题的过程中，就需要进行换位思考，认真想想对方对哪些方面的问题更加敏感，或者哪些方面的问题如果不解决，对方会更痛苦。多从这些方面入手，暗示问题的效果才会更好。

暗示问题是将对方的痛苦放大的问题，所以有可能让对方感觉到不舒服。尤其一些人比较好面子，如果直接询问暗示问题，很容易使对方反感，尤其在销售人员和客户的关系一般的情况下。那么，如何来降低暗示问题对对方造成的负面影响呢?

销售人员在使用暗示问题时，可以用投射提问法。投射提问法指在提问中将当事人抽离出来，让其对其他类似事件或者人物进行评价，而非对自己进行评价，让对方从第三者的角度来回答问题。投射提问法具体包括更换评价主体和更换事件主体两种方法，这在前文有详细阐述。

- 销售人员：“那你们的员工月底经常需要加班来完成这些工作，是吗？”
- 销售人员：“员工月底总是加班，一方面增加了公司的人工成本，另一方面容易让员工产生负面情绪，您说呢？”

在上述情景中，销售人员问了以上两个暗示问题。这两个问题可能会在放大客户问题时，让客户感觉到不舒服，导致其不愿意正面回答甚至给出无效回答。如果我们用投射提问法，或多或少能够改善客户关系。

原问题：“那你们的员工月底经常需要加班来完成这些工作，是吗？”

改进：“我听贵公司的员工说，他们月底经常需要加班来完成这些工作，是吗？”（更换评价主体）

原问题：“员工月底总是加班，一方面增加了公司的人工成本，另一方面容易让员工产生负面情绪，您说呢？”

改进一：“员工月底总是加班，一方面增加了公司的人工成本，另一方面我听说不少员工还有些负面情绪，他们向您反映过这个问题吗？”（更换评价主体）

改进二：“员工月底总是加班，确实挺麻烦的。我有个朋友是银行的主管，他表示要求员工加班时，员工总是有很多负面情绪，贵公司是不是也有这样的情况呢？”（更换事件主体）

当然，暗示问题给对方造成的不舒服很难完全避免，毕竟只有当客户感觉到不舒服、发觉问题之后，销售人员才有更多的机会，这时销售人员可以迅速地进行 SPIN 提问模式中示益问题的提问。

示益问题（Need-Payoff Question）的作用

示益问题又称需求满足问题，是将客户的隐藏需求转变为明确需求的问题。传统的销售人员在挖掘到客户的需求之后，往往喜欢直接将产品或解决方案告诉对方，如“我们公司有高速打印机可以满足您的需求，我们的打印机性能稳定、质量可靠，而且价格方面有一定的优惠”。

直接将解决问题的方案告诉客户，这样似乎看起来更加简单、直接，那为什么还要提出示益问题呢?

在大订单销售过程中，销售人员可能会提出非常完美的解决方案，但再完美的解决方案也无法满足客户所有的需求，解决客户所有的问题。当销售人员提出能够帮客户解决问题的时候，出于客户和销售人员天然的利益对立的立场，很多客户比较容易对解决方案进行“挑刺”，提出质疑，甚至本能地反驳。

一般来说，客户其实并不愿意被销售人员说服，而是更加喜欢被自己说服。**因此，示益问题的第一个作用是改变销售人员和客户的对立立场，引导客户自己说出解决问题的意愿，这样能降低被拒绝的概率。**在前文高速打印机的销售情景中，就有 3 个典型的示益问题。

销售人员：“如果月底打印机突然坏了，对你们的工作影响大吗？”（示益问题）

李总：“影响非常大啊，花钱修是小事，关键是影响工作进度。像上个月月底就坏了一次，维修花了将近 1 000 元，然后耽误了半天时间，最后让员工额外加班才把工作做完。”

销售人员：“李总，确实如此，一台质量有保障的高速打印机对你们来说还是很重要的吧？”（示益问题）

李总：“是的！确实有必要考虑更换新的打印机了。”

销售人员：“是的。如果花点儿钱购买一批新的高速打印机，既能节约维修成本，同时能提升工作效率，也不会影响工作进度，员工加班时间也能减少，确实还是不错的，您说呢？”（示益问题）

李总：“是啊，我也这么想。那你们新的高速打印机什么价格呢？”

通过上述对白，我们发现示益问题有时候就是“明知故问”，让客户说出解决问题的意义和价值，改变销售人员和客户之间的对立关系。常见的示益问题包括：

- “解决这个问题对您来说很重要吗？”
- “您为什么特别想解决这方面的问题？”
- “您为什么这么着急解决这方面的问题？”
- “如果……问题出现了，那么对您有什么影响？”
- “这个解决办法对其他方面有什么帮助吗？”
- “如果我们能做到……，那么能带来什么好处？”
- “其实您也想……吧？”
- “您希望解决……方面的问题，是吗？”

通过示益问题，除了可以让客户自己说出解决问题的意愿和想法，还能改变客户的立场，让客户帮助你进行内部销售。

在小订单销售中，销售人员可以通过各种技巧让客户信服并马上进行购买，但是在大订单销售中，这种情况几乎不存在。在大订单销售中，往往是多人做决策，即有决策机构。因此，在大订单销售中，有个残酷的现实是即便销售人员说服了当下的客户，但当客户回去内部讨论的时候，销售人员往往是不在现场的。而在客户内部决策机构的讨论中，销售人员是否有一个内部支持者，是否有人能够在讨论时“帮忙说好话”，是否能够让大多数人意识到解决问题的必要性，对客户最终是否购买影响很大。

从某个角度来说，大订单销售往往是由销售人员及客户内部的支持者这两个角色完成的，甚至销售人员就像一个导演，而这个客户内部的支持者就像主角。问题是客户内部支持者从哪里来呢？

在大订单销售中，当销售人员在拜访客户的时候，最后的销售目标往往可能不是让客户签署合同，而是让当下的客户变成你的内部支持者，而示益问题往往可以帮助销售人员实现这一目标。

示益问题往往是让客户承认解决问题的必要性或者重要性，甚至引导客户给出解决问题的承诺，这种承诺会引发客户坚持“承诺和一致”法则，最终改变客户的立场，使其变成你的内部支持者。

- “解决这个问题对您来说很重要吗？”

- “您希望解决……方面的问题，是吗？”

试想一下，当你的客户对于上述两个示益问题给出肯定回答，甚至滔滔不绝地强调解决这个问题的重要性后，在参加公司内部的讨论会议时，当其他人员质疑是否有必要花钱去解决这个问题时，你的客户基于“承诺和一致”法则，会给出什么样的意见呢？其多半会努力说服其同事，这就是你的内部支持者。

示益问题不仅能够让客户承认解决问题的必要性或者重要性，有些示益问题还能够让客户主动谈到解决问题的意义、目的和急迫性，改变客户的立场，从而降低销售风险。

- “您为什么特别想解决这方面的问题？”
- “您为什么这么着急解决这方面的问题呢？”
- “这个解决办法对其他方面有什么帮助吗？”

当销售人员询问上述开放式问题时，其目的就是引导客户自己说出解决问题的意义、目的和急迫性。这样提问的意义是什么呢？试想一下，当本次拜访结束之后，你的客户多半需要带着你的产品或方案去请示领导或进行内部讨论，而客户的领导多半会询问以下问题：

- “为什么要做这个项目呢？”
- “这个产品/方案有什么意义和价值呢？”
- “非要马上花钱来买这个产品吗？”

因此，销售人员提前让客户思考和回答示益问题，很多时候就是提前做准备，当客户的领导问到相关的问题时，客户才能够帮我们全面、准确地介绍产品。

本节小结

大订单销售中的 SPIN 提问模式是大订单销售人员应该掌握的，其也是过去几十年销售领域中十分经典的理论。本节主要从应用的角度对 SPIN 提问模式进行深度阐述，毕竟 SPIN 提问模式的提出者是美国公司，而东西方文化存在着一定的差异。另外，对于本节内容觉得难以消化的读者，建议先去阅读与 SPIN 提问模式相关的基础图书，之后再阅读本节内容，这样会有更多的心得体会与感悟。

本章思维导图

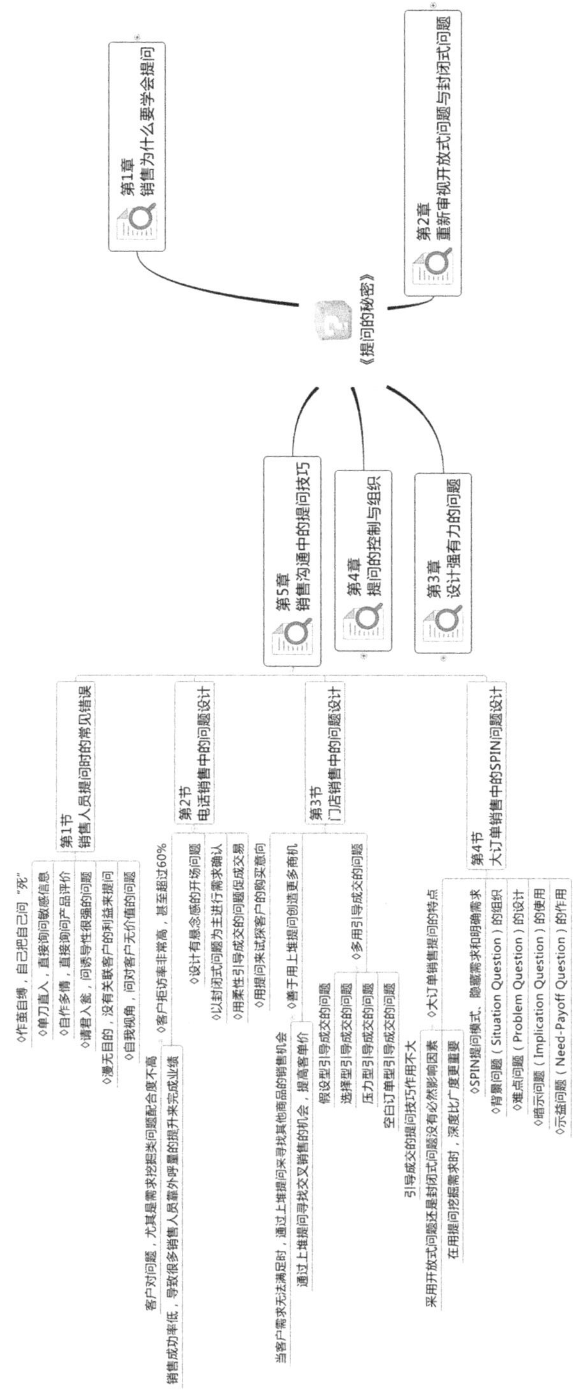
《提问的秘密》
第1章 销售为什么要学会提问
第2章 重新审视开放式问题与封闭式问题
第3章 设计强有力的问题
第4章 提问的控制与组织
第5章 销售沟通中的提问技巧
第1节 销售人员提问时的常见错误
◇作茧自缚，自己把自己问"死"
◇单刀直入，直接询问敏感信息
◇自作多情，直接询问产品评价
◇请君入瓮，问诱导性很强的问题
◇漫无目的，没有关联客户的利益来提问
◇自我视角，问对客户无价值的问题
第2节 电话销售中的问题设计
◇客户拒访率非常高，甚至超过60%
客户对问题，尤其是需求挖掘类问题配合度不高
销售成功率低，导致很多销售人员靠外呼量的提升来完成业绩
◇设计有悬念感的开场问题
◇以封闭式问题为主进行需求确认
◇用柔性引导成交的问题促成交易
第3节 门店销售中的问题设计
◇用提问来试探客户的购买意向
◇善于用上堆提问创造更多商机
当客户需求无法满足时，通过上堆提问来寻找其他商品的销售机会
通过上堆提问寻找交叉销售的机会，提高客单价
◇多用引导成交的问题
假设型引导成交的问题
选择型引导成交的问题
压力型引导成交的问题
空白订单型引导成交的问题
第4节 大订单销售中的SPIN问题设计
◇大订单销售提问的特点
引导成交的提问技巧作用不大
采用开放式问题还是封闭式问题没有必然影响因素
在用提问挖掘需求时，深度比广度更重要
◇SPIN提问模式，隐藏需求和明确需求
◇背景问题（Situation Question）的组织
◇难点问题（Problem Question）的设计
◇暗示问题（Implication Question）的使用
◇示益问题（Need-Payoff Question）的作用